国土空间规划编制技术

Techniques in Territorial Space Planning

张尚武 主编

同济大学出版社
TONGJI UNIVERSITY PRESS
·上海·

图书在版编目(CIP)数据

国土空间规划编制技术 / 张尚武主编. —上海：同济大学出版社，2023.1

（国土空间规划培训丛书 / 彭震伟总主编；2）

ISBN 978-7-5765-0430-9

Ⅰ. ①国… Ⅱ. ①张… Ⅲ. ①国土规划—中国 Ⅳ. ①F129.9

中国版本图书馆 CIP 数据核字(2022)第 200945 号

国土空间规划培训丛书

国土空间规划编制技术

张尚武 主编

丛书策划 翁 晗

责任编辑 姜 黎

责任校对 徐春莲

封面设计 王 翔

出版发行 同济大学出版社 www.tongjipress.com.cn

（地址：上海市四平路 1239 号 邮编：200092 电话：021－65985622）

经 销 全国各地新华书店、建筑书店、网络书店

排版制作 南京文脉图文设计制作有限公司

印 刷 上海安枫印务有限公司

开 本 787mm×1092mm 1/16

印 张 19.5

字 数 487 000

版 次 2023 年 1 月第 1 版

印 次 2023 年 2 月第 2 次印刷

书 号 ISBN 978-7-5765-0430-9

定 价 168.00 元

国土空间规划培训丛书
编委会

序　一

我国辽阔的陆地和海洋是极其珍贵的财富，保护并充分利用好丰富的国土空间资源，建设富裕美好的家园，实现社会主义现代化强国目标是国土空间规划重要的使命。

随着改革开放逐步深化，与传统的国土规划和区域规划相比，我国的空间规划发生了巨大变化，特别是2019年发布的《中共中央　国务院关于建立国土空间规划体系并监督实施的若干意见》，不仅明确了国土空间开发保护的指导思想、目标和相应的战略，构建了比较完整的规划体系，规划的编制也有重大的发展与突破，体现了党和国家提出的"多规合一""优化国土空间布局"以及"区域协调发展"等一系列重要的思想和国策，突出了规划战略性、综合性和地方性的特色。

规划的核心是"五级三类"规划编制审批体系。"五级"是空间范围，从全国、省、市、县一直分解到乡镇基层单位，对每个空间层级，规划都提出了不同的要求。"三类"的含义更为丰富，既体现了主体功能区规划、城乡规划、土地利用总体规划的"三规合一"，又包含总体规划、详细规划和多项相关专项规划的内容，涉及多个学科领域。面对这一新的变化，我国高等学校现有的规划专业，乃至各类规划设计队伍和管理机构，如果不按新型国土空间规划的要求进行必要的调整、充实，是难以完成国家赋予的这项重要任务的。

可喜的是，为了适应新形势的发展，普及国土空间规划的基本知识和技术，同济大学在短期内组织力量编写5册共百万余字的"国土空间规划培训丛书"。纵观5个分册的内容，既包含对国土空间规划理论体系的探索，规划核心技术的构架，不同空间层次规划的编制和传导等具有战略性、全局性的议题，还用大量的篇幅提供与详细规划、国土空间规划相关的专项规划在编制过程中的经验和案例。全书基本上覆盖了国土空间规划的方方面面，内容十分丰富。"国土空间规划培训丛书"的出版，不仅有益于需要学习这方面知识、技能的专业读者，同时对正在探索创办国土空间规划专业的高等院校也有重要的借鉴意义。

作为长期从事城乡规划与土地利用总体规划的教育工作者，面对国土空间规划的变化，深感紧跟时代步伐的重要性，那就要扩大视野，不断吸收新鲜事物，拓宽原有的专业领域，与时俱进，决不能吃老本，止步不前。回想20世纪70年代末，北京大学地理系应国家需要创办了城市规划专业，为了弥补原有专业的不足，我曾两度赴同济大学取经，在人才培养、教学计划、课程设置、生产实习等方面获取了大量办学的有益经验。通过院校之间的不断交流，同济大学也吸纳了地理学中的一些理论方法，进一步充实城市规划专业的教学内容。这种理工互补、取长补短的方法，也是我国城乡规划教育界的一种创新。1998年6月，建设部组织专业人员分别对6所工科院校的城市规划专业进行评估。作为评估专家组成员，我有机会再次比较全面地了解同济大学改革开放以来该专业发展变化的过程。为适应国家对城市规划人才的需要，同济大学在保持原有专业特色的同时，根据发展需要增设一些新的课程，如城市地理、城市经济、区域规划、城市生态等，同时还吸纳一部分来自地理院校的人员充实教师队伍，通过校际之间的交流，不断优化城市规划专业。同济大学不仅在传统的规划领域——城市总体规划、详细规划、道路交通规划、城市设计等方面展现自身的优势，而且开拓了新的领域，被学界公认为我国城乡规划最全面、实力最雄厚的高校之一。由此看来，同济大学编写出版"国土空间规划培训丛书"并非偶然，如果没有丰厚的专业基础和长期探索积累结下的硕果，是不可能承担国土空间规划培训任务的。

作为一套普及国土空间规划的培训丛书，当然还有可以提高完善的空间。总的来看，文集式的读本虽然内容丰富，但在系统性上仍可提升。丛书收集的文章风格各异，有可能还存在观点碰撞，这也正是当前国土空间规划改革中的时代特点。

还要看到，当前国土空间规划虽然已经形成较完整的编制审批体系，由于尚未经历实践的检验，加之国土空间规划法规尚未完全出台，在规划编制和实施过程中必然会出现各种各样的变数和问题。举例来说，从宏观层面看，国土空间规划虽然实现了"三规合一"，但如何将空间规划与发展规划整合成为既有分工又相互补充、相互依存的规划体系，如何将城镇群、都市圈的发展规划与中心城市的总体规划融为有机整体等问题仍需要进一步探索。从微观层面看，当前对于城市设计、城市更新、历史文化遗产保护、基础设施建设规划的编制，职能部门之间缺乏明确的分工，造成了不必要的交叉重叠。如何理顺这层关系，加强各职能部门之间的分工协作，对完善空间规划的编制体系至关重要。

总之，当前我国国土空间规划仍处于起步阶段，面临种种机遇与挑战，国土空间规划任重道远。我坚信，今后随着更多的相关学科和规划工作者不断地探索和创新，必然会将我国国土空间规划推向一个又一个的高峰。

董黎明

北京大学城市与环境学院教授

2022年7月

序　二

国土空间规划是在原有的主体功能区规划、土地利用规划、城乡规划等空间规划的基础上，经过“多规合一”试点之后，逐步形成的一类新的空间规划。国土空间规划是“国家空间发展的指南、可持续发展的空间蓝图，是各类开发保护建设活动的基本依据”①。它不是原有各类空间规划的拼合与叠加，而是在“融合”与“化合”后产生的质的飞跃。它具有鲜明的“三全”与“三高”的本质特征与属性。

所谓“三全”指的是“空间规划对象是‘全域、全要素和全行动方略’，涉及山、水、田、林、湖、草、沙、海岛等自然空间要素以及城、镇、村等人工环境的保护、开发利用、修复和治理等”②。所谓“三高”指的是“实现高质量发展、高品质生活、高效能治理”。国务院组建自然资源部，“中央给予自然资源部的职能定位是：履行统一行使全民所有自然资源资产所有者职责，统一行使所有国土空间用途管制和生态保护修复职责。‘两统一’的要求，意味着自然资源部门仅仅做好土地、生态等资源的守护者是不够的，更要转变为一个高效的资产经营者……对国土空间规划而言，就不能只是一个简单解决空间安排、用途管制的问题，而是还要研究如何通过空间规划来促进自然资源的保值增值。”③任何空间的安排与使用都有其正与负的外部效益；因此，在空间资源的配置中必须权衡各类空间使用的需求关系。国土空间规划既要“守底线”，也要“谋发展”，在“生态优先”（刚性管控）的前提下，谋划地方“绿色发展”，并确保规划能用、管用、好用。总之，国土空间规划是国家空间治理行为，是实现国家治理现代化的重要手段，它面临着诸多新的挑战，需要探索。

在以往的各类规划中，好的经验是值得传承的，但更多的经验还需要我们去探索和积累。“国土空间规划培训丛书”正是探索之路上的阶段成果。从理论到实践，包括《国土空间规划理论与前沿》《国土空间规划编制技术》《国土空间专项规划》《城市更新与城市设计》《国土空间精细化治理》5 个分册，75 个章节可谓博览，是一次理论与实践的大检阅。

当然，面对国土空间规划的“三全”与“三高”，书中有些内容尚未深入涉及，例如“双评价”“三线划定”“一张底图”“海洋及海岸线”“自然保护区”“国家公园”等。要完成国土

---

① 《中共中央 国务院关于建立国土空间规划体系并监督实施的若干意见》[EB/OL].(2019-05-23).http://www.gov.cn/zhengce/2019-05/23/content_5394187.htm.

② 孙施文.从城乡规划到国土空间规划[J].城乡规划学刊，2020(4)：11-17.

③ 张京祥.“国土空间规划体系的战略引领与刚性管控的关系”学术笔谈[J].城乡规划学刊，2021(2)：6-14.

空间规划，必须要在原有城乡规划的基础上，扩充土壤学、农学、林学、海洋学、水利学、生物学等相关专业知识。显然，国土空间规划的编制绝不是一个专业能够完成的，它一定是多专业团队的集体工作。然而，从当前我国各地在编制国土空间规划时的实际状况来看，编制国土空间规划的主力军依旧是原来从事城乡规划的专业人员。也许，其根本原因不仅仅在于知识结构，更在于：①原有的城乡规划人员有着比较强的综合思维能力，已经养成了网状的思维习惯，即一旦触及网上一个点（问题），他们马上就会针对许多相关问题进行综合分析、比较、权衡、判断。处理城乡规划空间问题，既是二维的——定点的位置，又是三维的——要考虑高度、容积率，同时还要考虑四维的时序，甚至有人说还有“五维”——要想到人，因为人是问题的核心，要以人为本。这种立体的、多维的、动态的思维习惯是要长期培养才能形成的。②城乡规划工作人员有着较强的政策观念，因为规划不是单纯的技术问题，更重要的是为当前的政策服务，是公共政策的体现。

前面提到了国土空间规划的编制需要知识的扩充，在这里要讲一个历史上的经验与教训。1980 年，同济大学恢复城市规划专业不久，在联合国教科文组织的资助下，美国波士顿大学华裔教授华昌宜来同济讲学。我们主动邀请他到教学现场（教室）观摩，学生当时正在编制甘肃省平凉市的城市总体规划。他看后十分感慨地说：这跟我 10 多年前在美国的时候一样，教师就像一个司令员，指挥各个兵种，你负责土地使用，他负责交通、绿化等。可是美国现在不是这样了，不搞城市的总体规划了。在讲课中，他用了一张城市规划知识膨胀图（图 1）：第 1 圈（核心圈）包括建筑、工程、地景；第 2 圈包括土地使用、交通设计；第 3 圈包括经济、社会、政治、法律、人口、地理；此外，还有第 4、5、6 圈。由于城市规划知识的膨胀，许多自称为“城市规划专业”的人士彼此间却不能很好地沟通，原因在于核心圈的内容被空洞化了。这个经验教训对我们今天的国土空间规划有所启示：虽然国土空间规划涉及的内容很丰富，除山、水、田、林、湖、草、沙等信息外，还有海洋知识、农业知识等，但不能失去共同的核心——人与地。

在知识膨胀的大背景底下，重要的不在于你掌握了哪些知识，而是你要知道有哪些相关知识，并且知道可以到哪里去寻找这些知识。本丛书应该就是能找到国土空间规划相关知识的地方之一。

我们已深切地感受到，从马车时代到汽车时代，城乡空间结构和人们的生活方式都发生了巨大的变化。随着科学技术的迅猛发展，信息技术、大数据所构成的虚拟空间、“元宇宙”等概念又会给国土空间规划带来什么问题呢？这些都值得关注——我们永远走在探索的路上。

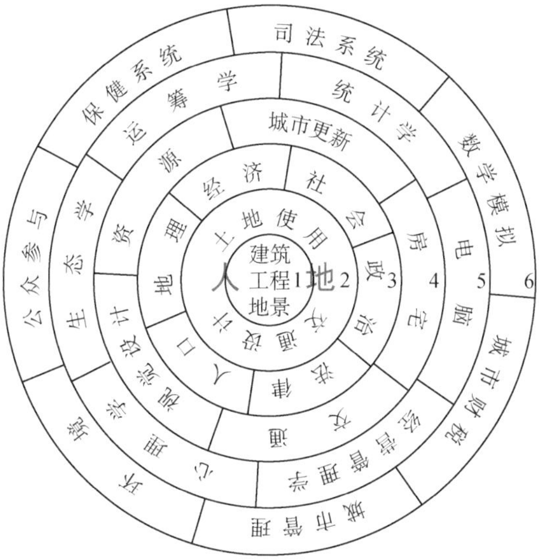

图 1　华昌宜教授课上使用的城市规划知识膨胀图

陈秉钊

同济大学建筑与城市规划学院教授

2022 年 7 月

丛书前言

2019年5月23日,《中共中央 国务院关于建立国土空间规划体系并监督实施的若干意见》(以下简称《若干意见》)发布,标志着中国国土空间规划体系建立和相关改革的正式启动。同年5月30日,自然资源部印发《关于全面开展国土空间规划工作的通知》,要求“各级自然资源主管部门要将思想和行动统一到党中央的决策部署上来,按照《若干意见》要求,主动履职尽责,建立‘多规合一’的国土空间规划体系并监督实施”。在自然资源部的大力推动下,全国各地都依据中央和部委文件要求,持续推进国土空间规划的研究与实践。

同济大学作为优势工科引领的世界一流大学建设高校,城乡规划学科发展与人才培养已有百年历史,并在发展中不断拓展与建筑、风景园林、土地规划、环境规划、生态、自然资源开发与利用、海洋工程以及基础设施等相关学科专业的交叉与融合,构建了城乡规划学科专业的教学、科研和实践的一体化发展体系。同济大学积极为国家经济社会发展服务,为全国规划建设系统培训了一批又一批的专业领导干部。自1980年代初期同济大学成立城市建设干部培训中心以来,迄今已为全国培训了3万余名专业领导干部,他们活跃在全国各地城乡规划建设领域,为中国城镇化的健康发展做出了巨大的贡献。

2020年正是推进我国国土空间规划体系建设的重要时刻,但新冠肺炎疫情席卷全国,极大地影响了社会经济的运行,规划专业人员无法赴野外作业。为了慰问武汉市奋战于抗疫前线的规划工作者,同济大学城市建设干部培训中心于2020年3月组织了首场国土空间规划线上公益培训直播活动,点对点为武汉市的规划建设领导干部、专业技术人员、教师及科研群体开设了国土空间规划专题培训班,之后扩展到湖北省,再逐步扩展到全国其他各省。在短短3个月的时间内,邀请了包括中国工程院院士、同济大学吴志强教授在内的国内知名规划专家,共开展了36场线上公益直播培训,累计惠及20余万人。从培训学员反馈来看,这些公益培训课程大大促进了对国土空间规划理论与规划编制技术方法的学习,推动了国土空间管理相关法规与知识的普及,为进一步提高我国国土空间规划体系建设水平作出了贡献。

通过这些公益培训,我们积累了大量宝贵的国土空间规划教学资源。结合这些培训课程的课件和录音录像等资料,并融入最新的国土空间规划发展理念和情境变化,相关授课老师精心打磨形成专题,同时结合国土空间规划的内容结构,增补了少量已在期刊发表的学术论文,形成共计75个章节的“国土空间规划培训丛书”。

丛书5个分册的主题和板块内容分别为：

(1) 国土空间规划理论与前沿(理论探索、技术前沿)；

(2) 国土空间规划编制技术(技术架构、总体规划、详细规划)；

(3) 国土空间专项规划(交通与基础设施、生态系统、历史保护、专项研究)；

(4) 城市更新与城市设计(城市更新、城市设计、实践案例)；

(5) 国土空间精细化治理(大城市、乡村地区、城市社区、建成环境,法规依据和技术支持)。

“国土空间规划培训丛书”的出版能加强我国规划行业的深度交流,在当前国土空间规划体系建设的关键时期,推动规划从业人员业务能力与水平的提升,引导和形成良好的国土空间规划行业发展生态。

彭震伟

同济大学党委副书记、教授

2022年7月

前 言

完善国土空间规划编制技术是建立国土空间规划体系并监督实施的重要基础，也是全面推进国土空间规划改革的首要工作。中央18号文件(《中共中央、国务院关于建立国土空间规划体系并监督实施的若干意见》)，明确要求将主体功能区规划、土地利用规划和城乡规划融合为统一的国土空间规划，建立“五级三类”规划编制体系和“编制审批、实施监督、法规政策、技术标准”四方面构成的规划运行体系，加强战略引领和刚性管控，纵向上各层次间规划的事权清晰、上下协调，横向上规划编制与实施运行的有效衔接、多规协同，构成了规划编制体系构建的整体要求。当前各级规划编制工作正在同步开展，由于新体系构建的系统性强，要解决的历史遗留问题多，技术与行政逻辑相互交织，相关规划编制标准体系尚未建立等多方面原因，使得目前规划编制工作开展碰到许多实际困难和矛盾。从技术体系整体层面加强对规划编制体系构建要点的认识，无疑是各级规划编制工作需要把握的首要问题。

2020年以来，由于受到疫情影响，同济大学城市建设干部培训中心围绕国土空间规划编制技术组织了多场线上公益培训，邀请在理论研究和规划实践一线有着丰富经验的专家，解读当前中央文件和国家相关政策要求，并结合各地具体实践经验，对国土空间规划编制中的关键要点进行讲解。本书面向规划实践，内容侧重技术体系的整体架构和市县层面的规划编制，选取了其中部分授课内容并挑选了部分已发表文章，请作者按照出版要求对内容进行了专门修改，按照技术架构、总体规划和详细规划三个部分汇编成册。

第一部分技术架构，主要围绕体系框架构建的核心要点及规划内容上的四个要点，即空间格局优化、重要控制线划定、规划传导体系、国土空间用途管制展开；第二部分总体规划，主要包括省级、市县级、乡镇级规划三个层面，突出强调各级总体规划的定位及对应的规划编制技术要求，并专门介绍了上海在编制乡镇规划方面的经验；第三部分详细规划，主要包括两个方面，一是城镇地区控制性详细规划改革实践，二是针对乡村地区的规划编制，介绍了开展乡村规划编制的一般要求及国土空间规划体系背景下村庄规划作为详细规划层面法定规划，它的编制要求和内容特点。

建立国土空间规划体系是一项系统工程，规划编制体系的构建是一个需要不断实践、逐步完善的过程，本书的出版希望能对当前各地正在开展的规划编制工作有所裨益，但内容上难免存在许多不足，也希望得到读者谅解。同济大学城市建设干部培训中心张立主任积极策划并推动了本丛书的出版，在此对参与本丛书编写的各位专家表示感谢，也感谢同济大学出版社各位编辑的辛勤工作！

张尚武
同济大学建筑与城规学院副院长、教授
上海同济城市规划设计研究院有限公司院长

目　录

技术架构

总体规划

详细规划

技术架构：

技术架构、用途管制、传导体系

TECHNICAL FRAMEWORK

1　市县国土空间规划编制要点*

张尚武**

1.1　把握空间规划改革的总体方向

1.1.1　多规合一与空间规划的基础性作用

空间规划改革的核心要点是要发挥空间规划的基础性作用。《中共中央　国务院关于建立国土空间规划体系并监督实施的若干意见》(后文简称《若干意见》)里提出了若干要求。对于空间规划的基础性作用,需要准确、深入理解。

改革开放四十多年来,我国的规划体系也在不断发育过程中,但各种空间类规划之间的体系关系是混乱的,不仅相互重叠,甚至相互矛盾。国土空间是国家经济社会发展的载体,以规划为引领是我国现代化发展的重要经验,特别是当前转向高质量发展阶段,扭转空间类规划的混乱局面是规划改革必须解决的问题。建立国家统一的规划体系是治理能力和治理体系现代化的必然要求。随着规划体系的稳定,发展规划和空间规划都要逐步统一到五年的时间维度上来。而当前更重要的是空间类规划的统一,核心就是要构建五级三类空间规划体系,并且要把编制和实施统一起来,建立规划的编制审批、实施监督、法规政策、技术标准四个体系,这是这次空间规划改革的"四梁八柱"①。

空间规划的基础性作用主要体现在两个方面:一是多规合一,重点是突出底线控制和结构控制,稳定空间底板;二是监督实施,过去规划工作比较注重编制环节,而对实施环节关注不够,这次改革把规划编制和规划实施放在同等重要的位置。

对于多规合一要有全面的理解。

第一,是多层次、多类型规划的合一。包括不同空间层次规划之间的合一和不同类型规划的合一,即总体规划、专项规划和详细规划的合一。多层次、多类型规划的合一容易理解,但难点是多层次、多类型规划相互之间的关系和传导,这是过去规划体系的软肋。需要特别强调,专项规划不仅包括交通规划、基础设施规划,还包括区域性规划。如国家层面的长三角地区、京津冀地区的规划,省级层面要关注这类发挥协调作用的地区性规划。当前规划编制工作更多关注的还是行政单元本身的规划,对这类跨行政单元的区域

---

*　本文根据笔者在全国各地领导干部培训班上的课件整理而成。

**　张尚武,同济大学建筑与城市规划学院副院长、教授、博士生导师,上海同济城市规划设计研究院有限公司院长,中国城市规划学会常务理事。邮箱 zhshangwu@tongji.edu.cn

①　中共中央,国务院.关于建立国土空间规划体系并监督实施的若干意见[EB/OL].中央人民政府,2021-12-15.

性规划关注、研究不够。

第二，是全覆盖、全要素规划的合一。空间规划强调全域的规划，不仅要求覆盖整个行政管辖范围的国土空间，同时是全要素的规划，不仅包括建设空间，还包括非建设空间，其中针对非建设空间的规划是过去空间规划的不足，也是矛盾最多、最突出的。因此，此次空间规划改革最大的难点可能就是针对非建设空间的管控问题。

第三，是全过程的规划合一。实施监督强调全过程的多规合一。过去规划体系的短板之一是缺少对时间维度的关注，比如近期建设规划是总体规划实施的重要载体，但没有得到足够的重视。总体规划是战略性的，详细规划是实施性的，相互之间的衔接也是全过程的多规合一问题。

多规合一的重点是什么？多规合一不仅是规划体系的合一，更重要的是多规合一的内容，主要体现在两个方面，一是控制发展底线，二是优化空间结构。一方面，强化底线约束是空间规划体系改革的重要出发点，形成对生态、资源、农业安全的整体管控。另一方面，通过空间结构优化，促进资源合理配置，形成对高质量发展的空间支撑。

实现多规合一是空间治理改革的核心任务。规划编制的目的是实施，空间规划不仅要描绘未来发展的蓝图，还要通过建立实施监督机制把规划、建设、管理统筹起来。改革的意义是要推动国家空间治理能力和治理体系的现代化，这是规划体系改革的总框架和总要求。

1.1.2 当前市县国土空间规划编制工作中的难点

在当前讨论市县国土空间规划编制的要点，比较特殊但又非常重要。一方面，规划编制工作时间很紧迫，《若干意见》有明确的时间节点要求，但由于实际规划编制过程中的具体困难，时间有所延后，但对地方规划编制尽快完成的要求不会改变；另一方面，这次空间规划改革是一次系统性的改革，各层次层层相套，各环节也是环环相扣。按照五级三类体系，国家、省、市、县、乡镇需要建立整体传导要求，但当前各级规划同时在编制，因此就会出现省级规划要求还没有明确、市县级规划不知如何开展的问题。

正是因为在这样的特殊阶段，讨论市县国土空间规划编制要点首先要区分两类问题。一类是基本问题，这是规划改革和规划编制工作的核心问题，这些环节必须把握准确，是方向性问题。一类是技术问题，是编制工作的一些具体技术环节。这两类问题存在性质差异，技术问题的解决有一个逐步完善的过程，但基本问题代表了这次改革的方向，决定了技术问题解决的方向。两类问题相互交织构成当前规划编制工作的难点。针对规划编制内容的诸多标准尚未出台，标准不统一难免造成整个规划内容体系的混乱，这也是当前整个规划编制工作的难点。

市县国土空间规划的编制要点主要围绕市县国土空间规划编制的重点展开，每个要点首先涉及的是基本问题，其次是技术问题，梳理过程中需要强调，方向性的基本问题必须重点把握，技术层面的问题主要谈解决的思路，具体技术细节还有待于在实践中完善。因此，本文主要讨论关于市县规划定位、空间格局优化、多规合一的重点和面向规划实施四个方面。

1.2 认识市县国土空间规划的定位

1.2.1 自上而下的实施性与地方战略的关系

如何认识市县国土空间规划在国土空间规划体系中的定位?《若干意见》指出,在五级三类国土空间规划体系中,国家级规划突出战略性,省级规划侧重协调性,市县级规划侧重实施性。那么,要求的“实施性”与规划要发挥“战略引领”作用是什么关系?

“实施性”与“战略性”是不同层面的,二者并不矛盾。空间规划改革希望通过构建统一的国土空间规划体系,强化自上而下,从国家层面加强自然资源管理和国家战略向下的落实。从这个逻辑来讲,市县级规划作为落实国家战略的关键层级,要突出对国家战略意图的落实,省级规划在中间发挥协调作用①。在以往的规划体系中针对自上而下的传导关系是缺失的,以往的规划战略往往只有地方战略,但也放大为区域战略,甚至国家战略,这是造成规划体系混乱的重要原因之一。在新的体系下,要求地方的发展首先要以落实国家战略为前提。但同时,并不是说只有国家战略没有地方战略,而是强调要在落实国家战略的基础上再来谋划地方战略,在国家顶层战略设计下谋划地方的高质量发展。规划没有战略性就失去了价值,在新的体系下要求把地方战略和国家战略统筹起来,对把握好地方战略提出了更高要求。

当前背景下市县层面开展战略研究需要关注两个重点。第一是对高质量发展问题的认识。发展是中国现代化建设最重要的战略议题,也是最大的改革议题,关键是要推动高质量发展。对于市县级规划,战略研究非常重要,是一个非常关键的环节。无论国家还是地方,发展是最大的战略议题。国家的现代化建设、两个一百年的现代化建设,其核心还是发展。但是中国的发展议题也是最大的改革议题。理解“十九大”报告中的内容,实质上是整个体系的搭建。报告中“五位一体”总体布局包括经济建设、政治建设、文化建设、社会建设和生态文明建设②,一头一尾,按照一般的表达方式,经济与生态文明建设是最重要的。生态文明虽然放在最后,但并不代表它不重要,它恰恰是非常重要的,对发展导向有明确的指向。但是为什么把经济建设放在第一位?“十九大”报告中谈经济建设的第一点是供给侧结构性改革;第二点是建设创新型国家;第三点是实施乡村振兴战略;第四点是促进区域协调发展。可以看出,中国在谈经济建设议题时,其实是在谈中国最大的改革问题。在谈现代化经济体系的构成时,强调的是实体经济、科技创新、现代金融和人力

---

① 自然资源部.自然资源部关于全面开展国土空间规划工作的通知[EB/OL].2021-12-15.

② 习近平.决胜全面建成小康社会 夺取新时代中国特色社会主义伟大胜利——在中国共产党第十九次全国代表大会上的报告[EB/OL].新华社,2021-12-15.

资源协同发展的产业体系，这不仅仅强调实体经济的发展，实际上涉及整个城市功能的转变、对科技发展的关注、对现代服务业发展的关注，所有的这些体系加在一起，才能够支撑现代产业的发展。这不仅仅是一个发展问题，而是一个改革的议题。

第二是要关注所处的发展阶段和城镇化路径问题。我国不同地区处于不同的发展阶段，对于发展的问题面临的状况不一样。所以，基于地方的发展环境，开展战略研究非常有意义。面向2035，在10余年的时间跨度里，空间规划发挥的作用绝不应该是明确底线控制，更多的还是要体现在底线控制的思维基础上①，引领未来如何更加可持续的发展。因此也可以理解，控制底线，本身就是战略的一部分，但是底线绝不是全部，更多的是需要解决在发展中会碰到的各种各样的问题。例如防灾问题、疫情，这是未来10—15年的发展过程中，每一个城市都需要关注的安全问题，涉及未来如何建立更加安全的发展环境。在面向2035建设现代化国家的过程中，如果仅仅停留于当前的认识，而对未来可能出现的各种发展问题缺乏关注，那就失去了规划的意义。

因此，上述提到的"十九大"报告经济建设的四点要求，是值得每个城市去认真关注的。国家自"十八大"以来提出新型城镇化战略，要求不能不计代价地发展，一定要实现转型，这个过程延续到"十九大"报告之中。当前国家碰到的各类发展问题实际上越来越突出，也越来越严峻。比如未来的城镇化道路，各地方未来的城镇化格局需要认真研究。在国家战略中把乡村振兴放在重要的位置，作为地方如何回应？以及区域协调问题、超大城市的发展问题，不通过区域协调、就事论事是解决不了的，一定需要放在国家层面做好区域协调的工作才能够解决。此外，还需注意到，当前国家正在进入经济社会历史性的转变时期，社会发展的矛盾发生了根本性的变化，这个根本性的变化就是不平衡不充分的问题。所以在谈新型城镇化战略时，离不开城乡格局和区域协调，"十九大"报告中也重点强调了这两个问题。城乡的差距、城乡融合的矛盾，以及区域间、大中小城市间发展不协调的问题，城市化格局的矛盾，城市群的发展矛盾，是当前新型城镇化发展过程中的首要问题。

1.2.2 市县两级国土空间规划定位的差异

市县两级国土空间规划中，市与县是两级规划，因此自然资源部在启动起草指南的过程中，从最初考虑将两级规划放在一级，而后明确提出市县两级规划要分开编制，实质上是对应了此次国土空间规划改革中对分级事权的强调。无论是从多规合一的角度，还是监督实施的角度，市县两级的规划事权、管理事权、实施事权都有层级的差异，所以在一级规划中把很多内容放在一起来谈，其实是谈不清的。

① 中共中央办公厅，国务院办公厅.关于在国土空间规划中统筹划定落实三条控制线的指导意见[EB/OL].新华社，2021-12-15.

两级规划最大的区别在于规划的作用不同。按照当前的规划编制结构，市县级规划基本上都是按照两个层次的基本架构组织，一个是面向全域的规划，一个是针对中心城区的规划。县城与市区中心城区的规划，在编制内容上差别不大，更大的变化可能是由于不同地区、不同发展水平、不同发展规模所产生的差异性。但是在一般意义上，市级规划和县级规划的作用完全不同。这一点在规划编制的过程中，应该非常清晰地体现出来。市级规划可以认为是介于省级和县级规划之间的协调性规划，相比于省级规划，其更重要的是对实施的传导以及对实施问题的关注，这一级的规划应该具有上传下达的作用。而县域作为自上而下传导体系中最基层的、最基础性的单元，更加强调的是真正的落实。市级规划要立足市域尺度，统筹协调各下辖县级单元中涉及的区域统筹问题、水资源问题、生态环境保护问题、地区间发展不平衡的问题等。

另一项重要工作是开展评估评价与实施监督。城市发展过程中，规模、产业和空间之间的关系是否协调需要在更高的层面作出评估和评价。当然在实际编制的过程中，市级层面的双评估很重要，如水资源问题的承载力、生态资源的承载力、自然资源的承载力，应该放到市级层面来做评估。同时，市级层面掌握各类资源的空间数据和管理能力更强，统筹能力也可以发挥得更好，并在实施的过程中发挥好监督实施的作用。而到了县级层面，就更加注重实施性，强调作为实现多规合一、落实全域全要素的管控，作为基本的单元实现管控。这是这两级规划最重要的差别。

当然不同地区间是存在差异的，各地在编制具体规划时需要关注到管理模式的差异。如市与县的关系，包括省管县、市带县等不同的情况。市和县的管理水平可能会差很多，各地也不一样，在某些地区，由于县级政府的规划管理、技术力量普遍薄弱，需要加强市级的规划编制工作，加强市级空间规划的规划内容，更好地引导县级的规划发展。但由于规划管理的模式水平不同，成果内容和成果体系也有所不同，各地的发展也有不同的情况，如在经济发达的沿海地区存在城市连绵、城乡连绵发展的地区；而在中西部地区，城乡差距大，地域范围广，人口分布疏散、密度比较低。因此，在研究规划编制的过程中，可能会出现市域、县域和中心城区规划，或者类似全域规划等不同成果。如上海市的总体规划实质上是全域规划，规划没有区分中心城区与市域，全部按照一个体系、一个框架来做。

此外，还需要考虑到市县的事权问题，对下一层次的规划编制传导问题。规划传导体系是存在的，但各地的发展状况不同，在编制内容上需按照实际情况来制定。

1.3 理解优化国土空间开发保护格局的内涵

如何理解国土空间开发保护的空间格局，提出以下三点。

第一，底图和底板的关系。国土空间规划编制工作有很好的空间数据基础——就是第三次全国国土调查（以下简称“三调”）所提供的底图底数。“三调”作为基础性的工作，通过一系列技术手段,成为科学规划非常重要的支撑。但面向国土空间规划未来的发展,应当需要一块底板,底数是不是底板?我认为底数不能等同于底板。最终规划明确哪些地区应该严格控制建设发展,优先保护好它的自然生态环境,是要在梳理底图底数的基础上,通过战略规划的研究,把底板稳定下来。比如说对于三区三线的控制,生态保护红线其实规模并不大,但是对于特定地域内需要保护或者需要严格控制开发的地区,其实要远超过其范围。以上海为例,整个地域范围内大概 6 000 多平方千米陆域面积,按照最新国务院批复的《上海市城市总体规划(2017—2035 年)》(以下简称"上海总规"),最严格保护的生态红线地区只有 99 平方千米,大部分是在生态极为敏感的沿海滩涂。规划按照管控的程度把生态空间分了四类。所以,最终要形成的底板不仅仅是要包含最严格控制的生态要素、自然要素,更重要的是需要形成自然和人工之间、人与自然之间的关系,要形成更加优化的空间组合。

第二,结构优化的重要性,各类空间格局需建立在格局优化的基础上。农业空间、生态空间、城镇空间三类空间一定不是相互割裂的关系,最终要确立的是共同优化的、最优的一种结构。

第三,空间战略承载。国土空间规划的工作必须统一在一体,共同完成面向 2035 的空间格局战略部署。所有对底板空间的限定、对各类空间要素关系的安排,都要在空间战略的基础上展开。当前,国内也在学习新加坡的经验,新加坡总体规划中将空间结构称为"X 年的结构",意味着未来无论新加坡发展到什么程度,都会按照这个空间结构进行城市建设。国土空间规划编制中最重要的,最希望能够达到的目标,是能够给城市未来的发展确立相对稳定的空间结构,而不是不断调整规划。新加坡的空间规划中建设空间和底板之间是什么关系?在 20 世纪 70 年代的新加坡城市空间结构规划图(图 1-1)中可以看出,这一版概念规划确立了整个新加坡发展的基本结构。沿海的发展带连接最重要的经

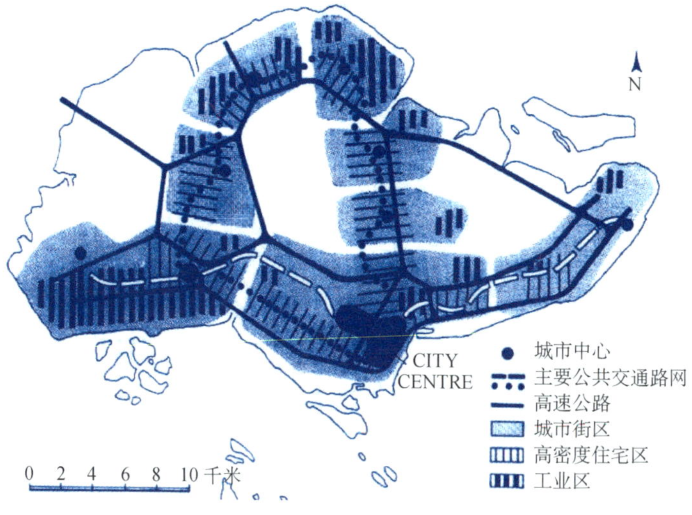

图 1-1　1971 新加坡概念规划中的结构分析
资料来源:新加坡总体规划 1971

济发展资源，市中心、港口、重要的工业区，都分布在这条带的南部。城市北部则形成一个环。中间的留白地区是新加坡的国家公园，是新加坡全岛的水源地。由此，新加坡的城市结构基本确立为一个环加一条带，城市中间是生态空间，将其作为严格保护的自然空间，以此为基础来安排空间结构组织的其他要素，如各类中心、各类功能区、各类公共交通及轨道交通，逐渐形成了新加坡城市的基本布局（图 1-2）。

图 1-2　新加坡总体规划草案（2019）
资料来源：新加坡总体规划草案 2019

当然，这里仅讨论了这一规划对空间优化的结果，没有谈新加坡在这个时期确立的未来发展战略。新加坡确实可以先不考虑空间发展的战略，其主要原因是新加坡作为一个岛国，土地资源有限，哪些地区不能发展，哪些地区可以发展，在城市发展过程中一目了然。而中国的城市不同，在大部分的平原地区，城市发展没有过多的限制，规划要确定一个相对稳定的结构，是比较困难的。特别是在对开发空间进行适宜性评价之后，大部分的城市都以多宜性的空间为主。适宜性评价对最终的空间战略安排不一定有很强的支撑力，最重要的还是要有空间战略的研究。在多宜性的空间中，通过规划决策对哪些地区进行发展，并决策重点的发展地区。在国土空间规划改革中，把空间战略结构稳定下来是一个重要任务。

国土空间开发保护的空间格局工作框架，大致对应三个步骤。一是底图底数工作，同时打好评估评价的基础；二是平行开展的战略研究；三是把底图底数与空间战略结合在一起，最终形成国土空间格局部署的结构和底板。开展战略研究是非常重要的基础工作，但如何来实现战略，则是一个技术问题。做完战略研究之后，如何在规划成果中合理地表达，也是一个基础问题。“上海总规”的成果表达，有三个层次。第一个层次是最基础性的生态农业分区、规划分区，以及基本的控制线。第二个层次是城镇重要的功能区。当前很多地方编制规划时，通常把城镇功能归为一类，整个开发边界内不做区分。这种表达实际上是不够的，地方编制规划时应对下辖县做出空间格局引导，在市级层面需要把重要的城镇功能分区局部打开，这些功能分区会承载部分未来城市发展的重大功能。第三个层次是重要的结构性要素，包括未来城镇之间的重要枢纽、重要公共空间节点、交通网络、重要公共服务设施等的空间布局。规划成果表达将上述三个层次叠加在一起，既要反映底板，也要反映空间结构，还要把未来发展的战略意图表达出来。而在具体工作中，会存在与当前的技术标准有差异的地方，如在“上海总规”的上海市域用地布局规划图中，划定了农林复合生态区（图 1-3）。这是很多地区的规划实际中会遇到的问题，这是一种实事求是的做法，农林空间实际上是难以完全分开的，二者有很多生态空间是复合在一起的。

图 1-3　上海市域用地布局规划图

资料来源：上海市城市总体规划（2017—2035 年）公示文件

1.4　推进多规合一的主要思路

1.4.1　空间格局优化的核心逻辑是主体功能区战略

多规合一除了多规要统筹，规划监督要实施，这次改革非常重要的基本出发点是“新发展理念”。所以针对多规合一的中央文件，强调把主体功能区规划、土地利用规划、城乡规划融合为统一的国土空间规划。把主体功能区规划放在第一位，意味着主体功能区是这一次空间规划改革应当充分体现的。2011 年国家正式出台了主体功能区规划，这是国土开发保护思想的一次重大变革。它的核心思想是要在国土开发过程中，保证自然资源的增长利益和人口、经济发展的格局相协调，这是过去的国土空间开发保护实践中，从来没有提出过的。强调自然生态承载力为前提，是由国情决定的。我国自然资源分布不均衡，生态非常脆弱，在这样的基本格局下，如何去承载未来的现代化？人类的生活环境是城镇，农业和自然空间是高度复合的，华北地区是我国人口密度最高的地区，城镇化正在快速发展，同时也是自然资源保护压力非常大的地区。

在未来的经济发展中，人口的格局必须与自然空间的格局相适应。自然空间的格局是自然规律，是不可违背的，未来的发展一定是建立在尊重自然规律的基础上，这也是这一次空间规划体系改革中最核心的思想。

主体功能区规划的重要性不言而喻，主体功能区规划按开发方式可将国土空间划分为四类：优化发展区域、重点发展区域、限制发展区域和禁止开发区域（图 1-4）。国家的主体功能区规划对优化发展区域和重点发展区域的划分，实际上区分的是相对发达的地区，优化发展区域主要是沿海地区，而重点发展区域主要分布在中西部。此外，主体功能

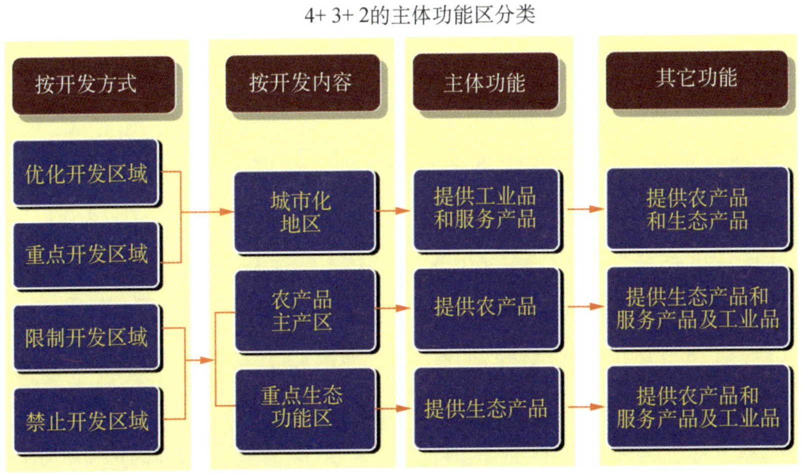

图 1-4　主体功能区规划划分

区不是单一功能的，在优化发展区域中仍有禁止开发区域和限制发展区域，优化发展区域更要建立、优化限制发展的原则，保护好禁止发展的体制，在区域内部优化好各类空间。实际上，主体功能区的思想与国土空间规划编制的思想是延续的。

但是，当前的工作中存在三个矛盾。第一个矛盾，是主体功能区本身是国土空间开发保护的重要部分，但当前规划的主体功能区主要是对应了行政单元，因为涉及诸如财政转移支付、补偿的类似功能，必须从行政区单元来考虑。但是从国土空间开发保护的角度，涉及具体的国土空间开发利用，如果停留在行政区层面，实际上体现不了主体功能区的概念思想。

第二个矛盾，是主体功能区本质上是一种政策区，与当前国土空间规划中要关注的规划分区关系不明确。城乡规划中的用地分类，比如工业用地、农业用地等，是一种功能划分。但从国土空间开发保护的内容来看，主体功能区一定要叠加政策区。比如在生态地区中的村庄，要么退出，要么严格控制增长，在不同的政策区中，应该执行不同的政策。国外很多国土空间规划，确实是按照这样的逻辑，将功能区与政策区这两个概念叠加在一起管理国土空间。但当前，我国的主体功能区与国土空间开发保护的规划分区之间还没有建立起关联。

第三个矛盾，是国土空间规划分区强调分区不重叠，这与主体功能区思想不一致。主体功能区强调土地的功能不是单一的，它强调的是主体功能，比如生态农产品地区是以农田保护为主的，大规模的开发建设是严格禁止的，但仍允许有一定的建设空间。一旦严格要求分区不重叠，就不能体现其功能的非单一性，同时会将空间划分得非常破碎，体现不出战略意图。这也是规划编制的过程中需要重点关注的，并尝试找到更好的解决方案。

1.4.2 多规合一包括规划技术与运行机制两个层面的合一

多规合一既是有规划技术的内容，又有运行机制的内容，这也导致了行政体制矛盾最终都反映在多规的不合一，如从“城市规划”向“城乡规划”的转变。近年来，我国逐渐将城市规划转变成城乡规划，一方面是提升了对农村地区的发展考量，另一方面也有国家的体制背景。在国际上很多国家，城市规划与土地利用规划往往是一起考虑的。我国的城市规划与土地利用规划分属两个不同的部门，多规合一要求的不仅仅是合一，更是融合，是全覆盖、全域的规划。当前在谈规划理论时，应该强调城市规划是一个域的规划，而不是一个点的规划，规划考虑的不只是建成区，周边地区也必须考虑。要协调这些问题，首先要关注技术层面的融合。

未来，还需要考虑大量专项规划的融合，将分属各个专业部门管理的专项规划统一到国土空间规划中来，这需要一套规划运行机制，统筹协调好各专项规划。由此，在技术融合的同时，在技术层面和工作组织层面，实现规划成果内容、规划成果体系的合一。在上海总规编制过程中提出“开门编规划”①，就是在多层级的政府部门之间做好统筹协调工作，这不仅仅是征求专项规划的意见，实际上，很多专项规划在规划过程中必须协同参与。在“开门编规划”的同时，还要特别注重公众参与，很多社会主体都应该参与到规划编制过程中来。

在“上海总规”编制过程中，多规合一最重要的体现就是“1＋3”的综合成果体系。“1”为《上海市城市总体规划（2017—2035 年）报告》，内容涵盖规划文本、说明、图集、表格、专栏等，是在战略性层面上指导城市空间发展的纲领性文件。“3”分别为分区指引、专项规划大纲和行动规划大纲，是在实施性层面上，从分区、系统、时序维度构建总体规划的管控体系，是上海总规向下落实的重要内容。在编制过程中，规划以关注事权为基本的出发点，协调战略性的规划和实施性的规划之间的关系，强调怎么把上下规划连接好。由此，上海把多规合一的概念分成了三个维度。第一，是本身的空间维度。不同层次的空间合一，对应的成果是“分区指引”，即城市的总体规划对下辖区的发展要提出明确的指引。第二，是专项协同。各个专项规划要协同，而不是覆盖，这是很重要的多规合一思维。总体规划是协同各个专项的成果，可以称之为“专项规划大纲”，针对必须协调的内容在总体规划中提出要求。实际上，很多专项规划的技术内容是专业部门内部的管理内容，由专业部门把关落实，而总体规划的任务是从源头提出协调的要求。第三，是时间合拍，多规合一还有行动维度，即“行动规划大纲”，其提出一套滚动实施的方法，是“上海总规”的重要成果。“上海总规”是“十九大”之后全国批复的第一个城市总体规划，它的编制思想实际上体现了这次空间规划改革要求。

由此，《上海市城市总体规划（2017—2035 年）》对应形成了不同的文件类型：针对编制审批要求的“上报文件”，同时专门制定了上报国务院的成果文件；面向公众的“公众文件”；总体规划报告等“政策文件”；包括分区指引、专项规划大纲的“操作文件”，属于内部操作文件（图 1-5）。

图 1-5　上海 2035 总体规划成果体系
资料来源：上海市城市总体规划（2017—2035 年）

① 上海市人民政府. 上海市城市总体规划(2017—2035 年)[R].2018.

1.5 面向规划管理和规划实施

1.5.1 规划实施是规划编制的目的

面向规划实施是这次空间规划改革的重心。为什么要多规合一？为什么要监督实施？实际上是要保障规划实施能够顺利推进。规划编制的目标就是为了推进规划实施，因此很多技术工作一定要面向实施的角度，并且要充分体现。第一，是传导机制，不同层次的规划向下传导的方式和内容都不同，如市级到县级与县级到乡镇级之间的传导内容肯定有所差异。第二，县级的规划中，应该明确镇级规划在什么范围内编制、以什么单元方式来开展编制，需要在县级规划中提出明确要求，镇级规划是按照分区来编还是分单元来编，这也是下位规划需要去执行的内容。第三，总体规划还要强调向专项规划、详细规划的传导，这些内容都要充分关注。所以“上海总规”中的“分区指引”主要包含三个内容，“战略引导”，从发展战略的角度，将宏观的要求、重大的战略安排放在战略引导中。“底线控制”，约束性的要求需要在分区中去体现的，各个分区在下位规划中要有所体现。“系统指引”，是对专项系统的指引，其中包含两块内容，一是技术指引，包括在总体规划层面需要协调统筹的技术标准等；二是空间安排上的指引，包括重大的基础设施廊道如何安排等。二者的主要目的都是加强规划传导。

1.5.2 加强总体规划的实施传导

总体规划向详细规划的传导非常重要，特别是在中心城内与控制性详细规划的衔接环节。当前，实施传导体系还不够完善，总体规划层面要加强对详细规划层面的内容管控，如在总体规划层面，确定需要详细规划去执行的内容、具体技术要求等。针对这一传导关系的研究以及宏观层面的控制内容，目前在国土空间规划编制改革中还有所欠缺。如果此次规划改革只关注总体规划层面，而忽略了详细规划，在实施过程中仍会出现很多新的矛盾。必须在总体规划和详细规划之间设置技术研究环节，完善总体规划的管控内容（包括开发强度研究、开发密度研究等），包括空间层面的传导要求，以及专项规划的传导要求，其背后都需要一系列的空间政策的研究支撑，这也是整个规划体系中需要加强的。

如果没有强有力的政策支撑，规划实施环节就会出现矛盾。比如“上海总规”中明确提出，中心城要控制规模。控制规模的前提是控制开发总量，同时控制住房供应的总量，为应对这个空间政策，上海中心城的住房规模及住房供应结构都需要同步调整。由此，上海中心城主要供应的是公共租赁房，而不是普通商品房，这是从战略层面一直贯穿下来的规划传导，包括从空间层面的安排及各类政策的安排，从各级规划中层层传导，贯彻到分区指引中，最终落实在黄浦区、静安区等各个分区的规划要求中。这就是一种规划的实施传导(图 1-6)。

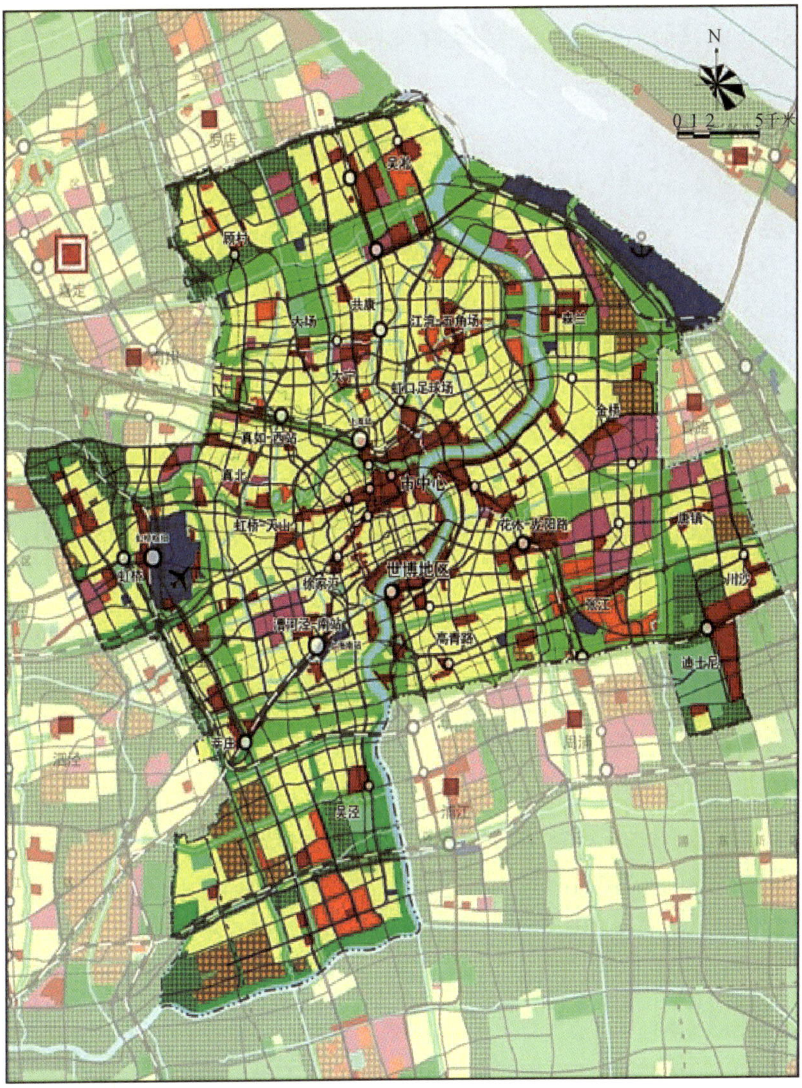

图 1-6　上海中心城区规划图

资料来源：上海市城市总体规划(2017—2035 年)

规划实施要关注三方面内容。

一是规划的弹性问题。规划是要有弹性的，一定要培养规划的弹性思维。如“上海总规”中的战略预留区，其作为留白用地是不能随便开发的，要有严格的启动程序才可以进行开发建设，这是应对未来发展的不确定性所做的规划安排。在各地规划编制中需要充分关注规划弹性思维。在规划实施的过程中，必须要动态地应对发展问题，留白和动态调控，实际上就是过程控制。规划的实施问题不是一个蓝图实现的过程，而是滚动更新的，在过程中实现控制，实施动态的监测，建立调整、维护和监督的机制非常重要。“上海总规”区分了四种类型的指标，即核心指标、监测指标、分区指引的指标，以及专项规划大纲的指标。每一类型的指标都有不同的作用，有的是作为传导开发控制要求，有的是作为制定未来发展目标的参照，还有一些是为了在规划的过程中开展动态监测（图 1-7）。

总目标	分目标	策略	核心指标
追求卓越的全球城市	更具竞争力的繁荣创新之城	形成更具影响力的全球城市核心功能	R&D经费支出占比例(%)
		建设更开放的国际枢纽门户	国际客流比例(%)
		强化便捷高效的综合交通支撑	全市平均通勤时间(分钟)
		营造更具吸引力的就业创业环境	新建住房中租赁性住房比重(%)
	更富魅力的幸福人文之城	构建15分钟生活圈	社区公共设施15分钟步行可达率(%)
		保护历史文化遗产	用于遗产保护的公共预算比重(%)
		彰显城乡风貌特色	绿道总长度(千米)
		激发全社会文化活力	文化产业就业人口比重(%)
	更可持续发展的韧性生态之城	应对全球气候变化	碳排放总量较峰值降低率(%)
		全面提升生态品质	人均公共绿地面积(人/平方米)
		显著改善环境质量	PM2.5年均浓度(微克/立方米)
		完善城市安全保障	人均有效避难面积(平方米)

图 1-7　上海 2035 总体规划的指标体系框架

资料来源：上海市城市总体规划（2017—2035 年）

二是过程控制中的重点控制内容。民生、公共服务、住房等内容要重点控制。从过程控制的角度，还需要重点关注动态维护。当前的规划体系中，没有特别强调近期建设规划，其内容不应该作为总体规划的主体内容，可以作为附件或平行规划同时编制或审批。将近期建设计划直接纳入总体规划，在近期建设计划完成后，就必须修编新一轮的总体规划。在实际实施过程中，需要保持总体规划的框架相对稳定，而近期建设规划可以做一些适度调整，在不违背总体规划的框架和重点控制内容的前提下，可以通过近期规划的更新去维护整体的规划建设内容。近期建设规划实际上是规划实施过程中非常重要的工具，也是保障规划能够不断适应城市发展实际需要的载体。

三是实施监督的体制保障。目前，北京和上海的规划实施监督体制是在总体规划之外，通过制定条例来进一步地强化监督实施的责任分工。技术平台、监督的政策机制、反馈机制，以及对应实施监督的部门责任主体，这些方面都是这轮规划改革中需要特别考虑的问题。

2 国土空间格局优化

谢来荣 黄亚平*

国土是生态文明建设的“空间载体”和“物质基础”，国土空间格局优化是国土空间合理布局的“基础”与“前提”，统筹兼顾国土空间开发与保护、优化国土空间总体格局是建立“多规合一”的国土空间规划体系战略目标。党的“十八大”报告首次将优化国土空间开发格局提到战略高度，优化国土空间开发格局被确定为我国生态文明建设的首要任务①，十九届五中全会审议通过的《中共中央关于制定国民经济和社会发展第十四个五年规划和二〇三五年远景目标的建议》(以下简称《建议》)又明确提出在新发展阶段“形成主体功能明显、优势互补、高质量发展的国土空间开发保护新格局”②。可以说，国土空间格局优化是“五级三类”国土空间规划编制及监督实施非常关键及重要内容之一，特别是对国家、省、市、县这四个层级的国土空间总体规划来说是十分重要。

2.1 国土空间格局内涵及优化内容

除《建议》提出构建国土空间开发保护新格局外，《中共中央 国务院关于建立国土空间规划体系并监督实施的若干意见》也明确了“到 2035 年，全面提升国土空间治理体系和治理能力现代化水平，基本形成生产空间集约高效、生活空间宜居适度、生态空间山清水秀，安全和谐、富有竞争力和可持续发展的国土空间格局”的改革目标③，另外《市级国土空间总体规划编制指南(试行)》(以下简称《市级指南》)对国土空间总体格局优化提出了明确要求，这些都充分说明“国土空间格局优化”的重要性。但目前国家已正式发布的编制审批、技术标准等文件并未对“国土空间格局”进行概念界定或名称解释。因此，明晰并深刻理解“国土空间格局”概念内涵、特征分类、地位作用及内容形式，全面把握与运用国

* 谢来荣，武汉华中科大建筑规划设计研究院有限公司空间规划研究中心总工。邮箱：328058643@qq.com.
黄亚平，华中科技大学建筑与城市规划学院院长、教授、博士研究生导师，湖北省国土空间规划学会副理事长。邮箱：hust_hyp@sina.com

① 樊杰.我国国土空间开发保护格局优化配置理论创新与“十三五”规划的应对策略[J].中国科学院院刊，2016，31(01)：1-12.

② 本书编写组.《中共中央关于制定国民经济和社会发展第十四个五年规划和二〇三五年远景目标的建议》辅导读本[M].北京：人民出版社，2020：039.（网址：http://www.qstheory.cn/yaowen/2020-11/03/c_1126693429.htm）

③ 中共中央、国务院关于建立国土空间规划体系并监督实施的若干意见[Z].北京：人民出版社，2019：4.（网址：http://www.gov.cn/zhengce/2019-05/23/content_5394187.htm）

土空间规划这个新时代空间治理工具，才能有效提升国家及城市治理体系和治理能力现代化水平。

2.1.1 国土空间格局内涵特征及分类

2.1.1.1 概念内涵

国土空间格局又可称为国土空间战略格局、国土空间总体格局或国土空间开发保护（总体）格局，亦可简称为"空间格局"。生态学将空间格局概念定义为：缀块和其他组成单元的类似、数量及空间分布与配置等①。国土空间规划中的空间格局概念与其有一定的相似性，即应体现出空间要素分布与配置的状态。但生态学更加注重"生态或地理要素"，而国土空间规划则是对全地域全要素的保护、开发、利用、修复的总体部署与统筹安排，所以"国土空间格局"除应体现出自然生态要素外，还要体现出人为生产活动等要素流动、配置、分布等空间特点。

《省级国土空间规划编制指南（试行）》（以下简称《省级指南》）的术语与定义（资料性附录）部分对"国土空间开发"与"国土空间保护"概念进行了解析，对应可基本概括出开发与保护两个格局的概念内涵，其中"国土空间开发格局"是一个国家或地区的人们依托一定地理空间通过长时间的城镇建设、农业生产和工业生产等活动形成的国土空间开发要素分布状态。而"国土空间保护格局"是一个国家或地区的人们遵循自然地理格局特征，对承担生态安全、粮食安全、自然安全等国家安全的地域空间进行管护的活动所形成的国土空间保护要素分布状态②。因此，可将国土空间格局概括为：一个国家、区域或城市在一定时期内通过自然保留、人为保护、开发经营等各类用途管制方式形成的国土空间要素分布状态。

2.1.1.2 特征分类

国土空间格局是全域空间规划方案的"空间总纲"，是宏观主体功能区政策的"传导接口"，为统筹布局全域各类空间及要素配置提供遵循，具有全局性、战略性、抽象性等特点。其不仅是国土空间规划核心内容之一，也是能充分反映新的空间规划"多规合一"创新性的内容。一是突显出"生态文明"特性。国土空间规划是推进生态文明建设、建设美丽中国的关键举措，国土空间格局便是这种"关键举措"的创新体现。原空间类规划更多构建"空间结构"，注重开发空间，而《若干意见》要求国土空间规划应坚持山、水、林、田、湖、草生命共同体理念，尊重自然、经济、社会和城乡发展规律，整体谋划新时代"空间格局"。二是体现出"覆盖全域"特征。原城市总体规划对象倾向于城乡开发建设的"城市规划区"或"中心城区"，而原土地利用总体规划更加侧重于耕地保护与土地用途管制，国土空间规划

---

① 邬建国.景观生态学——概念与理论[J].生态学杂志，2000(01)：42-52.

② 肖金成，欧阳慧.优化国土空间开发格局研究[J].经济学动态，2012(05)：18-23.

则传承并创新提出了覆盖全域全要素的“国土空间格局”。

国土空间格局可以理解为是国土空间保护保护、开发、利用、修复及整治等各类格局的总称，但在规划中通常将其称为“国土空间开发保护总体格局”“国土空间开发保护格局”或“国土空间战略格局”等（图 2-1）。通过梳理发现，目前国土空间格局按照不同维度主要有三种分法，一是按空间类别基本分为“生态空间格局、农业空间格局、城镇（乡）空间格局”三类，像浙江、广东、山东等沿海地区还可以依据实际情况单独增加“海洋空间格局”。二是按管控导向主要分为“国土空间开发（利用）格局与国土空间保护（修复）格局”两大类，其中开发格局以城镇空间、产业园区、道路网络等为主体，保护格局主要由生态保护空间、永久基本农田、重要文化遗址等组成。三是按主导功能即综合了空间类别与管控导向的方式，可划分为“重点生态能区、农产品主产区、城市化发展区”或“生态保护、农业生产、城乡（城镇化）发展”三大空间格局。

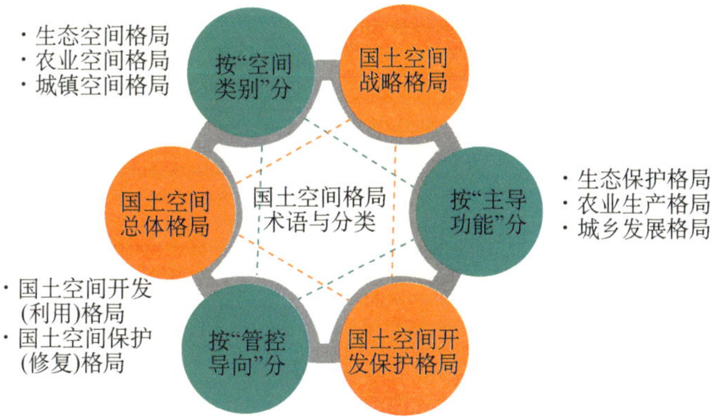

图 2-1　国土空间格局相关术语与分类示意图

2.1.2　国土空间格局优化作用及内容

2.1.2.1　地位作用

国土空间格局优化是以自然地理本底为基础，以国土空间发展目标与开发保护战略为导向，结合主体功能区定位，统筹全域各类空间要素布局，优化形成适应新时代发展的国土空间总体格局，也就是《建议》提出的构建国土空间开发保护新格局，为统领生态保护、农业生产、城乡发展等开发保护提供遵循。国家在全面开启建设新征程的历史时刻提出优化形成国土空间新格局的战略目标，这不但是建设人与自然和谐共生、实现空间高质量发展、施行空间治理现代化的需要①，也是国家坚持实施区域重大、主体功能区等战略，健全区域协调发展体制机制，完善新型城镇化战略的基础，对支撑构建形成“双循环”新发

① 杨伟民. 构建面向现代化的国土空间开发保护新格局[N]. 中国城市报，2020-11-30(013).

展格局具有十分重大的战略意义。

按照“一级政府、一级规划事权”的基本逻辑，结合五级国土空间总体规划编制的重点，可以发现国土空间格局优化作用与规划级别及类型呈正相关，即规划级别越高，其地位越重要；即规划越复杂，其作用越明显，因此在国家、区域及省域等宏观层面又可将国土空间格局界定为“国土空间战略格局”。也就是说在高级别的总体规划中国土空间格局优化十分重要（图 2-2），比如全国国土空间规划主要通过空间格局优化、空间政策制定等来体现其“战略性”；省级国土空间规划也需要通过主体功能分区、生态空间、农业空间、城镇空间、三条控制线等开发保护格局优化来落实全国国土空间规划，以及实现对市县国土空间规划编制指导，体现其“协调性”；市县国土空间总体规划则是通过国土空间格局优化实现统筹全域总体框架蓝图的战略引领，为具体的空间布局、要素配置及用途管制等提供依据，既发挥了总体规划的战略作用，又体现出市县总规实施性特点。

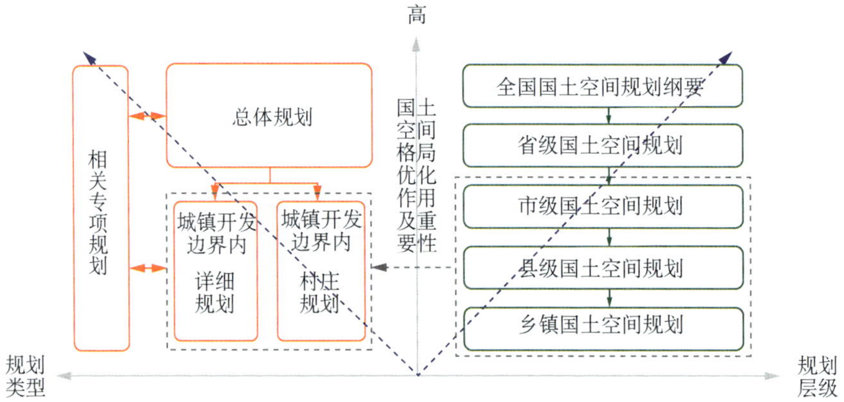

图 2-2　国土空间格局优化地位作用示意图

2.1.2.2　内容形式

通过梳理当前国家及地方已经发布的市县国土空间总体规划编制指南、导则、办法等技术文件（表 2-1），发现不同级别、不同地域关于国土空间格局优化内容有相似性，但也有一定的差异性。首先可以发现所有文件对国土空间格局（或开发保护格局）内容编制要求呈现出“总体格局或主体功能区 + N 类空间（格局）+ 其他”的特点，但都要求对生态、农业、城镇三类空间（沿海省市加海洋共四类）格局进行优化，所以这三类或四类空间是国土空间格局优化最基本也是最核心的内容；其次对于三条控制线（生态保护红线、永久基本农田、城镇开发边界）大多是纳入国土空间格局优化内容之中，比如《省级指南》要求在开发保护格局中确定省域三条控制线的总体格局和重点区域，而《市级指南》则将三条控制线与历史文化、资源矿产、资源利用等其他保护和控制线共同作为底线约束内容。笔者认为三条控制线是形成人与自然和谐的国土空间格局“骨架”，也是国土空间格局优化的关键“抓手”。国家要求在国土空间规划中统筹划定这三条控制线旨在处理好生活、生产和生态的空间格局关

表 2-1　当前规划编制技术文件中国土空间格局相关内容对比表

级别	地区	适用范围	文件名称及发布时间	内容	特点
国家	全国	各省、自治区、直辖市	《省级国土空间规划编制指南(试行)》,2020 年 1 月	• 主体功能区划; • 生态空间; • 农业空间; • 城镇空间; • 网络化空间组织; • 统筹三条控制线	开发保护格局:主体功能区 + 三类空间 + 空间网络化 + 三条控制线
		市级(副省级和地级市)、地区、州、盟	《市级国土空间总体规划编制指南(试行)》,2020 年 9 月	• 完善区域协调格局; • 优先确定生态保护空间; • 保障农业发展空间; • 融合城乡发展空间; • 彰显地方特色空间; • 协同地上地下空间; • 统筹陆海空间; • 明确战略预留空间	优化空间总体格局:协调格局 + 六类空间(生态保护、农业发展、城乡发展、地方特色、地下、陆海)+ 战略预留空间
地方	东部	浙江省市级城市	《浙江省市级国土空间总体规划编制技术要点(试行)》,2019 年 6 月	• 以"双评价"为基础,以统筹"三生"空间布局为主线; • 统筹优化市域生态、农业、城镇、海洋空间; • 合理布局重大工程、重大设施; • 确定全市域的国土空间开发保护总体格局	市域国土空间格局:开发保护总体格局 + 四类空间(农业、城镇、农业、海洋)
	中部	湖南省县级城市	《湖南省县级国土空间总体规划编制指南(试行)》,2020 年 9 月	• 总体格局; • 落实"三条"控制线; • 生态保护格局; • 农业生产格局; • 城乡发展格局; • 规划用途分区; • 用地结构优化	国土空间格局优化:总体格局 + 三条控制线 + 三类空间 + 规划分区 + 结构优化
	西部	四川省市(州)级、县级城市	《四川省市县国土空间总体规划编制办法》,2019年 9 月	• 以评价评估为基础,统筹保护与发展要素布局; • 构建国土空间开发保护总体格局; • 生态保护格局; • 农业发展格局; • 城镇发展格局	国土空间开发保护总体格局:总体格局 + 三类空间格局(生态保护、农业发展、城镇发展)
	北方	山东省市、县级城市	《山东省市县国土空间总体规划编制导则(试行)》,2019 年 9 月	• 总体格局; • 陆海生态安全格局; • 国土空间开发利用格局; • 农用地保护利用和乡村振兴; • 统筹划定落实三条控制线; • 全域规划分区及管制策略	市县国土空间格局:总体格局 + 三个格局(生态安全、开发利用、农地保护与乡村振兴)+ 三条控制线 + 规划分区

资料来源:依据当前自然资源部及相关省份已发布的市县总规编制技术文件整理

系，着眼于推动经济和环境可持续与均衡发展[①]，所以实施层面的市县总规应将其作为空间格局优化重要内容；最后还有用地布局及结构调整作为国土空间格局内容，笔者认为这些内容不宜纳入，因为“格局优化”类似于“战略”，而“用地布局、结构调整”则像是“战术”。

图 2-3　广东省国土空间规划公众版封面
来源：《广东省国土空间规划 2020—2035 年》公众版，网址：http://nr.gd.gov.cn/xwdtnew/zwdt/content/post_3225407.html

国土空间格局优化成果形式主要包括文本、图件、说明、专题研究报告、公众读本、国土空间规划“一张图”相关数据库及相关政策文件等，其中文本、图件及“一张图”相关数据等为基本成果，也是报批的必备成果。而说明、专题研究报告、公众读本及相关政策文件等附件成果，可以作为丰富规划成果形式的技术成果，如广东省国土空间规划就编制了“公众版”公开征求意见（图 2-3）。文本及说明重点阐述国土空间开发保护格局（总体格局）以及各类空间格局优化结果及相关内容，并明确相应的管制规则或指引；图件是将空间格局优化相关要素在空间上进行结构化表达，呈现出“多规合一”后国土空间总体框架格局的未来蓝图，实现空间落位指引。当前出台的技术文件已基本明确省市县三级国土空间格局相关图件类型及绘制要求（表 2-2），主要为国土空间总体格局图与国土空间控制线规划图；另外除了通过结构、指标、底线等文本及图件形式进行规划传导外，还应出台有针对性、可操作的财政、投资、产业、环境、生态、人口、土地等规划实施政策措施文件，进一步落实和细化主体功能区等政策，促进国土空间的优化和空间资源的资产价值实现。

表 2-2　省市县三级国土空间格局相关图纸及绘制要求

级别	图纸名称	图纸表达或制图要求	备注
省级	国土空间总体规划图	表达陆海国土空间开发保护的总体格局，包括国土空间总体格局图或国土空间开发格局图、国土空间保护格局图	
	主体功能分区图	表达陆海国土空间主体功能分区，包括城市化发展区、农产品主产区、重点生态功能区	

① 划红线　明底线　筑防线——《关于在国土空间规划中统筹划定三条控制线的指导意见》解读[J].国土资源，2019(11)：37-39.

续表

级别	图纸名称	图纸表达或制图要求	备注
市级	市域主体功能分区图	落实并依据实际情况细分省级国土空间主体功能区分区	示意型
	市域国土空间总体格局规划图(开发保护格局图)	主要涵盖生态、农业、城镇的国土空间总体格局,可分为生态、农业、城镇格局图	示意型
	市域国土空间控制线规划图(三条控制线规划或划定图)	地理底图包括:县(区)级及以上行政界线和政府驻地、山体、水系、规划高速公路、快速路和主干路等要素;必选要素为生态保护红线、永久基本农田、城镇开发边界	管控型图件
县级	县域国土空间总体格局规划图(开发保护格局图)	表达生态保护、农业生产、城乡发展等空间;重点保护的山体、水体;县域重点发展轴线、交通廊道及重要的发展节点	备选图件
	县域国土空间控制线规划图(三条控制线规划或划定图)	生态保护红线、永久基本农田控制线及城镇开发边界空间位置	必备图件:需要纳入国土空间规划"一张图"实施监督信息系统

资料来源:依据当前自然资源部及相关省份已发布的市县总规编制技术文件整理

2.2 全国国土空间战略格局优化的思考

《全国国土空间规划纲要》是在《全国国土规划纲要(2016—2030年)》《全国主体功能区规划》《全国城镇体系规划(2006—2020年)》等原国家层面三类空间规划基础之上编制的我国首部"多规合一"的空间规划。但因这三类规划分别由原国土部、发改委及住建部牵头编制,原各部委各自主导的规划核心思路是不一样的,而全国国土空间规划纲要将这三类规划"合一",所以首先应明晰每类规划各自核心内容有什么特点。

2.2.1 原三类全国空间性规划内容框架及关系辨析

2.2.1.1 规划内容框架与格局优化核心方法

1)《全国国土规划纲要(2016—2030年)》

2017年2月,国务院发布《全国国土规划纲要(2016—2030年)》(国发〔2017〕3号),目录提纲由"一导言十章三十七节"组成(图2-4),其基本是按国土集聚开发、分类保护和综合整治"三位一体"总体思路来构建核心内容。规划从经济布局与人口、资源分布不协调;城镇、农业、生态空间结构性矛盾凸显;部分地区国土开发强度与资源环境承载能力不匹配;陆海国土开发缺乏统筹等分析提出国土空间开发格局亟需优化,并在"国土开发开放、生态环境保护、区域发展"三个战略格局框架下重点来阐述开发、保护、整治、发展等国土空间格局优化相关核心内容。

全国国土规划纲要
(2016-2030年)

导　言
第一章　基本形势
第一节　重大机遇
第二节　严峻挑战
第二章　总体要求
第一节　指导思想
第二节　基本原则
第三节　主要目标
第三章　战略格局
第一节　高效规范的国土开发开放格局
第二节　安全和谐的生态环境保护格局
第三节　协调联动的区域发展格局
第四章　集聚开发
第一节　构建多中心网络型开发格局
第二节　推进新型城镇化发展
第三节　优化现代产业发展布局
第五章　分类保护
第一节　构建“五类三级”国土全域保护格局
第二节　推进人居生态环境保护
第三节　强化自然生态保护
第四节　严格水资源和耕地资源保护
第五节　加强海洋生态环境保护
第六章　综合整治
第一节　推进形成“四区一带”国土综合整治格局
第二节　实施城市化地区综合整治
第三节　推进农村土地综合整治
第四节　加强重点生态功能区综合整治
第五节　加快矿产资源开发集中区综合整治
第六节　开展海岸带和海岛综合整治
第七章　联动发展
第一节　推进区域一体化发展
第二节　支持特殊地区加快发展
第三节　提高开放合作水平
第八章　支撑保障
第一节　加强基础设施建设
第二节　保障合理建设用地需求
第三节　强化水资源综合配置
第四节　构建能源安全保障体系
第五节　提升非能源重要矿产资源保障能力
第六节　增强防灾减灾能力
第七节　推进体制机制创新
第九章　配套政策
第一节　资源环境政策
第二节　产业投资政策
第三节　财政税收政策
第十章　《纲要》实施
第一节　夯实实施基础
第二节　加强实施管理

图 2-4　2016 版全国国土规划纲要目录

资料来源：改绘自《全国国土规划纲要(2016—2030 年)》(国发〔2017〕3 号)

2)《全国主体功能区规划(2010—2020 年)》①

2011 年 6 月，国务院正式发布《全国主体功能区规划》(国发〔2010〕46 号)，由“一序言六篇十三章四十五节”组成②(图 2-5)。其是在构建“两横三纵”为主体的城镇化、“七区二十三带”为主体的农业、“两屏三带”为主体的生态安全等三个战略格局的目标下，按“优化开发区域”“重点开发区域”“限制开发区域(农产品主产区、重点生态功能区)、禁止开发区域”等四类区域分区管制为核心来编制内容。通过规划目录提纲也可看到，在第四章“战略目标”之后，第五章至第九章就是这四类区域规划内容。所以主体功能区的划分或分区是按照优化、重点、限制、禁止等国土空间开发引导与管控逻辑进行的编制，这有利于推进经济结构战略性调整及重大生产力布局优化。

全国主体功能区规划
(2010-2030年)

序　言
第一篇　规划背景
第一章　规划背景
第一节　自然状况
第二节　综合评价
第三节　突出问题
第四节　面临趋势
第二篇　指导思想与规划目标
第二章　指导思想
第一节　开发理念
第二节　主体功能区划分
第三节　重大关系
第三章　开发原则
第一节　优化结构
第二节　保护自然
第三节　集约开发
第四节　协调开发
第五节　陆海统筹
第四章　战略目标
第一节　主要目标
第二节　战略任务
第三节　未来展望
第三篇　国家层面主体功能区
第五章　优化开发区域
第一节　功能定位和发展方向
第二节　国家层面的优化开发区域
第六章　重点开发区域
第一节　功能定位和发展方向
第二节　国家层面的重点开发区域
第七章　限制开发区域（农产品主产区）
第一节　功能定位和发展方向
第二节　发展重点
第三节　其他农业地区
第八章　限制开发区域（重点生态功能区）
第一节　功能定位和类型
第二节　规划目标
第三节　发展方向
第四节　开发管制原则
第九章　禁止开发区域
第一节　功能定位
第二节　管制原则
第三节　近期任务
第四篇　能源与资源
第十章　能源与资源
第一节　主要原则
第二节　能源开发布局
第三节　主要矿产资源开发布局
第四节　水资源开发利用
第五篇　保障措施
第十一章　区域政策
第一节　财政政策
第二节　投资政策
第三节　产业政策
第四节　土地政策
第五节　农业政策
第六节　人口政策
第七节　民族政策
第八节　环境政策
第九节　应对气候变化政策
第十二章　绩效考核评价
第一节　完善绩效考核评价体系
第二节　强化考核结果运用
第六篇　规划实施
第十三章　规划实施
第一节　国务院有关部门的职责
第二节　省级人民政府的职责
第三节　监测评估

图 2-5　2010 版全国主体功能区规划目录

资料来源：改绘自《全国主体功能区规划》(国发〔2010〕46 号)

全国城镇体系规划
(2006-2020年)

第一部分　全国城镇体系规划总报告
引言
第一章　中国城镇发展的条件与趋势
第二章　城镇发展策略、目标与规模
第三章　城镇化空间战略
第四章　城镇体系与城市发展
第五章　镇、乡和村庄布局与建设
第六章　城镇发展支撑体系
第七章　资源的节约保护与利用
第八章　生态保护与环境污染防治
第九章　省域城镇发展指引
名词解释
第二部分　全国城镇体系规划专题报告
专题一　我国人口流动与城镇化研究
专题二　我国未来产业发展与社会经济空间布局研究
专题三　我国生态环境支撑条件与城镇发展空间布局研究
专题四　我国水资源条件研究
专题五　我国城镇群发展研究
专题六　综合交通运输规划研究
专题七　城乡建设用地调控目标与途径研究
专题八　村镇发展与新农村建设研究
专题九　国外国家级空间规划的编制与实施

图 2-6　2006 版全国城镇体系规划目录

资料来源：改绘自《全国城镇体系规划(2006—2020)

① 2011 年 6 月官方发布的全国主体区规划名称中并没有“(2010—2020 年)”，而是将推进实现主体功能区主要目标的时间定为 2020 年，为便于对比分析，在规划名称中增加了规划期限。

② 因海洋在全国国土空间中的特殊性，国家于 2015 年单独印发了《全国海洋区主体功能区规划》(国发〔2015〕42 号)，并作为全国主体功能区规划重要的组成部分。

3)《全国城镇体系规划(2006—2020年)》①

通过2010年出版的《全国城镇体系规划(2006—2020年)》目录可看出规划成果由总报告与专题报告两大部分组成②(图2-6)。全国城镇体系规划是在城镇发展目标及规模基础上,聚焦在“城、镇、乡、村”等城乡建设空间框架及指引,在城镇化空间战略的基础上实行“东中西及东北地区”等地理型城镇化政策分区,同时还强调城镇群、重要江河流域、湖泊地区、海岸带及跨省协调等重点地区分类指引。另外,全国城镇体系规划主要是强调全国城镇空间格局网络构建,推进“一带七轴多通道”的城镇网络化发展体系形成及城乡发展建设的分类指引。

2.2.1.2 原三类空间性规划相互关系辨析

通过对比可出,全国国土规划纲要是按“开发、保护、整治”三大维度来叙事的,以城乡建设空间为规划重点的全国城镇体系规划整体上属于国土空间“开发格局”优化的核心组成部分。全国主体功能区划是秉承支撑“城镇化、农业、生态安全”三大战略格局基础上,按“优化开发、重点开发、限制开发、禁止开发”四大分区维度来叙事;全国城镇体系规划主要采用的是“东、中、西、东北”等地理维度城镇化发展分区的思路,这两类规划分区的思路本身是不同的,比如说在中部地区,按照全国主体功能区划,也有禁止开发区、限制开发区、优化开发区、重点开发区,而且两者分区管控思维与全国国土规划的分类管控思维也有差异。

2.2.2 全国国土空间战略格局优化思路与规划框架思考

2.2.2.1 “取长补短、融合重构”的优化思路

“多规合一”的全国国土空间规划纲要,应汲取原“多规”丰富的“素材”,取长补短,融合重构为新的全国国土空间规划。按全域全要素、保护与开发并重思路确定规划核心内容。建议以“国土规划纲要”为基础,整合“主体功能区规划”的空间分区政策和“全国城镇体系规划”提出的城镇化开发空间主体,优化全国国土空间战略格局。并以“全国国土空间规划纲要”的编制,推进多学科、多专业的真正融合,而不是原有内容的“简单拼合”或“机械组合”。

2.2.2.2 重构并强化“国土空间战略格局”内涵

全国国土空间规划纲要战略格局是以原有的“东部开放开发、中部振兴、西部大开发、东北振兴”四大区域战略为基础,以新时期“一带一路、长江经济带、京津冀、粤港澳大湾

① 2007年2月《全国城镇体系规划(2006—2020年)》由原建设部部党组会议讨论同意上报,但最后未获得国务院批复发布。

② 住房和城乡建设部城乡规划司.全国城镇体系规划(2006—2020年)[M].商务印书馆,2010.

区、成渝双城”等战略为引领，聚焦国土空间规划的“保护、开发、利用、修复(整治)”等核心问题，优化形成“高水平国土空间保护、高质量国土空间开发、高品质国土空间利用、高标准国土空间修复(整治)”等战略格局，重新定义并强化“国土空间战略格局(国土空间开发保护格局)”内涵。在此基础之上，一方面不断深化完善全国国土空间规划纲要的空间战略内涵、地位及作用，另一方面引领并指导地方国土空间开发保护格局及重点区域空间布局优化调整，实现国土空间高质量发展。

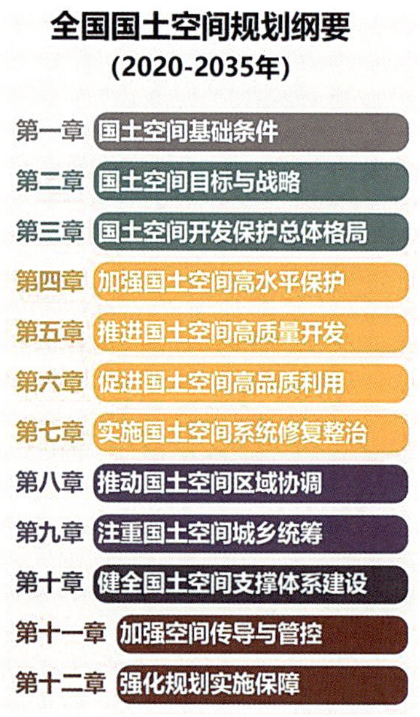

图 2-7 全国国土空间规划纲要建议目录

2.2.2.3 《全国国土空间规划纲要》内容架构逻辑

《全国国土空间规划纲要》的主要内容分为国土空间基础条件、国土空间目标与战略、国土空间开发保护总体格局等十二章节(图 2-7)。规划纲要内容架构是按照问题导向、目标导向、结果导向相结合，依据“问题→目标→战略→指标→格局(或布局)→机制”传导的逻辑关系进行设置的。同时规划纲要框架提纲遵循了简洁性、清晰性、规范性等原则，使得规划领域及内容纲举目张，确保了国家层面的国土空间规划的政策导向与范本效应，进而强化了其战略地位。另外，按照这种逻辑制定的规划纲要框架及内容让事权边界清晰，更易与其他部门衔接并凸显国土空间规划基础作用，而且响应了国家建立国土空间规划体系及统一规划体系的改革要求，充分体现了中国特色社会主义制度与发展模式的优越性。

2.2.3 全国国土空间开发保护战略格局优化策略建议

2.2.3.1 原国家级“三规”对全国国土空间开发格局认知差异

全国国土规划纲要提出构建“多中心网络型”开发格局。一方面推进建设“优化开发、重点开发及其他区域性中心城市区域”三类国土开发集聚区；另一方面积极培育以“两横三纵”开发轴带为主体国土开发轴带，其中两横是东起东陇海地区、西至天山北地区的“路桥轴带”与“长江经济带”，三纵是以沿海、京哈京广、包昆通道为纽带形成的城镇化发展轴带，以及强调以城市群为主体形态，提升优化开发区域城镇化质量，培育发展中西部地区城市群，稳妥有序推进农产品主产区城镇化发展。全国主体功能区规划重点构建“两横三纵”城镇化战略格局，实现对城市群和区域性开发引导，形成以国家优化开发和重点开发的城市化城区为主要支撑，以轴线上其他城市化地区为重要组成的开发格局。全国城镇体系规划则是以城镇群为核心，以主要城镇联系通道为骨架，以重要的中心城市为节点，形成“多元、多极、网络化”的城镇空间格局，重点推进“一带七轴多通道”的城镇网络化发展体系。可以看出，全国城镇体系规划结构跟国土规划纲要和主体功能区规划都不一样，它没有强调西部从包头到昆明的这个实际上客观存在的轴带。另外，其地理方位型的城镇化政策分区与国土规划纲要及主体功能区规划的空间管制型政策分区差异较大。

2.2.3.2 以城镇化空间为核心构建“全国国土空间战略格局”

能否构建形成满足生态文明建设要求的全国国土空间战略格局，关键在于优化形成适应新发展阶段需求的国土空间开发格局，而城镇化空间格局毫无疑问是国土空间开发格局的核心，所以应以城镇化空间为核心构建“全国国土空间战略格局”。主要从四方面来理解：第一是高质高效的国土开发开放格局，包括构建多中心网络型国土开发格局，还要强调以都市圈、城市群为核心的城镇化空间格局，以沿海、沿边为依托的全方位国土开放格局，以及以现代产业基地为基础的产业空间格局。第二是绿色安全的生态环境保护格局，包括农业战略格局、陆海统筹的国土生态安全格局、分级分类的国土全域保护格局。第三是一个差异引导的主体功能分区格局，在开发和保护格局的基础上，要实施主体功能分区管控，在全国层面更适合的应该是主体功能分区，城镇化政策分区现在不太实用了，所以要借鉴主体功能区，在全国和省级层面采用主体功能区的思路。第四是协调联动的区域发展格局，包括谋划区域发展新格局、促进国土区域的发展、推进城镇一体化发展、推进区域协调发展。

2.2.3.3 全国国土空间开发格局优化应有大视野与新思维

2013 年，习近平总书记在十八届中央政治局第六次集体学习时就提出：要把国土空间开发格局设计好，整体谋划国土空间开发，坚定不移加快实施主体功能区战略，构建科学合理的城镇化推进格局、农业发展格局、生态安全格局①，所以全国国土空间开发格局优化应有大视野与新思维，重点体现在以下四方面。

1）厘清都市区、都市圈、城市群内涵差异，认清城市区域发展趋势

“都市区”一般由一个核心城市主城区和周边城市型功能组团构成，反映中心城市功能及实体空间扩散所及范围。我国都市区主要有两种类型（图 2-8），一种是“核心都市区”，就像过去的城市规划区，如武汉大都市区；另一种是“域都市区”全，像上海、东莞、深圳等。“都市圈”是一个核心城市及其外围次级城市形成的城市紧密联系区，常见的以特大城市或省会城市为核心形成都市圈，亦是大城市群中的次区域，如长三角城市群由 5 个都市圈（南京、合肥、苏锡常、杭州、宁波）构成（图 2-9）。“城市群”是在一个特定地域内，由若干规模不同、类型各异的城市，其中有一个或多个特大城市，依托便利的交通通信等

① 中共中央文献研究室. 习近平关于社会主义生态文明建设论述摘编[M].北京：中央文献出版社，2017.

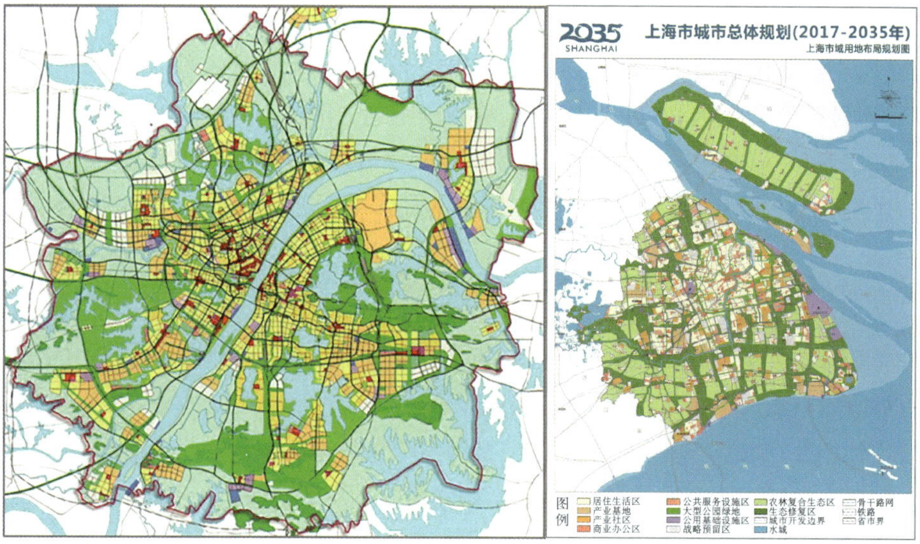

(a) 核心都市区（武汉都市区）　　(a) 全域都市区（上海市域）

图 2-8　我国城市两种类型的都市区规划案例

资料来源：(a) 武汉市城市总体规划（2010—2020 年），网址：http://gtghj.wuhan.gov.cn/qs/pc-993-118446.html；(b)《上海市城市总体规划（2017—2035 年）》，网址：https://ghzyj.sh.gov.cn/ghjh/20200110/0032-811864.html

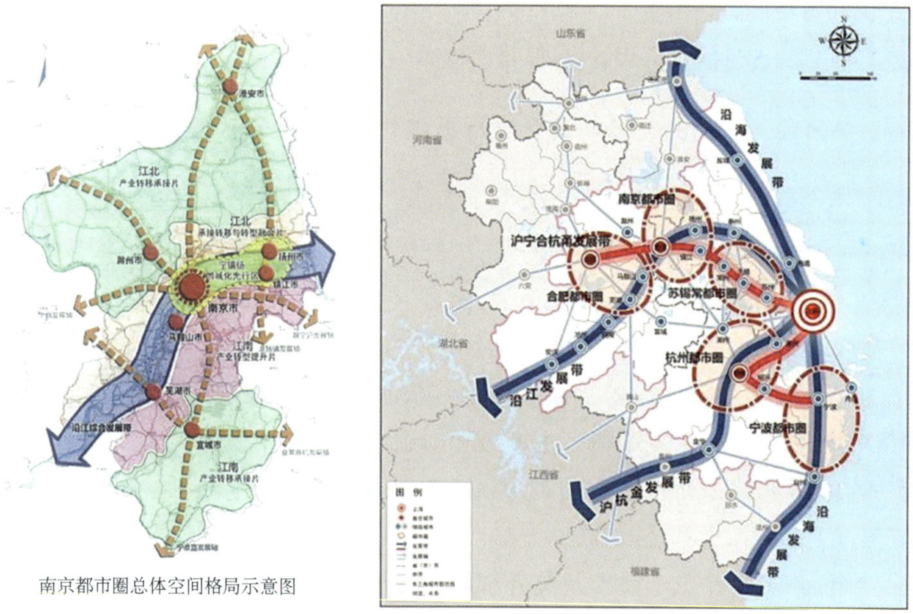

(a) 南京都市圈总体空间格局示意　　(b) 长三角城市群空间结构示意

图 2-9　南京都市圈与长三角城市群空间关系

资料来源：(a)《南京都市圈空间规划》，网址：https://baike.baidu.com/item/%E5%8D%97%E4%BA%AC%E9%83%BD%E5%B8%82%E5%9C%88

(b)《长江三角洲城市群发展规划》，网址：https://www.ndrc.gov.cn/xxgk/zcfb/ghwb/201606/W020190905497826154295.pdf

基础设施网络，所形成的经济联系密切、功能互补、具有一体化趋势的城市群体，城市群更多的是一种国家经济发展重要平台及新型城镇化的政策作用区。都市圈是都市区发展的高级阶段，是城市群形成发育的前期阶段，其更加强调中心城市及其核心作用，是城市群的核心功能区①②，这是“都市圈”区别于“城市群”的关键所在。

20 世纪 90 年代以来，全球化及信息化促进了新的城市区域空间的形成，这种变化体现在以美国为代表的西方大城市都市区普遍呈现出分散化、多中心和大规模的郊区化，并在国家层面形成若干个大都市连绵区；中国经历近 30 年大城市的快速发展，已逐步向以大城市为中心，由多个与中心城市有较强通勤联系的外围城市（镇）组成的都市圈（或大都市区）方向发展。21 世纪城市区域进一步发展，并呈现下列共同趋势：城市层面额大城市区域化、区域层面的城市密集化、国家层面的空间集聚化。全国逐步形成了由乡村—小城镇—中小城市—中心城市—都市圈—城市群（或大湾区）共同组成的多尺度、全覆盖的城乡地域结构体系。因城市区域存在着多种概念描述及交叠，以及多重空间类型界定，原三类全国性空间规划在国土空间开发格局，特别是城镇化空间战略格局优化方面都有不足，都将城市群作为主体形态，并没有厘清都市区、都市圈、城市群内涵的差别。我们认为实体空间组织应是国土空间规划的关注焦点，从实体空间合理组织维度出发，城市区域地域空间层次呈现出中心城（主城区）—都市区—都市圈—城市群的地域梯度递进关系（图 2-10）。

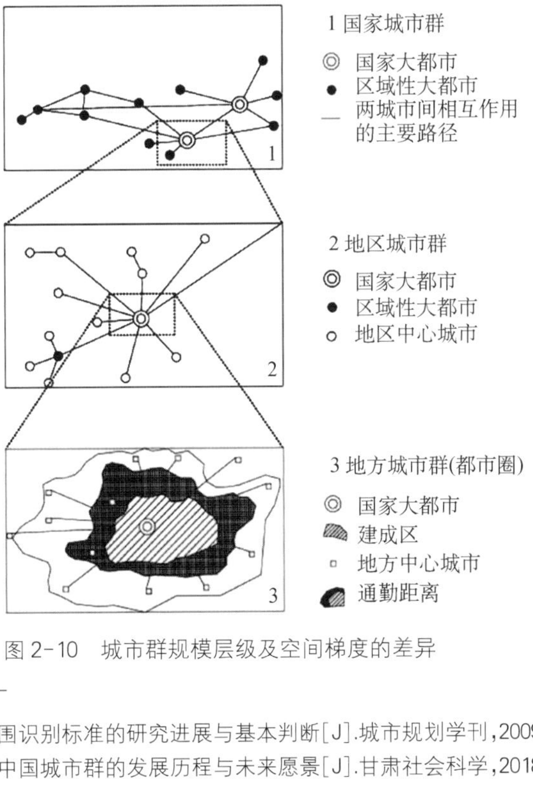

图 2-10　城市群规模层级及空间梯度的差异

---

① 方创琳.城市群空间范围识别标准的研究进展与基本判断[J].城市规划学刊，2009(04)：1-6.

② 刘士林.改革开放以来中国城市群的发展历程与未来愿景[J].甘肃社会科学，2018(05)：1-9.

2）明确都市圈是新时期中国城镇化战略格局实施的主要空间形式

都市圈是大城市区域化发展的重要阶段。“中心城→都市区→都市圈（或大都市区）→城市群”，是城市化发展时空演进的普遍规律。过去20年，中国城镇化发展最显著的特征，就是特大、大城市的快速发展及大城市地区的形成，其典型表现是工业企业从中心城迁出，在大城市周边形成一些新区新镇，出现跨行政区划的通勤人口，如数以十万计的河北燕郊居民到北京上班、江苏昆山居民到上海上班，导致人口及产业格局重构。现阶段我国大城市已从中心城、都市区发展阶段向都市圈（或大都市区）发展阶段转化，随着城市区域化的纵深发展，城市功能及空间联系向市域外扩散，以特大城市和省会城市为核心的都市圈会普遍形成。

都市圈发展将导致我国城镇化总体空间格局的重构。我国自“十一五”规划纲要提出“城市群的发展将作为我国推进城市化的主体形态”，到《国家新型城镇化规划（2014—2020年）》和“十三五”规划中提出要优化提升东部地区城市群，培育、引导发展中西部地区城市群，形成更多支撑区域发展的增长极。过去10余年中，学术研究及国家战略重点聚焦于城市群发展，城市群空间范围及规模不断“扩容”，难以作为新时期城镇化实施主体空间形态，其越来越成为一种战略政策区，在这个过程中，反而忽视了都市圈发展是城市群和成长发育的必要阶段。在目前国家“5＋9＋6”城市群体系中，除长三角、珠三角城市群外，其余城市群仍处于培育发展期，在一定时期内，城市群核心的都市圈发展将成为重点。城市群之外的特大城市地区，也面临一系列城市病需要在都市圈尺度进行统筹。可以说，以特大城市、省会城市为核心的都市圈将成为区域发展的主要空间组织形式，都市圈发展所引发的“尺度重构”将推动中国城镇化总体空间格局的变化。据国家发改委初步研究结论显示，我国大约会形成30多个都市圈。

3）构建全方位开发开放的中心城市体系，培育优化国土开发轴带

原三类国家级空间规划均没有明确提出全国中心城市体系，都没有反映出我国城镇化、城镇体系格局在全球视野下的新发展。且自2006版全国城镇体系规划以来，我国全方位开发开放格局发生了很大的变化，可以说原有三类规划均不能适应我国省会城市、边疆开放城市普遍发展的态势，新一轮全国国土空间规划应进一步研究提出我国未来国际大都市、国家中心城市、区域中心城市、边境节点城市等构成的全国中心城市体系。

以“两横三纵”为框架的城镇化发展及国土开发轴带是原三类空间规划基本形成的共识，所以应继续提升长江通道和陆桥通道等东西向通道轴线集聚能力，完善国土空间开发战略；向外延伸长江、陆桥及包昆通道等主要轴线，适应新时期双向开放战略①，

① 王亚飞，郭锐，樊杰.国土空间结构演变解析与主体功能区格局优化思路[J].中国科学院院刊，2020，35(07)：855-866.

注重培育与周边国家的海上、陆路交通性大通道，满足区域协调发展及“一带一路”倡议的需求。因此，完善城市（镇）化战略格局仍是我国国土空间开发格局优化的重点。

4）基于主体功能分区理念构建全国国土空间开发开放政策分区

当今中国随着“一带一路”、长江经济带、京津冀协同等三大战略实施，城镇化空间格局及全国国土空间开发格局正在重构，区域发展不平衡不仅仅只是在“东、中、西、东北”存在，还有一个很强烈的“南、北”发展不平衡问题，各板块内部也出现明显分化，有的省份内部也有分化现象。近 10 年来，南北经济逐步失衡，南方地方的中心城市，尤其珠三角成为吸引人口的高地，经济和人口向大城市及城市群集聚的趋势比较明显。长江经济带的产业及投资总体向南向西偏向，受“一带一路”惠及，开放口岸呈现“南升北降”态势，南方地方快速崛起创新中心。长三角、珠三角等地区已初步走上高质量发展轨道，一些北方省份增长放缓，北京的创新输出能力在持续下降，全国经济重心进一步南移。2018 年，北方地区经济总量占全国的比重为 38.5%，比 2012 年下降 4.3 个百分点。2012—2018 年，东北地区经济总量占全国的比重从 8.7%下降到 6.2%，常住人口减少 137 万人①。

因此，从城镇化政策分区及国土空间开发分区管控角度，以主体功能区分区作为政策分区更为恰当，东部地方整体属于优化开发区域，中、西、东北部则均存在重点开发区域及限制开发区域、禁止开发区域，实施主体功能区分区可以提高城镇化及国土空间开发分区管制政策的精度。

2.3 省级国土空间格局优化的探索

2.3.1 省级国土空间格局优化规划重点

2.3.1.1 《省级指南》有关规划要求解读

《省级指南》赋予了省级国土空间规划三个定位，首先是落实和深化全国国土规划纲要内容，其次是省域内国土空间发展的总纲和政策，最后是省级专项、市县等下位规划基本依据（图 2-11）。可以看到省级国土空间规划的战略性主要是通过重点管控性内容中“目标与战略”与“开发保护格局”来体现，所以省级国土空间格局优化除了需要对空间格局领域核心问题进行研究规划外，还要对省级国土空间发展的总体定位、国土空间开发目标及战略进行分析研究。

省级国土空间格局，即开发保护格局优化重点领域主要在四方面，一是主体功能分区，首先要落实国家级主体功能分区，其次还应细化和完善省这级的主体功能分区，最后

① 习近平.推动形成优势互补高质量发展的区域经济布局[J].当代党员，2020(01)：1-3.

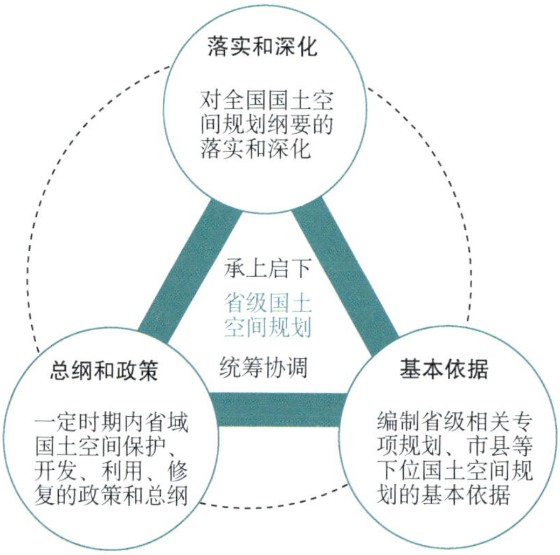

图 2-11　省级国土空间规划定位及作用

可概括为“两分区”；二是三类空间，可以理解为“三区”，是指生态空间、农业空间、城镇空间，这与所谓的生产、生活、生态“三生”空间是有差异的；三是一网络，以区域综合交通和基础设施网络为骨架，形成支撑系统，促进形成省域国土空降网络化；四是三条控制线，俗称“三线”，即生态保护红线、永久基本农田、城镇开发边界。所以，省级国土空间格局优化就是“两分区”+“三区三线”+“一网络”的规划。

2.3.1.2　相关省级国土空间规划案例解读

由《广东省国土空间规划（2020—2035 年）》（征求意见稿）目录提纲可以看出其内容由“十三章五十八节”组成（图 2-12），采用“基础与形势 + 目标愿景与战略格局 + 四类空间 + 要素专项 + 实施保障”的行文逻辑，其中战略格局构建以支撑形成“一核一带一区”区域发展新格局为目标导向，由“构建国土空间开发保护总体格局、深化主体功能区战略、实施‘三区三线’管控及展望美丽国土空间远景”等四部分，并作为城镇、农业、生态、海洋等四类空间格局优化的基本依据。

同样可以看到，《山西省国土空间规划（2020—2035 年）》（征求意见稿）也是将构建国土空间开发保护总体格局、优化主体功能区及加强“三区三线”管控等作为国土空间格局的核心内容，指导生态空间、农业空间、城镇空间、魅力空间及能矿空间格局及布局优化，并通过国土空间总体规划图（总体格局图）及主体功能分区图来展优化后的山西省域国土空间格局（图 2-13）。

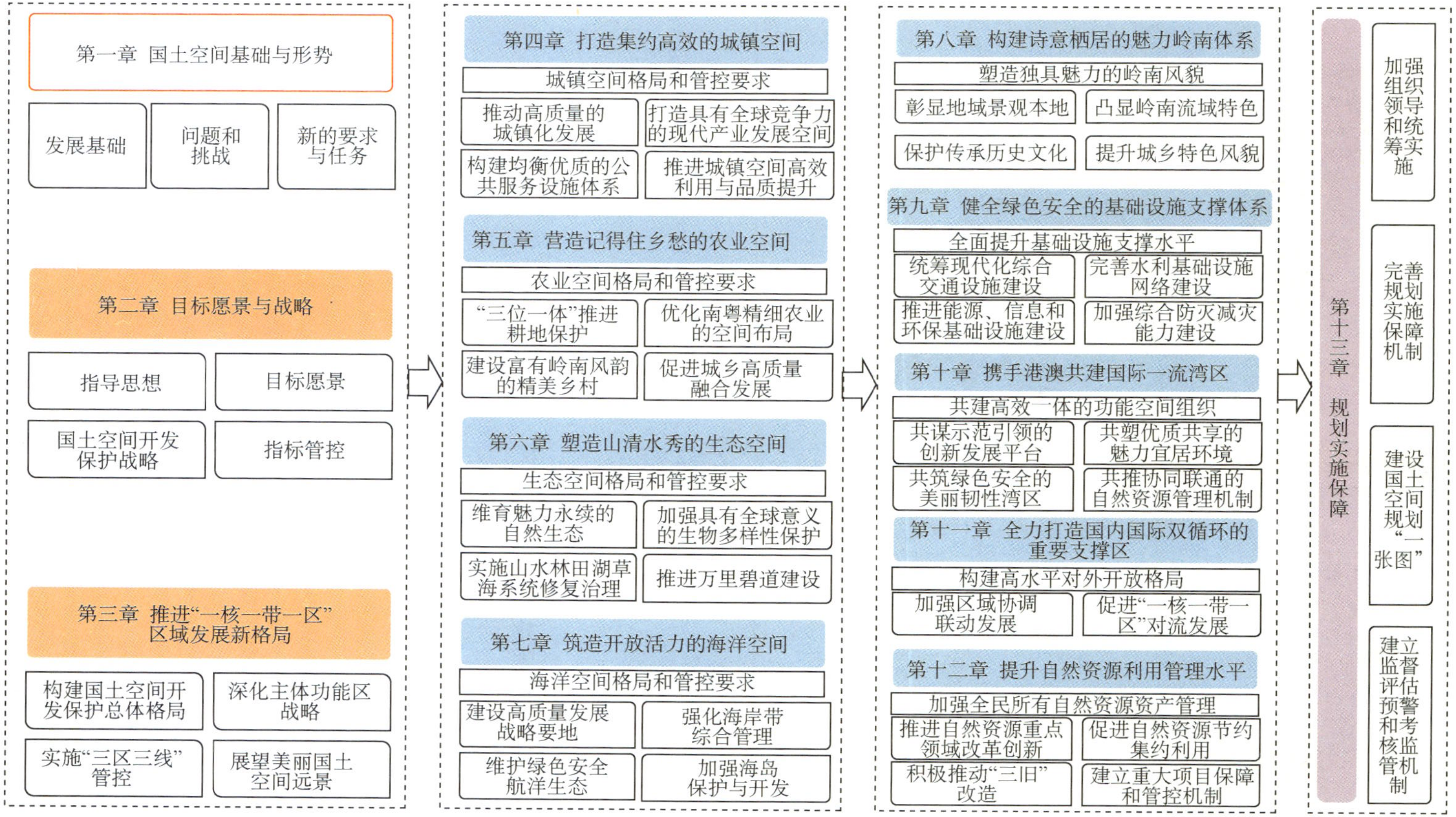

图 2-12 广东省国土空间规划(2020—2035 年)内容框架

资料来源:改绘自《广东省国土空间规划(2020 - 235 年)》(征求意见稿), 网址:http://nr.gd.gov.cn/attachment/0/413/413359/3225407.pdf

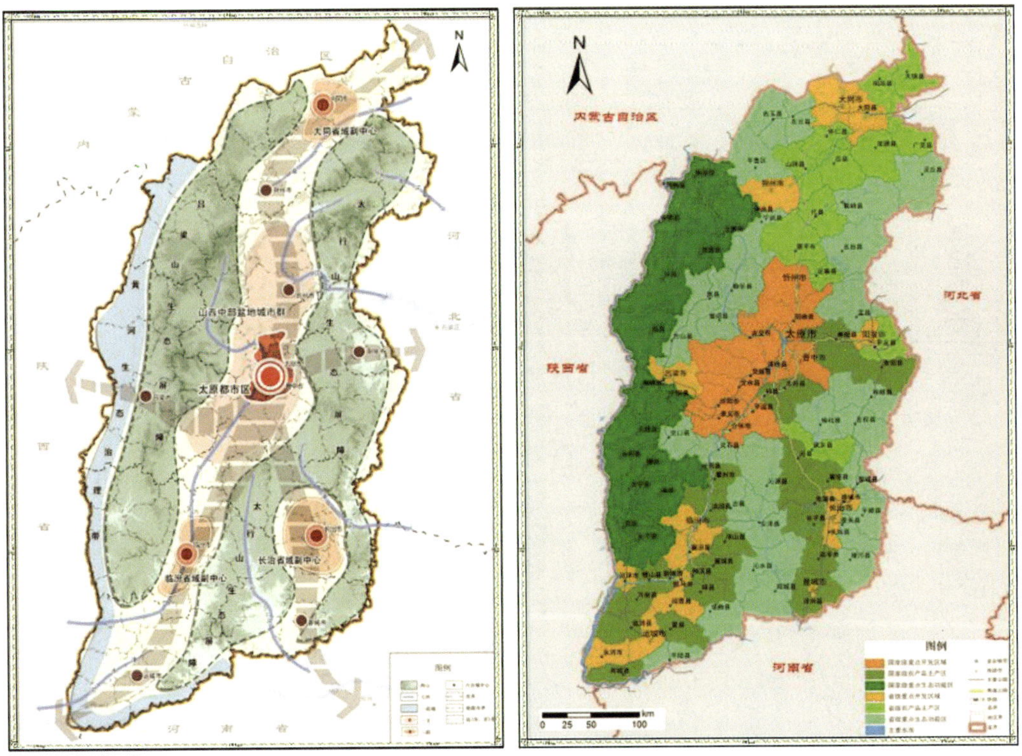

图 2-13　山西省国土空间总体规划图与主体功能分区图

资料来源:《山西省国土空间规划(2020—2035 年)》(第二轮征求意见稿),网址:http://zrzyt.shanxi.gov.cn/hdjl/yjzj/202103/P020210903379383943943.pdf

2.3.2 省级国土空间格局关联概念理解

可以看出,省级国土空间目标与战略,也可以说是省级国土空间战略定位与国土空间格局是紧密关联的,都是体现省级国土空间规划“战略性”维度的内容。这也就带来在省级国土空间规划编制中时常出现一个困惑或难题,就是规划目标是确定“省域综合发展目标”,还是“国土空间发展目标(国土空间开发保护目标)”,战略是提“综合发展战略”还是“国土空间发展战略(国土空间开发保护战略)”,同样,国土空间格局是提“综合发展格局”还是“开发保护格局”?

众所周知,对于一个国家、一个省份、一个城市来讲,综合发展的范畴更广,其包含经济、社会、文化等很多方面,国土空间发展只是综合发展领域中的一部分。因此,国土空间发展目标、定位、战略及格局等不能也无法替代全省综合发展目标、定位、战略及格局等,也就是说“省级国土空间规划”无法承担“省级发展规划”作用。但在进行省级国土空间格局优化研究或规划时候,可依据省级综合或总体的发展战略格局提出相应的空间战略格局，作为落实国家、区域及省级重大发展战略重要手段方式（图 2-14）。另外，主体功能区划与国土空间格局优化展现形式也有值得探讨的地方，比如主体功能区存在以功能类与政策类分区的分歧，国土空间格局也存在空间类别、管控导向及主体功能三种分法。

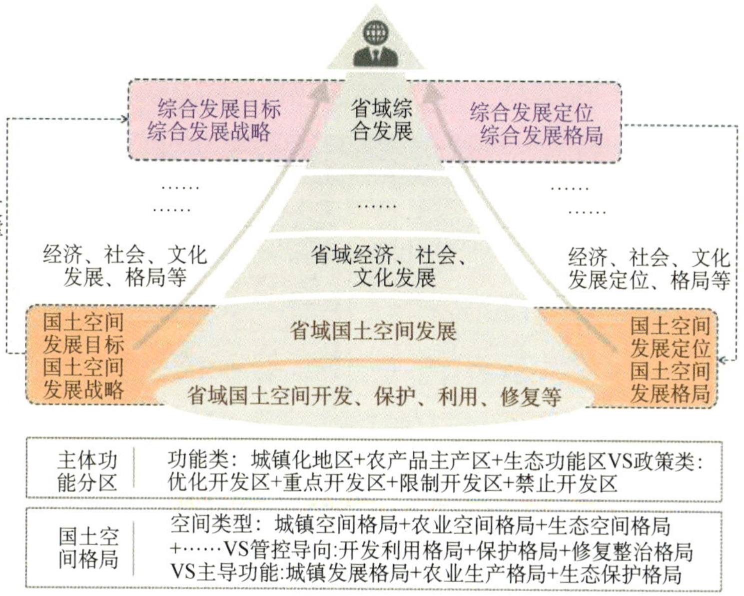

图 2-14 省级国土空间格局关联概念分析

2.3.3 省级国土空间格局优化的湖北探索①

2.3.3.1 基本思路与技术路线

按照测空间、顺趋势、谋定位、优格局的思路制定湖北省国土空间战略格局研究技术路线（图 2-15）。

2.3.3.2 国土空间测度与格局识别

1）“五空间一网络”测度识别体系

从城镇、产业、农业、生态、魅力空间及交通网络等领域，构建“五空间一网络”的空间测度体系，分维度、列指标精准识别湖北省现状国土空间格局特征。

2）现状国土空间格局总体特征

生态空间格局：山体屏障四周环抱，江湖水网纵横交错，自然景观东西集聚分布。

① 《湖北省国土空间规划(2020—2035 年)》由湖北省国土资源研究院、湖北省城市规划设计研究院有限公司、武汉规划研究院牵头编制，《湖北省国土空间战略格局研究》是规划前期开展的 17 项重大专题和重点任务研究之一。

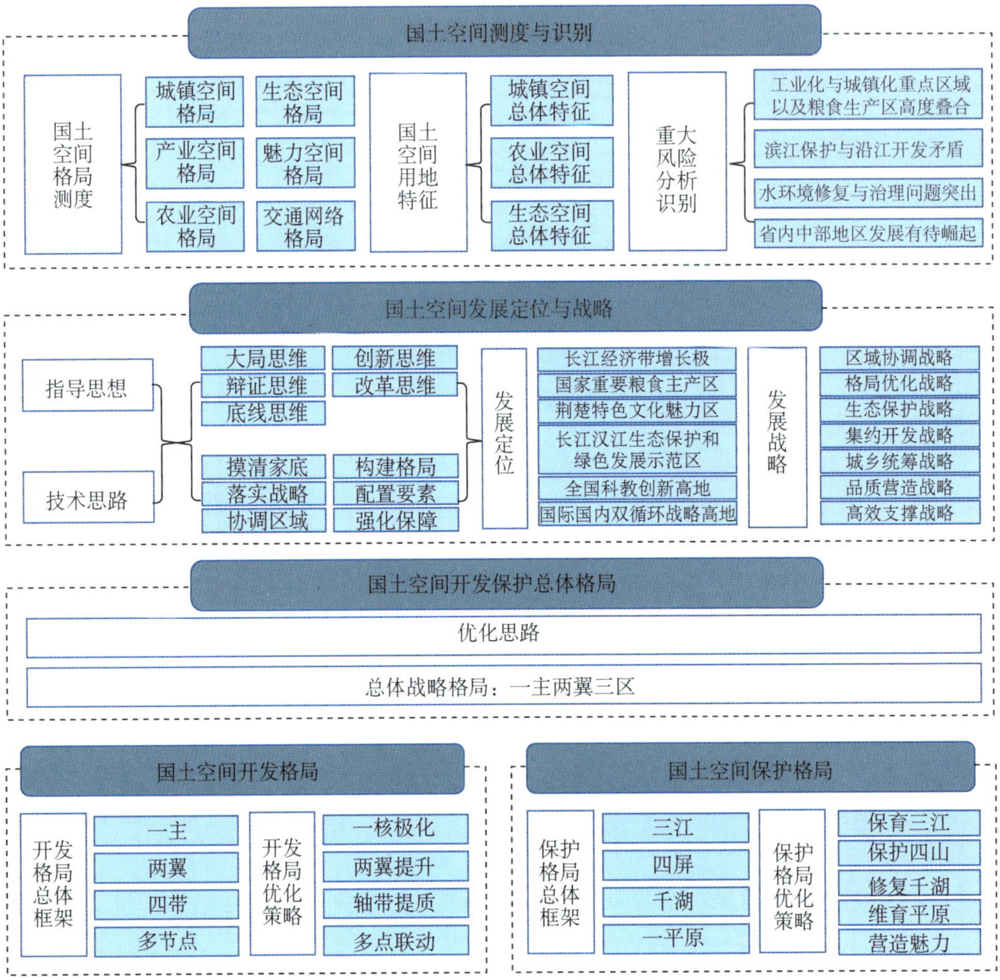

图 2-15 研究技术路线图

资料来源：《湖北省国土空间战略格局研究》（过程稿）

农业空间格局：平原集聚，岗地延展，山地分散。鄂中江汉平原水网地区呈现大规模高密度集聚分布；鄂东、鄂北岗地地区呈现出“垂江延展”布局特征，鄂西、鄂东北、鄂东南山地地区呈现小规模分散布局特征。

城镇空间格局：一主两副，轴带延展；城镇空间依托综合交通网络“轴带延展”的格局特征（图 2-16）。

3）空间格局问题及风险分析

结合“双评价”结论，分析发现湖北省国土空间存在工业及城镇化重点区域及粮食主产区高度叠合；长江汉江滨江保护与沿江城镇开发的矛盾；“千湖之省”水环境修复与治理问题突出；省域发展不平衡，鄂中地区发展有待崛起等四方面问题及风险。

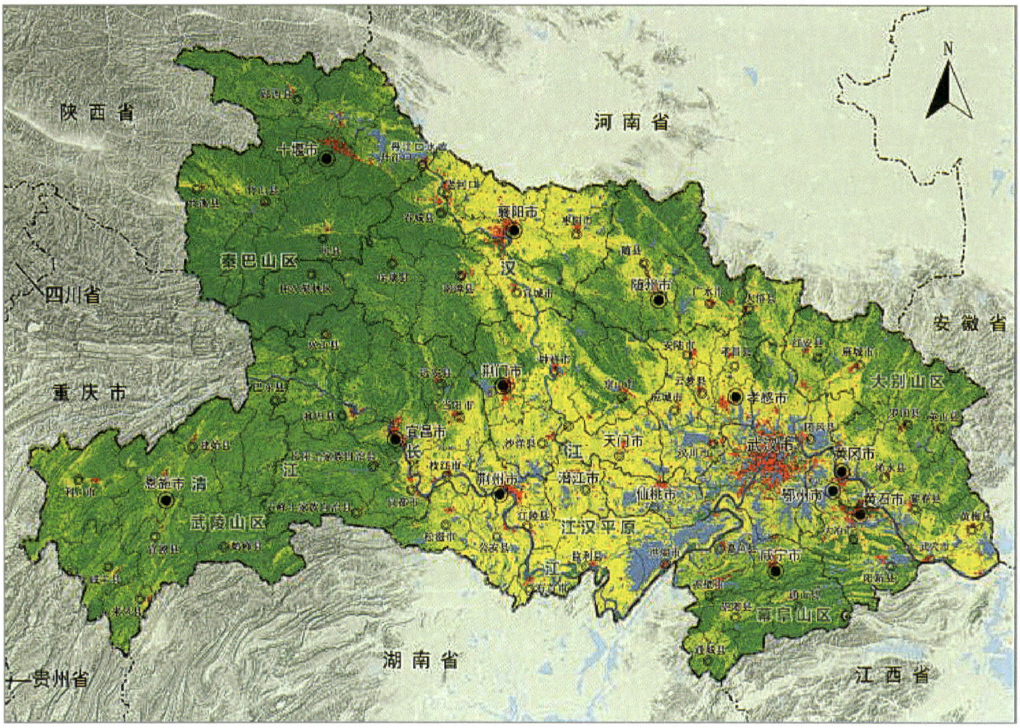

图 2-16 湖北省国土空间格局现状图
资料来源:《湖北省国土空间战略格局研究》(过程稿)

2.3.3.3 国土空间发展定位与战略

1)国家及区域重大发展战略分析

一是联动长江上下游及引领西部发展,强化纽带作用;二是严守耕地保护红线,发挥全国重要粮仓担当使命;三是积极践行“两山”理论,坚持生态优先绿色发展;四是全面彰显荆楚特色魅力,不断提升文化软实力;五是加大凸显科研及产业优势,引领内陆对外开放;六是融入双循环发展新格局,推进省域协同高质量发展。

2)国土空间发展趋势及定位关键

开发保护并重,凸显“圈群廊带”、全国粮仓、三江四山等空间特色是湖北省国土空间发展趋向。武汉、宜昌、襄阳等中心城市,长江、千湖、江汉平原等特色要素是湖北省国土空间战略关注重点。高水平保护、高质量开发、高品质利用、高标准修复是湖北省国土空间发展的目标导向。

3)省级国土空间发展定位与战略

对标落实国家、区域及省级重大发展战略,从全省阶段性历史任务和发展大势出发,研究提出湖北省国土空间“一极三区两高地”六大战略定位。

一极：长江经济带增长极；

三区：国家重要粮食主产区、荆楚特色文化魅力区、长江汉江生态保护和绿色发展示范区；

两高地：全国科教创新高地、国内国际双循环战略高地。

研究提出崛起支点、省际协调、全域统筹的区域协调战略；核心驱动、轴带支撑、区域协同的格局优化战略；生态优先、分级分类、绿满荆楚的生态保护战略；节约集约、优化布局、高效利用的集约开发战略；双轮驱动、城乡融合、科学治理的城乡统筹战略；品质提升、魅力城镇、美丽乡村的品质营造战略；功能完善、协调配套、便捷有力的高效支撑战略等七大空间发展战略。

2.3.3.4 湖北省总体战略格局分析

1）战略格局演变历程

改革开放以来，湖北省发展战略格局大概经历了六个演进阶段，为当前“一主引领、两翼驱动、全域协同”区域发展布局战略的确定奠定了基础①。1978—1987 年：“四区一中心”战略；1988—1993 年：“金三角”战略；1994—2004 年：“一主两副三轴”战略；2005—2010 年：“两圈一带”战略；2011—2016 年：“两圈两带”战略；2017—2019 年：“一芯两带三区”战略（图 2-17）。

2）格局优化基本思路

新时代湖北省总体发展战略格局构建应重点坚持以下基本思路：一是凸显“一主两翼”战略新方位。“一主两副”是湖北省历年来制定发展战略的基础，按照优势互补、高质量发展的区域经济发展及演变规律，以中心城市、城市群和城镇带等承载主要发展要素的“一主两翼”是国内大循环非常重要的平台、载体和枢纽，是国内国际双循环的重要桥梁，也是湖北省构建新发展格局的重要战略支点。二是聚核中心城市。构建以武汉、襄阳、宜昌为核心的武汉都市圈、襄阳都市区、宜昌—荆州组合都市区，各级中心城市、节点城市（县城）为空间载体来推进工业化、城镇化。三是带动城市群发展。聚焦激活区域发展潜力，以武汉城市圈和襄十随神（指襄阳、十堰、随州、神农架林区，下同）、宜荆荆恩（指宜昌、荆州、荆门、恩施州，下同）城市群为载体，增强区域发展整体性、协调性为脉络，加快构建优势互补高质量发展的区域经济布局，有效推进省域治理现代化。四是优化两江发展带。以长江经济带和汉江生态经济带为依托，以沿线重要城镇为节点，以轴带延展、集群支撑的思路，打造高质量发展的产业走廊和集聚发展示范带。五是差异引导全域。围绕区域主体功能定位，优化发展布局和资源配置，推动鄂东、鄂中和鄂西地区特色协调发展，形成全省东、中、西三大片区高质量发展的战略纵深。

---

① 2020 年 12 月，湖北省委十一届八次全会提出构建“一主引领、两翼驱动、全域协同”的区域发展布局，明确了今后一段时期湖北省的综合发展战略。

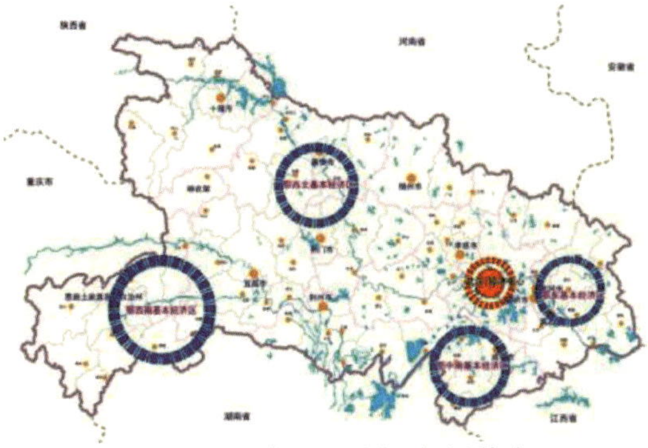

1978—1987年：“四区一中心”战略

1988—1993年：“金三角”战略

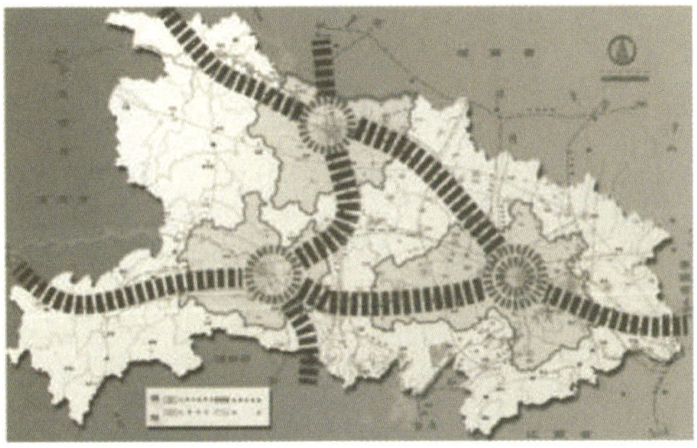

1994—2004年：“一主两副三轴”战略

2005—2010年：“两圈一带”战略

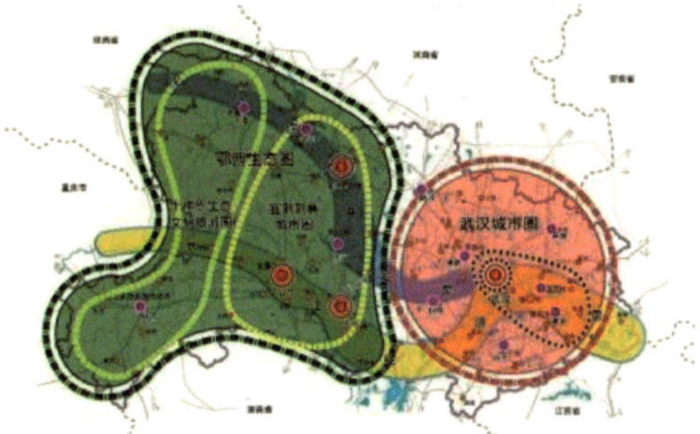

1994—2004年：“一主两副三轴”战略

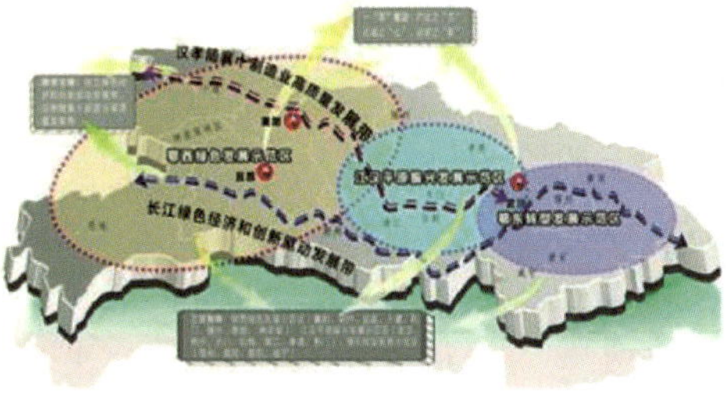

2005—2010年：“两圈一带”战略

图 2-17　湖北省国土空间格局现状图

资料来源：改绘自湖北省相关规划资料

3）空间战略格局研判

结合长三角一体化、粤港澳大湾区等区域发展思路及经验启示，研究认为新时代充分发挥湖北省比较优势，尊重“三区四山”的自然生态基底格局、凸显“长江经济带”中湖北省的战略担当、促进区域经济与城镇高质量发展、强化平原水网城乡融合发展示范，按照“一极三区两高地”战略定位，构建“一主两翼三区”的国土空间总体战略格局，支撑“一主引领、两翼驱动、全域协同”区域发展布局战略实施，努力将湖北省打造成为国内大循环的重要节点和国内国际双循环的战略链接。

更好发挥以武汉为龙头、以武汉都市圈为核心的武汉城市圈这“一主”，以及“襄十随神"和"宜荆荆恩"城市群为两翼的引领辐射作用，优化省域"两圈"(武汉城市圈、鄂西生态文化旅游圈)发展格局，推动形成湖北省东、中、西"三区"(鄂东提质发展区、鄂中振兴发展区、鄂西生态发展区)特色化高质量发展区格局(图 2-18)。

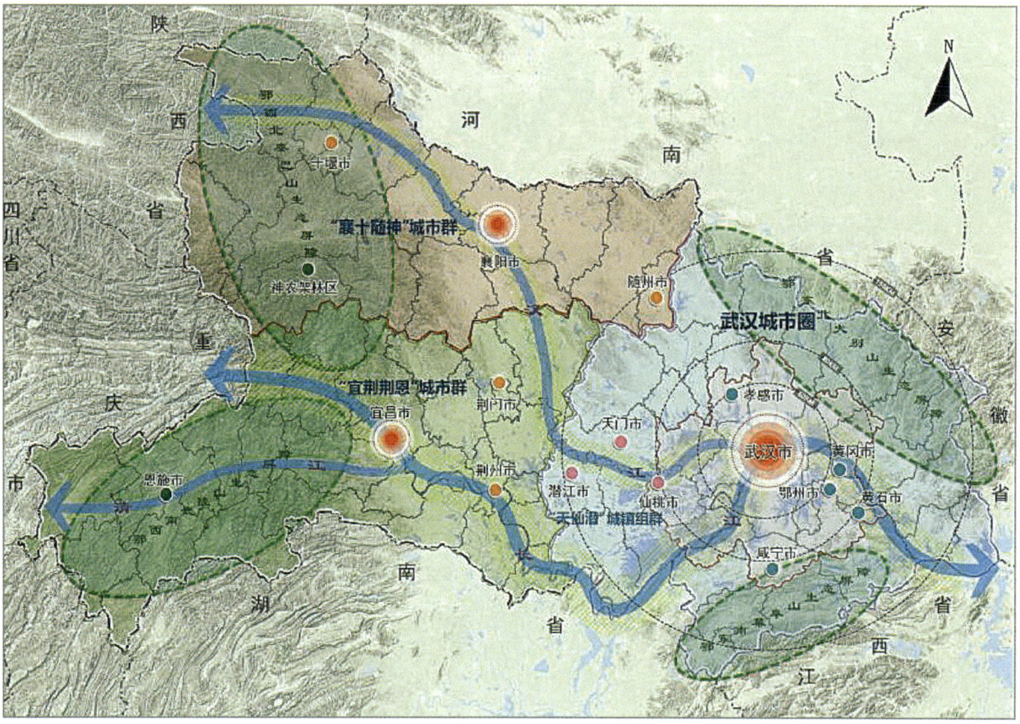

图 2-18 湖北省国土空间总体战略格局图
资料来源:《湖北省国土空间战略格局研究》(过程稿)

2.3.3.5 国土空间开发保护格局

1）国土空间开发格局

紧扣高质量和协同化两个关键词、重要节点和战略链接双循环新格局发展定位要求，研究提出"一主两翼四带多节点"的均衡式高质量国土空间开发格局(图 2-19)。

一主:武汉城市圈。以武汉为龙头、武汉都市圈(大都市区)为核心的武汉城市圈。坚定支持武汉建设国家中心城市、全国科创中心城市和国际化大都市，更好发挥引领辐射带动作用，重点推进武汉城市圈产业布局、基础设施、区域市场、城乡建设、生态环保等方面一体化建设，将武汉城市圈建成在全国具有重要影响力的城市群，引领长江中游城市群发展成为全国经济新增长极。

两翼:"襄十随神"城市群和"宜荆荆恩"城市群。支持襄阳建设成为汉江流域中心城市，大力发展汽车制造、高端装备制造、信息技术、有机食品、文化旅游等产业，将"襄十随

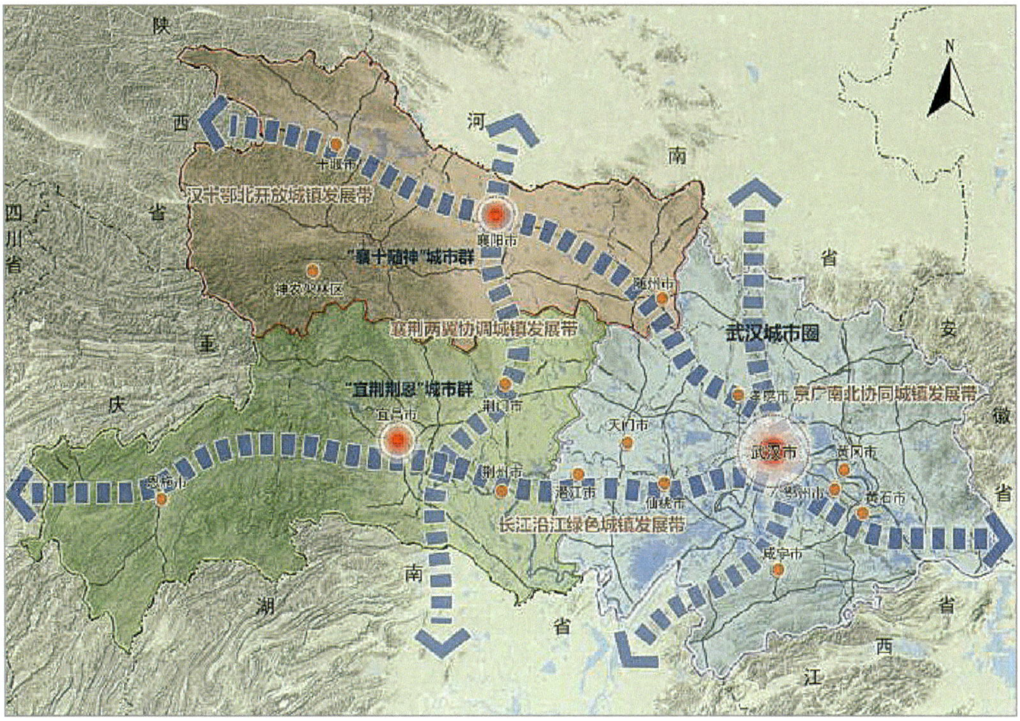

图 2-19 湖北省国土空间开发格局图

资料来源:《湖北省国土空间战略格局研究》(过程稿)

神"城市群打造成为汉江生态经济带重要增长极;支持宜昌建设成为长江中上游区域性中心城市,推进基础设施、产业布局、区域市场等一体化建设,聚焦发展大制造、大旅游、大数据和大物流等四大产业,将"宜荆荆恩"城市群打造成为长江中上游重要增长极;促进"两翼"城市群联动发展,多区协同、多点发力。

四带:长江城镇发展带、京广城镇发展带、汉十城镇发展带和襄荆城镇发展带。长江城镇发展带是连接长江上下游城市群、连通内陆地区与东部沿海重要纽带,是引领湖北整体崛起的脊梁;京广城镇发展带是国家南北向发展主轴,是推进武汉城市圈南北协同发展的支撑;汉十城镇发展带是统筹湖北北部地区高质量发展的重要发展轴线;襄荆城镇发展带是支撑湖北中西部地区协作振兴的重要轴线和串联两翼发展的重要通道。"四带"共同构成湖北省国土空间开发格局内外连接的空间纽带及载体。

多节点:其他非核心城市节点。为地区性中心城市、县城以及部分重点镇、特色小镇构成的多个发展节点,是湖北省新型城镇化的重要空间载体。

2) 国土空间保护格局

围绕构筑促进中部崛起的重要战略支点,为子孙后代生存和长远高质量发展留足空间,研究提出构建"三江四屏千湖一平原"的荆楚韵高水平国土空间保护格局(图 2-20)。

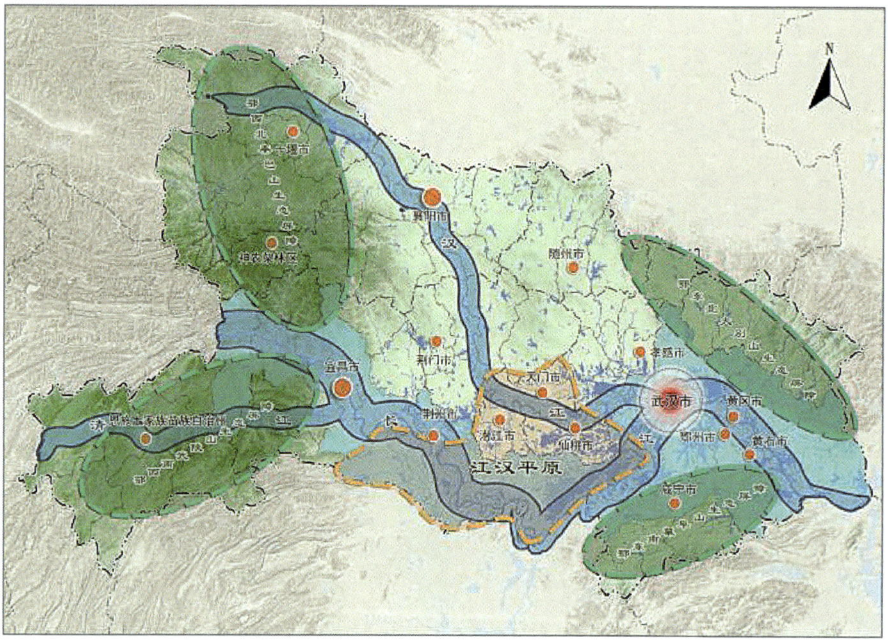

图 2-20　湖北省国土空间保护格局图

资料来源：《湖北省国土空间战略格局研究》(过程稿)

三江：长江、汉江、清江。按照“共抓大保护、不搞大开发”的理念，联合流域上下游省份，通过系统性保护修复，增强水源涵养、水生物多样性、流域水土保持等生态功能以及洪水调蓄、水资源配置功能。

四屏：鄂东北大别山屏障、鄂西北秦巴山屏障、鄂西南武陵山屏障、鄂东南幕阜山屏障。强化四屏在水源涵养、生物多样性、水土保持、防风御沙等方面的重要生态功能。协同周边省份共同保护生态功能的完整性，有效发挥生态产品提供能力和生态安全保障能力。

千湖：全省各类湖、库、湿地。着力改善水环境，修复水生态，节约水资源，充分体现湖北省生态空间特色，发挥重要生态功能价值。

一平原：江汉平原。统筹兼顾国家粮仓、生态保护等多重属性，重点处理好宜耕宜建重叠区域守红线、守底线与经济发展的关系，充分发挥“鱼米之乡”的农业和生态功能。

3）格局优化主要策略

研究提出“一核极化、两翼跃升、轴带提质、多点联动”四方面开发格局优化策略。一核极化：推进武汉国家中心城市和国际化大都市建设，发挥武汉市核心在湖北省内的极化带动作用。两翼跃升：加强襄十随神城市群、宜荆荆恩两个省域副中心的空间聚集效应；实现襄十随神、宜荆荆恩两个省域副中心地位跃升。轴带提质：构成“两横两纵，全局并重”局势，实现东西向、南北向的各两条发展轴提质优化发展。多点联动：多个重要节点城市带动，共促发展。

研究提出“保育三江、保护四山、修复千湖、维育平原、营造魅力”五方面保护格局优化策略。保育三江：保育长江、汉江、清江及两岸水土保持带，以水体保护和污染防治为重点。保护四山：构建以鄂东北大别山区、鄂西北秦巴山区、鄂西南武陵山区、鄂东南幕阜山区四个生态屏障，以生态保护为重点。修复千湖：修复湖库、湿地水生态环境，以保护湿地生态系统为重点。维育平原：维育江汉平原高质量农业生产场所，以城乡建设与生态环境的和谐发展为重点。营造魅力：营造湖北省自然及人文魅力空间，以彰显区域特色活力为重点。

2.4 市县国土空间格局优化的实践

2.4.1 “市级指南”要求及相关概念理解辨析

因为市县国土空间规划更加注重实施性，所以市县国土空间国格局优化内容及承担作用更多更广。从“市级指南”也可以看出在空间总体格局优化方面，除要求对生态、农业和城乡传统三类空间格局进行规划研究外，还增加地方特色、地下、陆海及战略预留等空间各有优化相关内容及要求。通过市级空间总体格局优化，构建国土空间发展整体战略性布局框架、统一空间保护开发总体蓝图，为制定全市国土用途管制总体规则、明确资源要素配置和国土空间修复治理重点、建立国土空间治理分区分类政策体系提供战略方向性指导①。但在市县国土空间总体规划编制中面临着与省级国土空间规划同样的问题，即目标、定位、战略及格局是综合发展型，还是国土空间发展型的疑惑，而且市县可能比省级还要复杂一些，毕竟原来省级没有像市县一样具有综合发展属性的“城市或县城总体规划”。也正因为如此，有学者提出鉴于国土空间规划的层级性及内涵差异，并考虑到国内称谓习惯及国际认同，在落实“建立国土空间规划体系”重大部署的前提下，抑或在省以下层面，在城市仍称为城市规划及城市总体规划（多规合一基础上的城市规划），在乡镇仍称乡镇规划（亦是多规合一的规划）②。

综上，笔者认为市县国土空间格局优化应首先分析研究并提出市县综合发展战略格

① 以空间格局优化为统领，落实市级国土空间总体规划多重使命要求[EB/OL] [2020-11-03].https://www.thepaper.cn/newsDetail_forward_9836486.

② 赵民：关于国土空间规划、城乡规划及规划学科发展的若干简析[EB/OL] [2021-01-22].http://www.planning.org.cn/news/view?id=11236.

局（即目标、定位、战略及格局等），并基于此确定市县开发保护格局、各类空间格局及提出相应优化策略。若设置单独专题进行研究，建议采用“市县综合发展分析”与“市县国土空间发展分析”两条主线镶嵌并行方式开展相关工作，最后将国土空间开发保护格局紧密关联结论撰入文本，其他相关内容可以整合进入说明书。若条件允许，也可以分成两个专题，一个重点研究城市发展目标定位、城市性质及发展战略等综合型问题，另一个聚焦在国土空间开发保护目标、战略及格局等国土空间战略格局领域。

2.4.2 市级国土空间格局优化的随州规划实践①

随州市国土空间发展与战略、空间格局及优化是基于城市发展定位、目标战略等综合分析研究而确定及提出的，以下是“两主线、六部分”的专题研究技术路线（图 2-21）。

2.4.2.1 城市发展分析

1）发展阶段与特征分析

随州已进入城镇化中期、经济发展腾飞期、工业化与投资阶段中后期。具体表现为城镇化进入量的扩张与质的提升并重阶段，经济总量持续长时间高速增长，同时面临着产业升级与转型的压力，未来投资将向创新型阶段发展转移。

2）与区域关联格局分析

区域关联格局分析是基于物流数据（快递网点模拟）、人流数据、百度迁徙数据及信息流数据等多源数据，对湖北、河南、安徽三省各地市功能网络关系进行分析。大数据分析随州与三省各地市的人流、物流、信息流三方面区域关联呈现郑州、武汉、合肥省会城市“三核突出”，其他城市“多点集聚”的发展格局，其中随州的节点作用不明显。在人口迁徙方面，呈现圈层递减的特征，且沿汉十走廊轴向延伸，在北京、上海、广州等出现跃迁现象（图 2-22）。

3）双循环新格局影响分析

着眼“一主两翼”重要节点，融入双循环发展新格局。随州作为湖北“一主两翼”三大战略重要区域连接点，汉江、淮河两大国家级生态经济带结合区，大别山革命老区及中原城市群的鄂北链接城市，随州要积极发挥自身的区位、交通、产业等优势，完善湖北省内鄂西圈与武汉城市圈交通枢纽功能，推动先进制造业的发展，努力建成对接区域的鄂北门户重要节点城市。

---

① 《区域协同下随州市城市定位与空间格局研究》是《随州市国土空间总体规划（2020—2035 年）》前期专题研究之一，受北京清华同衡规划设计研究院有限公司委托开展的相关工作。

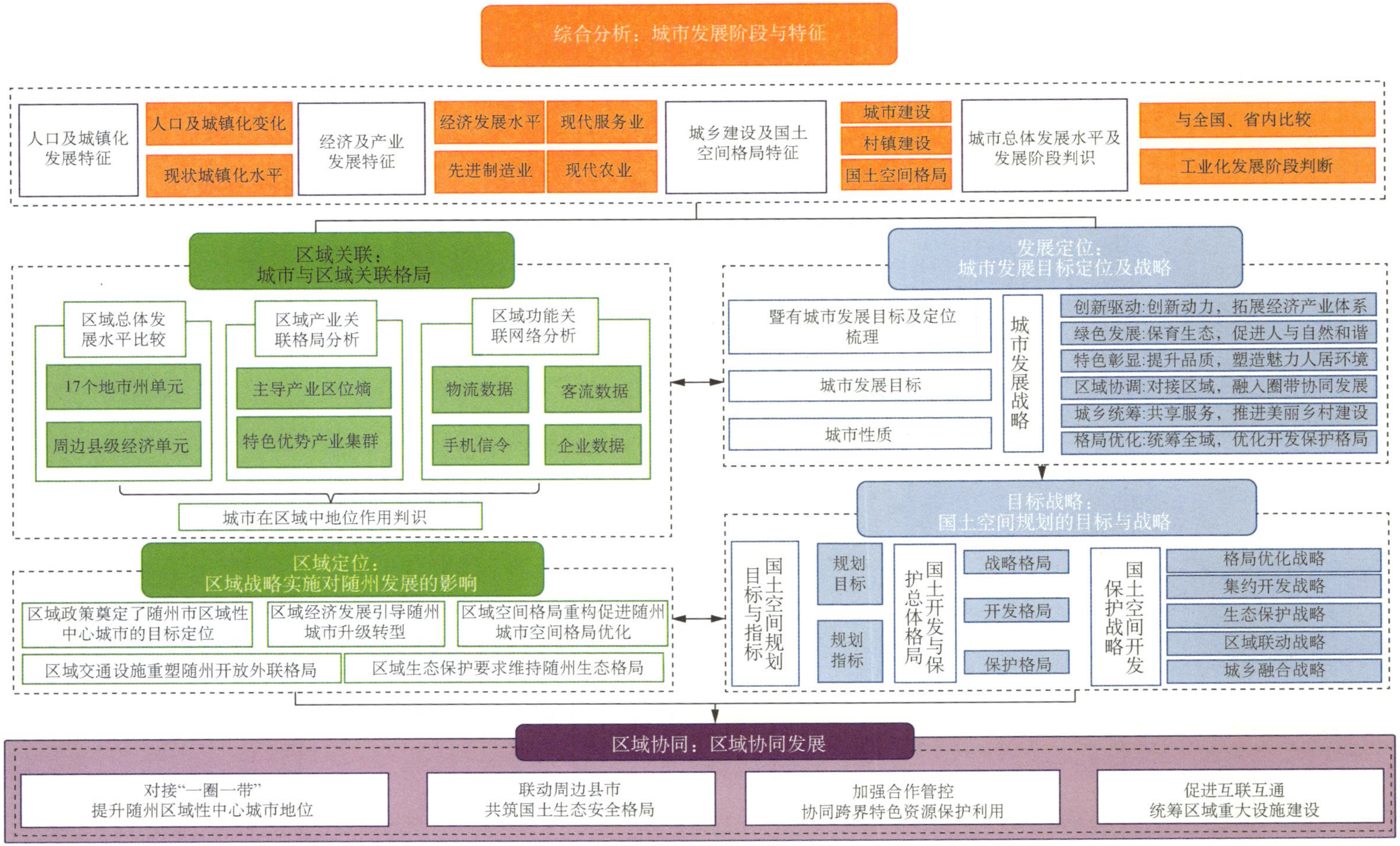

图 2-21　随州市城市定位与空间格局研究框架

资料来源：《区域协同下随州市城市定位与空间格局研究》过程稿

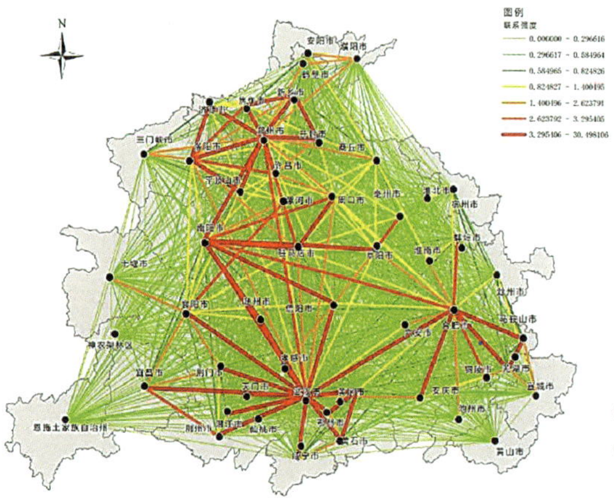

(a) 基于快递网络的三省各市关联强度

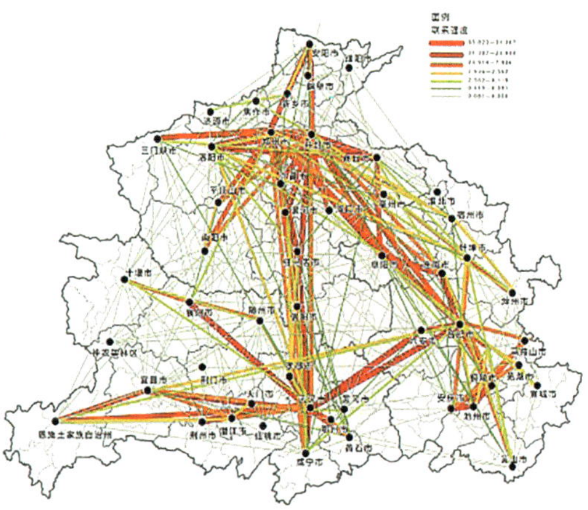

(b) 基于人流数据的三省客运交通联系

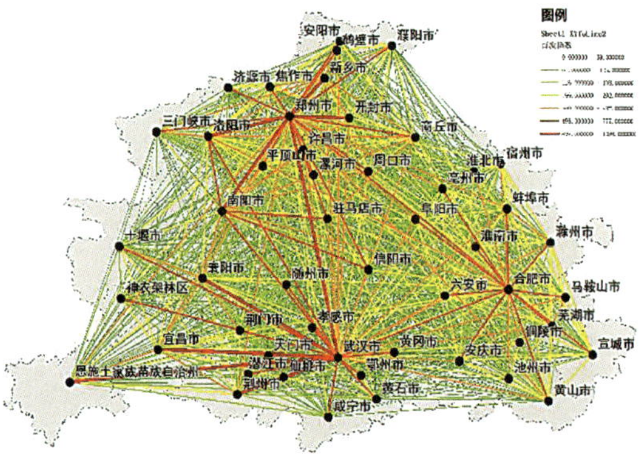

(c) 基于信息流的三省各市关联强度

图 2-22　随州市区域关联格局分析图

资料来源:《区域协同下随州市城市定位与空间格局研究》过程

2.4.2.2　城市发展定位、目标及战略

1）发展定位与目标

立足核心优势与价值，深入践行新发展理念，融入双循环新发展格局，疫后重振中抓机遇、谋发展，创新延承“三城四基地”发展目标，建设桥接汉襄、品质引领的湖北省特色增长极、圈群战略协同链接点、鄂北区域性中心城市。“三城”即打造产业新城、文旅名城、生态绿城；“四基地”为依托专汽产业优势，打造应急产业基地，依托风机产业优势，打造地铁装备产业基地，依托香菇品牌优势，打造香菇产业基地，依托曾随文化资源，打造编钟文化产业基地(图 2-23)。

2）城市性质与职能

确定随州的城市性质为国家历史文化名城和世界华人谒祖文化旅游目的地、全国知名的专用汽车和应急产业示范基地、中部地区绿色农产品生产加工出口基地。

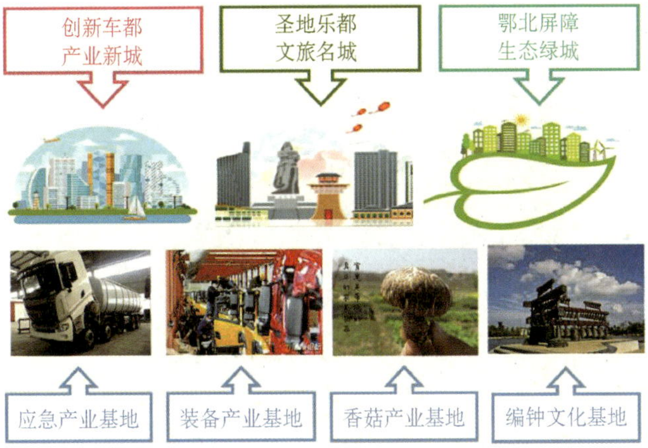

图 2-23　随州"三城四基地"城市总体目标

资料来源:《区域协同下随州市城市定位与空间格局研究》过程稿

3）城市发展战略

提出"创新驱动,绿色发展,特色彰显,开放融入,城乡统筹,格局优化"六大城市发展战略,具体为创新动力,拓展经济产业体系;保育生态,促进人与自然和谐;提升品质,塑造魅力人居环境;双向开放,构建内外联动格局;共享服务,推进魅力乡村建设;管控底线,优化开发保护格局。

2.4.2.3　国土空间发展目标与战略

1）国土空间发展目标

从国土空间总体格局、生态环境、城镇功能、城乡区域、品质特色五个方面确定"总体格局更加优化、生态环境更加优质、城镇功能更加完善、城乡区域更加协调、品质特色更加彰显"的国土空间规划目标。

2）国土空间发展战略

针对国土空间开发与保护,提出格局优化、生态保护、集约开发、区域协调、城乡统筹、品质营造、魅力彰显七大战略。具体为重构开发保护总体格局、培育鄂北山水生态高地、提高城乡土地利用效益、打造湖北内外协调支点、促进城乡空间均衡发展、营造美丽优质人居环境、彰显自然人文交融特色。

2.4.2.4　国土空间战略格局优化

1）总体格局

依托随州市国土空间开发保护目标,结合随州市自身国土空间格局特征,构建一个"一核两翼三轴、两屏三区七廊"的随州市国土空间开发保护总体格局(图 2-24)。

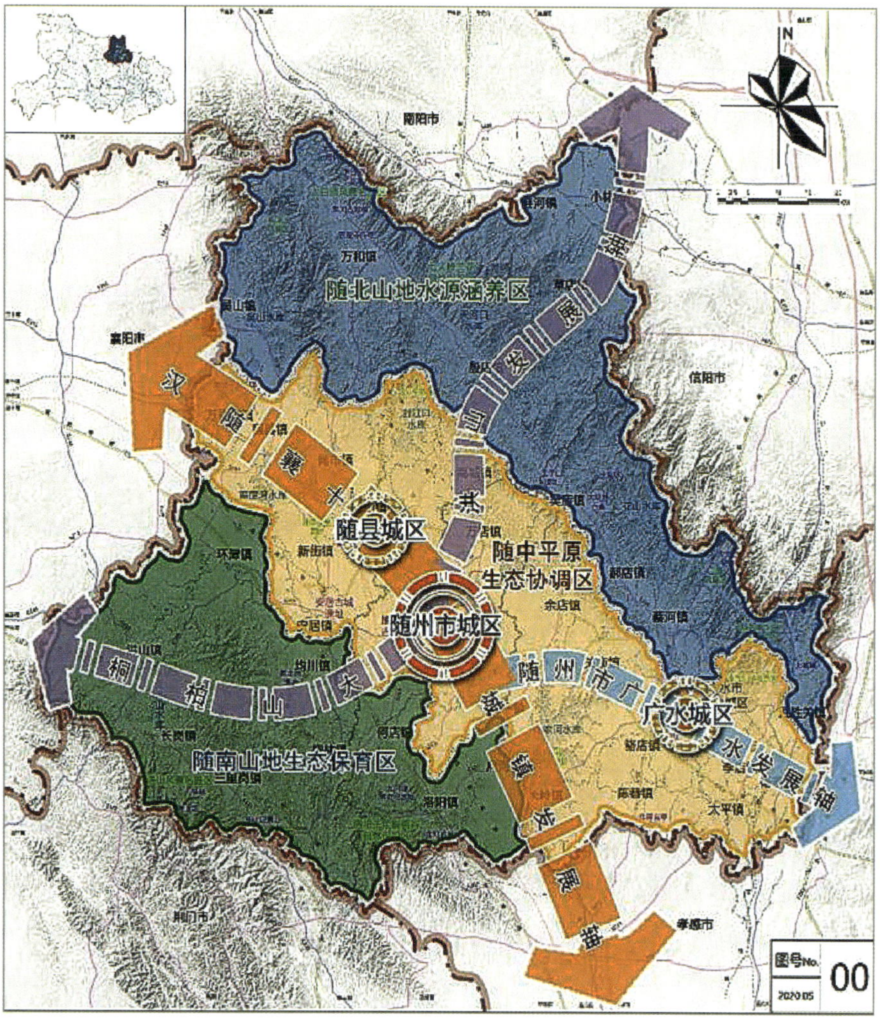

图 2-24 随州市国土空间开发保护总体格局

资料来源:《区域协同下随州市城市定位与空间格局研究》过程稿

2）基于安全韧性的生态空间格局优化

构建“两屏三区、七廊多点”的生态空间格局，围绕生态格局和山水林田湖草共同体建设开展生态修复，合理利用各类自然资源，探索多元化的生态产品价值实现路径[图 2-25(a)]。

3）基于乡村振兴的农业空间格局优化

因地制宜发展优势农业，构建现代大农业体系，建立“一心三区多点”农业空间格局，推动市域乡村振兴[图 2-25(b)]。

4）基于集约高效的城镇空间格局优化

通过推进中心城区—随县城区、广水城区—武胜关两大区域一体化发展，构筑市域发展核心，培育多个特色增长极，强化轴带的差异化支撑和分区特色化发展，构筑“一主一副，双轴双带，三区多点”的城镇空间格局[图 2-25(c)]。

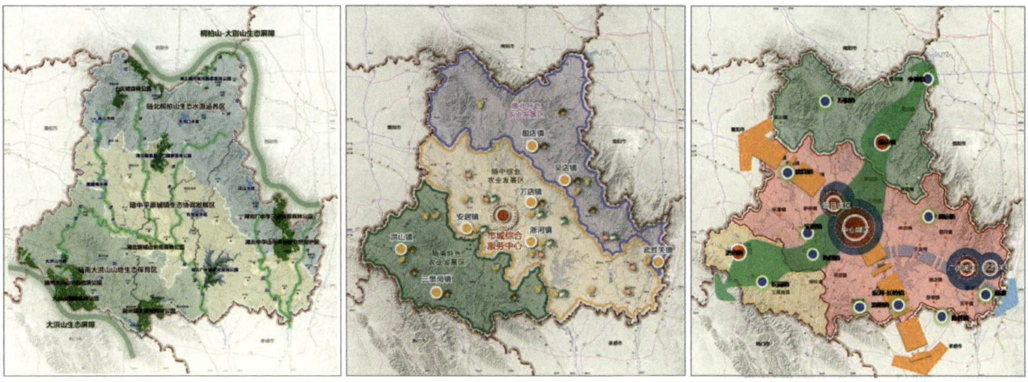

(a) 生态空间格局　　(b) 农业空间格局　　(c) 城镇空间格局

图 2-25　随州市生态、农业、城镇空间格局优化示意图

资料来源:《区域协同下随州市城市定位与空间格局研究》过程稿

2.4.3　县级国土空间格局优化的黄梅规划实践①

2.4.3.1　国土空间格局识别

首先对黄梅县全域各类空间进行测度及识别,并总结出现状生态、农业、魅力、城乡等七类空间格局特征及问题(图 2-26)。生态空间格局:联河环山,襟江拥湖,生态品质有待提升。农业空间格局:农业产区分布广泛,现代农业体系不足。魅力空间格局:自然人文富集交织,魅力特色亟待彰显。城乡空间格局:南北分异双核集聚,城乡集聚程度低下。矿业空间格局:矿产分布相对集中,开发潜力严重受限。交通网络格局:南北交通分异严重,县域整体联系不强。区域协调格局:三省交界门户节点,联动发展水平不高。

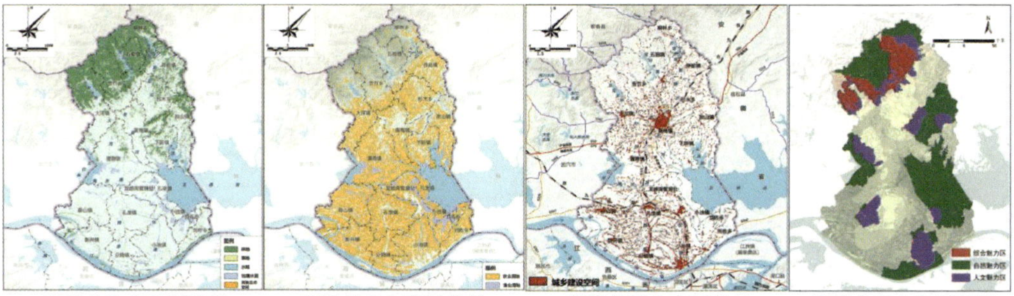

黄梅县生态空间格局　　黄梅县农业空间格局　　黄梅县城乡空间格局　　黄梅县魅力空间格局

图 2-26　黄梅县国土空间部分格局识别示意图

资料来源:《黄梅县国土空间开发保护目标及总体格局研究》(过程稿)

① 《黄梅县国土空间总体规划(2020—2035 年)》由武汉华中科技大学建筑规划设计研究院有限公司与湖北省城市规划设计研究院有限公司联合承担编制,《黄梅县国土空间开发保护目标及总体格局研究》是规划前期 10 个专题研究之一。

2.4.3.2 国土空间开发保护目标与战略

1）开发保护目标

落实上位战略对国土空间发展要求，研究提出国土空间开发保护六个重点领域目标。区域互通：建设省际边缘协同开放区；格局优化：联动三区完善城镇乡体系；粮食安全：打造平原高效粮食生产区；生态保护：构建通山达江山水生态网；人居品质：引导差异化人居品质提升；人文魅力：打造禅宗名城文旅样板区。

2）开发保护战略

研究提出东西对接、南北联通，加快融入区域大格局的区域融入战略；构建三区、差异互补，促进南北功能互补产业联动的三区统筹战略；分级保护、特色发展，落实国家农产品主产区要求的农业发展战略；严控底线、织补成网，构建通山达江全域生态骨架的生态保护战略；差异发展、城乡共建，提升生活品质塑造地域特色的品质提升战略；分类保护、系统开发，重塑黄梅自然人文魅力高地的魅力彰显战略。

2.4.3.3 国土空间总体格局及优化策略

1）总体格局

紧扣自然人文资源禀赋和经济社会发展趋势，研究提出“一主一副三区”的黄梅县国土空间开发保护总体格局(图 2-27)。

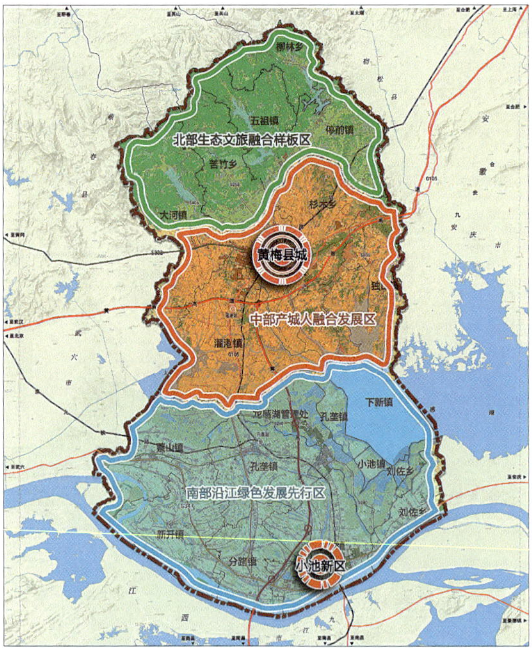

图 2-27 黄梅县国土空间开发保护总体格局图

资料来源：《黄梅县国土空间开发保护目标及总体格局研究》(过程稿)

一主：黄梅城区综合服务中心。增强城镇集中区的吸引力和区域带动力，打造特色鲜明、功能齐全的“主中心”。

一副：小池滨江新城发展副中心。支持小池推进新型工业化、新型城镇化和跨江合作一体化。

三区：北部文旅融合样板区、中部产城人融合发展区、南部绿色发展先行区。

2）保护格局

从生态安全和粮食安全出发，提出“一山一江，一湖一田”的国土空间保护格局(图 2-28)。

一山：北部大别山生态屏障。夯实该区域作为黄梅县国土空间重要生态基底的关键作用。

一江：南部长江生态保护带。夯实长

江在县域国土空间安全格局中的核心作用。

一湖：龙感湖自然保护区及其连通性生态廊道。以龙感湖、太白湖等湖泊为主，提高水源涵养和水土保持能力。

一田：县域中南部永久基本农田保护区。以县域中部和南部为核心，加强黄梅县基础粮仓的重点作用。

3）开发格局

从城镇空间结构和产业发展方向两个维度入手，提出“双城三点，三园六片”的国土空间开发格局（图 2-29）。

图 2-28 黄梅县国土空间保护格局图

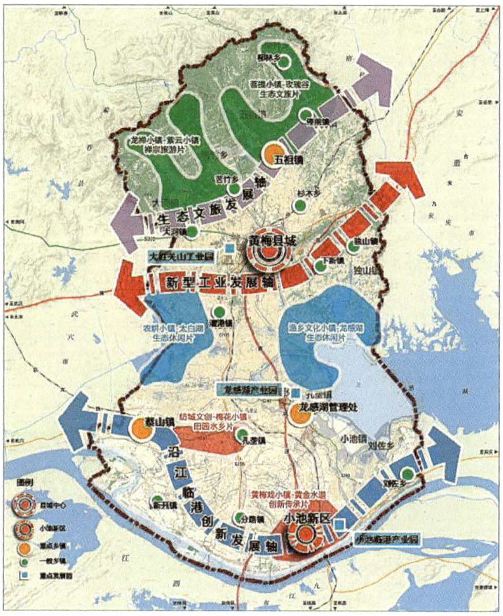

图 2-29 黄梅县国土空间开发格局图

资料来源：《黄梅县国土空间开发保护目标及总体格局研究》（过程稿）

双城三点是黄梅县城镇空间结构。

双城：黄梅县城、小池新区；

三点：重点镇，包括五祖镇、新开镇、龙感湖。统筹推进城镇之间由点状孤立发展向轴带发展转变。

三园六片是黄梅县产业发展方向。

三园：大胜关山工业园、小池临港产业园和龙感湖产业园；

六片：农禅小镇—紫云小镇禅宗旅游片、菩提小镇—玫瑰谷生态文旅片、中部农耕小镇—太白湖生态休闲片和渔乡小镇—龙感湖生态休闲片、南部纺城文创—梅花小镇田园水乡片和黄梅戏小镇—黄金水道创新传承片。

4）优化策略

研究提出积极融入长江生态经济带，共同维护大山大水的区域协调格局优化策略；筑牢大山大水生态基底，构建“通山达水”全域生态骨架的生态保护格局优化策略；优化农业分区的农业空间格局优化策略；分类保护、系统开发的魅力空间格局优化策略；构建两心、夯实三点的城乡空间格局优化策略；分区引导，平衡矿业发展与生态保护的矿产空间格局优化策略；陆航联运、网络优化的交通网络格局优化策略。

2.4.3.4 国土空间规划分区指引

1）规划分区思路

围绕国土空间规划下的规划分区有“精巧化、精细化、精准化”的典型特征，利用增长集核理论模拟不同空间功能在国土空间上的蔓延，提出先识别具有增长潜力的功能核点，再识别划定功能核点最大主导范围的规划分区思路。

2）技术方法及流程

研究提出“功能核点—泰森多边形”规划分区技术方法（图 2-30），通过识别特定功能的增长极，然后通过泰森多边形模拟划定在主导功能的互斥作用影响下的理论规划分区边界，再基于“自然人为格局”修正理论分区边界，确保其可实施性和合理性。

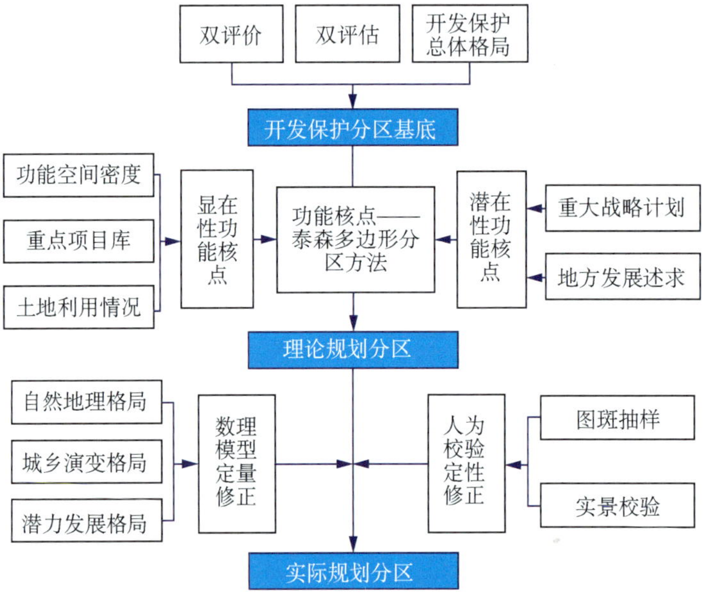

图 2-30 黄梅县规划分区技术流程

资料来源：《黄梅县国土空间开发保护目标及总体格局研究》（过程稿）

3）分区结果

在理论规划分区的基础之上通过修正得到规划分区结果，初步划定为六类一级分区（图 2-31）。其中生态保护区 361.6 平方千米，占比 21.17%；生态控制区 201.4 平方千米，占比 11.79%；永久基本农田保护区 585.8 平方千米，占比 34.29%；乡村发展区 338.2 平方千米，占比 19.80%；城镇发展区 206.3 平方千米，占比 12.08%；矿产能源发展区 14.9 平方千米，占比 0.87%。

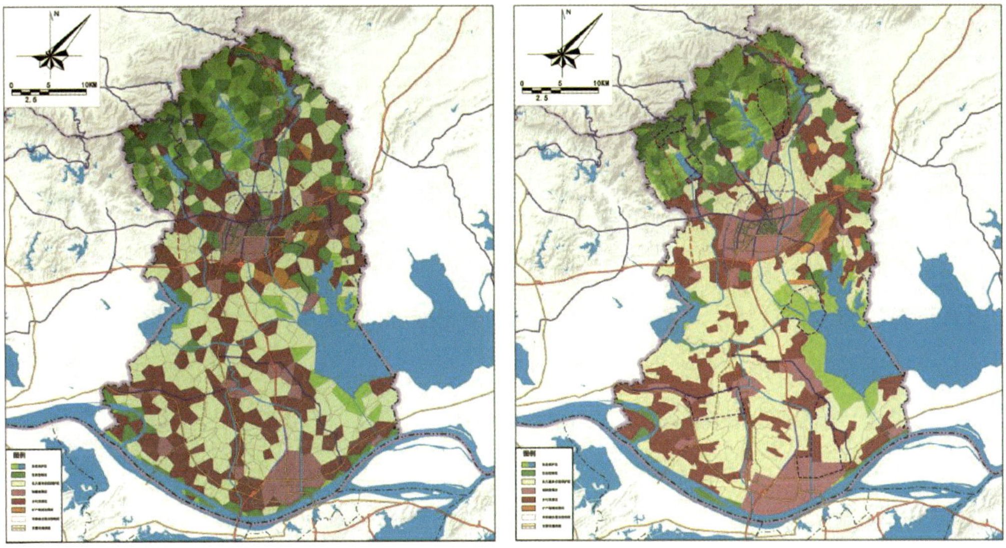

理论规划分区　　修正规划分区

图 2-31　黄梅县国土空间规划分区图

资料来源：《黄梅县国土空间开发保护目标及总体格局研究》(过程稿)

3　国土空间规划从省到镇的传导体系

彭万忠*

“健全规划实施传导机制，确保规划能用、管用、好用”是《中共中央　国务院关于建立国土空间规划体系并监督实施的若干意见》提出的重要要求。国土空间规划的编审与实施许可管理要“使中央和上级政府的发展理念、战略意图、管控目标得以逐级贯彻落实”。贯彻落实的最终效果是靠项目建成投产运营呈现。国家的战略意图往往需要省—市（州）—县（市区）—镇（街道）四级政府逐级传导、各司其职，从项目规划入库到建设竣工验收一般要经历省规项目入库、建设用地指标许可、土地征收补偿安置许可、市总规定点、市专规定量、土地征收公告、区（市县）区总规分规落地、街区单元控规、城市设计定界、明确规划设计要求条件、土地收储出让、用地许可、用地规划许可和工程规划许可 13 个大步骤，每个步骤都涉及主体申报、行政主管部门审核、法定审批部门批准、主体组织实施、审批部门监督与验收等五大环节，往往申报审核审批监督每个大环节都有技术审核、公众参与与专家论证、决策委员会审议、公示征询、批复公告五小环节，每个步骤环节经常多次返回重走①②。所以国家国土空间规划战略意图由省到镇的传导实现是一个庞大复杂的系统工程，从各级规划编制传导到各级实施管理传导经历几百步，空间尺度从几十万平方千米到几十公顷，俯瞰高度从几十万米到几百米，跨越近 1 000 倍，其中涉及的学理、法理、业理众多，各级、各类、各地专业技术及行政许可法律法规规范规定内容浩瀚。如何保障传导不走样、不失效、不束缚、有创新，需要相关人员对规划传导的概念与特征、中外国土空间规划及传导发展演变的历程、国土空间规划行政权责分级传导、各级各类规划技术成果传导及其使用有清晰的认识。

3.1　国土空间规划传导的基本概念与特征

3.1.1　“传导”概念

本文所述的传导，是指为贯彻落实国家国土空间规划战略意图，由省—市（州）—县（市区）—镇（街道）四级政府及相应机构在规划编制、申报、审批、实施、监督过程中下级对

---

* 彭万忠，上海同济城市规划设计研究院有限公司副总工、高工，中国城市规划学会委员。邮箱：341489775@qq.com

① 《中华人民共和国土地管理法》（2020 修订）

② 《中华人民共和国城乡规划法》（2019 修正）

上级国土空间保护发展要求结合自身条件进行相应落实的行为。国土空间规划是重要生产力，要统筹国土空间资源利用管控，找准自然保护、农耕保障、城产保增的最大公约数，寻求所有国土空间资源要素在法理框架下用管组合最佳函数关系。国土空间规划传导是在国家国土空间利用管控体系（生产关系）构架下，实现用管目标的层层传递，提升基层国土空间用管（生产力）质量，释放基层国土空间资源（生产资料）的价值，创造最佳综合效益。

3.1.2 国土空间规划传导的基本特征

3.1.2.1 传导的最终效果响应具有人民性

从国家空间战略传导到街道乡镇基层，一定要注重人民的切身感受、亲身体验，国家空间战略好不好、传导结果满不满意由进入场景体验的人民群众说了算。空间战略传导最终要落到具体空间场所，空间场所要“可进入、可感知”。

3.1.2.2 传导的空间尺度具有多跨性

我国省级辖区空间范围由海南的 3.4 万平方千米到青海的 72.2 万平方千米，大多在 20 万平方千米左右，是 400 千米 × 500 千米的范围。而人民可感知的场景空间范围在 0.20 平方千米左右，即 400 米 × 500 米的范围。从省级经济地理版图尺度的顶层空间战略要落实到人民可感知基层生活空间场景，空间尺度需要放大跨越 1 000 倍。

比如四川省为了落实国家“一带一路”倡议对西南建设海陆联动开放枢纽节点的要求，提出了建设有国际影响力的金融中心的宏伟目标，这个目标要在全省域空间地图上去落点。四川省域空间图投影到大屏幕上的图纸比例尺约为 1 ∶ 2 000 000、图幅可见范围约 100 万平方千米，经层层传导，最终落点在成都高新区中心天府大道的两边选址建设。建成的金融中心核心地段可清晰识别空间环境的空间地图投影到大屏幕上的图纸比例尺约为 1 ∶ 2 000，图幅可见范围约 0.4 平方千米，人进入这个实体空间范围内的中间点对所处场所及周边才看得清、摸得到，才能真真切切感受到空间战略及其传导的效果（图 3-1）。

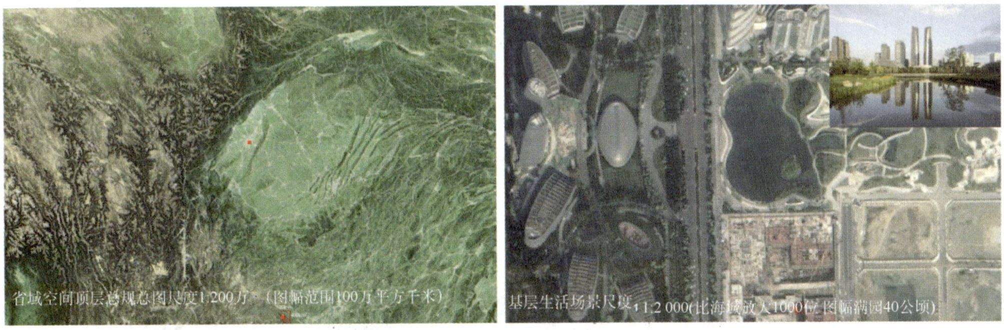

图 3-1 省域战略到基层场景的空间尺度跨越示例图

资料来源：http://www.rivermap.cn/home/ditubiaozhu.htm

3.1.2.3 传导的纵向层次具有多级性

国家空间战略由省级组织经地市(州)级、县(区市)级、乡镇(街道)逐级落实,经历四级政府及相关机构的共同努力才能得以实现,呈现在人民眼前。其中首先包括六层级的国土空间规划的逐级编制、审批、监督,具体有省域总规(省域分区总规)、地市(州)域总规(中心城区总规)、县(市)域总规(地市辖区分区总规、县城区总规)、镇乡域连片总规、城区街道片区详规(中心镇区详规)、特别地段深化详规(村庄深化详规)六层级规划。其次是四层级土地转用(主要是农地转用为建设用地)的授权编制、审批、监督,具体有省级转用及征收补偿安置方案;地市级转用及征收补偿安置方案和供地还耕计划及公告,地市(州)级建地出让、用地规划许可、工程规划许可;县(市区)级转用及征收补偿安置方案和供地还耕计划及公告,县(市区)建地出让、用地规划许可、工程规划许可,县(市区)耕地、林地占补复垦;镇(乡)级转用实施配合及宅基地使用。

比如上述四川省在成都建设金融中心经过了多级传导才得以实现。首先项目纳入省级总规和专项规划、批准用地指标、纳入项目清单,其次纳入成都市级的总规及专项规划、市政府进行交通规划配套、功能规划配合、土地征收;然后纳入高新区级的分区总规和专项规划、高新区政府完成土地拆迁补偿、市政公用设施配套建设,继而完成街道级的金融城片区的详规和深化详规(城市设计)。按详规在整体项目立项、土地征收完成基础上逐步完成相关地块的市区级用地许可、规划许可、施工许可、竣工验收、招商入驻,基本上 13 个规划及许可步骤,涉及各级国土空间许可证照文件的办理,如规划批复文件、转用方案批复文件、征收红线及征收公告、项目选址意见书、土地出让合同、土地使用证、规划设计条件通知书、用地规划许可证、工程规划许可证等,后才可办理施工许可开始建设施工(图 3-2)。

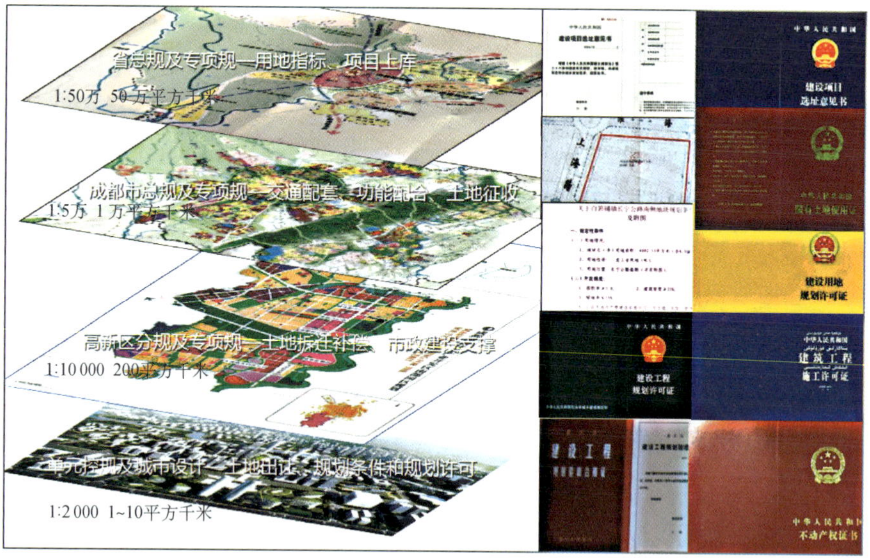

图 3-2 空间规划编审及建设项目规划许可历程示意图

3.1.2.4 传导的横向协调具有多专性

国家空间规划体系简要归纳为五级三类，即国省市县镇五级总规、相应级专项规划和城乡详细规划。各级专项规划要以同级的总规作为底板基础，不得突破底线，又要对本行上级的规划进行深化落实，对下级总规提出指导，对本行下级规划明确要求，对其他行业不造成影响，一个行业就需要诸多协调。而专项规划包括专门地域和专门行业，专门地域有海岸带、自然保护地、跨行政合作区域、江河流域、地震带等；专门行业有交通、能源、水利、农林草原、电子信息、市政管线、文教卫体公共服务、住房建设、园林绿化、商贸流通、工业产业、生态环保、防灾避灾、文化遗产、军事防空等。空间规划的横向协调传导相比纵向上下传导更为复杂，对相关行业的专业知识需要有基本的了解和认识，在总规对各专业横向指导传导、在详规的横向纵向落实上顺畅。各级规划的审批、各建设项目的规划许可前一般也要征求相关行业部门的许可意见甚至取得批准文件，才能保障空间总规详规和各专项规划的协调传导（图 3-3）。

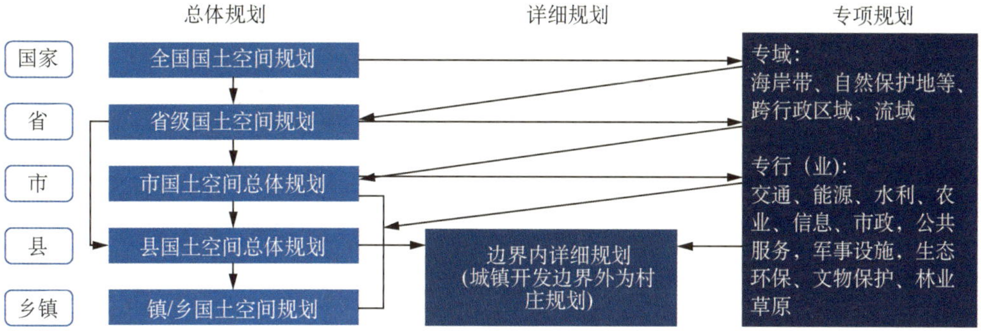

图 3-3 专项空间规划在编审体系的作用关系示意图

3.1.2.5 传导的数据文件具有多层性

各级各类空间规划采取的基础调查数据和测绘数据尺度从省级的 1∶1 000 000 比例到街道街区级的 1∶1 000 比例，比例尺度跨越 1 000 倍，相应的精准度、数据量差别极大，跨级的数据文件要统一到一个数据层会很混乱，因此需要不同比例显示不同精度、在不同的数据层上。同级的数据文件会包括收集整理的下级汇总基础资料文件、便于本级操作使用查阅的规划方案文件、用于报批上交上级的提炼归纳文件。在数据整理入库时必然应该将基础资料文件、规划成果文件、报批成果文件分层管理，才不至于在规划审批、报批、项目许可时发生混乱。基础数据层文件是原始文件，信息最真实完整但比较细碎散乱，需要整理，不能直接使用；规划操作层文件是基于基础原始数据进行整合提炼修改的文件，主要用于本级审批下级规划和项目许可，既要快速宏观掌握，又要指导细致；报批层文件是按上级数据库要求进行了精炼抽象简化的文件，强调战略性结构性，便于上级拼合使用和快速掌握强制性内容。只留报批成果文件在本级审批时会比较茫然，只留规划成果文件不好掌握规划从基础到方案的演变，把规划成果文件直接报批不利于上级规划的拼合和下级规划的优化调整。充分认识规划数据文件的多层性，更有利于规划传导的刚性延续、弹性优化（图 3-4）。

		省会、计划单列市
		报批层：市域总规(三区三线、中心城分区用途总图)
市县级		操作层：各城乡分区规划，控详规拼合，市特别区详规
		基础层：专项规划，现状三调基础数据，动态数据
		特大城市市辖区
		报批层：城乡分区规划，重点地段城市设计
		操作层：城区控规、乡镇区分规拼合，重点地段、城区详规
		基础层：专项规划，现状基础数据，动态数据
		街道、镇乡
		报批层：重点连村详规
镇级		操作层：宅基地农房方案等申报批准材料
		基础层：现状基础数据

图 3-4　空间规划数据文件汇总

3.1.2.6　传导的具体位形具有多变性

纵向传导上经历从省域总规的点廊域管控精度，到市域总规的斑线区管控精度，到县域城区总规的街块路宽管控精度，再到街镇村详规的用地边界坐标高程管控精度，横向传导上经历各专项协调的变化，加上各种发展保护条件的动态变化，项目地块传导落实的最终位形与规划审批之初的位形必然发生变化。认识到传导位形的多变性、容忍下级规划对上级规划的优化调整，可以避免上级规划僵化地适应下级规划而频繁修改，更有利于建立传导减效动态修补机制，特别在传导监督方面显得尤为重要。

如一个监督案例，一个省级自资部门这个得到举报，某市把城区总规的一处三角形街头绿地用于建设商业项目，经过省级自资部门的调查属实，但在三角地的东向街对面新建了一块街头绿地，且符合市政府批准的控规。自资部门没有贸然得出违反总规强条必须处罚的结论，督查意见是通过第三方机构评估是否违反了城市总体规划的强条、是否是恶意修改城市总规。如果经第三方评估和相应审查不违反强条，城市的绿地专项规划需要及时修改，报总规审批机构审核；若第三方评估认为违反了强条，那必然是要按规定处罚，如果这里涉及寻租违法则要向司法部门移交线索。评估通过控规的拼合图和总规的对照，尤其绿地的对照，发现控规对总规的大量块状绿地进行了变形和位移，有更结合地形、也有利于项目建设的原因，综合评估认为控规传导未违反总规绿地强条，但这个结论仍然颇有争议。这个案例就是因为对传导的多变性认识不足造成控规的优化调整，被认为涉嫌传导失效，反过来又花精力评估、调整总规去适应控规。类似案例颇多。目前在永久农田保护、生态红线保护、开发边界控制上也有类似争议（图 3-5）。

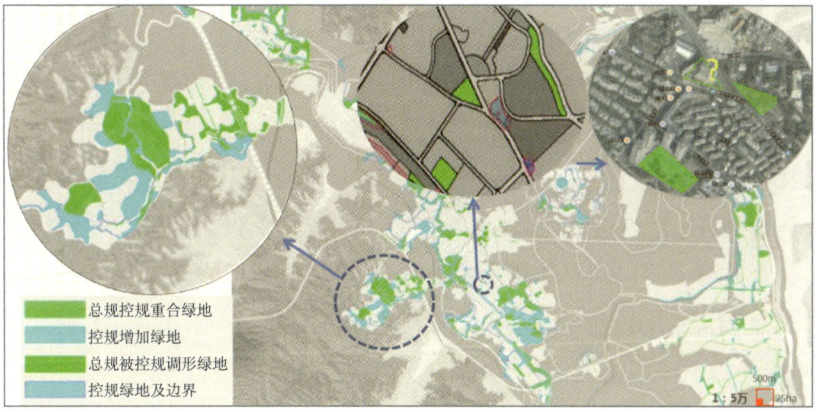

图 3-5 控规及实施对总规绿地的变化示例图

认识传导的六性的基本特征，把握好刚性和弹性尺度，刚弹相宜，有利于建立一个良好的机制，高水平地编制实施国土空间规划，让规划的纵横传导既不失效，又不束缚，既落实上级的发展理念、战略意图、管控目标，又适应本级的特点、保持本级的积极性、激发本级的创造性。避免刚性太强，造成大家都做不到，法不责众，刚性失去意义；避免弹性太大，毫无约束力，使法规如儿戏。

3.2 国土空间规划传导发展演变历程

3.2.1 源于城市规划传导

3.2.1.1 城市规划起源与发展

根据各种文献研究的发展，人类的城市规划最早开始于距今 2 700 多年的中国古代周朝，当时的周公旦所著《周礼・考工记》中"考工记・匠人"章节有"匠人营国，方九里，旁三门。国中九经九纬，经涂九轨。左祖右社，面朝后市，市朝一夫……"的描述，现存众多都城遗迹表明中国古代都城规划建设均遵循这一规制。而后，春秋时期的管仲所著《管子・乘马》中记录："立国：凡立国都，非于大山之下，必于广川之上；高毋近旱，而水用足；下毋近水，而沟防省；因天材，就地利，故城郭不必中规矩，道路不必中准绳。"表明古代城镇规划建设不断发展，现存众多古城古镇与其描述相契合。近现代的中国在古代城市规划基础上引入西方的理论方法，不断发展探索，“改革开放以来，在持续学习发达国家城乡规划的先进经验和方法的基础上，伴随着经济体制改革、城镇化和城市经济快速发展的过程，中国的城乡规划不断改进、充实和完善规划类型、规划内容和相关的管控方式，形成了独具特色的城乡规划制度体系”[1]特别是经过40年来超大规模实践，逐步形成了以新发展理念为统领的城市规划系统理论，并由城市规划延展为城乡规划、城镇群规划。

西方城市规划源于距今约2 000年的古罗马时代，当时维特鲁威所著《建筑十书》有关于城市规划的描述，古城、古镇均以其为依据进行规划建设。在18世纪初到19世纪末200年间西方各国城市规划空前繁荣，建成大量经典城市，各种规划理论层出不穷，并由城市规划扩展到区域规划，各自逐步形成了从国家发展到市镇开发的城市规划体系。

如今我国城市规划学已将社会经济、生态资源、生命安全等与城市和乡村建设统筹考虑，融合社会学、经济学、生态学、地理学、管理学等交叉学科，于2011年扩展为城乡规划一级学科，实践类型主要包括总体规划和详细规划两种类型。城市总体规划传导省级发展规划，要求确定自身的用地规模、布局形态和分区功能，土地用途按大类规定。详细规划传导总体规划的土地用途规划，分类细化到小类，还通过对建筑群、市政工程管网建设细致管控从而实现总规意图。

3.2.1.2 城镇体系规划的起源与发展

近现代城市规划主要解决某个城镇的发展建设问题，对于城市、城镇彼此之间的关系问题少有关注，对于城镇点群外的乡村郊野更是难以兼顾。随着人类城镇化水平提高和城市规划技术发展，特别是大城市病日益严重和非城镇化区域诸多问题显现，城市规划由点域向区域延展，城镇体系规划逐步产生并发展。

最早的城镇体系规划可以认为是1898年英国学者霍华德(E. Howard)的“田园城市”(Garden Cities)构想，他提出6个3.2万人的卫星城镇围绕中间5.8万人的中心城镇规划建设，之间是农业田园和铁路公路；城市规划的单个集中城市概念首次发展为分散布局的城镇群体系概念。1933年，德国地理学家克里斯塔勒的《德国南部的中心地原理》问世，城镇体系规划被明确提出来。到20世纪70年代起，有关城镇体系的西方理论与实践日渐丰富，城镇体系的概念、理论和实践框架逐渐确立并完善。

1945年，梁思成《市镇的体系秩序》介绍了“有机疏散”学说，并欲推动中国战后城镇体系研究，可以认为是中国城镇体系规划开始出现。继1953年150个城市完成城市总规后，1980年我国从直辖市启动，开始编制省级城镇体系规划，1994年颁布城镇体系规划编制及审批办法。1999年，伴随《上海市城市总体规划》批准，纳入其中的《上海市城镇体系规划》成为我国第一个批准的省级城镇体系规划(图3-6)。从此，在全国城镇体系规划的指引下，各地省、市、县级的城镇体系规划在1999—2003年纷纷完成，于2014年前后绝大部分完成了第二轮修编，国、省、市、县、镇五级规划传导的体系在城镇发展建设方面基本建立。2007年前后，全国多地开展市县域城乡统筹规划和市县域总体规划，县市级城镇体系规划以全域总规的面貌出现，在落实经社发展5年规划基础上进一步协调国土农林、生态环境、遗产保护、产业布局，开启了多规合一探索。

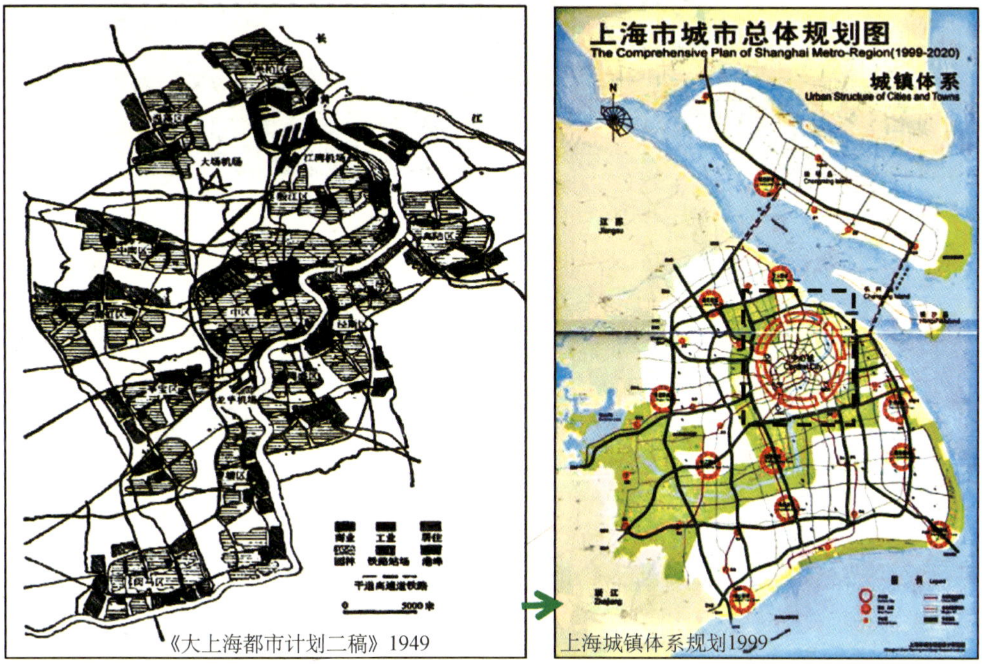

图3-6　城市规划由点向域演进示例图
资料来源：《上海城市规划志》

3.2.1.3　城市规划绩效评价

1）传导清晰，城建成效卓著

我国城市规划学科基于人类2 000多年的理论发展，与建筑学科专业相生相伴，最早于1928年梁思成在东北大学建立，几经变迁。1941年，在重庆大学设立建筑学专业以来培养了大量的专业人才，深入参与了人类人居建设活动、积累了丰富的实践经验。各级城市总体规划传导了上位国民经济发展计划对城市发展建设的要求，又通过城市详细规划对建筑群和市政管网建设精细管控，向工程项目建设精准传导了城市的发展建设意图，实现了城市宜居，推动了各地经济发展，在我国实现繁荣富强进程中功勋卓著（图3-7）。各级城镇体系规划从各自行政辖区全域系统梳理发展资源，确立总体发展战略，明确各城镇等级、职能、规模体系，向各个城市总规下传了其性质规模规定，对城市总体规划编制的人口规模形成刚性约束，建立了我国序列清晰、重点突出的城镇体系。

2）力度不足，区域协调乏劲

首先，城镇体系规划由建设行业主管部门组织，属于部门职能，只能被动适应区域基

图 3-7　城市全域总体城市设计传导到地段详细城市设计示例图
资料来源：《天府中心西片区城市设计》

础设施、重大产业设施用地布局等规划，主动提出的综合战略多为建议性，其他行业主管部门可采纳也可不采纳，横向传导协调力度小。其次，缺乏综合有效监督体制，传导成效不明显，城市规划监督主要靠省住建部门向地市派驻规划督查员参加规委会、提出意见、对项目实施审批监督，而督查员没有行政许可和处罚权，督查意见不易传导落实。再次，大、中、小城市协调发展的基本战略不契合区域经济地理发展规律，对大城市的扩张预计不足，往往不能按规划意图实现各城市规模规划。最后，编制内容大而全，和其他部门规划交叉重叠，协调领域多、规划编制和审批周期漫长；目标体系多而杂，量化考核难以纳入市县级单位绩效考核，影响力不足、与其地位作用不匹配，不能及时向下传导约束。

3）视域不全，乡村统筹欠缺

城市规划、城镇体系规划聚焦人类聚居建设点域，对以外广大的山林田野缺乏关注，未能对辖区全域国土要素覆盖，对城镇建设用地规模扩大造成自然农林区域缩小的影响缺少研究，回避对农林土地再利用的深入研究，对如何处理好两者的平衡互动关系缺乏经验积累，难以在促进城镇发展建设的同时，统筹好非城镇建设区域的发展利用，该区域从省到镇的城市规划传导更无从谈起。

3.2.2　立于土地规划传导

3.2.2.1　土地规划的农耕早、学科晚

古代农地规划与城市规划相生相伴，同样在周公旦所著《周礼》中“考工记·匠人”紧接“匠人营国”下段记曰：“匠人为沟洫。耜广五寸，二耜(si)为耦。一耦之伐，广尺深尺谓之甽。田首倍之，广二尺、深二尺谓之遂。九夫为井，井间广四尺、深四尺谓之沟。方十里为成，成间广八尺、深八尺谓之洫。方百里为同，同间广二寻、深二仞谓之浍。”明确了农田灌渠的开发规则。

我国土地规划学科建立最早可追溯到 1954 年农业部在北京等地办的土地整理培训班，其内容主要为各地农业合作社进行土地勘测和农林工程规划。1980 年开设本科专业，比建筑学、

城市规划本科晚,学科原理来源于地域分异、地租地价、土地区位、可持续利用、系统学、生态经济学等原理,同时依托农林学、测绘学、地理学等专业进行土地规划专业人才培养。

3.2.2.2　土地规划传导见效显

1986 年,我国成立国土局,颁布《土地管理法》,开始编制国省市县镇五级的土地利用规划。1999 年,全国土地利用总体规划被批准、2001 年,各省土地总体规划批复完成。2006 年,全国已完成第 3 轮修编,并全部实现采用统一的 GIS 基础软件成图按统一的规定入库,不像各地城市规划、电子文件采用的地形测绘图坐标高程系统多样、操作软件多样、编辑逻辑多样、入库规定多样。2017 年,全国第 4 轮土地利用总体规划修改完善。通过省级国土部门对市县域土地利用规划审批进行初级传导,通过建设用地指标省级投放、建设项目用地省级批准、建设用地整理项目现场省级审核和航拍建设新斑块部委督查等手段实现规划全面传导。由省级直接传导到用地现场,相对简单、封闭、独立、直接,传导力度效果明显。

3.2.2.3　土地利用规划成效评价

1) 简要直接,传导力度大

土地利用规划以全国 18 亿耕地红线保护为原则底线,重点关注农地转用为建设用地的管控,规划内容主要为基本农田的保护和建设用地的增长布局。国家定计划、由上而下、全域管控、底数完整。一张现状与规划图、一张用地规模表、一个共享数据平台,通过指标投放国审批、建设项目用地省级审和航拍建设新斑块监测的部委督查,行政组织上构建了部委到县局的上下垂直管理的机制,实现了快速动态调整完善,土地使用与现行规划相应,管控力度大,成效明显(图 3-8)。

图 3-8　项目用地转用审核应用平台视窗示例图

资料来源:《四川省国土资源“一张图”与综合监管平台建设培训》

2）独立封闭，结合当地差，容错力低

土地利用规划迁就现状、强调保护、漠视发展、忽略调控。缺乏空间发展战略的谋划，被动适应建设项目和城市规划，主要发挥土地测绘、统计和项目用地上图职能。简单以量和平面图斑管控，对城镇开发建设的复杂性、用地条件的多样性、地形地貌的立体性认识不深，忽略由省级尺度到项目用地现场尺度的巨大跨越带来的用地条件误差，往往规划可建设转用的区块现场无法利用或利用不科学、整理成本太高。相对封闭独立的运行体制使当地政府未能充分参与规划编制、未能充分结合地方政府的发展建设意见，影响地方发展建设的自主性与积极性。建设项目用地审批级别高、层次多、程序繁，在服务社会性发展项目用地管理上效率不高，往往用地审批要几年才能完成。如若涉及基本农田的转用规划调整需要由县镇级上报到国务院审批，理论上可行，实际操作上难以完成。土地规划优化调整的传导机制过于刚硬。管控要素简要、方法简单、上报资料入平台库往往因技术瑕疵不能成功，造成审批搁置。

3.2.3 成于多规合一试点

3.2.3.1 多规合一试点起始

为解决城市规划、土地规划、主体功能区划及相关专项规划相互之间的矛盾，发挥规避各自的优缺点，2004 年，国家发改委在 6 地（江苏省苏州市、福建省安溪县、广西壮族自治区钦州市、四川省宜宾市、浙江省宁波市和辽宁省庄河市）试点“三规合一”。2008 年，上海、武汉相继对国土和规划部门进行机构合并，开展“两规”或者“三规”整合探索。

3.2.3.2 多规合一试点推进

2013 年 12 月中央城镇化工作会议，习近平总书记指出要建立统一的空间规划体系、形成一个县市一本规划、一张蓝图，持之以恒加以落实。2014 年，《国家新型城镇化规划（2014—2020 年）》提出推动有条件地区的经济社会发展总体规划、城市规划、土地利用规划等“多规合一”。全国 28 个市县作为“多规合一”试点市县。到 2016 年，海南省、厦门市、广州市、南海区等先行完成。

3.2.3.3 国土空间规划开展

2019 年 5 月底，继国省市县机构改革全面完成、四级自然资源部门全部成立后，中共中央、国务院《关于建立国土空间规划体系并监督实施的若干意见》和自然资源部《关于全面开展国土空间规划工作的通知》相继发布，由此各级国土空间规划编制与探索全面展开，波澜壮阔、轰轰烈烈，其中如何实现从省到市到县到镇的层层有效传导显得尤为突出和重要。

3.2.4 借于国外规划传导

3.2.4.1 欧洲荷兰的规划传导

荷兰国土 4.15 万平方千米，人口 1 726 万人(2018 年)，12 个二级行政单元、443 个基层行政单元，类似于我国的小省大市。空间规划三级传导，国家规划局编制国家战略规划和总体行政条例，下级规划部门编制战略规划和土地利用条例，市镇规划部门编制土地利用规划和详细导则。国家空间规划突出结构布局，规划底图大块分色标明蓝绿自然用地、红斑建设用地、留白农林用地等各类用地、深色主干路廊网、灰色市政管廊网，在此规划图上突出圈画出城市聚集发展区，制定相应的区划利用总体条例。“各类聚集发展区专门提出细化总体规划导引，指导各省编制集聚区内的总体规划和利用条例”[2](图 3-9)。

图 3-9 荷兰国域国土空间总体规划结构图

资料来源：Summary National Policy Strategy for Infrastructure and Spatial Planning

3.2.4.2 美国俄勒冈州的规划传导

俄勒冈州域 25 万平方千米，人口 420 万人(2018 年)，36 个县，近 1 000 个市镇，类似于我国地域大的地市州。空间规划三级，“州规划厅根据全国空间战略规划编制州空间总体规划和专项规划、规划授权和分区规划法案”[3]；县、市规划部编制区域规划、城市总体规划和分区规划(地块土地利用图则)、专项规划。比如波特兰都会区的规划由新产生的都会区政府管辖发展前景最好的三个县(含 24 个市)约 1 000 平方千米，全域按州总体规划要求编制都会区总体概念规划，大块明确蓝绿自然、浅绿农业、桃红商贸、浅黄住区、浅咖工业等区域，深色主干路廊网、灰色市政管廊网,突出城市增长边界和大类功能用地的区块控制。最后由大小范围约 10 平方千米各市(街)区划图则传导落实概念规划,精细明确每宗土地的开发建设准则(图 3-10)。

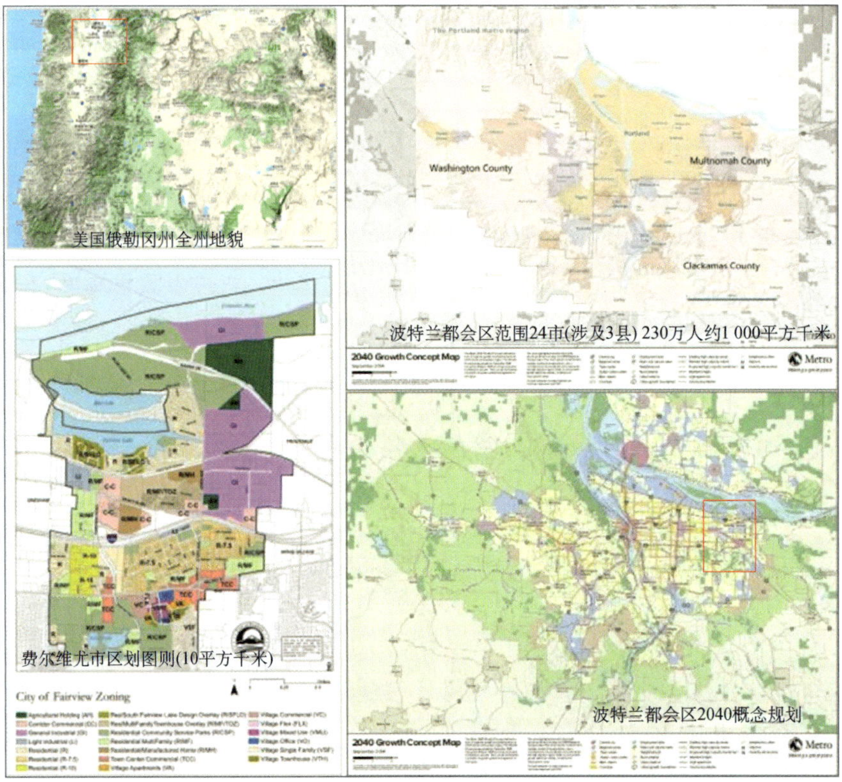

图 3-10 美国俄勒冈州的规划传导体系示例

资料来源:http://www.planning.org.cn/

3.2.4.3 亚洲日本的规划传导

日本全国 37.8 万平方千米,人口约 1.26 亿,47 个二级(县、都、道、府)行政单元、1 718 个基层级(市、町、村、区)行政单元,类似于我国的大省。空间规划四级传导。顶级为全国国土形成规划(战略)、全国国土利用(总规)规划(与交通同编),以及国土规划相关法律;次级为区域合作机构开展的区域综合开发规划(广域国土形成规划),日本将全国分成 8 个地方区域,类似于我国的跨地市行政合作区珠三角地区、成都平原等;本两级由国家机构组织编制。县级编制本辖区国土利用计划、土地利用规划、都市城市规划、县分区规划。市町级编制本辖区国土详细利用规划。

3.2.4.4 亚洲新加坡的规划传导

新加坡疆域 712 平方千米,人口 550 万,25 个新镇选区,类似于我国的地级市区。空间规划两级传导。顶级为总体规划(最初为概念规划),二级为分区发展指导规划。总体规划最初比较概念,表达顶级路网和大片分区土地使用功能,后来的总规因为建设的深入完成,图纸表达比较细碎。全市划为 55 个 10 平方千米左右的分区,每个分区编制发展指导规划具体规定每宗地块开发建设,类似于我国各市区的单元控规,在此基础上划出 11 个重点区进行详细城市设计,细化该地区的建筑市政管控。两级规划均由国家发展部规划署组织完成,各新镇没有规划职能,规划传导极其顺畅、效果很好,空间品质质量很高(图 3-11)。

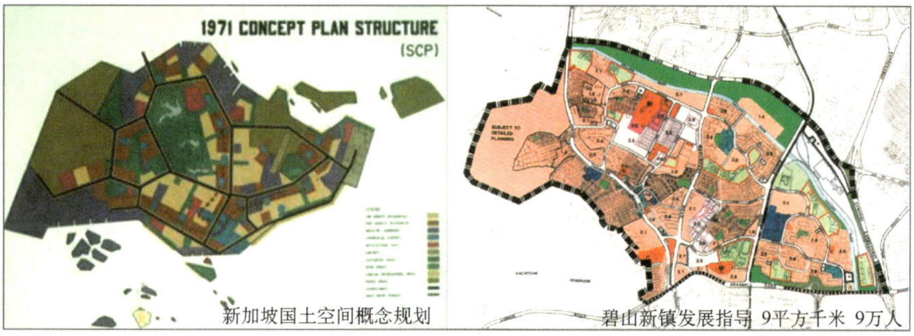

图 3-11 新加坡从全市概念规划到新镇发展指导的规划传导示例图
资料来源:新加坡国家规划馆

3.3 空间规划行政权责的传导

3.3.1 规划行政权责内容及其传导层级

3.3.1.1 规划行政权责及传导主要内容

根据我国机构改革结果和相关空间规划法律,空间规划的职能全部划入各级自然资源和规划行政主管部门,主要包括本级各类空间规划及土地转用的编制、申报,下级各类空间规划及用地许可的审批,其他管理,规划实施监督几个方面。其他管理主要包括本辖区土地动态信息化监测、合规的耕地占补平衡、未确权国有荒地农用审批、建设用地市场失信行为联合惩戒、批后非永田农转建方案实施、临时占地批准及复垦等。编审监督的内容重点在于:三区、三线、用途和使用。即统筹布局生态、农业、城镇等功能空间,划定落实生态保护红线、永久基本农田和城镇开发边界。包括国土空间格局、规划用地布局和用途管制要求等内容,明确建设用地规模、耕地保有量、永久基本农田保护面积和生态保护红线。详规中对具体地块用途和开发建设强度等做出的实施性安排。乡(镇)村规中对集体经营性建设用地利用的调整及宅基地范围的划定。

3.3.1.2 规划行政权责的传导主要层级

基本层级是国、省、市、县、镇五级传导,上级对下级约束审批,下级对上级申报、落实、反馈。五级权责中,国家负责宏观战略,省级落实国家战略,市县重在操作实施,市对县之间权责传导薄弱,镇资源规划职能很弱,所以权责传导重点在省到市和省到县两级。地级市这个层级对县主要是指导,县级报审时都是转报或者是有个审核意见,都是省直接在组织审核批准,所以说这不是完全的五级传导机制,实际上是更多特征的一个机制。

3.3.2 规划行政权责传导中各级的具体内容

3.3.2.1 规划编制权责的传导

从编制来看,从上往下,省级包括省域空间总规、省域次区域分区空间总规编制、专项空间规划的协调,还有一些特别重要的单项规划文件材料的组织、土地还耕的整治方案、国家和省级重大急迫的建设工程用地方案编制。

地市级主要包括市域的空间总规、中心城区的空间总规,也就按照现在地市级空间规划编制指南要求,它是全域的总体规划和中心城区的总体规划是同步编的。还有市辖城区的分区空间总规及控详规城市设计,市辖城区的乡镇郊区分规和镇区详规。中心城区边界以内有说法,是详规加规划许可,边界内有乡镇,再编制乡镇规划也不太合适,所以应该边界内集建区外做一个郊区的分规细化土地用途,若有镇区则同时做到详规。还需要协调本级的各行业专项规划,也有土地还耕整理的方案编制、年度建设用地供应计划、合规非永久基本农田的农地转建设用地的方案编制、合规的农地转建设用地的征收补偿及安置方案的编制。

县级主要包括县域空间总规、县城的空间总规、连镇片区的分规。按理镇乡空间总规应由镇乡政府来组织,但实际上镇乡没有专门的资源部门和专业干部,没有能力来组织,再有单个镇乡单独编制空间总规地域小、内容少、动力弱,所以应该放到县级来组织,几个乡镇连起来一起编制规划,当然在过程当中,必须征求镇人大的意见。另外还需进行县城区的控详规及城市设计编审、协调本级的各个行业专项规划,以及土地还耕整理、年度建设用地供应计划、合规的非永久基本农田转建设用地的方案的编制和土地征收补偿安置方案编制和上报。

镇级主要是镇区详规和重点连片的村庄规划编制组织。

3.3.2.2 规划申报权责的传导

申报的传导是下级层层向上级申报。镇级要把镇区详规和村详规申报到县,县级需要连镇片区的分规和控规城市设计报本级政府,县域空间总规和县城空间总规报省级,本县土地征收和农地转建设用地的方案报省级。地市级要把本级的全域空间总规和中心城区空间总规的上报省级,本级市辖区的空间分规、空间控详规城市设计报本级政府。省级向国家级申报的主要是省域的空间总规,省域的分区空间总规报本省政府,向国家转报副省级城市的市域总规和中心城总规,转报或申报国家级自然保护地的专项规划。

3.3.2.3 规划审批权责的传导

审批是上级审批下级申报的规划文件。国家级审批省域的空间总规、副省级计划单列市的市域总规和中心城总规，还要发布土地评级标准。省级审批地级市的市域空间总规、中心城区总规，县域的空间总规、县城的空间总规，以及对本级专项规划审议提出意见，比如自资部门对其他如交通专项空间规划要提出意见。地级市不能审批县级的空间总规，各县虽然是地级市行政辖区，但法律规定空间规划行政许可职能上县级由省级审批。地级市主要是市本级的专项空间规划、市辖区的分区空间总规、控规城市设计、市辖区的郊区乡镇连片分规，市辖区没有批城区控详规的权利、这是要地市级来批的。土地出让，用地规划设计条件、用地预审的用地合同，土地规划许可和工程规划许可等审批，地级市和县级都可以。市辖区集中建设区以外镇总规和镇区详规的审批权力。镇级审批职能很弱，主要是村规划和宅基地申请的批准。

各级还有其他事权的审批。国家永久基本农田的占用批准，只要涉及一丁点，都是国家审批。耕保补偿、地灾评估、土地储备、新增建地出让收益也是国家的权利。省级层面重要就是耕地保护、土地动态信息化监测，还有他受国家授权或者授予市级、地市级权利，可以批准符合规定的非永久性基本农田农地转建设用地的方案，批准符合规定的农地转建设用地、土地征收补偿方案等。所以要把一个农地转成建设用地去出让是需要报省里面批准的。市级包括非确权的国有荒地的农用审批、农地转建设用地的征收评估与公告，市辖区是没有权力发征收公告的，需要由市里发。市级的审批权力县级基本都具备，县级还具有对临时占地批准和复耕的权责。镇级权责主要是配合占补平衡的实施，对占用完的耕地，要复耕；占用了耕地不能复耕的需要开垦新的耕地保证镇耕地总量的平衡，镇级要配合县级保障实施到位。

3.3.2.4 规划监督权责的传导

目前我们国土规划实施的监督体制，主要是由国家设置的片区专门监督局进行，包括督察地方政府落实党中央、国务院关于自然资源重大方针政策、决策部署及法律法规执行等情况；落实最严格的耕地保护制度和最严格的节约用地制度等土地开发利用与管理情况；落实自然资源开发利用的生态保护修复、矿产资源保护及开发利用监管等职责情况；实施国土空间规划情况，重点是落实生态保护红线、永久基本农田、城镇开发边界等重要控制线情况；对涉及自然资源开发利用、生态保护重大问题开展督察；按照有关规定对地方政府负责人进行约谈，移交移送问题线索；督查地方政府组织实施整改情况，按照有关规定提出责令限期整改建议；承办国家自然资源总督察交办的其他任务。比如成都督查局监督西部地区。

原城乡规划督查是由省政府派督查员入驻地市州参加规划决策委员会来进行监督。市县级自资规划部门则组织或委托专队对规划及法规实施检查、制止、查处，特邀上级专员指导、聘协管员协助，执法审核公示，向上级报告监督情况等。省级派员督办或者挂牌督办、通报，颁收执法证，以及协助市县级派遣专员支持监督（图 3-12）。

	编制	申报	审批	其他	监督	重点
国家	**多国区域合作国土空间总体规划** **全国国土空间总体规划，** **跨省级行政合作区国土空间总体规划**	**向联合国相应组织申报专门空间规划**	**省域空间总规，**单列市市域总规及其中心城总规。 发布土地评级标准。	永田占批，耕保补偿 地灾评估、土地储备， 新增建地出让收益。	规定制定，下级举报受理，督办， 设片区局派专员。	**三区三线** **用途、强度**
省级层	**省域空间总规，**省域分区空间总规， 单项规划及文件材料,协调行业专项规划。 土地还耕整理方案， 国家和省级重急建设的工程	**省域空间总规，** 副省级市市域总规及其中心城总规。自然保护地专规。 省域分区总规报本级。	**地域空间总规，** **中心城区空间总规；** **县域空间总规，** **县城空间总规。** 省域专项规划审议意见。	耕地保护，土地动态信息化监测，受权、授权批准合规非永田农转建方案， 批准合规农转建土地征收补偿安置方案。	报上级，派员常驻、督办或者挂牌督办、通报， 或协助市县，颁收执法证，	统筹布局生态、农业、城镇等功能空间，划定落实生态保护红线、永久基本农田和城镇开发边界。
地级市层	**地市域空间总规，中心城区空间总规，** 市辖城区分区及控详规城市设计， 市辖城区乡镇郊区分规及镇区详规， 单项规划及文件材料,协调行业专项规划。 土地还耕整理方案，年度建设用地供应计划，合规非永田农转建方案编制， 合规农转建土地征收补偿安置方案编制。	**地市域空间总规，** **中心城区空间总规，** 市辖城区分区及控详规、城市设计。 市辖城区乡镇郊区分规及镇区详规报本级政府批， 合规非永田农转建方案申报	专项规划，市辖城区分区及控详规城市设计、市辖城区乡镇郊区分规及镇区详规。建地出让规划设计条件、用地预审意见、用地合同、土地证照、用地规划许可、工程规划许可	土地动态信息化监测， 未确权国有荒地农用申批， 农转建征收评估与公告， 授权区对建设用地市场失信行为联合惩戒，批后非永田农转建方案实施，临时占地批准及复垦	报上级，组织或委托专队对规划及法规实施检查、制止、查处，特邀上级专员指导、聘协管员协助， 执法审核公示	包括国土空间格局、规划用地布局和用途管制要求等内容，明确建设用地规模、耕地保有量、永久基本农田保护面积和生态保护红线。
县级层	**县域空间总规，县城空间总规，** 连镇片区分规，县城区控详规城市设计， 单项规划及文件材料,协调行业专项规划。 土地还耕整理方案，年度建设用地供应计划，合规非永田农转建方案编制。 合规农转建土地征收补偿安置方案编制。	**县域空间总规，** **县城空间总规，** 连镇片区分规， 县城区控规城市设计， 报本级政府批。 合规非永田农转建方案申报 土地征收补偿安置方案申报	专项规划、连镇片区分规， 县城区控规城市设计， 镇区详规， 重点连片村庄规划。 建地出让规划设计条件、 用地预审意见、用地合同、 土地证照、用地规划许可、 工程规划许可	土地动态信息化监测， 合规的耕地占补平衡， 未确权国有荒地农用申批， 建设用地市场失信行为联合惩戒。 批后非永田农转建方案实施，临时占地批准及复垦。	报上级，组织或委托专队对规划及法规实施检查、制止、查处，特邀上级专员指导、聘协管员协助， 执法审核公示	详细规划是对具体地块用途和开发建设强度等作出的实施性安排。
镇	**镇区详规、** **重点连片村庄规划**	**镇区详规、** **重点连片村庄规划**	村规划， 村民申请宅基地批准	合规的耕地占补平衡、实施土地还耕整理。 非永田农转建配合实施。		乡(镇)规可区位调整利用集营建地。划定宅基地范围。

图 3-12　空间规划权责分级传导一览图

3.4 空间规划技术成果的传导

3.4.1 技术成果分级传导的六种不同类型

我国地域辽阔、民族众多，各地相同级别行政单元类型多样，名称、管辖范围、权责不是完全一致，其相应的行政许可权力也就相应有差别，导致空间规划行政主管部门从上级到下级的事权组合就会有多种情况。要适应各种事权组合、实施好空间规划，各级空间规划技术成果就需要理清上下关系，形成适应性较强的成果体系。

同样地级市级别，有副省级计划单列省会市、副省级计划单列市、地级省会市、地级市、自治州、独立地级市（辖区县），其下辖有区、县、县级市。同样的县，有县级市、县，又隶属上述 5 种不同市州，甚至直接隶属省，所以这种事权传导组合至少有 10 种不同的情况，事权不同、空间规划技术成果也会相应不同。为了便于理解记忆，本文将从省到镇的规划技术成果传导类型梳理出以下 6 类：

类型一：省—副省市—市辖区—街道镇乡；

类型二：省—副省市—县（市）—镇乡街道；

类型三：省—县（市）—镇乡街道；

类型四：省—地级市—市辖区—街道镇乡；

类型五：省—地级市—县（市）—镇乡街道；

类型六：省—自治州—县（市）—镇乡街道。

3.4.2 技术成果文件不同作用的三个层级内容

技术内容传导是由省—地州—县—镇层层往下传导，然后层层由下往上反馈的过程，每级总规数据文件由一套多个数据集文件构成，每个数据集又由不同层次的内容构成，可以按三个分层来归类，按每分层的作用可分为底层基础层、中层操作层、上层报批层。

基础层是底层，是基础数据层，主要为地形测绘数据、综合的现状用地数据、双评价双评估和各行业专项规划、接受申请批准的数据，也包括下级规划申报批准成果的一些附件，如更为细致的分区指引和体现各地特色的附加专项研究等。三调数据文件、用地修正转换文件等均为基础层文件。

操作层是中层，是本级操作数据层，即指各级空间总体规划的详细内容，也是审批下一级空间规划和项目规划的依据。省域空间总规成果、省分区空间规划成果、市县域总规报批成果，以及省管特别地区详细规划成果是省级技术成果的操作层文件。下级规划批复后归档的拼合数据，如各市县总规总图拼图、城区各片控详规拼图等是本级的操作层文件。

报批层是顶层，是向上级报批的数据层，是本级规划方案提炼简化后的成果数据，是按上级数据库入库要求和强制性内容要求形成的数据集。三区三线划定的数据文件就是顶层报批层文件，是提炼具体土地细分用途后的土地利用规划文件，既便于上级把握管控，又利于本级操作优化。若操作层面的本级规划数据成果不按上级数据库要求加以提炼，原封不动地都报上去，一旦批复，具体的地块管控就会按相应深度督查，一旦有些许改变就是违反了批准的规划，受到相应处罚，否则想要优化改变必须启动批复成果修改程序，再次批复后才可实施，如此可能耽误本级空间利用的效率和经济的发展。

每一级空间规划的三层数据集是互为支撑的，最上层的报批层要对操作层、基础层的东西进行提炼的，操作层的数据集是对报批层的深化，基础层的数据集是最精准全面深入的数据集，是认识规划方案和具体操作的参考。建立每个空间规划 3 层级文件的概念，有助于我们对传导的深入认识，准确理解由宏观到微观、由粗犷到细微、由纲领到具体的传导特点，在实际工作中合理操作（图 3-13）。

3.4.3 技术成果贯通传导不同类型的具体方式不同

由省到镇的逐级传导有四级五种类型，每个文件有三层级数据集内容，所以规划技术成果传导的具体方式也是多级多层多类的。

3.4.3.1 类型一：副省级省会市城区类

省级有省域总规、省分域总规、省域专项规三层次，传导到副省级省会市；副省级省会市有市域总规、中心城区总规、市域专项规三层次，传导到市辖区；市辖区有分区总规、街道单元控详规、重点地段城市设计三层次，传导到集建规划区外乡镇；乡镇区域有联镇片区分规、镇区详规、联村详规三层次。这是一个四级十二层次的类型，这样一个传导方式，在尺度上图纸比例尺由 1 ∶ 2 000 000 到 1 ∶ 2 000，图幅范围从 100 万平方千米到 1 平方千米，尺度千倍跨越，这也是省级重大战略由各级规划传导到重点项目许可建设的过程（图 3-14）。

3.4.3.2 类型二：副省级省会市到县级市类

省级有省域总规、省分域总规、省域专项规三层次，传导到省会市；省会市有市域总规、市域专项规两层次，传导到县级市；县级市有县域总规、城区总规、自然保护地等专规三层次，传导到街道镇乡；街道镇乡有街道单元控详规、重点地段城市设计、联镇片区分规、镇区控详规、重点联村区详规三层次。这是一个四级十一层次的类型（图 3-15）。

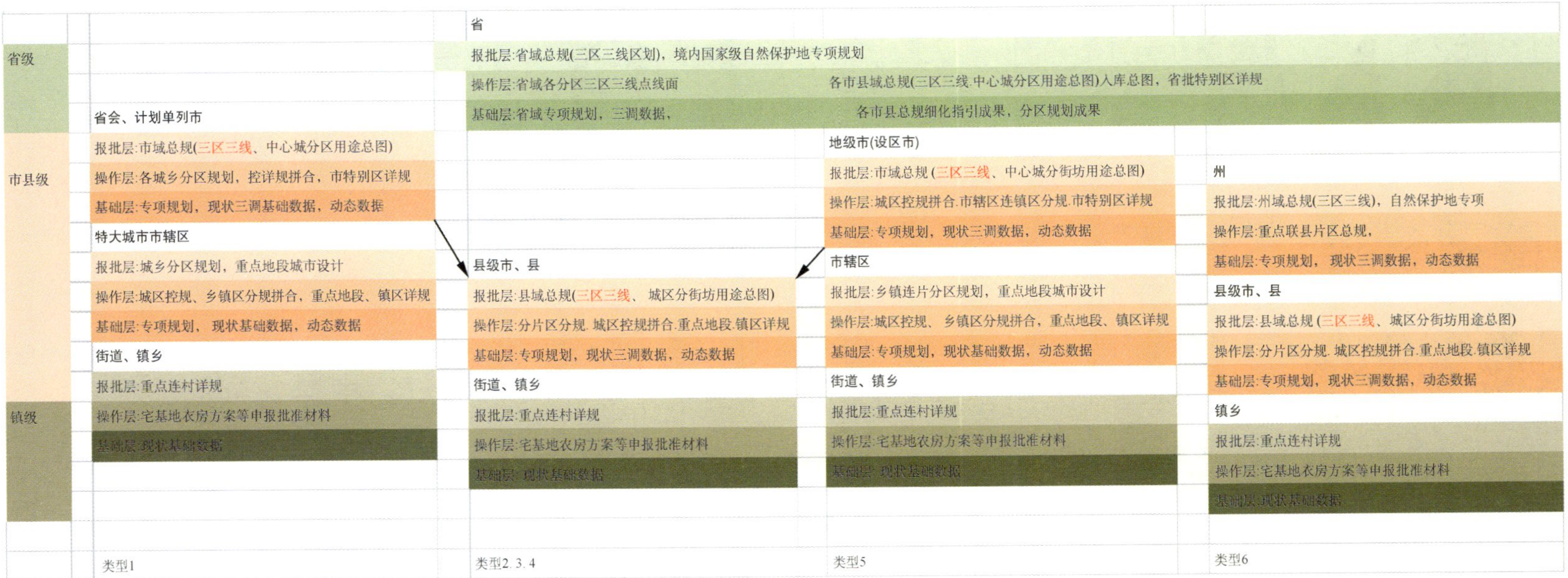

图 3-13　空间规划技术成果省镇传导的分型分层一览图

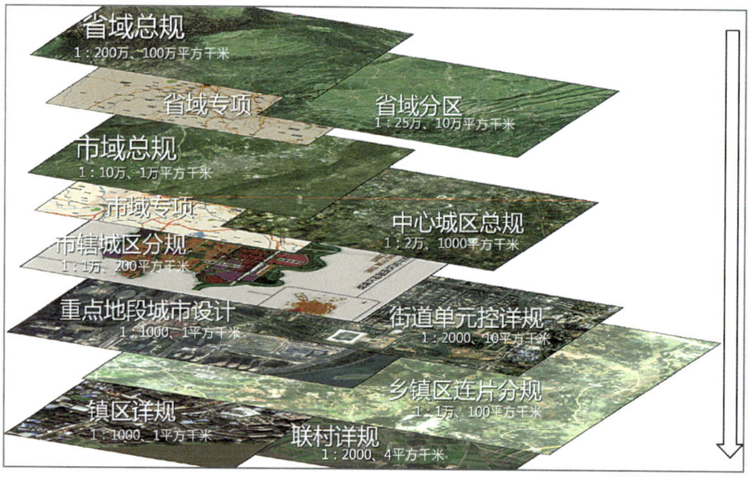

图 3-14　空间规划技术成果传导的类型一示意图

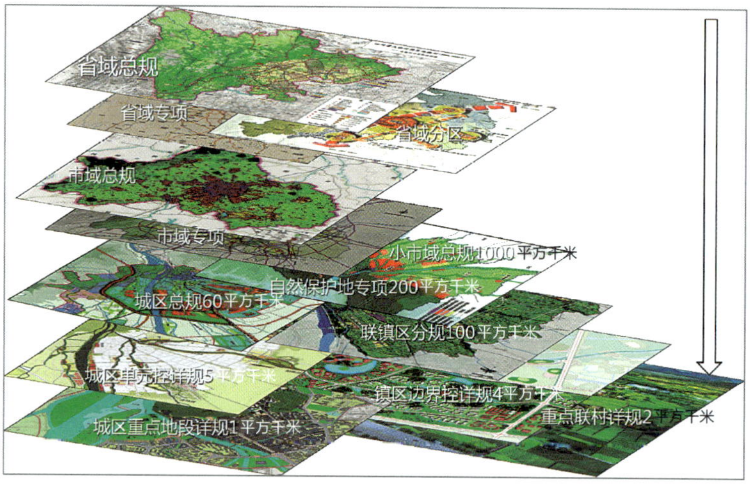

图 3-15　空间规划技术成果传导的类型二示意图

空间规划传导具有多级多层多类的特点，在整个过程中，我们的规划编制的技术处理也好，我们的规划审批许可也好，既要落实上级上层的新的期待，也要尊重下层的发展诉求，要求有较高的技术水平。“上下贯通，左右协调，全要素、全过程统筹是国土空间体系运行的基本特点，其关键是不同层次、不同类型规划的传导和对应规划事权的衔接关系。”[5]

3.4.4 技术成果传导的内容体系

3.4.4.1 各级空间规划的主要内容及深度

1）省级总规

明确本省总体定位、确定开发保护目标、完善指标体系。制定开发保护战略，形成国土空间布局结构。落实完善主体功能区划,明确管控导向。落实生态保护,明确生态屏障、廊道和生态系统保护格局,确定重点区域,明确自然保护地布局和名录。落实农业空间,确保永久基本农田任务、明确农产品主产区,优化农业生产空间布局结构、乡村居民点布局要求,对农村建设用地总量控制。落实城镇空间,确定城镇体系,分解建设用地规模至各市(地、州、盟),提出基本公共服务配置要求,完善重大产业集群空间布局。统筹省域三线的总体格局和重点区域。提出重要自然资源供给总量、结构以及布局调整的重点和方向。建立永久基本农田储备区。明确能源勘查开发区域、海洋开发保护空间。建立历史文化自然景观保护体系,编撰名录。落实重大基础设施廊道布局、用地量、建设时序、项目名录。提出防灾减灾标准要求和重点项目名录。落实生态修复和国土综合整治重点区域、重大工程名录。落实省际协调和省域重点地区协调,健全资产收益分配机制。建立规划并实施保障机制指引地市级规划在分区、底线、指标、名录、政策要素方面落实传导。

2）市县级总规

确定城市性质和国土空间发展目标,提出开发保护战略,落实量化上位约束性指标。优化空间总体格局,完善区域协调格局,优先确定生态保护空间,保障农业发展空间,融合城乡发展空间,明确城镇体系等级规模和空间结构,分解建设用地规模至各下级辖区(县市区或城镇),提出村庄布局优化要求。完善城乡基础设施和公共服务设施网络体系;彰显地方特色空间,保护自然景观资源和历史文化遗存,划出整体保护区域;协同地上地下空间,划出重要矿产资源保护开发的重点区域,统筹陆海空间,明确战略性的预留空间;划定生态保护红线、永久基本农田、城镇开发边界划定“三线”;优化用水结构和布局;优化能源结构;保护低洼地等调蓄空间,明确范围措施;明确林草地保护区域;优化市域空间用途布局和结构,按二级分区调整结构及数表;细化中心城区用地分区结构、布局和具体数表;明确综合交通系统网络,完善物流运输系统布局;完善公共交通体系与设施布局;完善公共空间和公共服务设施布局及指标,划定中心城区绿蓝线;保护自然与历史文化风貌,优化空间形态,量化空间高度布局;统筹基础设施布局,增强城市安全韧性,明确防灾安全空间布局结构;推进国土整治修复与城市更新,明确重大工程名录。建立规划实施保障机制,指引市县级规划在分区、底线、指标、名录、政策要素方面落实传导。

3）镇级总规详规

提出具体的乡镇发展定位。综合确定乡镇发展规模。明确主要发展指标和空间管控指标,分解下达各村。调整空间结构,确定全域国土空间保护、开发利用、修复、治理总体格局。确定生态用地布局和规模,确定用于农业各类用地规模和布局,统筹安排乡镇以及集中建设区建设用地总规模和新增建设用地规模,落实集中建设区范围;明确新村聚居点位置,规模和范围,划定村庄建设用地区;落实基础设施项目的选线或走向,合理安排农村基础设施用地。明确土地现状、规划用途。确定生态保护红线的空间范围与边界;永久基本农田边界划定。城镇开发边界划定。划定历史文化资源保护范围控制线,明确历史文化名镇、名村保护范围;划定产业区块、林业保护、地质灾害避让等控制线。安排国土综合整治和生态保护修复重点项目的规模、布局和时序。完善绿地系统布局明确补充耕地集中整备区规模和布局。预测规划期末农村人口规模,合理构建村庄体系规模结构。村庄分类引导集中布局。合理确定产业空间位置和规模。确定历史文物保护范围与建设控制地带、保护方式以及保护目标。提出交通发展目标、策略,明确道路交通设施的功能、等级、布局,明确交通廊道控制要求。统筹公共服务设施资源配置,合理布局公共服务设施布局。对能源、水利、信息设施廊道进行预留和控制,明确市政基础设施的布局要求。制定防洪、消防、抗震、避难场地、地质灾害防治规划。提出镇区空间范围和用地规模,明确生态与功能结构,优化生态保护、产业发展、基础设施布局;划分好规划单元,提出单元指引及单元政策。详细明确镇区内公共服务设施、基础设施、绿地广场的用地界线,指引居住用地、商业服务业用地布局。详细确定镇区城镇道路系统,构建道路网络体系,详细确定道路层次等级,布局各项道路交通设施。详细确定镇区供水、排水、供电、燃气、邮政、通信、广播电视、供热、环卫等设施建设目标与布局。统筹配置镇区教育、医疗、文化、体育等设施。制定镇区防洪、消防、抗震、避难场地、地质灾害防治规划。提出园区发展指引。建立统一的重点建设项目库,落实近期重点建设项目用地。

4）街道级控规与乡村级详规

详细确定标注城区街道单元范围内道路市政用地及每宗功能地块的边界、主导用途、混合用途、配套设施及规模、建筑开发强度、建筑布局形式、建筑风格风貌等。详细确定乡村生态区、农林区、建设区,标注生态保护红线、基本农田斑块、各类建设用地斑块详细用途及边界控制坐标。详细确定标注各类道路线、市政管线控制点坐标高程。明确集中聚居点和产业项目的建筑总平面布局和建筑风貌风格要求。估算投资等。

3.4.4.2　各级空间规划传导的主要要素及措施

1）传导的要素

传导的要素主要为 7 个方面,具体为:“规则、指标、结构、分区、位置、边界、名录。”[4]

（1）规则:如战略定位、规划原则等内容,从上到下延续。

（2）指标:包括空间底线、空间结构与效率、空间品质 3 个大方面,13 项约束型,各地可根据特色自行补充,从上到下不断具化量化。

（3）结构:主要指生态、农业、城镇三类空间布局格局,从上到下不断细化。

（4）分区:指各类空间用途分区,生态、农业、城镇等用途从上到下不断细化细分。

（5）位置:指各项线状点状的基础设施位置,从上到下由少许控点到大量控点、二维控点到三维控点、形态不断清晰。

（6）边界:指各类主体功能区界、空间控制线界、用地形界不断具体,从上到下由点廊域划示—圈线区划示—边界刻定—主控点边尺寸坐标二维定位—全控点边尺寸坐标三维定位,不断精准。

(7) 名录:指自然或历史保护地、重大设施项目数表化,由上到下不断精准。

2) 传导的措施

传导的措施主要有“落实、深化、优化、增补”4 种措施。落实即继续传导、不得变更;深化指不断分解细化;优化指做出结合当地特点的调整;增补指进一步补充增加充实。

3.4.5 各级空间规划传导的具体内容与方式

3.4.5.1 省分域总规对省域空间总规的内容传导

一些面积较大、省情多样的省份会开展省分域总规的规划,分域总规从以下方面传导全域总规。

首先要了解全省的空间资源的底数和底图,要认识全省的总体空间战略的布局,要了解、明确三线的总指标和地州分解的一个情况,落实生态城镇农业交通重大项目的要求。以四川为例,生态格局一带六片八廊多块,城镇格局一圈两翼、城镇体系 1 超大、10 大、8 中、100 多小,农业格局是一带五区,专项规划设施规划包含交通、水利、能源、电力等及其设施新增用地的一个清单;所以分域首先是要把这些对应落实上去(图 3-16)。

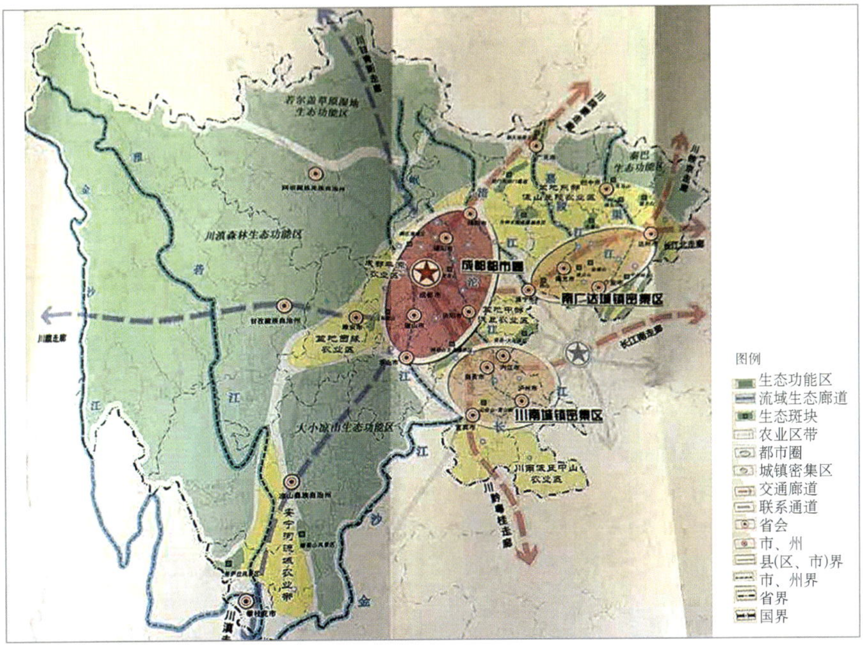

图 3-16 某省域国土空间总规保护发展格局示例图

资料来源:http://dnr.sc.gov.cn/

各分域总规互相的关系要搞清楚,比如四川省是五大分区,各有侧重。从 GDP 的可视化地图来看,成都的面积占到全省很小,但是它的 GDP 却超高,所以每个分域它的发展策略、发展目标、空间治理的要求是不一样的，什么叫高质量？实现了最优的目标才叫高质量。要熟悉本片区社会经济的状况，并且要熟悉民族的人口、城镇化水平、经济产业皆要了解。要再次分析基本的地形、地貌和山水脉络，因为从省全域到分域，尺度变化还是很大，虽然说像川西北地区，占到全省的40%的区域，但是在分域规划过程当中，用全省域尺度的双评价数据来做分域的时候精度不够，所以又需要重新按照相应的精度重做，它的基本地形地貌、山水脉络需要进一步判断，还要把底图底数再转换修正。要细化生态敏感性的评价，优化生态红线划分，细化产业发展适应性评价、通过承载力和用地使用性评价，可以进一步优化产业布局。分域基础设施要强化区域的共享、深化其共建布局、统筹跨市走廊，跨市走廊统筹比较有意义，因为靠全省域来判断，工作量很大，在分域比较合适。校验指标体系，对目标提出调控措施，包括它的发展质量、生态用地量增减、基本农田量增减、城乡建设用地量增减和文化风貌区范围的增减等等，还有增加重点分区指引和中心城市发展的要求(图3-17、图3-18)。

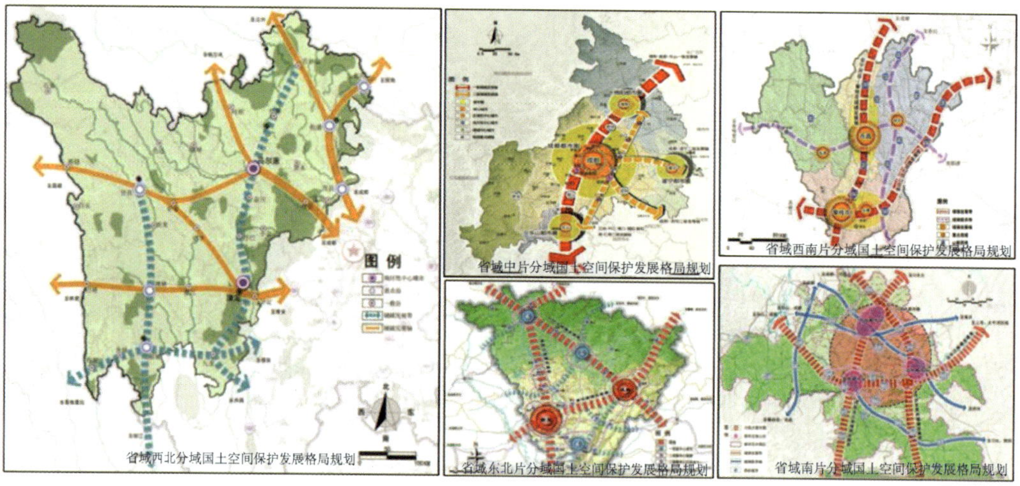

图3-17 某省各分域国土空间总规保护发展格局示意图
资料来源：基于111委发[2015]5号文图修改

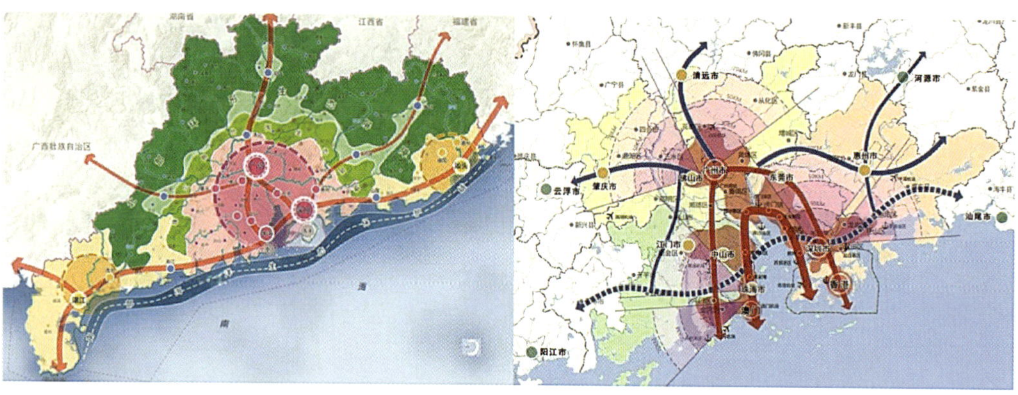

图3-18 某省重点分域总规对省域总规传导示例图
资料来源：http://nr.gd.gov.cn/

3.4.5.2 市域空间总规对省域空间总规分总规的内容传导

市域传导省域时如何传？只要把握认识到两者之间的尺度精度差就可以直观理解，所编即所见、所见即所批、所批即所察，不同的表现精度带来不同的权力内容。省域总规图幅一般在 1∶1 000 000 的比例尺、50 万平方千米的尺度上来做的，省分域图幅大概 1∶250 000 比例尺、10 万平方千米范围来做，在这个尺度上，省域战略只能做成一个结构示意、勾划线网、圈划分区，城镇点划到地级市；省分域可以做到勾划区域，但城镇也只能点化到县城。市域规划时道路应可描绘到城乡主干快速路，空间用途分类描绘到 20 平方千米大小，城市边界形态可视、三区三线可描绘，要在 1∶10 万的比例尺图幅上、一张图 1 万平方千米这样一个尺度和精度(图 3-19)。一张 1∶1 600 000 比例尺的省域图，图上 1 厘米×1 厘米的点块就差不多 200 平方千米(格栅精度为 160 米×160 米)，可见一些干线铁路公路高速路线的走向、主干山脉的一个区域、主干河流的走向、大型水库的点位和地级城市点，规划图能表达的也就是这样一个深度，龙泉山脉是看不到的，在这样一个省全域尺度要把龙泉山来做一个生态斑块规划出来不可行。到了省分域尺度，1∶500 000 比例尺的图纸(格栅精度 50 米×50 米)，龙泉山脉看出来了(所以在省级双评价采用格栅精度 50 米×50 米是可行的)，还能看到的是快速交通干道、次干山脉、次干河流水库、县级城市的点位(小城市点位看不到)。所以，省分域规划可以描绘干路线网，描绘主体功能分区界，描绘县城点位，镇点是无法表达的。

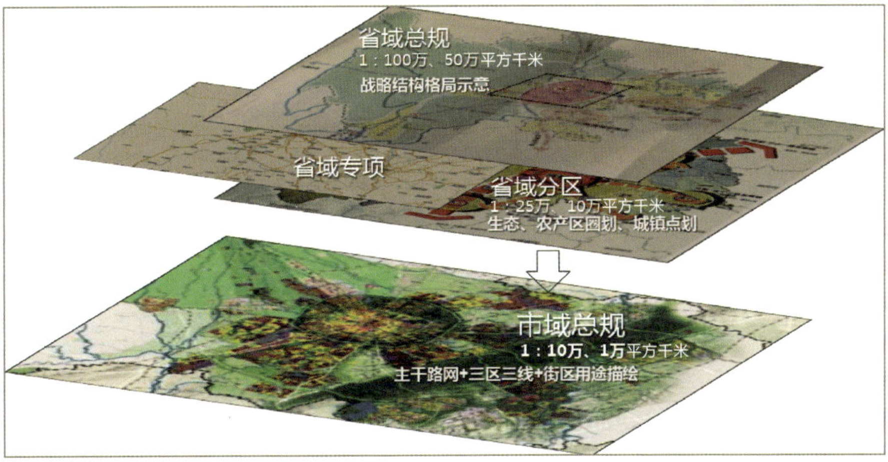

图 3-19　市域对省域的传导示例图

地市域尺度图幅比例尺 1∶50 000，范围 1 万平方千米(格栅精度 5 米×5 米)，可以看到整个城市快速的干道、次干道，山的形状、哪里是山、哪里是平原就很清楚了，平原还有一定的坡度也能识别，支河的走向(比如说府南河都建了几个干渠)、水库的点位能找到，县级城市的边界也出来了，那些镇的点位出来了。所以地市域总规可以描绘到城乡主干的快速路、其间隔 4 千米左右，用地可以描绘到 20 平方千米的大小，城市边界的形态看得比较清楚，三区三线在市域这个层面能够描绘出来（省域层面、省分区层面很难描绘出来），所以市县域总规的土地分区用途管控意义更大（图 3-20）。现在要求县级层面双评价采用格栅精度 20 米×20 米的图，相当于 1：200 000 比例尺的航测图，其精度显然不满足用地适宜性评价要求，其结果很不精准，与实际相差甚远。比如说我们在做都江堰的评价的时候，采用格栅精度 20 米×20 米图数据评价，山原交汇区大量 25%以下缓坡地无法识别，只能都按不适宜耕地和建设评价，显然与实际不符。

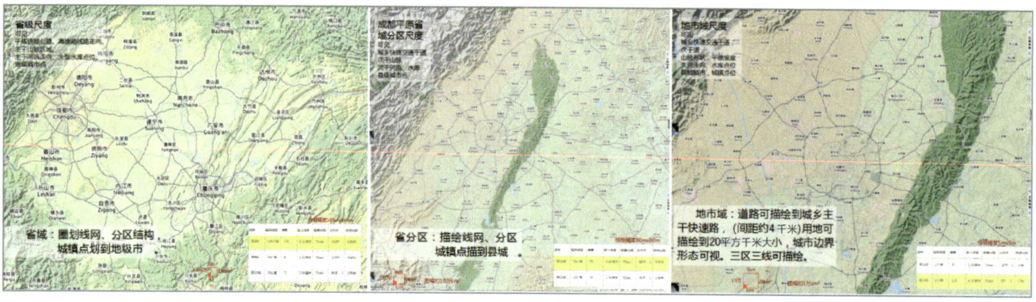

图 3-20　省域省分域到市域空间地图不同精度示例图

我们以已经批复的“上海总规”为例进一步说明市域总规的传导。上海市对长三角地区总规的传导与成都市对四川省总规的传导两者尺度类似，都是 1 万平方千米左右范围对 30 万平方千米左右范围的传导。上海总规图幅比例尺 1：50 000、范围 6 340 平方千米，和大量的地市辖区接近（图 3-21）。

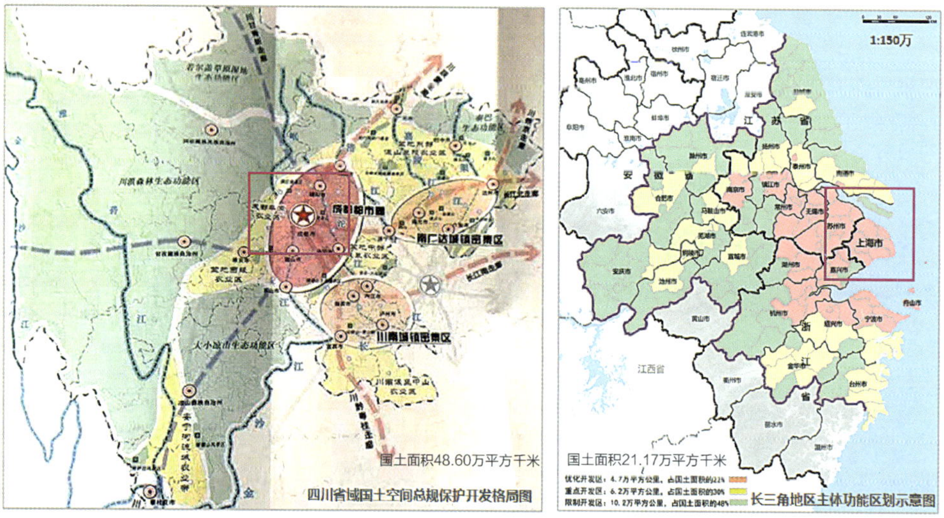

成都市对四川省总规的传导　　上海市对长三角地区总规的传导

两者尺度类似

图 3-21　不同市域对上级区域空间规划传导示例

首先是空间用途分区的三区三线的划定。可以清楚看到生态、农业、城镇空间区，城镇开发边界线清晰、形状具体，生态保护红线、永久基本农田线是另图表达。这里可以理解城镇开发边界为什么要大于 30 公顷，小于此就看不到了。也可以理解报批层的意义了，这个基于总图提炼的三区三线报批图边界清晰，易于对城镇开发边界批复和监督。永久基本农田线是在田斑基础上圈划集中区和生态修复区、结合名录清单划定，这种表现方式落实了保护的区块和规模要求，也明确了具体斑块边界线需要下级的分区总规和下级的镇村详规具体落实。相比于省级的点廊域结构，市级细化到了空间用途区划斑块（图 3-22、图 3-23）。

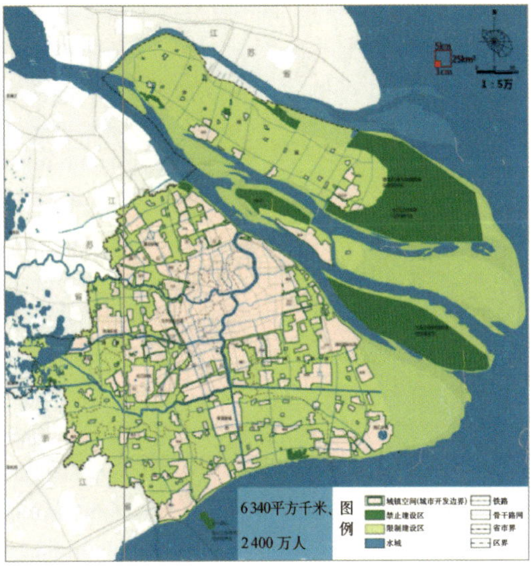

图 3-22　市域三区三线规划示例图

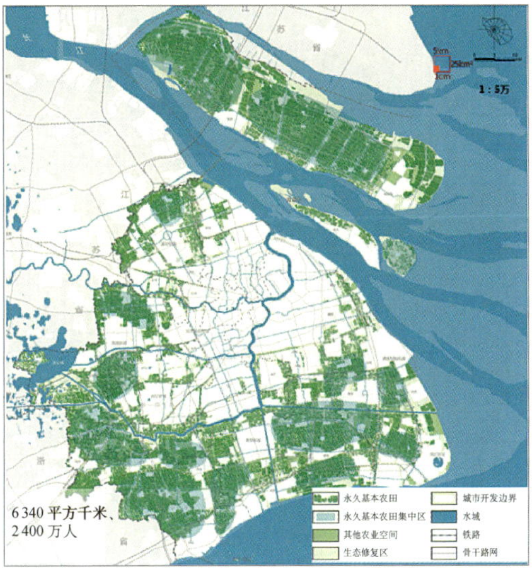

图 3-23　市域保护规划示例图

来源：https://ghzyj.sh.gov.cn/

其次是土地用途的分类管制。要以主干路网为骨架划明到街区农区，整区按一级用途（大类）明确主要用途类型，不是以每宗土地地块按二三级（中小类）确类。街区大小约 2 千米×3 千米、6 平方千米的范围，可居 10 万人，与单个街道管辖的范围相应，和单个控规单元范围相应。所以用地规划图准确叫国土空间用途分类区划规划图，是街区的概念，不是传统总规地块的概念，具体宗地的用途由分区总规和控规落实。农地用途管制也是农区的概念，农地的大小、深度、分类需要继续探讨。土地用途的分类管制规划是必须报批的文件，也是用途管制监督的依据（图 3-24）。

再者是分区指引。中心城区要以主次干路网为骨架细化用地区块，明确道路围合的用地区块的主导用途，用途按一级确类，局部可深化到二级；同类用地区块大小约 600 米×600 米、36 公顷，可居 1 万人，与单个社区管辖范围相应，与单个详细城市设计范围相应，在 1∶20 000 比例尺的图上 3 厘米×3 厘米大小，所见清晰明了，易于决策和监督。分区指引还要把传导的要点要求标注出来，以指导下级落实。分区指引规划应理解为本级操作层文件，用于作为审批监督下级规划的依据。市级指南是明确中心城区的总体规划纳入市级总规同步编制报批，但其编制、监督的深度仍需不断摸索（图 3-25）。

图 3-24 市域土地用途规划示例图

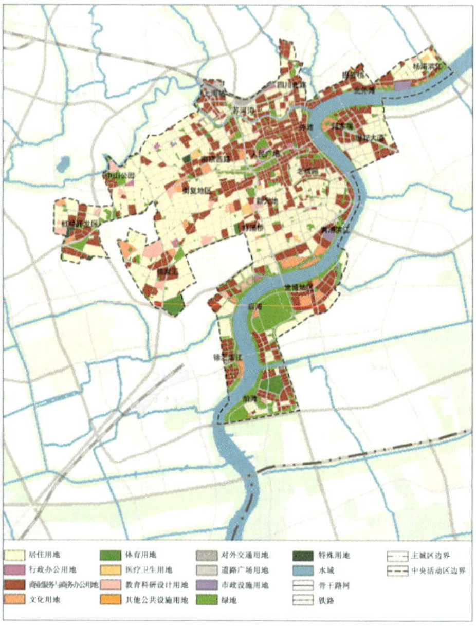

图 3-25 市域中心城区土地用途规划示例图

资料来源：https://ghzyj.sh.gov.cn/

最后是专项规划统筹。比如道路交通专项规划，这是基于总体规划、统筹协调国家、区域交通规划、本级道交部门专项规划的结果。把主次干道网络、市级重大交通设施及其规模标准明确表达。其他能源、水利、农林草原、电子信息、市政管网、文教卫体公共服务、住房建设、园林绿化、商贸流通、工业产业、生态环保、防灾避灾、文化遗产、军事防空等类似。专项规划统筹文件纳入基础层文件，用于报批时上级相关行业主管部门核验和下级规划落实，是否作为报批层文件纳入监督内容需要探讨。

市级传导主要讲这些。再回顾下现状用地底图，这是基于三调成果修正后的底图，用地是依宗地地块按三级地类明确的。只看到密麻麻一片，无法聚焦，因此应纳入基础层文件作为对规划总图审批监督的对照（图 3-26）。

3.4.5.3 县域总规对市域空间总规的内容传导

以浦东新区为例，因为浦东新区也是最早批复的和县域尺度相当的空间规划。浦东新区 1 210 平方千米、550 万人，土地使用规划以主次干道为骨架在 1∶20 000 图上绘制，图上 1 厘米×1 厘米为实际的 200 米×200 米、4 万平方米。用地区块的主导用途按一级

图 3-26　市域现状用地修正图到土地用途规划图提炼演变示例图
资料来源：https://ghzyj.sh.gov.cn/

确类，街区同一用途区块大小 600 米×600 米、36 万平方米，可居 1 万人，与单个社区管辖范围相应，与单个详细城市设计范围相应；农区按约千亩区块确类，与村社范围相应。相比市级的主干路网大街区功能区划，县区级细化到了次干路网社区功能区划，街区用途一级分类细化到了社区用途二级分类，市级圈划的基本农田集中区细化落实到了基本农田保护区块，线性基础设施形态各细腻了等等。而浦东外高桥街区单元控规街道细分到支路、地块按宗地界用途细分到三级（小类）（图 3-27）。

奉贤区也是一样，720 平方千米、116 万人，与大量的县级市情况更接近，传导内容深度、精度与浦东新区基本相同，同时生态区域细分为了四类管控区，永久基本农田用实际的田斑细化。但其将中心城区控规用地拼图纳入土地使用规划图，地块小划到了宗地、用途细分到了三级，没有相应到社区大小的归纳提炼，对控规下步的修改调整极为不利。中心城外由市级的街区用途一级分类细化到了县区级的社区用途二级分类，即传导细化了市级总规、对下级的社区单元控详规、郊野单元乡村详规明确了指引，留出了弹性（图 3-28）。

3.4.5.4　镇域总规对县域空间总规的内容传导

镇域对县域空间又如何传导？我们以都江堰聚源联镇片区说明。都江堰市（县级）把全域分成了 5 个分区，中心城市为一个城市分区，然后外面有 4 个城乡发展的分区，县域

图 3-27　县区总规对市域总规传导及对街区控规指引示例图

资料来源：https://ghzyj.sh.gov.cn/

图 3-28　县域总规对市域总规传导及对城区总规、控规、郊野指引示例图

资料来源：https://ghzyj.sh.gov.cn/

总规和城区总规结束后，其他几个分区就由自规局组织编制各自的连镇分区规划，每连镇片区大概 200 平方千米到 400 平方千米，就不需要再单个镇又去编总规；下级由园区管委会或片区中心镇政府按连片总规组织落实中心镇区详规和重点连村片区详规报自规局批（图 3-29）。

图 3-29　联镇分规对县域总规的传导及对下的指引示例图

镇级对县级的传导，精度由县级的 1∶20 000 比例尺细化到 1∶5 000 比例尺的测绘图。一是细化资源分析，明确具体发展目标定位，明确发展保护空间结构，划分发展单元。二是细化产业布局，提出经济发展、就业规模布局，明确重点产业门和其布局规模。三是细化道路交通网络，明确城镇次干道支路和乡村道路线路及其断面标准，各类车站、集中停车场库的点位规模。四是具划、细划三区三线斑块及管控措施。在路网基础上划分城镇区、社区、村庄点、产业点建设开发斑块边界，农业生产区永田斑块、林地斑块、其他斑块，自然生态区山水生态红线斑块、保护地核心斑块、一般区斑块，干渠支斗渠系及其生态保育区斑块。五是细化、块化土地用途功能和用途强度。以路网、水系、生态区廊为界，明确建设用地地块的主要用途（以一级为主、二级为辅）和容积率区间，明群农林用地斑块的主要种植类型和设施农地的比例区间，明确生态用地斑块的禁入率区间。六是细化市政基础设施管网等专项统筹。水、气、电、信、污、垃体系线网站厂等统筹到城镇乡村社区，明确线路及断面标准、设施点位及规模。七是细化防灾避险防疫体系布局。其设施、场所、路径布局到城镇乡村社区，明确设施点位、规模、标准，明确路径线路及断面标准。八是细化风貌景观管控。细化山水风土、历史文化分析，明确各城镇社区地块、农地斑块、生态地斑块内设施及植物高度区间，主导色彩要求，外观风格要求。九是提出专门研究。针对各片区功能特点，在诸如智慧旅游、康养、乡村振兴、土地整治、对应措施，融入各项规划成果中。

镇级分规是很具体细致详尽的，和详规相比，地块边界只差到宗地界限、用途确类只差到三级小类、整体只差到坐标高程和尺寸标注了。联镇分规的传导则通过基于1∶2 000比例尺测绘图的中心镇区的控详规和联村的详规来细化实现了(图3-30)。

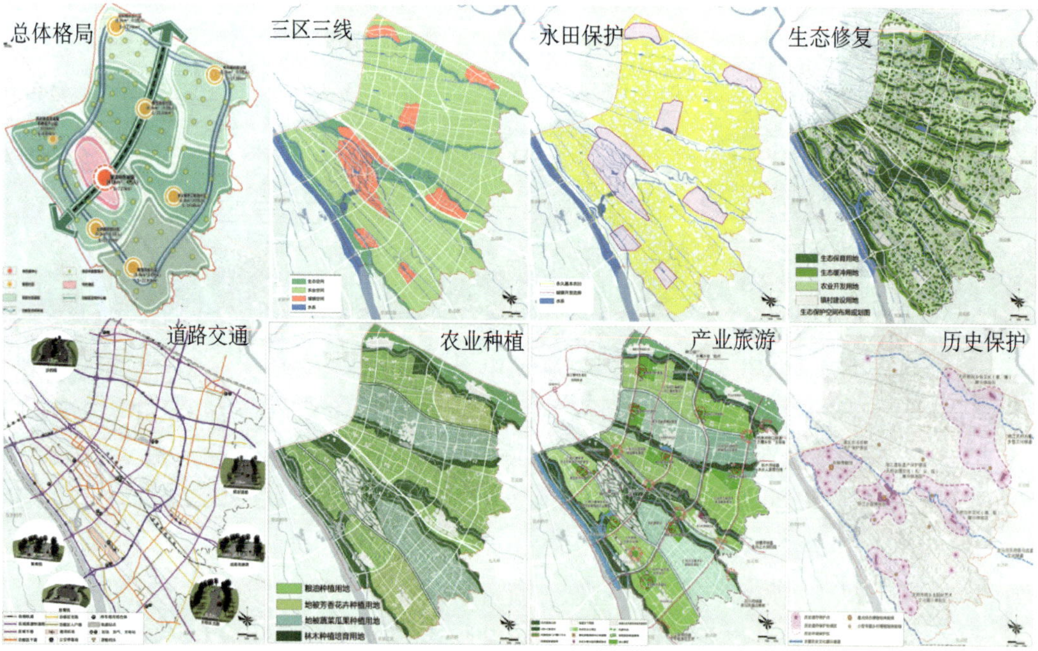

图3-30 联镇分规对县域总规传导的内容示例图

3.5 结语

空间规划基于城乡规划知识体系、立于国土规划管理体制、借于发达国家经验教训、成于多规合一试点推广，“国土空间规划不是代替城乡规划。相反，城乡规划是国土空间规划的先导和奠基，是在城市空间规划积淀的规划知识基础上，进一步拓展规划的空间范围”[6]。国土空间规划从省级战略经市县级总规传导到镇乡街道级分规详规，最后由具体项目建设实施呈现，其间经历四级多型政府逐级落实、十多个行业部门协调支持，视野高度100倍落差，比例尺度、描绘精度1 000倍跨越(图3-31、图3-32)，基础动态、操作使用、报批监督数据汇集(图3-33)烦琐庞杂，既要实现中央意图、上下一贯不走样，又要体现地方诉求、形成特色有创新，实为艰苦困难之举。我辈唯有直面挑战、鞠躬尽瘁，才不辜负时代使命。

自1986年土地管理法、1990年城市规划法颁布实施以来，我国国土空间开发管理走过30多年艰辛历程，区域发展、城镇建设、土地管理取得了举世瞩目的伟大成就，也积累了巨量的矛盾问题，所有规划发展项目第一次要在全国统一的数据平台上完成吻合，工作

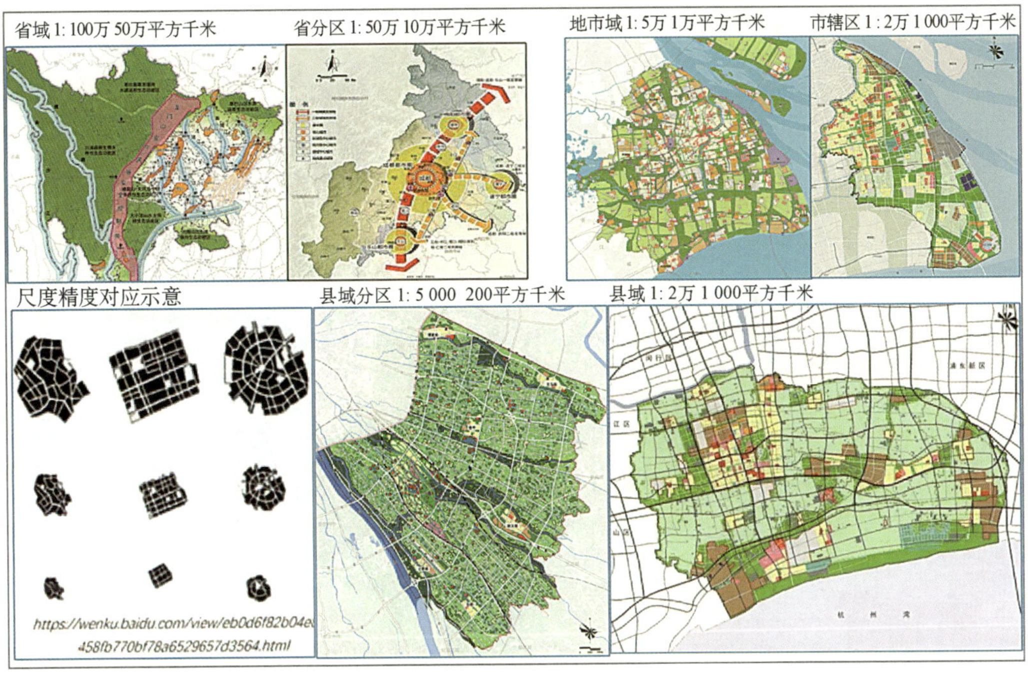

图 3-31　省级到镇级传导的相应尺度精度对应示例图

	级别		比例尺	格栅精度	空间分辨率	等高线距	视点高度	
	第9级		155万:1	160米×160米	549米	500米	180千米	省域级尺度 5万—20万平方千米
	第10级		80万:1	80米×80米	278米	250米	133千米	
	第11级		40万:1	40米×40米	139米	100米	100千米	
县级双评价指南精度	第12级		20万:1	20米×20米	69米	50米	76.5千米	地市域级尺度 2千—1万平方千米
	第13级		10万:1	10米×10米	35米	25米	58.2千米	
	第14级		5万:1	5米×5米	17米	10米	23.5千米	
	第15级	县域总规	2.5万:1	2.5米×2.5米	8米	5米	9.6千米	县区域级尺度 1百—1千平方千米
	第16级	城镇总规	1.2万:1	1.2米×1.2米	4米	2.5米	4千米	
“三调”精度	第17级	城镇分规	6 000:1	0.6米×0.6米	2.15米	2.5米	2千米	
	第18级	街道详规	3 000:1	0.3米×0.3米	1.07米	1米	1.7千米	街社级尺度 1—10平方千米
	第19级	社区详规	1 500:1	0.15米×0.15米	0.54米	0.5米	1.5千米	
“一张图”飞测精度	第20级	地块详规	800:1	0.08米 0.08米×	0.27米	0.25米	1千米	

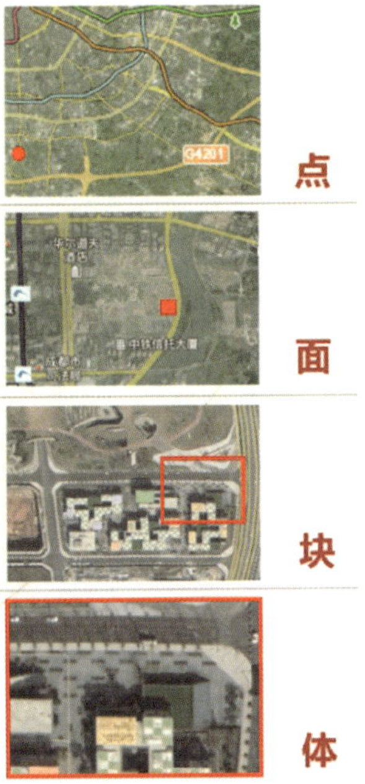

图 3-32　航拍图测绘图尺度精度对照图

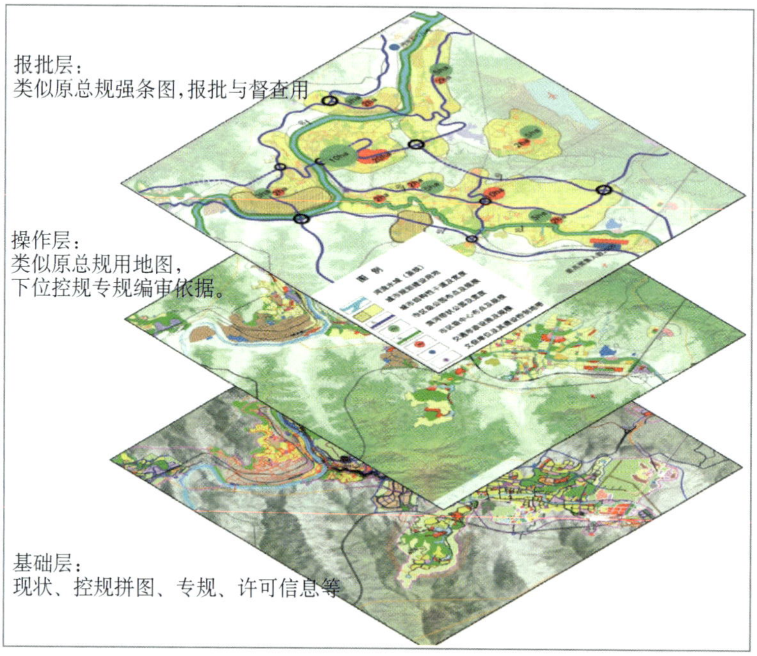

图 3-33

量之大、任务极其艰巨，需要空间规划工作者在具体实践中不断思考总结，特别对规划传导要有系统清晰的认识。本文其中观点不尽恰当，还需在实践中不断检验修正。文中偶有引用工作同事的成果图片，未能一一标注来源，在此谨表感谢！

参考文献

[1] 孙施文.从城乡规划到国土空间规划[J].城市规划学刊，2020，4.
[2] 顾朝林.多规融合的空间规划[M].北京：清华大学出版社，2015.
[3] 郑越. 美国俄勒冈州空间规划体系的思想源头和总体架构[J].国际城市规划，2021，1.
[4] 姚凯，杨颖.市级国土空间规划传导的实践探索[J].南方建筑，2021，2.
[5] 张尚武.加强国土空间规划技术标准体系建设的顶层设计[J].城市规划学刊，2020，4.
[6] 吴志强.国土空间规划的五个哲学问题[J].城市规划学刊，2020，6.

4 基于实践的国土空间生态保护红线划定技术要点

王 颖[*] 封海波 刘学良 林 杰

2019年3月5日，习近平总书记在参加十三届全国人大二次会议内蒙古代表团审议时，有过一段讲话："要坚持底线思维，以国土空间规划为依据，把城镇、农业、生态空间和生态保护红线、永久基本农田保护红线、城镇开发边界作为调整经济结构、规划产业发展、推进城镇化不可逾越的红线，立足本地资源禀赋特点、体现本地优势和特色。"这段话对国土空间规划的内涵讲得比较透彻，其中提到的"城镇、农业、生态空间"，就是国土空间规划的"三区"；"生态保护红线、永久基本农田保护红线、城镇开发边界"，就是国土空间规划的"三线"。国土空间规划的本质是多规合一，其核心内容即为在空间落实"三区三线"。

先将"三区"和"三线"概念做一个比较。首先，从控制力度来讲，两者是不同的，"三区"可以有一定弹性，以功能导向为主，而"三线"与"三区"很大的一个区别就是"三线"是刚性控制。其次，从管控方式来讲，"三区"类似于"主体功能区"，其实是一个政策区的概念，比如，生态空间内可能也有少量的农田或村庄，但是并不影响其主导功能是生态，农业空间内可能也有少量的林地，但是其主导功能仍然是农业；而"三线"则是要坐标的，是矢量数据和坐标的双重管控。需要注意的是，"三线"之间的管控力度也不一样，其中永久基本农田保护红线是最严格的。再次，从报批方式来讲，"三区"是作为国土空间规划成果的组成部分报批，而"三线"是独立报批的，从截至目前各地国土空间规划进度来看，生态保护红线经过多轮报批修改调整，划定成果基本趋于稳定，而永久基本农田保护红线和城镇开发边界还在试划过程当中。

基于此背景，本文拟结合实践案例就"三线"中的生态保护红线划定技术要点进行解读。文中除了国家相关的规程和文件以外，也会涉及一些地方性指导实践的技术指南。

4.1 生态保护红线的概念和内涵

4.1.1 基本概念

"生态保护红线"一词最早出现在生态环境部《生态保护红线划定指南（2017年5月）》文件中，是指在生态空间范围内具有特殊重要生态功能、必须强制性严格保护的区

* 王颖，上海同济城市规划设计院有限公司院长助理、空间规划研究院副院长、教授级高级工程师，上海人居科学研究会副秘书长。邮箱：429589168@qq.com

域，是保障和维护国家生态安全的底线和生命线，通常包括具有重要水源涵养、生物多样性维护、水土保持、防风固沙、海岸生态稳定等功能的生态功能重要区域，以及水土流失、土地沙化、石漠化、盐渍化等生态环境敏感脆弱区域。

4.1.2 管控分级

2019 年 11 月，中共中央办公厅、国务院办公厅印发了《关于在国土空间规划中统筹划定落实三条控制线的指导意见》。根据该文件的要求，自然保护地要全部纳入生态保护红线里，生态保护红线内包括自然保护地的核心保护区、自然保护地的一般控制区和生态保护红线内的其他区域。生态保护红线内部分两级管控：第一级是自然保护地的核心区域，原则上是禁止人为活动的；第二级包括自然保护地的一般控制区和生态保护红线内的其他区域，严格禁止开发性、建设性的活动，但允许国家重大战略项目和 8 类有限人为活动。8 类人为活动包括：

（1）零星的长住民在不扩大现有建设用地和耕地规模前提下，修缮生产生活设施保留生活必需的少量种植、放牧、捕捞和养殖；

（2）因国家重大能源资源安全需要开展的战略性能源资源勘查，公益性自然资源调查和地质勘查；

（3）自然资源、生态环境监测和执法包括水文水资源监测和涉水违法事件的查处等，灾害防治和应急抢险活动；

（4）经依法批准进行的非破坏性科学研究观测、标本采集；

（5）经依法批准的考古调查发掘和文物保护活动；

（6）不破坏生态功能的适度参观旅游和相关的必要公共设施建设；

（7）必须且无法避让、符合县级以上国土空间规划的线性基础设施建设、防洪和供水设施建设与运行维护；

（8）重要生态修复工程。需要指出的是，生态保护红线报国务院审批，一旦通过执行严格的占补平衡管理办法，因此需高度重视生态保护红线的划定工作。

4.2 生态保护红线相关规程和文件

4.2.1 《生态保护红线划定指南》

本轮国土空间规划中生态保护红线的划定并不是从零开始，早在 2017 年环保部就按照《生态保护红线划定指南》进行了生态保护红线的划定。其技术流程分为五步：一是开展科学评估，即按照资源环境承载能力和国土空间开发适宜性评价技术方法，开展生态功能重要性评估和生态环境敏感性评估，确定水源涵养、生物多样性维护、水土保持、防风固沙等生态功能极重要区域及极敏感区域，纳入生态保护红线；二是校验划定范围，即根据科学评估结果，将评估得到的生态功能极重要区和生态环境极敏感区进行叠加合并，并与自然保护地进行校验，形成生态保护红线空间叠加图，确保划定范围涵盖国家级和省级禁止开发区域，以及其他有必要严格保护的各类保护地；三是确定红线边界，即将生态保护红线叠加图，通过边界处理、现状与规划衔接、跨区域协调、上下对接等步骤，确定生态保护红线边界；四是形成划定成果，即编制生态保护红线划定文本、图件、登记表及技术报告，建立台账数据库，形成划定方案；五是开展勘界定标。

4.2.2 《自然资源部办公厅、生态环境部办公厅关于开展生态保护红线评估工作的函》

2019 年 11 月，自然资源部下发《自然资源部办公厅、生态环境部办公厅关于开展生态保护红线评估工作的函》(自然资办函〔2019〕1125 号)，要求以维护生态功能、保障生态安全为导向，结合资源环境承载能力和国土空间开发适宜性评价，按照生态保护红线管控要求，采取实地踏勘、座谈交流等方式，对生态保护红线划定存在的矛盾冲突、边界界线的一致性情况、应划尽划情况等内容进行核实分析，提出调整建议并形成成果评估报告和矢量数据。因此，本轮国土空间规划中生态保护红线的划定实质上是在评估基础上对原有生态保护红线划定成果的校核和调整。

4.3 案例实践：新疆喀什地区生态保护红线评估调整

4.3.1 技术路线

新疆喀什地区生态保护红线评估调整工作于 2019 年 12 月底启动。工作由地区自然资源局牵头组织，全面贯彻落实新疆自治区的要求，充分对接和吸收各部门、各市县意见和建议，多轮征询市县政府、功能区管委会意见，多次召开专题论证会进行充分论证，旨在为喀什地区及各县市国土空间规划起到的重要支撑作用。

根据自然资源部和新疆自治区的具体文件要求，确定了四大调整原则、四种处理方式和三个分析步骤的工作技术路线。四大调整原则为：一是保护优先，把生态功能和资源保护摆在最重要位置；二是只增不减，确保生态保护红线面积不低于原下发值；三是应划尽划，将原未划入生态保护红线的生态功能极重要区与环境极敏感区补充划入；四是完整性与灵活性相结合，保证生态完整性，小斑块灵活处理。四种具体处理方式为：一是划入，划入应划未划的图斑，包括生态环境极敏感脆弱区域等；二是划出，不应划入的图斑应划出，如高质量的永久基本农田、已开发建设的项目;三是保留,保留生态红线内对生态无影响的村庄、耕地等;四是微调,尽量与山体、水体等重要边界线保持一致。具体评估过程的可以从三个方面展开:一是应划尽划的分析,对应的处理方式为划入;二是矛盾冲突识别,对应的处理方式为划出;三是边界一致性分析,对应的处理方式为微调。

4.3.2 现有生态保护红线情况

新疆自治区下发的喀什地区生态保护红线面积共 32 552.6 平方千米,占地区面积的 30.4%,主要包括:塔什库尔干野生动物自然保护区、帕米尔高原自然保护区、叶尔羌河中下游自然保护区、帕米尔—昆仑山水土流失防控生态保护红线区、帕米尔—昆仑山水源涵养与生物多样性维护生态保护红线区等(图 4-1)。从分布来看,塔县和叶城的生态保护红线占比较高,合计占比超过 80%,其余九县市占比不到 20%,疏附县、泽普县生态保护红线面积占比较低,皆不足 1%。

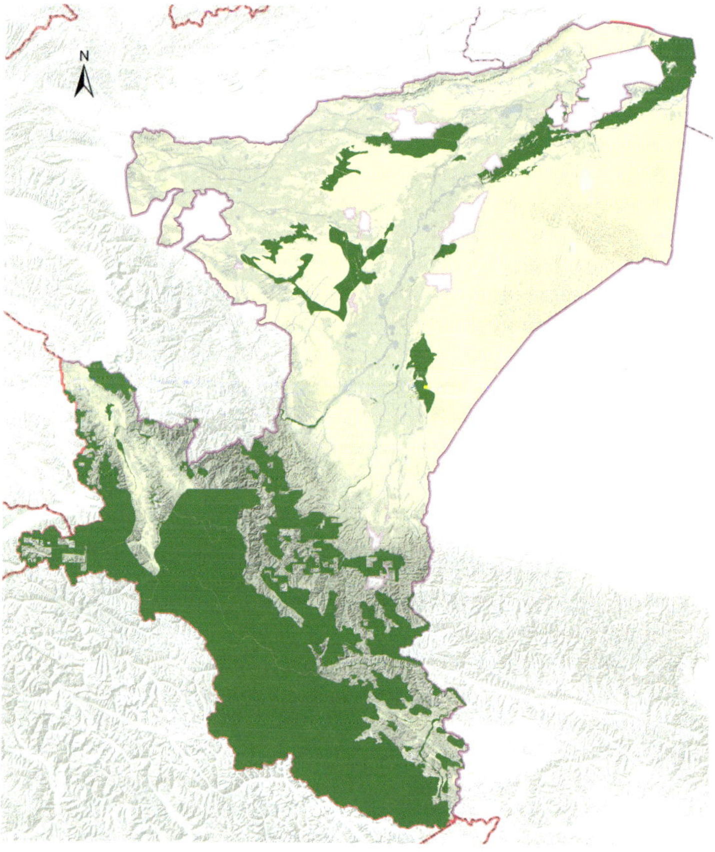

图 4-1 喀什地区原生态保护红线分布图
资料来源:作者自绘

4.3.3 应划尽划分析

4.3.3.1 原则和要求

将四大类应划区域划入生态保护红线：一是具有重要水源涵养、生物多样性维护、水土保持、防风固沙、海岸防护等功能的生态功能极重要区域；二是水土流失、沙漠化、石漠化、海岸侵蚀的生态极敏感脆弱；三是目前虽然不能确定但具有潜在重要生态价值的区域；四是评估调整后的自然保护地，自然保护地发生调整的，生态保护红线也相应调整(图 4-2)。

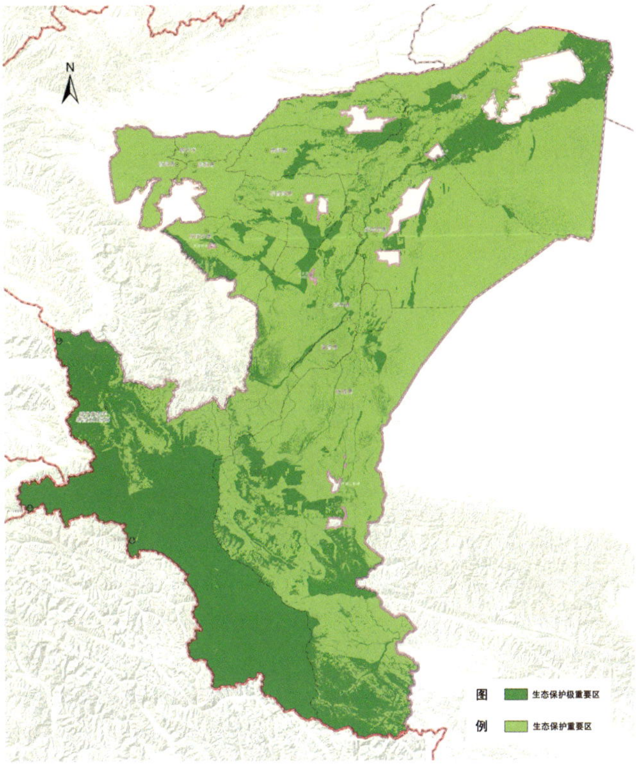

图 4-2 喀什地区生态保护重要性评价图
资料来源：作者自绘

4.3.3.2 分析结论

1）部分生态功能极重要区域未划入生态保护红线

根据“双评价”成果，喀什地区生态保护极重要区面积 29 390.09 平方千米，占 26.86%。生态保护极重要区主要集中在塔县、叶城县、巴楚县等地，西北部“一市两县”及周边区域生态保护重要性相对较低。将下发生态保护红线与“双评价”成果叠合，结果显示：生态功能极重要、极敏感区域已划入生态保护红线面积 20 829.0 平方千米，主要位于塔县野生动物保护区和巴楚胡杨林森林公园；生态功能极重要、极敏感区域未划入生态保护红线面积 8 561 平方千米，主要位于叶城县、巴楚县。根据调整要求，这些生态功能极重要、极敏感区域均应补划进生态保护红线。

2）部分自然保护地未划入生态保护红线

喀什地区有自治区级以上自然保护区 3 个、国家级水产鱼类保护区 1 个、国家森林公园 2 个、国家湿地公园 7 个、国家沙漠公园 5 个、地区级零星湿地区 10 个。将下发生态保护红线与自然保护地分布图叠合，结果显示：其中有 7 个全部划入下发生态保护红线，5 个部分划入下发生态保护红线，9 个未划入下发生态保护红线（图 4-3）。遵照应划尽划原则，评估调整后的自然保护地应纳入生态保护红线。因此，需要先将自然保护地范围进行评估调整后再纳入生态保护红线。以莎车县的国家湿地公园为例，建议将湿地保育区、恢复重建区补划入生态保护红线。对于进一步开发利用的功能区，如宣教展示区、合理利用区和管理服务区则不纳入生态保护红线。

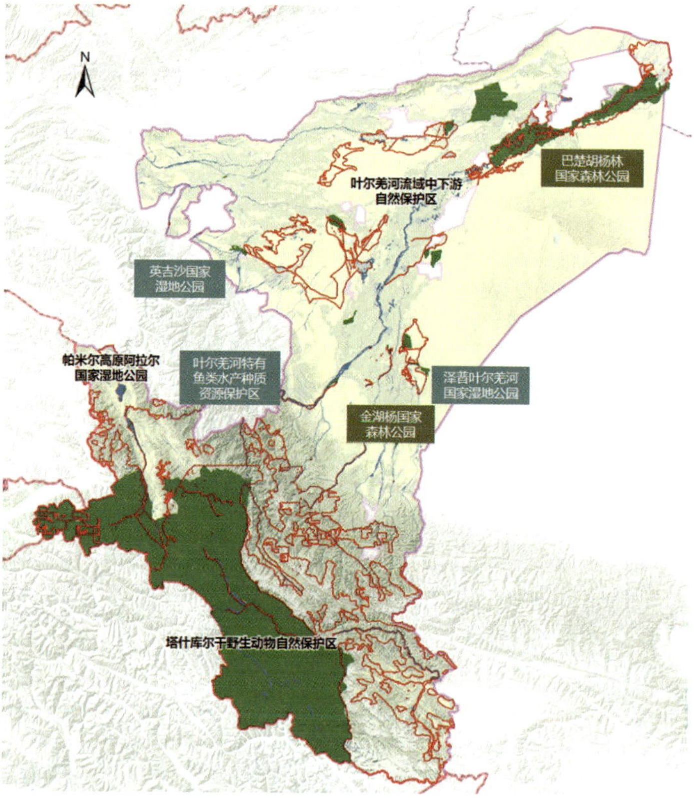

图 4-3 喀什地区生态保护红线和自然保护地叠加分析图
资料来源：作者自绘

3）部分水源保护地未划入生态保护红线

将下发生态保护红线与水源地分布图叠合，结果显示：至少 2 处饮用水水源地未划入生态保护红线，分别为英吉沙县地下水源保护地和疏勒县地下水源保护地；另外水源保护地的变化也导致了原生态保护红线位置不再准确，比如莎车县水源保护地位置错误，原生态保护红线划定区域为已废弃的水源保护区。各县市应进一步核对水源保护地的位置，并全部划入生态保护红线。

4.3.4 矛盾冲突识别

4.3.4.1 矛盾冲突类别

经过分析总结，喀什地区下发生态保护红线存在以下五大类矛盾冲突：一是与自然保护地的矛盾；二是与现状或规划重大基础设施的矛盾；三是与矿产资源的矛盾；四是与农业农村农用地的矛盾；五是与已批已建项目的矛盾。

4.3.4.2 与自然保护地体系的矛盾冲突分析

举例来说，莎车县的喀尔苏国家沙漠公园，规划范围 64.28 平方千米已全部纳入生态保护红线，而从具体功能分区来看，沙地保育区应纳入生态保护红线，管理服务区、开发利用区存在开放性建设，不应纳入生态保护红线。喀尔苏国家沙漠公园（图 4-4）、恰其库木国家沙漠公园、达瓦昆沙漠公园、英吉沙萨罕国家沙漠公园等也存在类似的情况，考虑到现有自然保护地未经评估调整，现有规划范围内包括管理服务设施、沙地体验与休闲展示等功能区，与生态保护红线禁止开发性、建设性活动的管控要求相冲突。因此调整建议是将现有自然保护地存在开发性建设的区域划出生态保护红线。

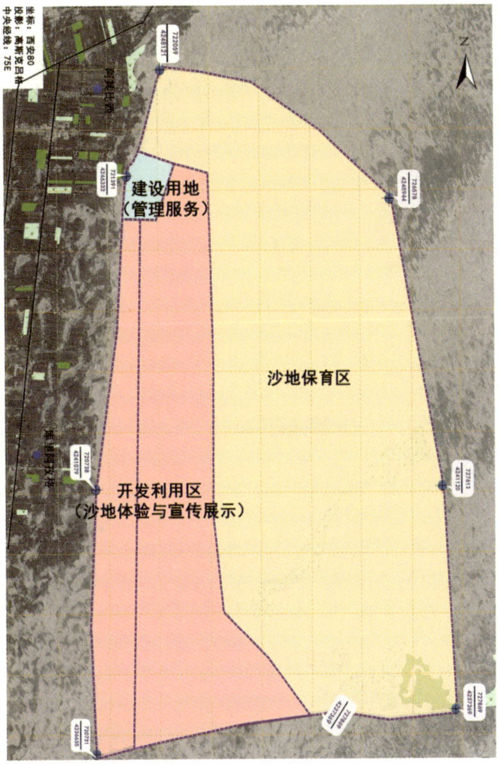

图 4-4 莎车县喀尔苏国家沙漠公园功能分区示意图

资料来源：作者自绘

4.3.4.3 与现有及规划基础设施建设的矛盾冲突分析

举例来说，莎车县的鳌高水利枢纽设施现状已建的 3 处水力发电设施仍位于生态保护红线范围内；计划建设的莫莫克水利枢纽设施、华电水利枢纽设施均位于生态保护红线范围内。另外下发生态保护红线尚未考虑地区级规划交通廊道的预留，存在较多冲突。依据喀什地区“十四五”综合交通规划初步方案，规划建设的中巴铁路、喀什至红其拉甫口岸高速公路、S15、G217、X588、X470、沙漠锁边二级公路、边防公路，以及部分乡村公路等交通廊道与下发生态保护红线存在冲突。调整建议是：在生态保护前提下，合理预控水利设施发展空间。对于华电等位于塔什库尔干野生动物自然保护区内的水利设施，需要满足塔什库尔干野生动物自然保护区《新疆塔什库尔干野生动物自然保护区总体规划（2019—2028 年）》的管控要求，自然保护地之外的水利枢纽，在满足生态保护要求的前提下，合理预留发展空间。另外需保障必要的基础设施和线性设施廊道。依据喀什地区综合交通规划，规划需预留 9 条交通廊道，应在生态保护红线中划出（图 4-5）。包括中巴铁路廊道、莎车至矿区铁路支线廊道、新藏高速公路廊道、喀什至红其拉甫口岸高速公路廊道、S15 公路廊道、G217 公路廊道、X588 公路廊道、X470 公路廊道、沙漠锁边二级公路廊道。

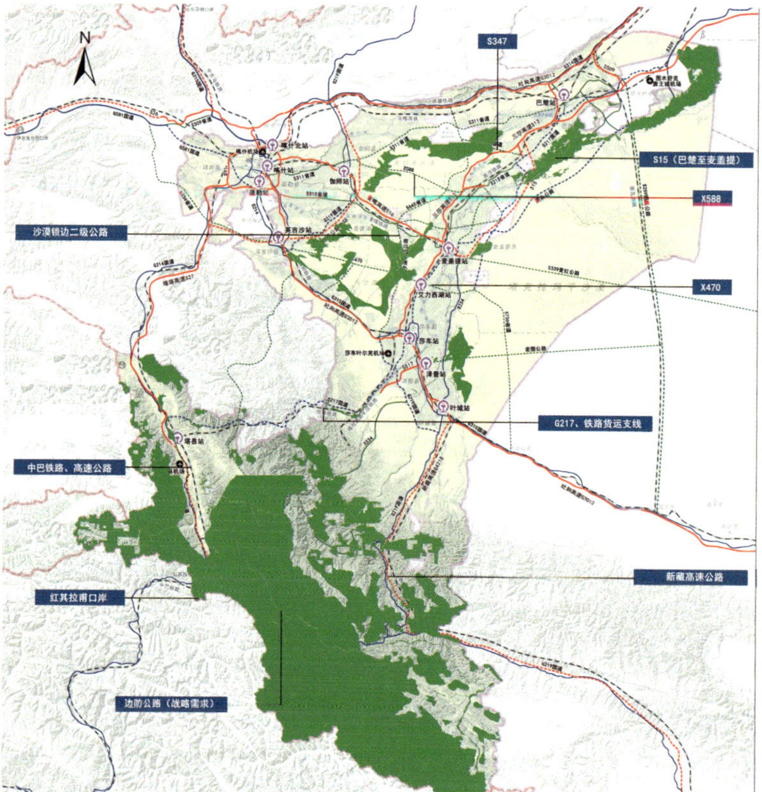

图 4-5　喀什地区生态保护红线和交通廊道叠加分析图
资料来源：作者自绘

4.3.4.4　与矿产资源开发利用的矛盾冲突分析

根据喀什地区自然资源局矿产勘查开发保护监督科复核及县市提供的矿产开发批复文件等材料，下发生态保护红线中，有合法探矿、采矿权或矿产规划已批复的项目三十余个，包括塔县阿普尔斯尤普铜矿勘探、叶城县柯克亚乡拉依勒克塔尔玉石矿开采、莎车县坎地里克金多金属矿预查等项目。冲突区域主要位于塔县和叶城县的昆仑山区，包括已取得探矿权、采矿权和矿产资源规划的矿产资源（图 4-6）。调整建议是：充分论证，统筹考虑保护与发展的关系，合理预留国家战略性矿产开发利用空间。属于战略性矿产建议预留矿产开发利用空间，列入战略性矿产目录的 24 种矿产包括：能源矿产石油、天然气、页岩气、煤炭、煤层气、铀；金属矿产铁、铬、铜、铝、金、镍、钨、锡、钼、锑、钴、锂、稀土、锆；非金属矿产磷、钾盐、晶质石墨、萤石。非战略性矿产的探矿权，建议通过赎回、补偿等方式退出红线。尚未批复探矿-采矿权，或未纳入矿产规划的矿产资源不予调出生态保护红线。

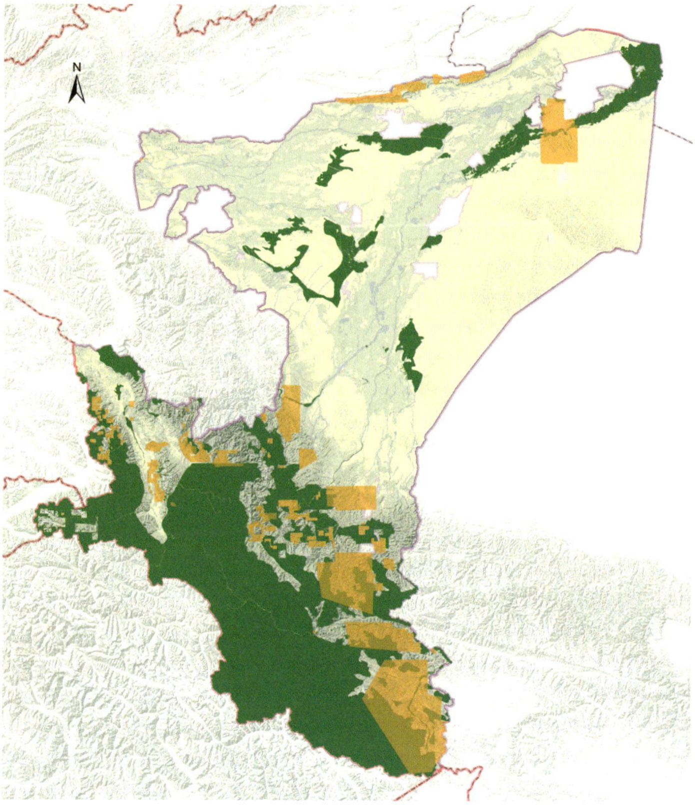

图 4-6　喀什地区生态保护红线和矿产资源叠加分析图
资料来源：作者自绘

4.3.4.5　与农业农村农用地的矛盾冲突分析

塔县、叶城、莎车、巴楚等生态保护红线内存在一定数量的农村宅基地。以塔县为例，下发生态保护红线尚有 166 块农村宅基地图斑，面积约 79 315 平方米。生态保护红线与耕地冲突面积为 40.8 平方千米，零散分布于各市县中；其中与基本农田面积为 256 平方米，位于麦盖提县。

4.3.4.6 与建设项目的矛盾冲突分析

根据各级政府提交的已建、已批或规划项目的批复文件，下发生态保护红线中的项目主要包括塔县红其拉甫国门景区红色旅游开发建设项目、伽师县科克铁提沙漠旅游项目、塔县慕士塔格冰川产业扶贫开发建设项目、泽普县古勒巴格乡零星鱼塘农家乐等。调整建议是：考虑到农业生产设施建设和乡村振兴全覆盖的需要，精准点状供地范围，以开天窗的方式落位生态保护前提下的农业农村农用地等设施建设。

4.3.5 边界一致性分析

边界一致性分析主要包括下发生态保护红线与行政区界限、山脉、河流、林线、雪线、流域分界线等界限一致性分析。比如喀什地区下发生态红线就与行政区界线，雪线边界存在不一致性的情况（图 4-7），前者主要是兵团用地划入了某西部地区生态保护红线，包括伽师县、麦盖提县和巴楚县，调整建议是涉及兵团的生态保护红线，应向兵团各师团征求意见。后者主要位于叶城县和塔县，调整建议是根据高分辨率遥感影像及二调数据对红线进行逐图斑微调，确保生态保护红线与自然地理界线保持一致。

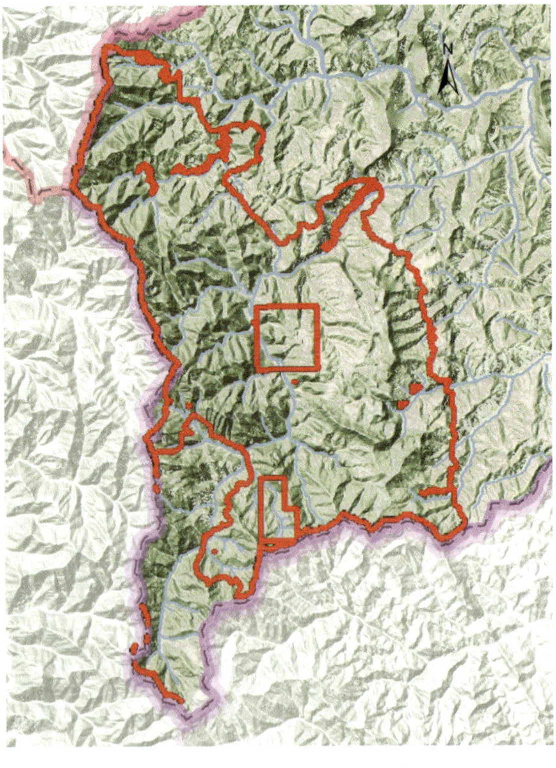

图 4-7 生态保护红线和山脉边界一致性分析图

资料来源：作者自绘

4.3.6 调整方案

根据以上分析，调整后喀什地区生态保护红线面积共 32 743.5 平方千米。其中划出面积共 1 049.0 平方千米，划入面积共 1 066.5 平方千米。具体调整如下。

(1) 应划尽划，查缺补漏。以自然保护区核心区、缓冲区、4 200 米以上的生态保护重要区域、公益林等作为重点补划对象，将塔什库尔干塔吉克自治县 4 200 米以上生态保护重要区域划入生态保护红线。莎车国家湿地公园将湿地保育区、伽师县科克铁提国家沙化土地封禁区、某县叶尔羌湿地公园等划入生态保护红线。

(2) 实事求是，局部优化。结合自然保护地评估调整，优化生态保护红线，针对具有生态旅游服务功能自然保护地，建议有旅游设施建设的功能区连片划出生态保护红线，建议将巴楚国家湿地公园、喀尔苏沙漠公园、恰其库木国家沙漠公园、达瓦昆沙漠公园等自然保护地的合理利用区等区域，划出 202.7 平方千米。

(3) 保障必要的基础设施和线性基础设施交通廊道预留用地，划出生态保护红线。建议保障的重大交通基础设施具体包括中巴铁路、喀什至红其拉甫高速公路、S15 高速公路等项目。建议保障的水利设施包括鋆高水利枢纽设施、莫莫克水利枢纽设施、华电水利枢纽设施等项目。

(4) 充分论证，统筹考虑保护与发展的关系，合理预留国家战略性矿产开发利用空间以采矿—探矿批复文件或已批复的相关规划为依据，将国家战略性矿产开发区域调出生态保护红线。以莎车县坎地里克金多金属矿预查项目为例，依据自治区国土资源厅《关于喀什地区及塔什库尔干县等五县矿产资源规划（2016—2020 年）的复函》（新国土资函〔2018〕98 号），通过校核上报调整文件与某县矿产资源规划相关图件，将相应区域调出生态保护红线范围。

(5) 统筹协调生态保护和乡村振兴的矛盾，准确给村庄建设、农业种植开天窗。塔什库尔干野生动物自然保护区核心区与缓冲区内的零散村庄在不扩建的前提下予以保留，实验区内的村庄予以划出，包括塔县马尔洋乡努什墩村等。统筹协调生态保护和乡村振兴的矛盾，准确给集中连片农业农村农用地开天窗，如泽普县古勒巴格乡等。

(6) 精准点状供地，以开天窗的方式落位生态保护前提下的生态服务设施。通过精准的点状供地，以开天窗的方式落位生态保护前提下的生态服务项目。包括塔县红其拉甫国门景区红色旅游开发建设项目、伽师县科克铁提沙漠旅游项目、塔县慕士塔格冰川产业扶贫开发建设项目、泽普县古勒巴格乡零星鱼塘农家乐等。

4.4 小结

总体来说，在国土空间规划编制过程中，要充分重视生态保护红线的划定技术操作原则和要求，确保最重要以及最脆弱的生态资源以及自然保护地等都纳入了生态红线，把核心生态资源置于一个安全的空间保护环境，不被各类开发活动干扰或破坏。同时，也要注意不要把一些生态意义不太重要、未来可能会被开发的用地划入生态保护红线，给后期的地方发展带来一些不必要的阻碍，应按照生态优先的要求，妥善处理好保护和开发的矛盾。

参考文献

[1] 自然资源部.关于在国土空间规划中统筹划定落实三条控制线的指导意见.

[2] 环保部.生态保护红线划定指南.

[3] 自然资源部办公厅，生态环境部办公厅. 关于开展生态保护红线评估工作的函.

5 基于实践的城镇开发边界划定技术要点

王 颖[*] 封海波 胥建华

"三区"("城镇、农业、生态空间")和"三线"("生态保护红线、永久基本农田保护红线、城镇开发边界"),是国土空间规划的核心内容,是国家调整经济结构、规划产业发展、推进城镇化不可逾越的红线。目前,"三线"划定工作正在全国范围内展开,本文拟结合实践案例就"三线"中的城镇开发边界划定技术要点进行解读。文中除了国家相关的规程和文件以外,也会涉及一些地方性指导实践的技术指南。

5.1 城镇开发边界的概念和内涵

5.1.1 基本概念

2019 年 6 月,自然资源部《城镇开发边界划定指南(试行,征求意见稿)》(以下简称《指南》)首次明确了城镇开发边界的概念:城镇开发边界是在一定时期内因城镇发展需要,可以进行城镇开发和城镇集中建设,重点完善城镇功能的区域边界。这里注意两点:一是指在一定时期,由于国土空间规划统一都是做到 2035 年,所以城镇开发边界的划定需要与国土空间规划编制的期限统一,即到 2035 年;二是城镇开发边界是城镇集中建设和重点完善"城镇"功能的一个区域。

5.1.2 概念缘起

5.1.2.1 大伦敦规划中的"绿带"

普遍认为城市增长边界这一理念是在 1944 年的大伦敦规划期间产生的。该规划由内而外将城市划分内圈、近郊圈、绿带圈及外圈四个圈层(图 5-1)。提出在伦敦建成区(内圈+近郊圈)之外设置 16 千米宽的"都市绿带"(Metropolitan Green Belt),作为伦敦的农业和游憩地区,阻止城市过度蔓延,达到控制城市发展容量的目的,这就是城市增长边界的雏形。

---

* 王颖,上海同济城市规划设计院有限公司院长助理、空间规划研究院副院长,教授级高级工程师,上海人居科学研究会副秘书长。邮箱:429589168@qq.com

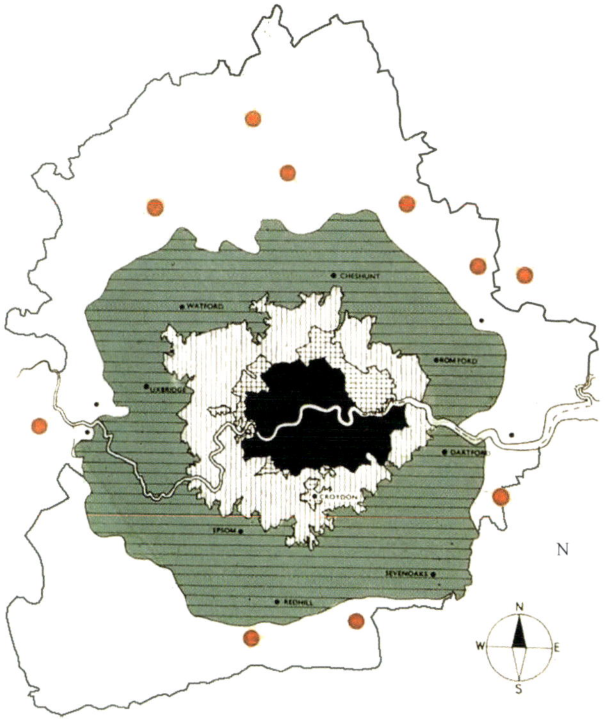

图 5-1　1944 年英国的大伦敦规划

资料来源：https://www.sohu.com/a/134002193_742157

5.1.2.2　美国的“城市增长边界”(UGB)

第二次世界大战后至 20 世纪 60 年代，西方经济持续繁荣，加之小汽车的普及，郊区城市化成为热潮。以美国为例，在土地私有、规划编制和开发控制属于地方自治事务的背景下，土地所有者可以向地方政府申请规划编制或修改既有规划，以赋予其开发许可。土地开发的巨大经济利益及地方政治运作，导致了很多城市出现了郊区化发展及城市无序蔓延。但到 20 世纪中后期，情况发生了变化，特别是能源危机带来了巨大影响；与此同时，地方公共财政也越来越难以负担低密度开发下的市政建设和公共服务。在此背景下，“精明增长”“新城市主义”等思潮应运而生。在规划实务层面，为了克服城市蔓延所导致的种种矛盾，美国一些城市开始引入城镇增长边界(UGB)等基于新理念的规划控制手段，较为典型的就是美国波特兰的城市增长边界管理(图 5-2)。

5.1.2.3　日本的“城市化政策区”

在日本的城市规划制度中，也可见到类似的城镇开发边界概念，亦是体现了国土空间领域的公共政策导向。比如日本京都，其主要做法是通过城市化政策区“划线”，将区域划分为城市化促进区、城市化控制区和城市规划区三类空间，以此作为制定土地使用区划、

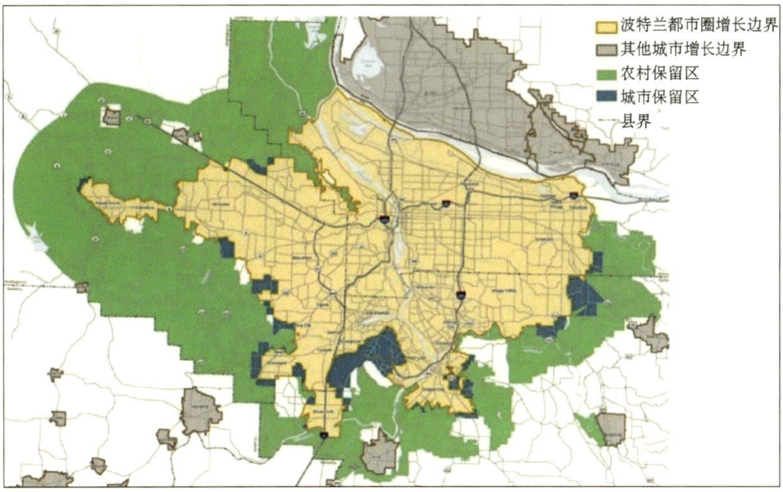

图 5-2　美国俄勒冈州波特兰地区城市增长边界规划
资料来源：https://www.sohu.com/a/366910881_275005

公共设施规划、其他特别用途区划等规划层次需要遵守的空间框架（图 5-3）。在城市化控制区内，除了农、渔、林业设施建设外，其他的土地开发和分割土地的行为原则上都是被禁止的；而在城市化促进区，则是支持和鼓励农业用地的城市化转变，包括可以制定土地使用区划或进一步细分用地。

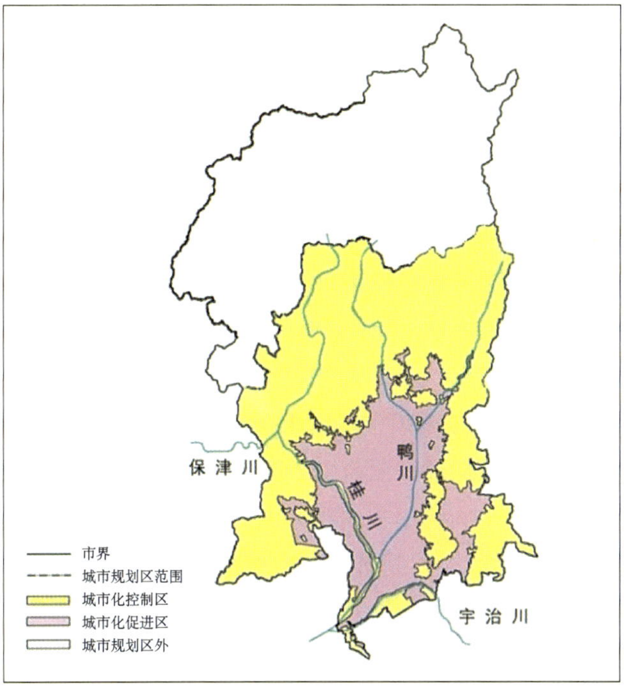

图 5-3　日本京都的城市化政策区规划
资料来源：https://www.sohu.com/a/366910881_275005

5.1.3 国内研究及发展历程

在我国，城镇开发边界的政策制定经历了从国外引入概念、国内学界研究，到目前被纳入中央和国务院政策文件中，正式上升到国家政策层面，其发展历程大致可以分为三个阶段。

5.1.3.1 初期发展阶段

我国规划工作中的城镇开发边界概念，可追溯到原建设部2005年颁布的《城市规划编制办法》。根据该办法，在城市总体规划纲要阶段要“研究中心城区空间增长边界，提出建设用地规模和建设用地范围”（第二十九条）。此后2008年国务院批准的《全国土地利用总体规划纲要》，也要求“实施城乡建设用地扩展边界控制”（第四章第五节）。其共同的背景是2000年后城市建设用地的快速扩张引发了社会关注。如何既有效抑制城市蔓延，同时又满足城市抓住历史机遇、扩大开放、推动经济增长的现实需要，是当时提出这个要求的现实需要。

然而，当初的“增长边界”或“扩展边界”在城市总体规划和土地利用总体规划中的作用和运作机制并不清晰。所以在相关规章或规范性文件中，仅是要求在规划编制过程中开展相关的研究，并未就增长边界的划定做具体规定，更没有提出在规划管理中应当如何落实。

5.1.3.2 中期实践试点阶段

第二阶段从2013年12月的中央城镇化工作会议开始，会上提出“尽快把每个城市特别是特大城市开发边界划定”的要求，这是在2012年党的“十八大”报告中首次提出了“生态文明建设”的背景下提出的。从2014年7月开始，北京、上海、南京、厦门等14个城市，进行了城市开发边界划定试点工作。2015年9月发布的《生态文明体制改革总体方案》要求市县空间规划明确城镇建设区、工业区等的开发边界，当年的中央城市工作会议也强调要科学划定城市开发边界，推动城市发展由外延扩张式向内涵提升式转变。2017年，“十九大”报告从建设生态文明、美丽中国的高度再次提出要完成城镇开发边界划定工作。当年，住房和城乡建设部在江苏、浙江两省和15个城市进行总体规划改革试点，也把划定城镇开发边界作为加强全域空间管制的重要举措。但从各试点城市划定城镇开发边界的原则和思路看，不同城市对城镇开发边界的内涵、划定的原则理解不尽相同，对管制的具体政策也不甚明晰。

5.1.3.3 全面展开落实阶段

2019年5月《中共中央、国务院关于建立国土空间规划体系并监督实施的若干意见》

(中发〔2019〕18号)文件,标志着我国开始全面启动国土空间规划编制审批和实施管理工作。根据2019年5月自然资源部《关于全面开展国土空间规划工作的通知》(自然资发〔2019〕87号)要求,建立"多规合一"的国土空间规划体系并监督实施。按照自上而下、上下联动的原则,抓紧启动编制全国、省级、市县和乡镇国土空间规划(规划期至2035年,展望至2050年)。结合主体功能区划分,科学评估既有生态保护红线、永久基本农田、城镇开发边界等重要控制线划定情况,进行必要调整完善,并纳入规划成果。划定城镇开发边界作为国土空间规划编制和实施监督的核心内容,进入政策落实和全面开展阶段。

5.2 城镇开发边界划定技术方法梳理

关于城镇开发边界划定的正式规范文件,始于2018年9月自然资源部的《城镇开发边界划定指南》,之后陆续出台过不同版本的征求意见稿。之后2020年9月自然资源部出台《市级国土空间总体规划编制指南(试行)》(以下简称《指南》),其中"附录G 城镇开发边界划定要求"是迄今最为权威的划定指南。此外还有诸多会议、文件提及的划定方法,如2020年11月13号自然资源部视频会议上孙雪东副司长针对70个城镇开发边界划定试点城市,提出的城镇开发边界划定的要求和方法;2021年6月,自然资源部印发《关于加快推进永久基本农田核实整改补足和城镇开发边界划定工作的函》(自然资空间规划函〔2021〕121号)提出的划定方法。目前城镇开发边界划定工作仍然在进行当中,城镇开发边界的划定技术正在逐步走向成熟和完善。

5.2.1 早期的划定思路

在《指南》出台之前,从14个试点城市的划定实践来看,虽然各个城市对于城镇开发边界的内涵认知、模式设计、划定方法、实施管理等方面理解都有所差异,但基本都是围绕着"如何控制城市扩张"来展开研究的——即采用在规划城市建设用地之外套一个城镇开发边界的方法,来达到对"扩张的控制"。具体划定思路大体有以下两类。

一类是逆向扣除法,即"先底后图",叠加基本农田、生态红线及其他需要保护的各种空间管控要素,汇总出不能建设的底线空间,底线空间之外就是可供开发的范围和边界。各类管控要素具体包括:自然保护区、森林公园、地质公园、野生动植物自然栖息地、饮用水源保护区、蓄滞洪区、地质灾害高危险地区、生态公益林、自然岸线、湿地、风景名胜区、坡度25°以上的不适宜建设用地等。采取这种方式的常常是市域面积较小且现状开发强度很高的城市,例如厦门,把各个部门管理下的控制线采取"多规合一"的手段,合并出"最大公约数",划定"生态控制线",并且与城镇开发边界二线合一。

另一类是正向需求法，对于有的城市来说，逆向扣除法之后其实城镇开发边界能画的空间还是很大的。正向需求法即以城市为着眼点，把不可触碰的空间扣除后，在剩余的适宜建设的空间中划定可供城市开发建设的空间。具体方法上，需要考虑三个方面：首先是城市发展方向，因为城市往东发展或者往西发展，主要的发展方向如果不一样的话，边界的形态肯定会有区别；其次要研究城市的方案布局，特别是有些城市有山水自然环境，方案中就要考虑城市布局和自然山水的有机结合，结合得好或者不好，对城镇开发边界的划定会有影响，所以方案布局也是城镇开发边界划定一个比较重要的因素；最后还需要汇总各部门的用地需求，比如发改委的五年计划，其中的项目库都会有对应的用地需求，这些项目需要保障的用地，通常需要优先划入城镇开发边界里。

当然还有一些新的方法，比如同济大学的吴志强院士团队，采用数字化的支持系统来进行空间增长情景模拟，通过研究城市多年的城市形态的演进规律，在不同的情景来模拟城市空间的情景增长模式，这也是通过引入新的智慧手段，支持补充了传统方法，对城镇开发边界的划定有指导意义。

5.2.2 《城镇开发边界划定指南(试行，征求意见稿)》

2019 年 6 月，自然资源部颁布了《指南》，对城镇开发边界的基本概念、划定原则、划定工作组织、技术流程和管理要求做出了明确规定，奠定了城镇开发边界划定的技术基础。文件中首次提出城镇开发边界内可分为城镇集中建设区、城镇弹性发展区和特别用途区，其含义分别如下：

城镇集中建设区：结合城镇发展定位和空间格局，依据国土空间规划中确定的规划城镇建设用地规模，将规划集中连片、规模较大、形态规整的地域确定为城镇集中建设区。现状建成区，规划集中连片的城镇建设区和城中村、城边村，依法合规设立的各类开发区，国家、省、市确定的重大建设项目用地等应划入城镇集中建设区。

城镇弹性发展区：在与城镇集中建设区充分衔接、关联的基础上，在适宜进行城镇开发的地域空间合理划定城镇弹性发展区，做到规模适度、设施支撑可行。城镇弹性发展区面积原则上不得超过城镇集中建设区面积的 15%，其中特大城市、超大城市的城镇弹性发展区面积原则上不得超过城镇集中建设区面积的 8%。

特别用途区：根据地方实际，特别用途区应包括对城镇功能和空间格局有重要影响、与城镇空间联系密切的山体、河湖水系、生态湿地、风景游憩空间、防护隔离空间、农业景观、古迹遗址等地域空间。要做好与城镇集中建设区的蓝绿空间衔接，形成完整的城镇生态网络。三者之间的空间关系如图 5-4 所示。

同时《指南》也明确了划定城镇开发边界的技术流程(图 5-5)：

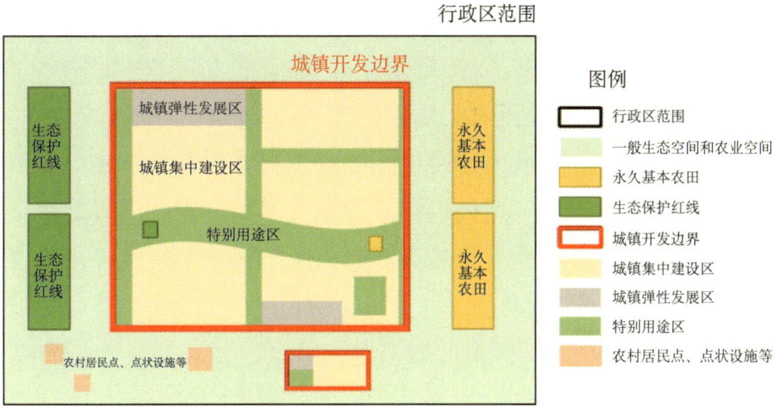

图 5-4　城镇开发边界示意图

资料来源：自然资源部《城镇开发边界划定指南(试行，征求意见稿)》，2019.06

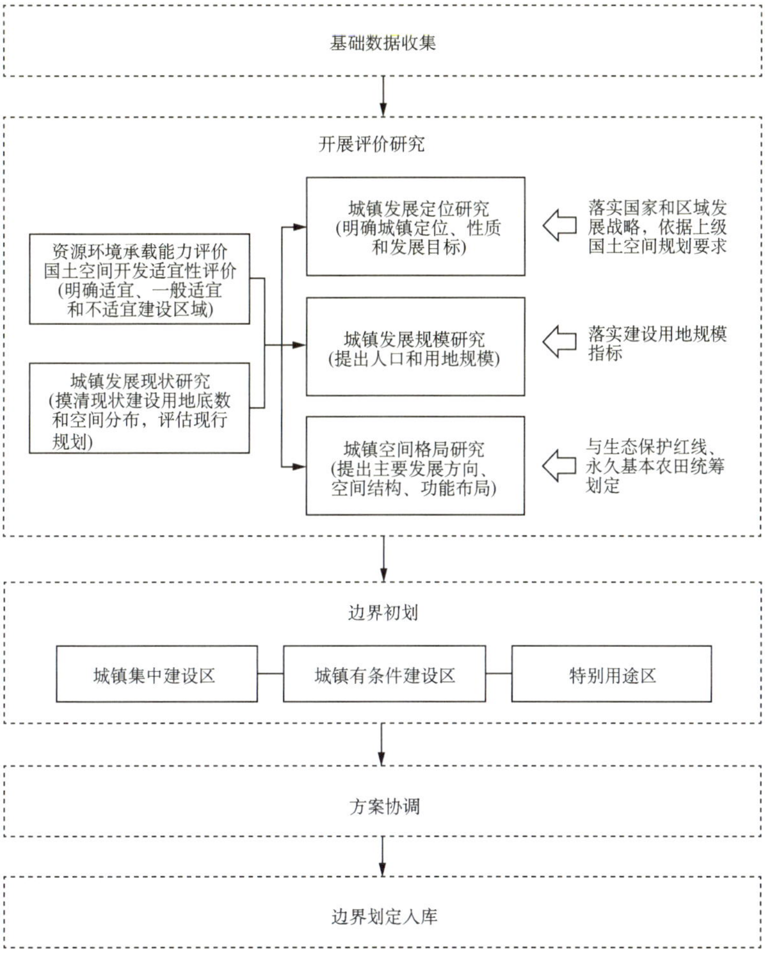

图 5-5　城镇开发边界划定技术路线图

资料来源：自然资源部《城镇开发边界划定指南(试行，征求意见稿)》，2019.06

《指南》对城镇开发边界内外的管理有比较清楚的规定，边界内的管理规定为：(1)在城镇开发边界内建设，实行"详细规划＋规划许可"的管制方式，并加强与水体保护线、绿地系统线、基础设施建设控制线、历史文化保护线等控制线的协同管控。(2)在不突破规划城镇建设用地规模的前提下，城镇建设用地布局可在城镇有条件建设区范围内进行调整，同时相应核减城镇集中建设区用地规模。调整方案由国土空间规划审批机关的同级自然资源主管部门同意后，及时纳入自然资源部国土空间规划监测评估预警管理系统实施动态监管，调整原则上一年不超过一次。(3)特别用途区原则上禁止任何城镇集中建设行为，实施建设用地总量控制，不得新增城镇建设用地。根据实际功能分区，在市县国土空间规划中明确用途管制方式。

边界外的管理规定为：(1)城镇开发边界外空间主导用途为农业和生态，是开展农业生产、实施乡村振兴和加强生态保护的主要区域。(2)城镇开发边界外不得进行城镇集中建设，不得设立各类开发区。允许交通、基础设施及其他线性工程，军事及安全保密、宗教、殡葬、综合防灾减灾、战略储备等特殊建设项目，郊野公园、风景游览设施的配套服务设施，直接为乡村振兴战略服务的建设项目，以及其他必要的服务设施和城镇民生保障项目。(3)城镇开发边界外的村庄建设、独立选址的点状和线性工程项目，应符合有关国土空间规划和用途管制要求。

5.2.3 《市级国土空间总体规划编制指南(试行)》附录G：城镇开发边界划定要求

该文件在《指南》的基础上，进一步明确了内部构成三区之间的比例关系：(1)市级总规在市辖区划定的城镇开发边界内，划入城镇集中建设区的规划城镇建设用地一般不少于市辖区规划城镇建设用地总规模的80％。县级总规按照市级总规提出的区县指引要求划定县(区)域的全部城镇开发边界后，以县(区)为统计单元，划入城镇集中建设区的规划城镇建设用地一般应不少于县(区)域规划城镇建设用地总规模的90％。(2)城镇弹性发展区面积原则上不超过城镇集中建设区面积的15％，其中300万～500万人城市的城镇弹性发展区面积原则上不超过城镇集中建设区面积的8％，特大城市、超大城市或收缩城镇及人均城镇建设用地显著超标的城镇，应在8％基础上进一步收紧城镇弹性发展区所占比例。(3)对于开发边界围合面积超过城镇集中建设区面积1.5倍，对其合理性及必要性应当予以特殊说明。

5.2.4 自然资源部城镇开发边界统筹试划研究工作部署

2020年11月13日，国土资源部规划司孙雪东副司长通过线上视频会议部署了70个城镇开发边界划定试点城市，并提出了城镇开发边界提交的要求。根据当时会议的部署安排，可以把城镇开发边界的划定分成四个步骤：第一步，首先确定新增的建设用地规模，以最新第三次全国国土调查(以下简称“三调”)为基数，深度分析过去 15 年建设用地、城乡建设用地、基础设施用地变化趋势；然后结合双评价、双评估，多角度、多方法预测建设用地规模。第二步，净增建设用地规模，即基于三调，将新增建设用地布局落地，并试划城镇集中建设区。要求尊重自然地理格局，避让生态红线，注意处理与优质耕地的关系，并按照不占/少占/多占(农田)提供 2～3 个方案，并评估科学性、合理性。第三步、第四步分别再划城镇弹性发展区和特别用途区，最后加起来就是开发边界。

在部署会议上，孙雪东副司长提出了两种建设用地增量的预测方法：第一种预测方法就是趋势外推法。分析过去 10～15 年城市各项用地的变化趋势、15 年里平均每年增量，然后再按照增量递减来进行预测，比如说按照每年 10％递减做一个方案，再按照每年 15％递减做一个方案；第二种预测方法就是结构分析法，则是分别对城镇、农村、水利交通这三类用地进行预测，城镇建设用地是基于规划人口规模，然后用人口乘人均用地把城镇建设用地规模算出来；然后是乡村建设用地，要求适当稳定并运用好增减挂钩来进行预测；还有交通、市政、水利用地，要求从实际需求出发进行预测。

5.2.5 《关于加快推进永久基本农田核实整改补足和城镇开发边界划定工作的函》

2021 年 6 月，自然资源部印发《关于加快推进永久基本农田核实整改补足和城镇开发边界划定工作的函》(自然资空间规划函〔2021〕121 号)，城镇开发边界和永久基本农田保护线作为两条矛盾最为突出的控制线，开始同时展开划定工作。文件中提到 9 条城镇开发边界划定原则：

(1) 守住自然边界，城镇开发边界不得侵占和破坏山水林田湖草沙的自然空间格局；

(2) 将资源环境承载能力和国土空间开发适宜性评价结果作为划定城镇开发边界的重要基础；

(3) 贯彻“以水定城、以水定地、以水定人、以水定产”的原则，根据水资源约束底线和利用上限，引导人口、产业和用地的合理规模和布局；

(4) “三调”的现状城镇集中建成区应划入城镇开发边界；

(5) 落实生态保护红线划定方案和耕地保护任务，统筹推进永久基本农田核实整改补足和城镇开发边界划定工作，涉及长期稳定利用耕地的，以“开天窗”的形式予以标注，不计入城镇开发边界面积；

(6) 发挥好城市周边重要生态功能空间和永久基本农田对城市“摊大饼”式扩张的阻隔作用。重视区域协调发展，促进形成多中心、网络化、组团式的空间布局；

(7) 划定城镇开发边界不预设比例,不与城镇建设用地规模指标挂钩。应基于城镇的发展潜力、用地条件、空间分布特点等划定城镇开发边界,体现城镇功能的整体性和开发建设活动的关联性;

(8) 对于近5年来城镇常住人口规模减小、存在大量批而未建或闲置土地的市、县(区),预留的弹性空间应从严控制;

(9) 城镇开发边界由一条或多条连续闭合的包络线组成。边界划定应充分利用河流、山川、交通基础设施等自然地理和地物边界,形态尽可能完整,便于识别、便于管理。

5.3 案例实践——某市城镇开发边界划定

本文选取某市城镇开发边界试划案例来说明上文提及的城镇开发边界划定步骤,包括建设用地规模测算。重点分析2020年11月13号自然资源部城镇开发边界统筹试划研究工作部署视频会议提出的城镇开发边界划定方法。需要强调的是,为配合研究分析要求,案例中的一些具体数据均做了技术处理,并非成果上报数据。

5.3.1 以三调为基础的土地利用现状分析

首先,需要确定城镇开发边界的划定范围。《市级国土空间总体规划编制指南(试行)》非常明确地提出,中心城区范围不能打破行政区划,最小划到乡镇的行政界限。上版城市总体规划没有按照行政区边界,而是以周边的三条高速公路,加上外围的机场组团、南边的周家坪组团和北边的石门组团作为中心城区范围(图5-6)。某市2006年的土地利用总体规划,中心城区范围以行政单位为界限(图5-7)。但是也存在一些问题,比如说当时是按照村界,有些镇没有完整地纳入进来。所以本次中心城区范围主要是以乡镇为界限进行了微调。

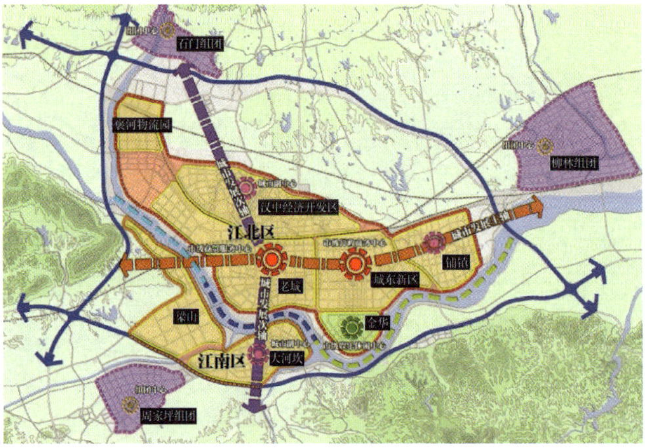

图5-6　某市上版城市总体规划中心城区范围

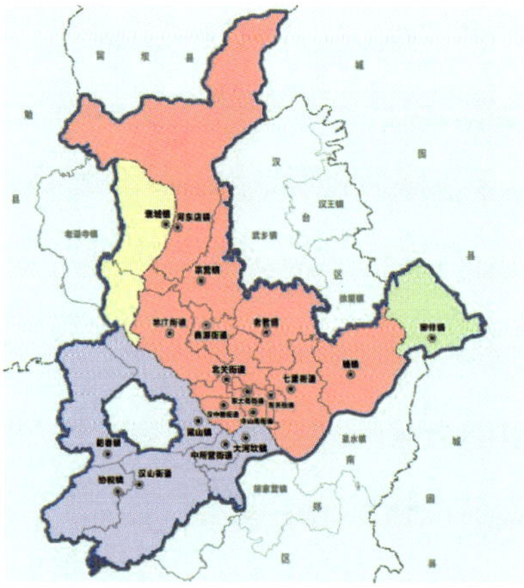

图5-7　某市土地利用总体规划中心城区范围

其次，范围确定以后，需要对三调的原始数据进行整理，作为研究的现状基础。最近各个地方都在做底图基数转换，包括一些已批未建，三调不太准确的，提供一些证据和佐证材料，就可以进行转换。本文以三调基数转换之后的数据作为基础，以基数转换之后的现状图作为工作底图。

5.3.2 现行规划相关边界分析

现行规划主要包括某市土地利用总体规划和城市总体规划。某市的土地利用总体规划划定了两个管制区：一个是允许建设区，也就是规模边界；另一个是扩展边界（斜线区域），其中包含允许建设区，这是原土地利用总体规划确定的边界范围，也是在划定城镇开发边界时需要掌握的基础资料之一（图 5-8）。上版城市总体规划确定了建设用地规模，期限到 2020 年，这是划定的基础（图 5-9）。

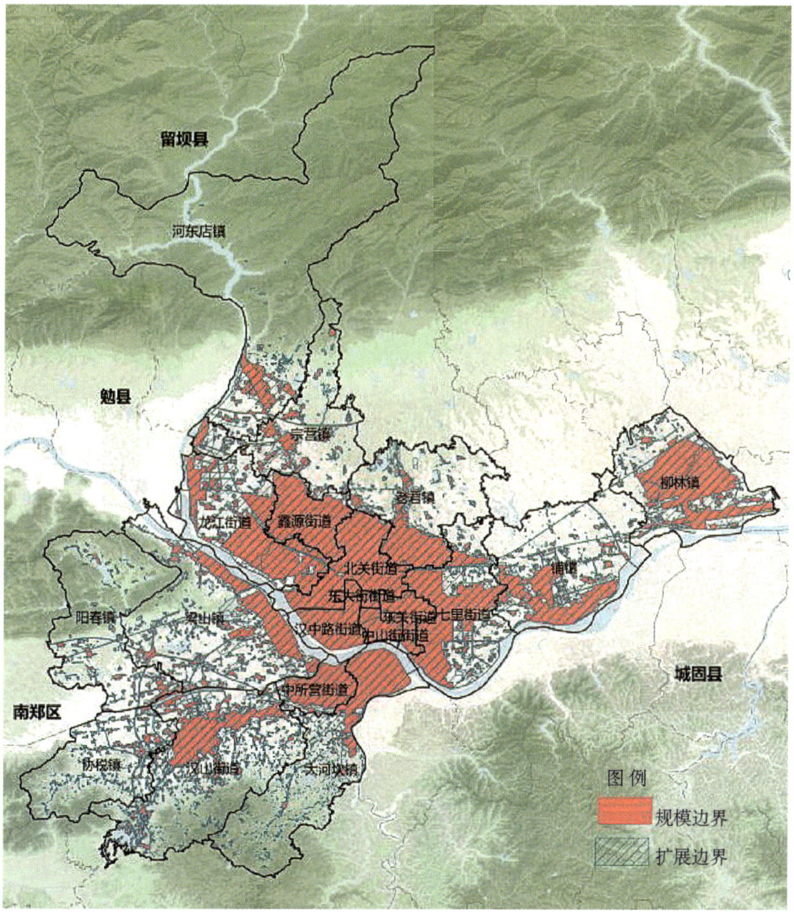

图 5-8 某市土地利用总体规划中心城区规模边界和扩展边界

资料来源：作者自绘

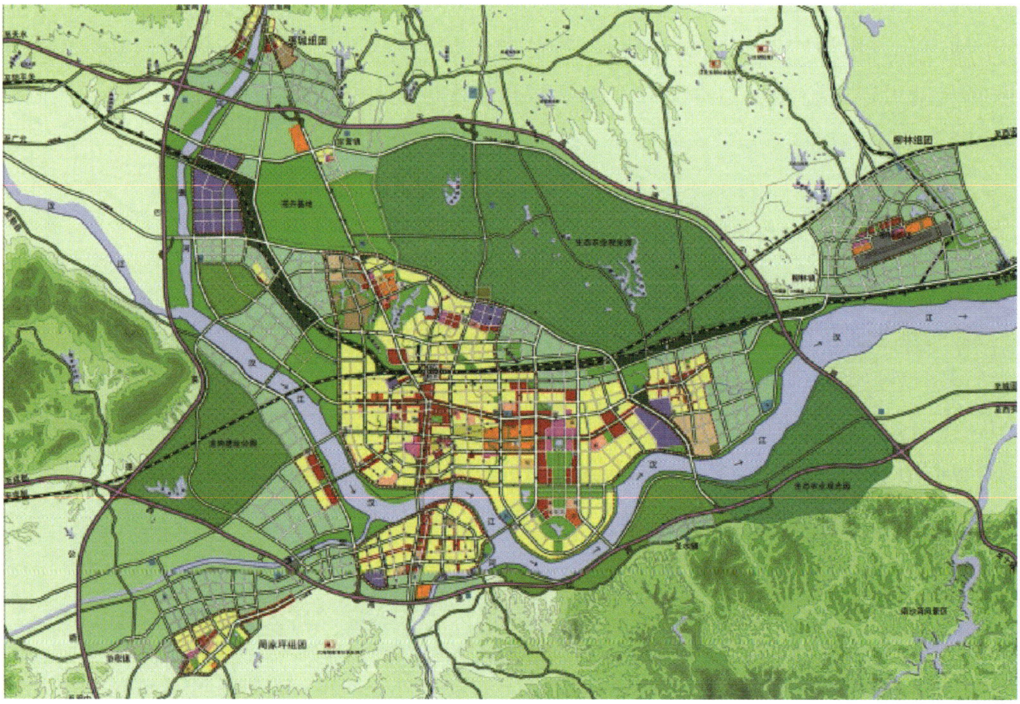

图 5-9　某市城市总体规划中心城区远期土地使用规划图(2020 年)
资料来源:作者自绘

除了城市总体规划以外,很多地方在实际开发建设过程中还会编制一些控制性详细规划,以及各类开发区和园区的总体规划,因此本文将各个园区、各个片区的总体规划或控制性详细规划,以及物流园区的相关规划进行汇总落图。因为这些规划编制也都是近期要准备用的空间,将这个处理好也是一个非常必要的步骤。

将上版城市总体规划的城镇建设用地和土地利用总体规划的允许建设区结合进行分析(图 5-10):城市总体规划确定是建设用地,土地利用总体规划也确定是建设用地的重合部分约 142 平方千米,这肯定是可以用的。另外还有一些是有城市总体规划、无土地利用总体规划的区域,就是图中黄色的图斑,在 2020 版城市总规已经将其变成建设用地,但是这个地方有很多永久基本农田,所以土地利用总体规划里并不是建设用地。图中还有一些咖啡色的区域,是土地利用总体规划中把它变成建设用地了,而城市总体规划没有,因为当时考虑这区域有铁路,位置也比较偏僻,现状发展条件不是太好,城市总体规划并没有把它规划成建设用地,所以就是有土地利用总体规划,无城市总体规划。两个规划的梳理,也是划定城镇开发边界的一个基础。

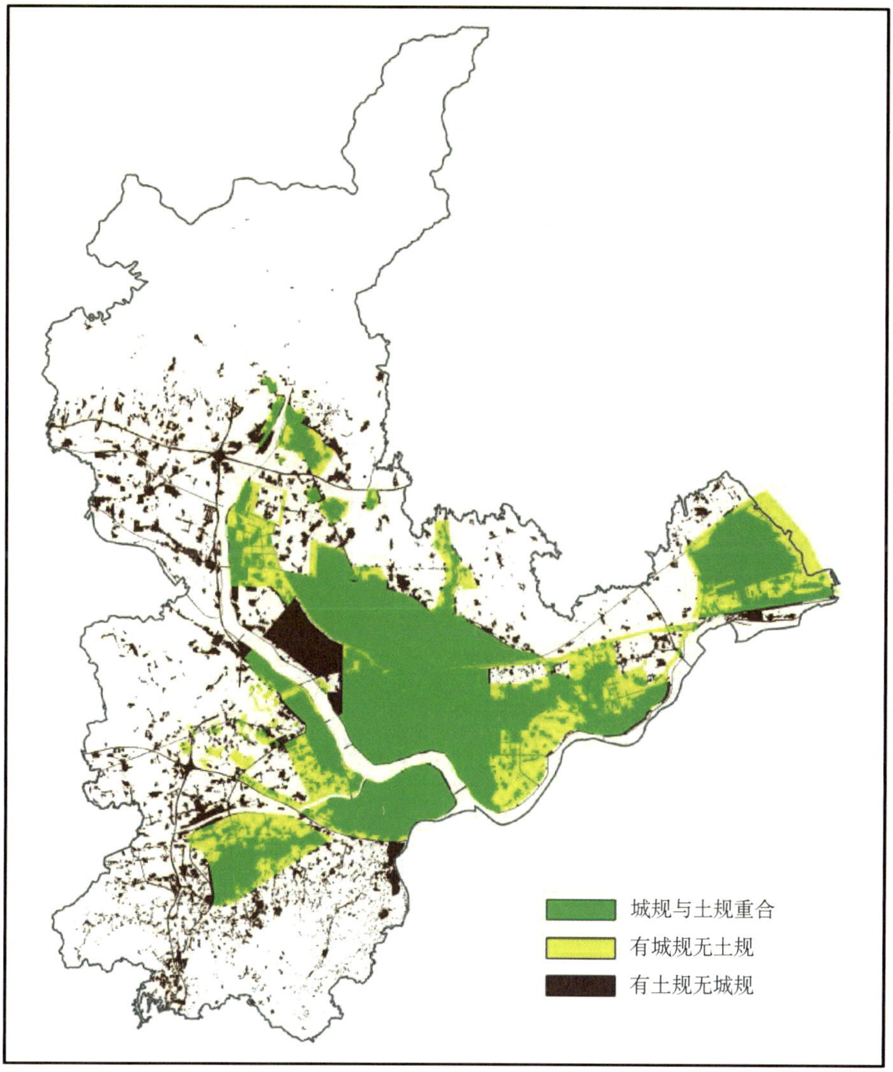

图 5-10　某市"两规"叠合分析图
资料来源：作者自绘

5.3.3　基于"双评价"结果的城镇建设最大合理空间范围

本次划定要求结合"双评价"（即资源环境承载能力和国土空间开发适宜性评价），评价结果中的城镇建设适宜区，为城镇建设的最大合理空间范围。从图 5-11 可以看出，深红色区域都是城镇建设适宜区。所以从这个范围来看，如果不考虑规模限制，均为适宜的、可以建设的区域，理论上就是城镇建设最大的合理规模。

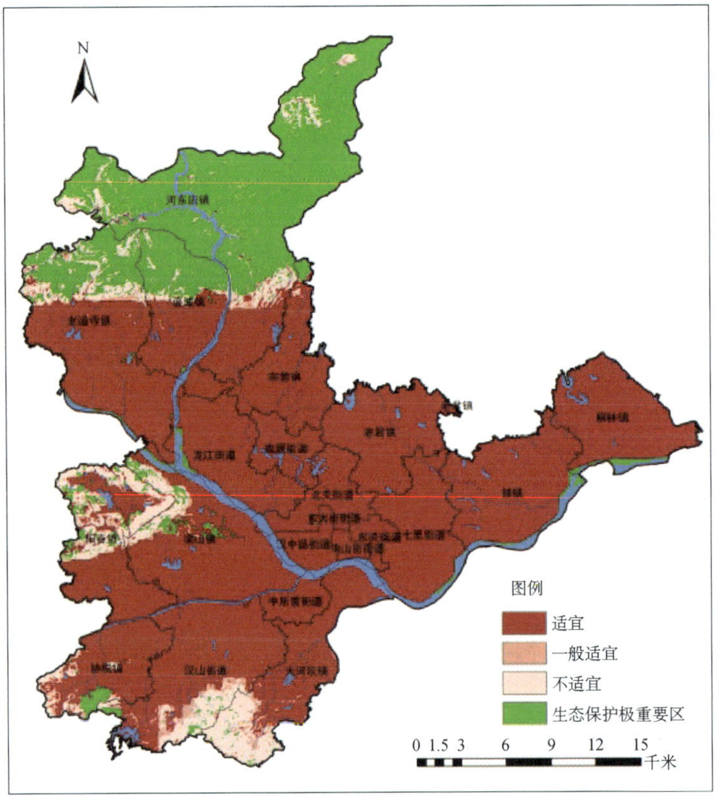

图 5-11 某市“双评价”城镇建设适宜性分布图
资料来源：作者自绘

5.3.4 建设用地规模预测

5.3.4.1 趋势外推法

根据某市中心城区的土地变更历史基础资料，包括建设用地、城乡建设用地，发现2009—2018年，根据该数据测算建设用地年均增量约5平方千米，而城乡建设用地年均增长约4平方千米（图5-12）。然后将建设用地变化情况直观地落在图上（图5-13），黑色区域为2000年，黄色区域为2005年，可以看出这个城市在发展空间上的变化趋势。

趋势外推法预测：建设用地平均每年增量约5平方千米，城乡建设用地每年增量约4平方千米。如果增量按照每年10%递减，由此测算至2035年建设用地增量为40平方千米，城乡建设用地增量为33平方千米；如果按照低方案，增量每年15%递减，预测的规模会小一些，建设用地增量为30平方千米，城乡建设用地增量为25平方千米。

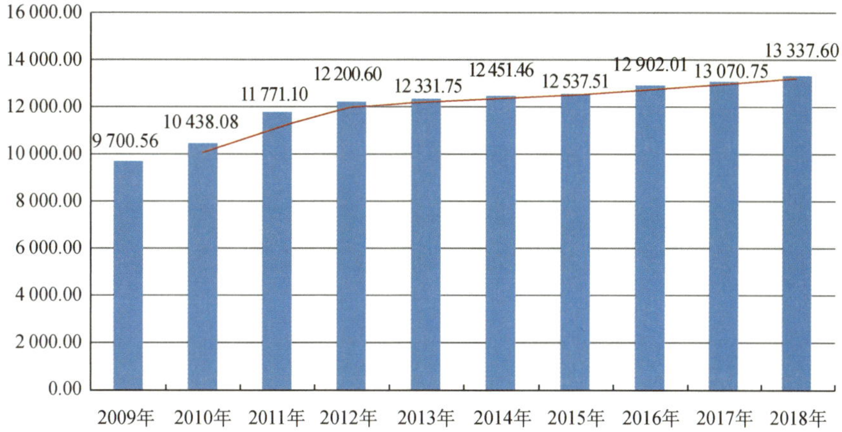

图 5-12　2009—2018 年中心城区城乡建设用地规模变化图(单位:万平方米)

资料来源:作者自绘

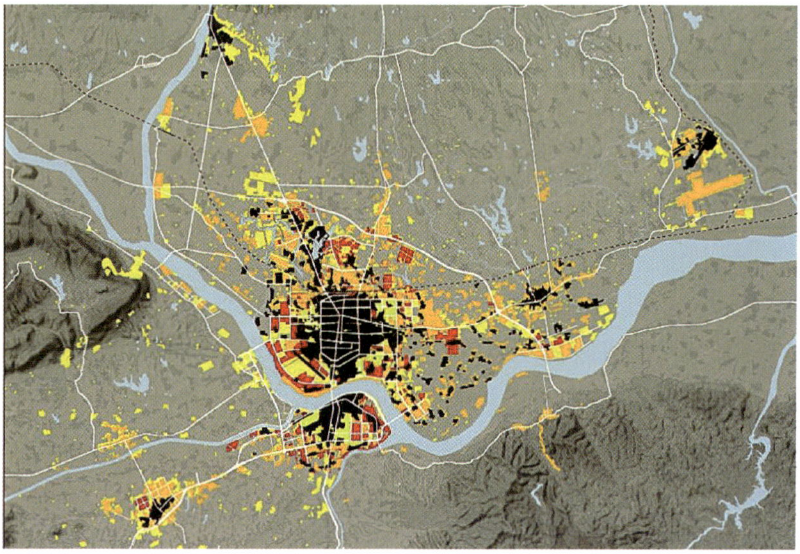

图 5-13　2000—2019 年中心城区城镇建设用地变化趋势图

资料来源:作者自绘

5.3.4.2　结构分析法

分别对城镇建设用地增量、农村居民点用地增量和交通水利建设用地规模增量进行预测:一是城镇建设用地,通过对人口规模进行初步预测,比如 2020—2035 年,城镇人口新增 35 万人,如果按照人均用地 100 平方米/人,则城镇建设用地需求为 35 平方千米。二是农村居民点用地,考虑到以后城镇化进程加快,很多农村人口会转为城镇人口,所以农村人口最终预测是减少 10 万人,如果按照人均 130 平方米/人,则农村居民点用地将减少 13 平方千米。假设部分村庄,比如一些空心村,实现了土地整治复垦,就是从城乡建设用地变成生态或者农业用地，这部分建设用地预测会减少。推测 13 平方千米里边有 3 平方千米是作为复垦用地，不再是城乡建设用地，因此这部分是 -3 平方千米。三是交通水利建设用地，规划预测为 6.9 平方千米。因此，上述三项规模加在一起之后，中心城区建设用地总规模增量为 38.9 平方千米，其中城乡建设用地增量为 32 平方千米。

上述为自然资源部视频会上提到的两种预测方法，即趋势外推法和结构分析法。自然资源部在进行工作部署时，也提到鼓励各地方创新的预测方法。因此本文提出两个新的方法，一个是用地绩效法，还有一个是战略保障法。

5.3.4.3 用地绩效法

用地绩效法是根据中心城区占市域 GDP 比重和地均产值，反推建设用地需求。比如说对某市来说，“十三五”期间，市域 GDP 年均增速分别为 6.5%，按 6%～7%趋势外推，2035 年某市域 GDP 达到 3 800 亿元。现状建设用地 156 平方千米，2019 年市域现状亩均产值 13.3 万元/亩，我们希望未来某市单位用地创造的绩效能提升，所以 2035 年达到 32 万元/亩。按地均产值倒推，市域建设用地为 792 平方千米。现状中心城区建设用地市域占比约为 20%，考虑到未来中心城区建设增速高于外围县城，规划按照 25%测算，中心城区建设用地为 198 平方千米，新增规模为 42 平方千米。

5.3.4.4 战略保障法

笔者在调研过程中也发现各类园区，还有不同的区，均有一定的用地需求，所以也需要考虑其诉求，将这些需求进行调研和汇总，收集在一起约 67 平方千米。总的来说，各地方用地需求还是比较多的，也不太可能全部保障，所以重大战略平台，包括一些高新区、航天智慧城按照 60%保障，即 40.2 平方千米。其他平台，也就是其他一些小的工业园区，保障率低一点，这部分城镇建设用地新增需求是 36.0 平方千米，保障率 30%，即 10.8 平方千米。所以两部分战略平台总的新增城镇建设用地为 51 平方千米。另外除了工业园区，还有重大交通设施廊道，预估增量需求为 8 平方千米。因此，省级重大战略平台和交通设施，新增建设用地规模合计为 59 平方千米。

将上述 4 种预测方法进行汇总发现，趋势外推法的操作性比较强，有一定科学性，因为前 10 年用地增长均有历史数据，然后按照 10%或 15%递减来进行增量预测，基本是比较靠谱的，所以得出来的结果也比较有说服力。结构分析法从道理上说是对的，但是在测算每一部分时，具有一定的主观性和随意性。用地绩效法主要基于城市经济发展，同时要求对应的土地绩效有提升，然后推算出未来用地增量应该是多少，所以这也可以作为一个参考。战略保障法随意性比较大，因为有些园区用地需求为 10 平方千米，但到底能不能创造绩效？所以汇总出来的数据会偏大，在测算过程中，保障率均打了折扣，汇总数值也达到 59 平方千米。

5.3.5 城镇集中建设区试划

5.3.5.1 城镇集中建设区规模预测

在明确建设用地规模之后，在空间上如何划城镇集中建设区？首先要对城镇建设用地进行测算，因为上文预测的为城乡建设用地，但城镇开发边界对应的是城镇建设用地，所以需要将村庄建设用地分出去。按照某市现在的比例来说，城镇是占58%，村庄占42%。考虑到规划中心城区范围内大部分村庄为城边村，未来需要转换为城镇，所以将来考虑到整个中心城区范围，城镇比例提高按照80%测算。将上文预测得到的总城乡建设用地乘以80%，得到城镇建设用地，即2035年中心城区城镇建设用地规模为129平方千米。

然后对城镇集中建设区规模进行测算。城镇建设用地规模并不等于城镇集中建设区的边界面积，因为并非所有建设都集中在城镇集中建设区，比如说城市的传染病医院，就不能在这个城镇集中建设区内。所以本文按照城镇建设用地的90%在城镇集中建设区内进行预测。另外即使在城镇集中建设区里边，也不是所有用地均为城镇建设用地，比如说现状城市内部也有一些小的水面或者其他的一些非城市建设用地，所以再把这部分按照预期水面率为8%测算一下，就可以得到城镇集中建设区的面积。比如说上文预测城镇建设用地为129平方千米，按照城镇建设用地规模乘90%再除以(1－水面率)，最终得到城镇集中建设区面积为126平方千米。

5.3.5.2 城镇集中建设区试划

根据自然资源部要求，通过对自然地理格局、生态保护红线、优质耕地、发展平台重要性、集建区形态等方面进行综合考虑，按照不占或者少占一般耕地和永久基本农田提出2～3个城镇集中建设区试划方案。

原则上，在划定过程中要结合自然地理格局，对生态保护红线进行严格避让。原则上生态保护红线“少开天窗”，对于永久基本农田尽量避让，如果无法避让可以开天窗，保障城镇集中建设区的形态完整性。试划过程中也与当地政府及部门进行了多次沟通，把特别重要的平台，即2035年之前一定需要保障的区域尽可能划进去。同时，规划也考虑了自然地理格局和城市形态的结合，因为某市有一条江，城市处在盆地当中，北部为秦岭，南部为巴山，有山有水，环境优越。所以规划对城市形态、城市组团和城市片区的划分也进行了整体的统筹考虑。

划定方案提出三个情景。

情景一为不占永久基本农田和一般耕地，按照城镇集中建设区126平方千米计算，如果一点不占，则城镇开发边界和城镇集中建设区的形态难免比较破碎，难于满足城镇集中建设区的成片、完整性需求(图5-14)。

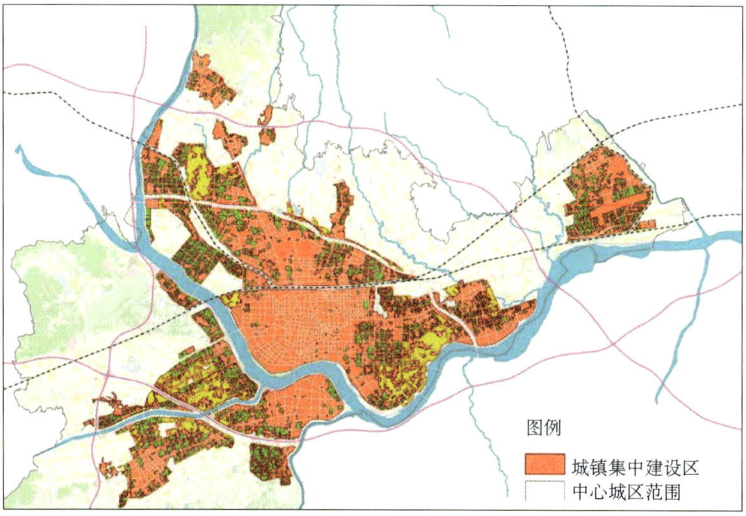

图 5-14 中心城区集中建设区试划方案(情景一:不占永农和一般耕地)
资料来源:作者自绘

情景二为占少量的永久基本农田和一般耕地,城镇集中建设区为 135 平方千米,其中占永久基本农田 15.1 平方千米,占一般耕地 50.6 平方千米(图 5-15)。

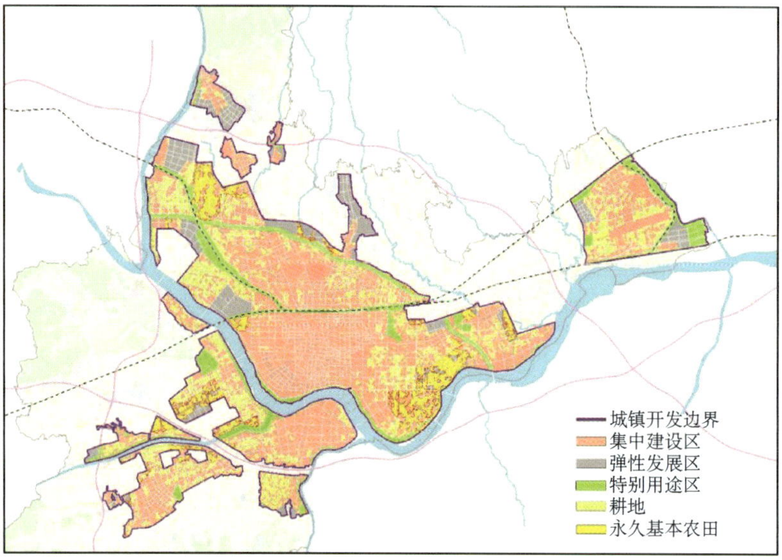

图 5-15 中心城区集中建设区试划方案(情景二:占少量永农和一般耕地)
资料来源:作者自绘

情景三为占用较多永久基本农田和一般耕地,为理想方案,城镇集中建设区为 150 平方千米,其中占永久基本农田 18.4 平方千米,占一般耕地 60.4 平方千米(图 5-16)。该方案充分保障发展诉求,此方案也是地方比较期望的,虽然占用了更多的永久耕地,但是城镇开发边界形态比较完整。

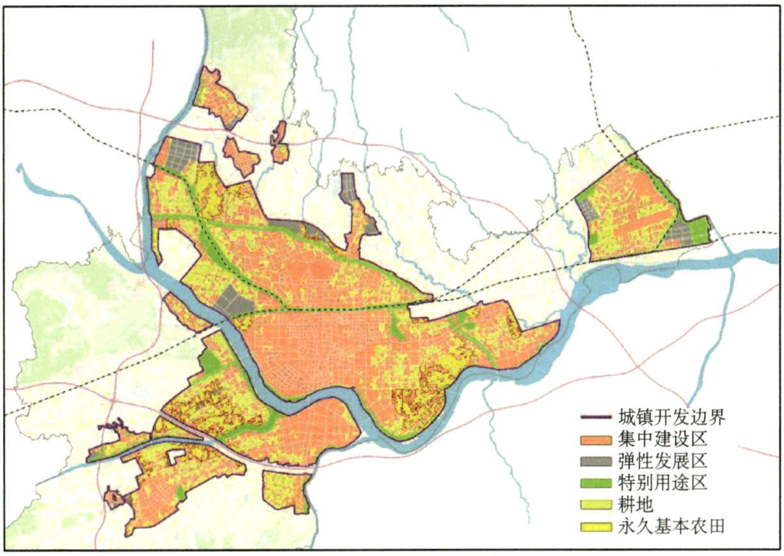

图 5-16　中心城区集中建设区试划方案（情景三：占较多永农和一般耕地）
资料来源：作者自绘

5.3.6　城镇开发边界划定

城镇集中建设区试划之后，再加上城镇弹性发展区和特别用途区，即为城镇开发边界。特别用途区主要是一些重要的生态廊道、滨河绿地、山体等。以情景二为例，城镇开发边界面积就是三区面积加在一起，共计 181 平方千米（图 5-17）。

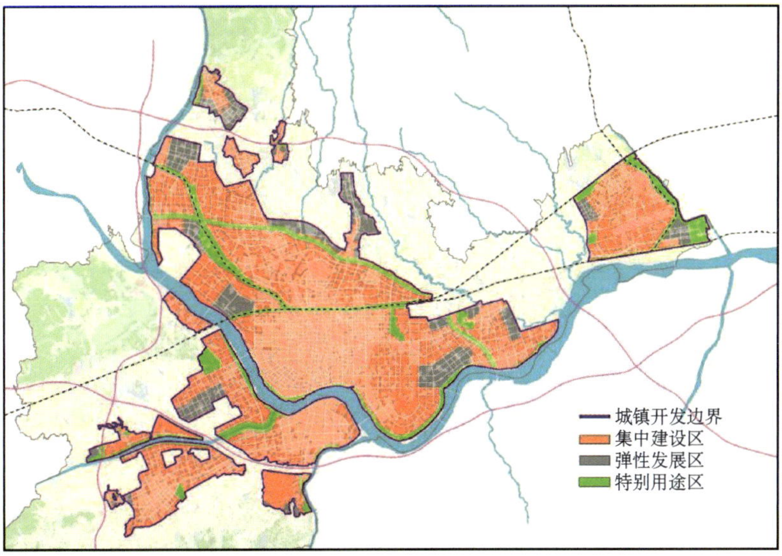

图 5-17　中心城区城镇开发边界试划方案（以情景二为例）

5.3.7 耕地占补平衡及基本农田补划方案

以 3.5.2 的情景二方案为例，规划城镇集中建设区占耕地约 50.6 平方千米，补充潜力约 147.9 平方千米；规划城镇开发边界内占永久基本农田约 15.1 平方千米，补划潜力约 218.3 平方千米，可区内平衡（图 5-18）。

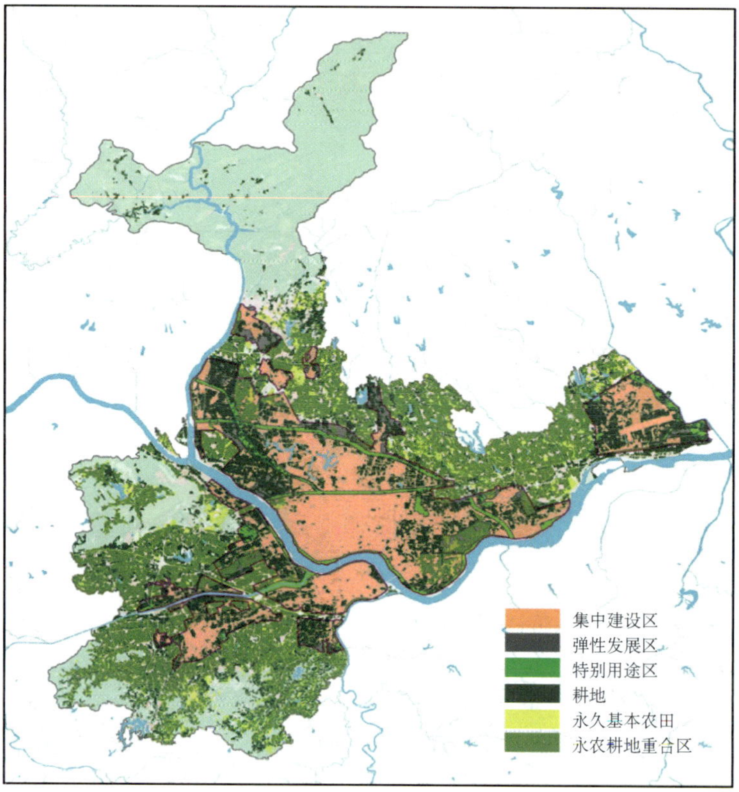

图 5-18 中心城区城镇开发边界占用耕地和永农情况（情景二方案）

5.3.8 根据自然资源部 121 号文对某市城镇开发边界划定深化调整

根据 2021 年 6 月自然资源部印发的《关于加快推进永久基本农田核实整改补足和城镇开发边界划定工作的函》（自然资空间规划函〔2021〕121 号），规划对某市城镇开发边界划定进行了相应的深化调整。

主要深化调整内容包括：（1）增加水资源承载能力分析。以区级行政区为单元，分析居民生活（城镇、乡村）、城镇公共、工业、生态环境、农田灌溉等现状用水结构，根据未来用水总量控制目标，基于不同情景，明确可承载城镇人口规模。再通过未来人均城镇建设用地指标，测算可承载城镇建设用地规模，保证规划城镇开发边界内城镇建设用地面积处于可承载城镇建设用地规模之内。(2)强调城乡建设用地的集约节约利用。将城镇开发边界内的村庄用地作为存量挖潜的重点，某市中心城区的低效用地主要为老城中的“旧改”、工业园区内“僵尸企业”用地、批而未供及闲置用地等，有针对性地提出盘活低效建设用地的规划安排。(3)重视“六普”以来人口流动趋势分析，以此为依据进行中心城区人口规模预测。(4)加强对城市空间形态、空间结构和布局优化的考虑。明确提出中心城区空间结构与功能布局的规划思路。基于城市功能布局，谋划城镇开发边界，从而体现城镇功能的整体性和开发建设活动的关联性，促进形成多中心、网络化、组团式的空间布局。(5)统筹推进永久基本农田核实整改补足和城镇开发边界划定，明确城镇开发边界围合范围内现状稳定耕地及永农情况，涉及长期稳定利用耕地的，以“开天窗”的形式予以标注，不计入城镇开发边界面积。

参考文献

[1] 自然资源部.关于在国土空间规划中统筹划定落实三条控制线的指导意见.

[2] 自然资源部.城镇开发边界划定指南(试行,征求意见稿).

[3] 自然资源部.市级国土空间总体规划编制指南(试行).

[4] 自然资源部.关于加快推进永久基本农田核实整改补足和城镇开发边界划定工作的函》(121号文件).

[5] 赵民,程遥,潘海霞.论“城镇开发边界”的概念与运作策略——国土空间规划体系下的再探讨[J].城市规划, 2019, v.43;No.395(11):37-42.

[6] 张兵,林永新,刘宛,等.城镇开发边界与国家空间治理——划定城镇开发边界的思想基础.城市规划学刊,2018(4).

[7] 林坚,乔治洋,叶子君.城市开发边界的“划”与“用”——我国14个大城市开发边界划定试点进展分析与思考.城市规划学刊,2017(2).

6　国土空间用途管制

李继军*

本文包括三个部分，一是回答在新时代要求下国土空间用途管制"是什么"与"为什么"的问题；二是回答国土空间用途管制"管什么"与"怎么管"的问题；三是以上海为例，提出关于国土空间用途管制战略逻辑与传导的思考。

6.1　"是什么"与"为什么"

6.1.1　国土空间用途管制的基本内涵

6.1.1.1　广义的国土空间用途管制

当前语境下的"国土空间用途管制"较早来自"土地用途管制"的说法。狭义的"土地用途管制"可理解为针对土地"用法"的规定。从规定的内容来说，不局限于规定土地用来做什么，还可包括规定三维形态、产出能力、外部效应等；从规定的时效来说，不局限于事前规定，也可包括过程评价、事后评估等；从规定的主体与对象来说，一般规定主体代表公权力，管制对象为私权利。换句话说，"土地用途管制"可以理解为公权力对私权利在土地用法上的具体规定。

而广义的"土地用途管制"不仅在于对土地用法的直接管制，还包括不同层级间的层层传导管制，比如某地级市规划对下辖某区规划土地用途的原则性约束等。狭义的土地用途管制可理解为广义概念的末端。广义的土地用途管制，是相对公权力对相对私权利做出的各类最终与土地相关的约束，包括直接约束，也包括政策、指标、结构等间接约束。而"国土空间用途管制"是在强调全域全要素管控的背景下对"土地用途管制"概念的进一步延伸。由此看来，国土空间用途管制并不是一个全新的概念，可以说自人类生产活动以来，就伴随着土地用途管制，而当代国土空间的使用现状正是一代代人对空间实施了用途管制叠加产生的结果。

本文中所探讨的国土空间用途管制主要是指保障规划意图（尤其是土地用途方面的意图）自上而下层层传导直至落地实施的管制行为。值得注意的是，不同层级规划，从国家、省、市、县、镇的国土空间总体规划，至详细规划、建设规划，即使不直接采用"用途管制"这个词，其传导管控的过程仍属于用途管制概念范畴，而且各个层级的用途管制具有

* 李继军，上海同济城市规划设计研究院有限公司五所所长、教授级高级工程师，中国城市规划学会住房与社区规划学术委员会委员。邮箱：lijijun68@163.com

不同的意义及技术重点。

6.1.1.2 国土空间用途管制的基本目的

国土空间是特定权属和特定区位下自然禀赋予人类活动的集成，具有自然和社会经济双重属性，而国土空间用途管制首先是针对人行为活动的管制。无人区不需要具体的空间用途管制，但有人的活动就不能忽略它。比如说生态空间里的农村问题、村庄里的生态问题、高标准农田建设问题等，都是有人的活动介入，这就需要跟空间用途管制关联在一起。

用途管制的出发点应代表公共利益，是为了应对市场失灵，通过公权力自上而下地针对有限空间资源采取的管理手段。其根本目的可以从以下三个方面理解：一是代表公众利益，包括相对于个体的大众，也包括相对于地方政府的更高级别政府，相对于人类的更广泛的全体生物；二是代表长远利益，是为了未来可持续发展对当下的管制；三是代表共识，也就是针对空间所有利益相关者所达成的契约。

6.1.1.3 我国空间用途管制内涵演变

主流观点认为我国的空间用途管制最早来自对城市化进程中耕地锐减的警觉，其概念演变分为土地用途管制（耕地）、生态要素用途管制、自然生态空间用途管制、国土空间用途管制四个发展阶段（黄征学，等，2019）。即使对具体时间段的分割与部分文字描述有别，但在我国关于空间用途管制的大量文献中，均将用途管制的演变历程描述为从对耕地管控，转向对全生态资源管控，再转向对全域国土空间管控，认为是一种管制对象不断扩展的过程。

这种描述比较客观地揭示出了我国土地用途管制的基本脉络，但仍具有一定局限性。在“土地”用途管制之外，还有另一条城市规划逻辑下的用途管制脉络，即从城市总体规划至详细规划，至建设实施。控制性详细规划，虽没有采用“用途管制”的说法，但代表了建成区内部用途管制的核心内容。

此外，针对海洋、矿产、林草等资源类型的规划，虽不及城市规划、土地规划成熟，但也发展出了自身的用途管制逻辑且各成体系。直至今日，自然资源部成立，要求针对全域全要素建立统一的国土空间用途管制规则，各条线用途管制的逻辑正在寻求整合统一。

我国语境下用途管制的内涵变化

1. 用途管制最初来自对土地开发建设活动的限制和监管。

【国家要求】我国用途管制制度最初起源于保护耕地，1998 年修订的《土地管理法》将“用途管制”上升为基本制度。以耕地保护为核心的土地用途管制制度，成为我国国土空间用途管制的主要内容，基本目标是保障国家粮食安全。

2. 用途管制从耕地保护拓展到环境安全领域。

【国家要求】21 世纪以来，国家越来越重视生态环境保护，确保国家“环境安全”。用途管制，从农地逐渐扩大到林地、草原、水域、湿地等重要生态资源，并制定相应的法律法规和配套相应层级的规划区划，划定了基本草原、森林公园、水源保护区、湿地公园等保护空间。

3. 用途管制从生态环境拓展到自然资源(2013 年十八届三中全会)。

【国家要求】2013 年十八届三中全会召开,在《中共中央关于全面深化改革若干重大问题的决定》中,为了适应国家生态安全的需要,首次提出"健全自然资源资产产权制度和用途管制制度",国土空间用途管制的地位显著提升。

4. 中央首次明确要求设立国有自然资源资产管理和自然生态监管机构,统一行使所有国土空间用途管制和生态保护修复职责(2017 年十九大报告)。

【国家要求】提出统筹山水林田湖草系统治理,统一行使所有国土空间用途管制,建设美丽中国。

5. 国土空间用途管制的机构、依据、权责等内容基本明确(2018 年 12 月,中共中央、国务院出台的《关于统一规划体系更好发挥国家发展规划战略导向作用的意见》)。

【国家要求】国家级空间规划以空间治理和空间结构优化为主要内容,是实施国土空间用途管制和生态保护修复的重要依据。

6. 2019 年 5 月中央印发《关于建立国土空间规划体系并监督实施的若干意见》。

【国家要求】进一步提出形成"以国土空间规划为基础,以统一用途管制为手段的国土空间开发保护制度,全面提升国土空间治理体系和治理能力现代化水平"。

6.1.2 新时代国土空间用途管制的新要求

6.1.2.1 国土空间规划改革不仅是技术性改革

新一轮国土空间规划改革经历了长期的铺垫和探索,从党的"十八大"提出推进生态文明建设,到多规合一试点、城市总体规划改革试点,直至自然资源部成立,国土空间规划体系框架建立,全国各地国土空间规划全面铺开。

值得注意的是,整个过程不仅涉及规划学科调整,也囊括了政务行使、法律完善等多个层面。在 2018 年机构改革的三定方案(即定机构、定编制、定职能)中明确了自然资源部的主要职责之一就是履行全民所有自然资源资产所有者职责,统一行使所有国土空间用途管制职责。这里点明了国土空间不仅是"资源",同时也是"资产",涉及权属概念。《中共中央、国务院关于建立国土空间规划体系并监督实施的若干意见》中进一步明确了构建国土空间规划四体系的重要性,即编制审批体系、实施监督体系、法规政策体系和技术标准体系。四体系与五级三类规划编制体系被学界统称为国土空间规划的"四梁八柱",可见本次规划改革不仅是技术层面的改革,更是面向空间治理能力与治理水平现代化的综合性改革。

表 6-1 国土空间规划改革脉络

发布时间	涉及规划改革的内容
2012 年 11 月	中共"十八大"明确:大力推进生态文明建设;优化国土空间开发格局
2013 年 11 月	中共十八届三中全会明确:推进国家治理体系和治理能力现代化;健全国土空间开发、资源节约利用、生态环境保护的体制机制
2013 年 12 年	中央城镇化工作会议召开,提出城市规划转型的相关要求
2014 年 12 月	中央经济工作会议明确:加快规划体制改革,健全空间规划体系,积极推进市县"多规合一"

续表

发布时间	涉及规划改革的内容
2015 年 9 月	中共中央政治局审议通过《生态文明体制改革总体方案》
2017 年 1 月	中办、国办印发《省级空间规划试点方案》

资料来源:作者根据相关文件整理

6.1.2.2 国土空间规划改革是一项长效工作

本次国土空间规划改革是一项面向治理能力现代化的长效工作,《若干意见》提出了面向 2035 年分阶段的改革目标,包括三方面:体系建设、机制建立、治理提升。

到 2020 年完成体系建设,即初步建立“四体系”。该任务即是把体系框架基本理顺,但其中内容仍需要进一步深化、细化、优化,并通过实践去调整完善。到 2025 年完成机制建立。包括各法规政策、技术标准等配合规划编制与实施的体系进一步完善,也包括监测预警与考核机制的形成,还包括整个开发保护制度的形成,建立起可考核、可评估、可监管的制度。到 2035 年全面提升国土空间治理体系和治理能力现代化水平,也是规划改革最终目标。

针对土地用途管制,同样要从长期的目标框架来看。2025 年前是具体建立、细化、修正统一用途管制标准的关键时期,2025 年至 2035 年是实施用途管制,完善配套法律、政策制度,完善地方治理的时期。

国土空间规划改革推进框架

《若干意见》明确提出国土空间规划建设与改革目标:

到 2020 年,基本建立国土空间规划体系,逐步建立“多规合一”的规划编制审批体系、实施监督体系、法规政策体系和技术标准体系;基本完成市县以上各级国土空间总体规划编制,初步形成全国国土空间开发保护“一张图”。

到 2025 年,健全国土空间规划法规政策和技术标准体系;全面实施国土空间监测预警和绩效考核机制;形成以国土空间规划为基础、以统一用途管制为手段的国土空间开发保护制度。

到 2035 年,全面提升国土空间治理体系和治理能力现代化水平,基本形成生产空间集约高效、生活空间宜居适度、生态空间山清水秀,安全和谐、富有竞争力和可持续发展的国土空间格局。

6.1.2.3 促进治理能力现代化是改革的根本目标

《若干意见》中明确“建立全国统一、责权清晰、科学高效的国土空间规划体系,整体谋划新时代国土空间开发保护格局,是……促进国家治理体系和治理能力现代化……的必然要求”。提升治理能力是规划改革的根本目标。

从中国的城市发展历程来看,过去的城市发展大多处于一种快速发展状态,造就了大量“速度奇迹”的同时,长期以来的“GDP 崇拜”导向也带来资源消耗过多、环境污染、城市发展内卷化等问题。面向当今多变的世界政治、经济、安全格局，我国城市的抗风险能力与城市韧性正受到全面挑战。为此，国家提出一系列改革举措全面提升治理能力，以应对未来局势发展。要强调的是，在城市治理能力的提升方面，核心是要关注“人”的现代化，这个“人”既包括狭义上的政府，也包括人民群众。管理和被管理，服务和被服务，实际上都体现了现代化水平。

6.1.3 国土空间用途管制的本质逻辑

2018 年，庄少勤在《第一届全国国土空间优化理论方法与实践学术研讨会》上做主题发言，从“势、道、术”的角度解读了新时代国土空间规划的根本逻辑。用途管制本身是国土空间规划最核心的“术”，但其自身也可从“势”“道”“术”三个维度分析其运行逻辑。“势”即大势，从国家趋势导向理解用途管制的背景逻辑；“道”即正道，从城市历史发展规律厘清用途管制的目标逻辑；“术”即方法，从几个技术转变重点梳理用途管制的操作逻辑。理解这三个层次的逻辑关系，是建立起合理、高效的国土空间用途管制体系的基础。

6.1.3.1 势的逻辑

新一轮国土空间规划与空间用途管制诞生的大背景在于我国城镇发展阶段的转变，城镇的发展正在从工业文明转向生态文明，在这一大背景下，空间的发展逻辑从重视城镇转向重视城乡、重视全域全要素空间。

我们可以从四个方面理解此背景大势：一是面向健康可持续发展，从城镇空间转变为全域空间管控，对农业空间、生态空间的全面管理是必然要求；二是城市发展从高速度转向高质量，空间发展从粗放的外延式转变为强调精细治理的存量优化；三是规划服务地方治理，将规划从技术文本转变为治理纲领，空间用途管制不仅是技术上的规定，同时配套一系列政策、标准共同推进空间治理；四是我国社会主要矛盾已经转化为人民日益增长的美好生活需要和不平衡不充分的发展之间的矛盾，新一轮规划改革强调针对人的变化与诉求的变化提出响应，比如未来的老龄化趋势、人民对精神文化需求增加的趋势等。

6.1.3.2 道的逻辑

前文提到，用途管制的本质目的是代表公众利益。那么何为公众利益，即何为“道”，是要厘清的问题。可以从四个方面进行解释：国家战略与地方诉求的关系、部门间的协同关系、政府与市场的关系、人民的角色。

厘清国家战略与地方诉求关系。一方面，要理解空间用途管制是国家政策在空间上的具体体现。我们可以看到，用途管制的改革路径不单纯是细节上的改变，更是基于当时的时空政策背景。从最早对于耕地总量的控制，到后来对于环境可持续发展的重视，到现在强调全域统筹、强调城镇群、强调支撑国际关系的“一带一路”，甚至洲际之间的衔接，“人与自然生命共同体”的构建，用途管制最终都是这些国家政策落实的结果。从国家层面的主体功能区到地方层面的用途图斑落实，用途管制层层分解传导。理解国家立场，才能知道在某一时空背景下地方的用途管制为什么而做与怎么做。但另一方面，也要看到只有自上而下的执行不代表有效治理，还要充分体现地方应对。在宏观层面锚准方向，建立措施，在微观层面体现地方操作特点与差异化管理，才是真正实现有质量、有绩效的治理之道。

厘清部门间协同关系。自然资源主管部门的职责不仅在于国土空间规划的编制，更在于监督实施。要注意的是，“监督实施”不同于“实施”。换句话说，大量的专项工作，无论是规划编制还是具体实施，其职责都不在自然资源主管部门，而在于专项部门。所以说总体规划的重要任务之一是厘清总体与各条线的关系，厘清各条线相互的关系，对各条线进行界定、统筹、约束，明确各个专项规划任务书。此外，对于专项规划的编制、实施则是各条线的事权范围，而自然资源部门更多则是通过用途管制的一套体系来监督实施。所谓“有所为有所不为”，不是事权范围内的事就不要管，管多了反而管不好。

厘清政府与市场的关系。政府与市场代表了城市运行的两大核心机制。在大多数情况下，政府代表公共利益执行用途管制，但也要警惕政府机制缺乏灵活性，具有局限性的壁垒。因此，政府作为用途管制的主要执行者，一是要守住公共底线，二是要强化共同目标的战略性、结构性引导，三是要向服务型政府转化，激发市场活力，使市场在不触碰公共底线的框架下尽可能发挥作用，促生更高绩效更高质量的资源配置。

体现全民共识。国土空间规划工作不再是一个部门规划，而将成为地方政府实施政务的纲领。公众是空间最终的使用者与承受者，本轮改革强调公众在规划中发挥作用，包含两个概念，一是公众参与，二是达成共识。“公众参与”不同于精英主义，强调公众在治理中发挥主观能动性。与规划公示后公众只能被告知与被动接受不同，本轮规划改革强调公众的全程参与，包括在规划前期了解信息，过程中建言献策等。“达成共识”，公众的全程参与，不光是为了规划客观内容的优化，更重要在于公众思想的统一，一个公共政策首先被公众广泛地了解、理解，再传播、反馈，是这个政策绩效的重要体现。

“上海 2035”公众参与的启示

上海在国土空间规划编制的整个过程中，提出若干核心议题和重点专题，如综合交通、区域协同、产业布局等，这些都是群众在城市中关注的内容。在前期的编制过程中就这些重点内容进行广泛宣传，并听取回馈意见。宣传与信息搜集考虑到不同年龄段、不同受教育水平、不同地区各类人群的需求，保证群众能够有机会充分表达不同意愿与需求。尽管存在就业差异和地区差异等，但通过持续地、及时地把公众参与的过程和结果向社会公布，最大限度地统一了社会共识。同时，上海的公众参与还包括在编制过程中开展传达城市目标愿景与计划行动的各种宣传活动。一个活动不仅在城市中心有主会场，在每个区都有分会场。同样的主题、同样的理念，在不同区的不同会场同时开展，进行不同样式的表达。老百姓在会场里面到处逛，然后去看。这个过程实际上就体现了这一轮国家深化改革的要求，深化老百姓对上海发展战略目标的理解，这才是真正的统一思想的过程。

> 这一轮国土空间规划工作是不是老百姓都知道，是体现组织、编制工作完成度的一个重要指标。群众如果不知道，他们怎么来表达诉求？怎么能体现人民城市人民建、人民城市为人民的重要理念？我们所谓的供给侧，就是要撬动这个市场。作为一种空间政策的供给，需求侧没有反应，或者这种供给没有响应需求，这个规划就有很大问题。

6.1.3.3　术的逻辑

国土空间用途管制实施的核心在“术”。用途管制的“术”是有历史发展基础的，针对新一轮的改革要求需要处理好四个重点问题：空间协同问题、地区差异化的体现、从战略到落实的弹性尺度控制、从编制技术逻辑到管理逻辑的转变。

其一，空间用途管制“术”的底层逻辑是协同，首先需要解决“多规”矛盾冲突，理顺地方治理困境（图 6-1）。以前国家层面存在空间类规划互相交叉重叠的问题，比如同样的一幅地，既是居住区，具备居住用途，规划部门需要管理；也在历史街区中，需要进行保护，文化部门有要求；地块人口结构老龄化很严重，民政部需要管理；同时它还位于城市开发地区，市容绿化部门也会进行指标约束。各部门条线管控合理合法，但不代表系统管控有效。不同部门的政务要求叠加在一起，造成部门事权边界模糊，带来地方行政成本和政府管理难度的增加。尤其是在信息扁平化的今天，规划重叠、行政低效不仅会使一些好的项目甚至公益性提升的项目无法落地，甚至会造成公众情绪而增加社会的不稳定风险。所以部门的协同，采取统一的“一张蓝图”治理是必然选择。

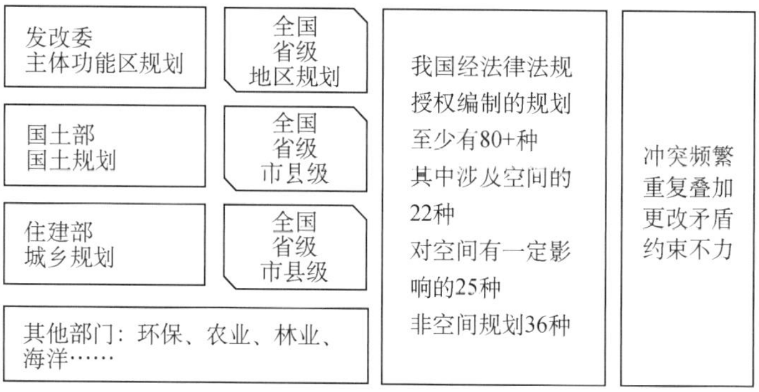

图 6-1　既往规划实践困境
资料来源：作者根据相关文件整理

其二，要正确认识统一用途管制与地方差异化关系。中国不同地区差异巨大，国土空间用途管制也应当存在差异性。比如南北方不同气候条件的不同，基础设施、能源供给、需求结构等都有所不同，用途管制上理应不同。这种差异不仅是自然地理方面，还包括经济、文化、行政体制，甚至地方风俗、生活习惯等诸多方面。故而好的规划一定是地方性的，而绝不是通过国家的规范就能理性推算出的。即使同一地方的不同地区，比如城乡、农业与生态空间也是不同的。盲目地将特大、超大城市的管理经验推广也是具有极大风险的。比如15分钟生活圈，应用于上海成效斐然，然而一些地区直接效仿，甚至向农村地区直接推广，造成有限资源的错配，也就偏离了这个概念的初衷。

理解地方差异化的另一个关键在于对公平的理解。我们如今强调城乡协同、城乡一体，但这并不代表城乡相同。对于村庄而言，均等化不是说城镇有什么，就给村里配置什么。村庄是另外一种生活状态，需要的服务配置与城市显然不同，比如我国东部一些地区的村庄，其对社区绿地几乎没有太多需求，但对社区文化站或广场等交往活动空间的需求甚至高于城市，而未来的村庄则更是具独特性。同等的配置或考核要求并不代表公正，比如上海的崇明区GDP不应该是核心指标，而要考察生态绩效GEP；再如上海浦东自贸区就应着重考察创新能力等。从管理上来说，公正的用途管制需要更多地体现在程序正义上，而不仅是技术标准的统一。空间用途管制不仅仅是对用途的静态管制，而是要建立一套管制的机制和体制。今后所有的许可，包括空间用途的转换，必须要经过一种合法的程序，在规划编制、管理、实施以及监督的过程中，更多地体现程序正义。

其三，要理解“一张蓝图干到底”下的弹性尺度控制。多规合一实践以来，“一张蓝图”经常被误读为控规拼合一张图。但就过往经验而言，城市发展教会我们的一大事实正是城市发展的不可预知性。一张蓝图更应该被理解为国家乃至地方的一张战略蓝图，而非实施性蓝图，战略方向需要稳定性，而实施则需要灵活性，这也就涉及这张战略蓝图向下实施中所留弹性的问题。

弹性过强导致规划实施偏离严重，刚性过强又会导致底层活力丧失。如何把握这种规划或政令实施过程中的刚性与弹性是对地方治理能力的重大挑战。上海新一轮规划体系给出了一种探索，即底线内容强调刚性落实，非底线内容强调弹性控制。在总体规划对区县的指引中，在单元规划与详细规划的衔接中，都明确体现了刚性底线与指引性内容。但同时，精细化治理的核心在于治理能力的高低，如果一个地方拥有对规划弹性的实施管理能力，上位规划则可以更多放权给下位规划实施，反之则应该由上位规划上收权力以获得更好的规划实施成效，所以上海及一些管理先进地区的规划经验对于能力尚不足的地区并不能直接效仿。

此外，空间用途管制还是衔接规划“编制技术性”以及“实施操作性”的重要桥梁。如前文所述，本次规划改革的一大要点是要将规划从对编制技术性的强调上脱离出来，转向四体系的共同建设完善，编制逻辑即管控逻辑。在当前的空间治理体系中，国土空间规划是国土空间用途管制的基础和依据，国土空间规划和国土空间用途管制相对应，统一的国土空间用途管制体系对应统一的国土空间规划体系。

规划审批的繁杂一直是行政管理中被诟病的内容，由于行政审批周期过长带来的资本外流、社会需求变化等，加剧了生产力布局与公共服务产品错配、失配的矛盾。比如说在生态地区的村庄发展，农民对于通过三产改善生活有所期望，这就需要公共政策的引导，甚至财政的响应。许多城市的近郊，农业产出明显低于游憩服务产出，但是基于国家保障粮食安全的战略，耕地仍是底线。那么采摘、农家乐、养老、科普、运动、文化等新的功能如何进入？是否要把握手工编织等加工制造业的二产机会？空间用途如何赋权？事权归属与绩效评估如何界定？这些都是需要认真考虑回答的问题。因此，我们不仅仅在技术、手段、方法、绩效上面要现代化，同时我们对这种理念的理解，我们的创新能力、践行能力、应变能力也应该现代化，现代化最终的指向实际上是人的现代化。

6.2 “管什么”与“怎么管”

6.2.1 一套管控体系

要回答用途管制“管什么”与“怎么管”的问题，首先要建立起一套与国土空间规划体系相匹配的土地用途管制体系。与规划是单一主体不同，用途管制的成立涉及管理者与被管理者两个变化主体。主要可分为五级总体规划间的层层管制、总体规划对详细规划的管制、总体规划对专项规划的管制、专项规划对详细规划的管制、详细规划对建设实施的管制五种类型。这构成了用途管制体系的基本框架(图 6-2)。国对省、省对市、市对县的用途管制，与详细规划对建设实施的管制显然是两种管制逻辑。理解这一套管控体系有三个重点：分级管控、全域全要素管控、全过程管控。

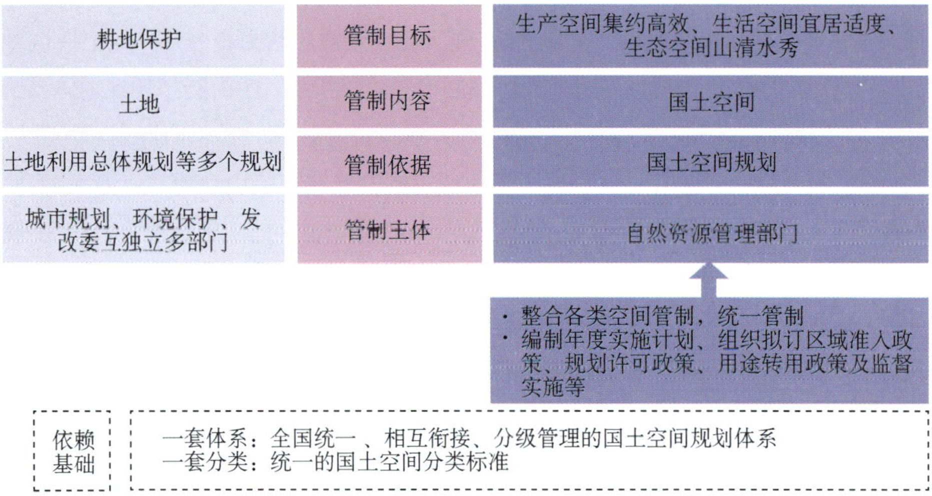

图 6-2 国土空间规划管制体系

6.2.1.1 建立国土空间用途管制分级

国家依据行政职级的框架，建立了国土空间规划的五级来实现国家战略的传导(图 6-3)。国家、省的规划强调战略性，其用途管制更多体现在规则性管控、指标性约束方面；市、县的规划强调协调性，其用途管制更多体现在对各下位规划的底线空间约束、指标分解、地方化政策制定等方面；镇级总规的用途管制应更强调规划的可操作性，包括考虑规划的弹性落实、实施的时间维度等。

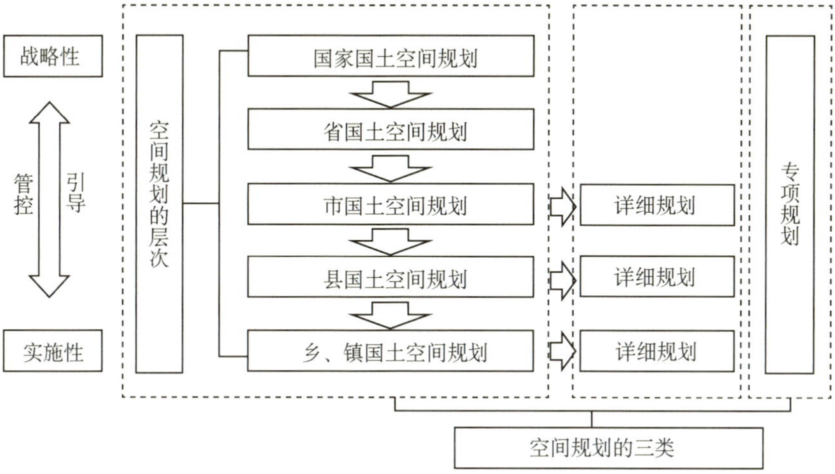

图 6-3　国土空间规划体系构成

值得注意的是，要厘清各级别空间用途管制的要求，就要先区分规划编制级别与深度级别两个概念，尤其是在地（市）级和县级层次的差异。理论上来说，在五级三类的体系里，一个地级市的规划可包含市域规划与市辖区规划两部分内容，其中市域规划是市级规划编制的必选项，应达到市级深度；市辖区规划是市级规划编制的可选项，其内容与县域规划平行，深度等同于县级深度。如果一个地级市的规划编制完成后还准备再编制市辖区规划的话，那么其市级规划则仅完成市级深度即可。

建立了这个框架后，再去理解自然资源部 2020 年 9 月发行的《市级国土空间总体规划编制指南（试行）》（以下简称“9 月版《市级指南》”），其中明确要求市级规划包含市域与中心城区两个层次。这里的市域层次即为市级规划深度，中心城区层次的深度则因各地规划体系的差异而呈现差异。该部分用途管制的内容与要求也会相应有所差异(图 6-4)。

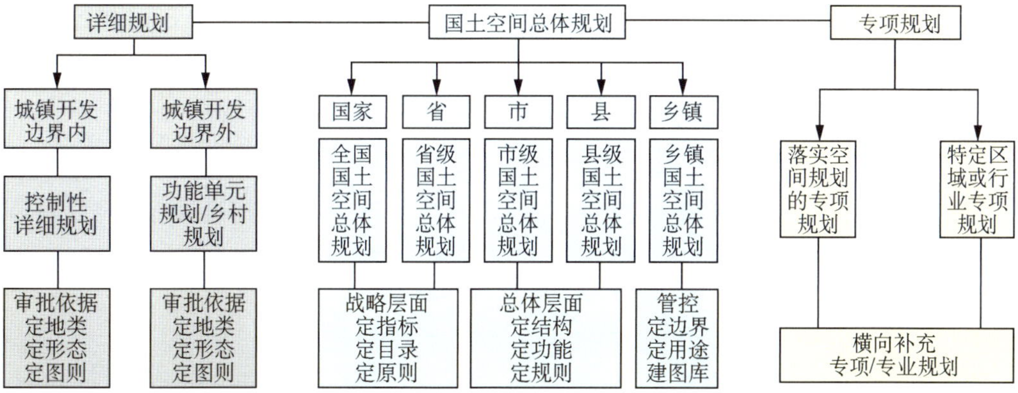

图 6-4　“五级三类”国土空间用途管制的层次与差异

在规划实践过程中，要理解规划从注重战略性到注重协调性到注重实施性的变化，其最终目的是实现整体的战略性。所以地方政府在实施过程中，要充分体现地方主张，在落实上位战略的框架下，探索地方“好用”的规划。

6.2.1.2 建立全域全要素的用途管制

国土空间用途管制本质上是要构建国土空间开发保护制度，对自然资源载体进行可持续利用管制，与以往分头管制最大的不同在于是对耕地、林地、草原、河流、海域等所有国土空间统一用途管制，在管制方法上涉及对以往各类要素管制方法的整合。我们知道不同类型的用地在管制逻辑上有很大差别，比如建设用地强调结构性管控，耕地则强调数量和质量的管控；海域因海水的流动性和存在无人居住海岛，管控方法更具特殊性。不仅仅是国域范围内存在巨大的差异，实际上即使在同一个县一个镇，不同类型土地的情况也不一样，所以构建统一的用途管制更是要构建统一框架下的差异化用途管制，才得以有效覆盖全域全要素。这种差异化最终落在用途管制分区之上，这不应只是传统意义上的静态空间分区，而是治理分区，承载一系列针对目标的管控要求。

6.2.1.3 建立全过程的用途管制

自上而下的层层分解就是传导，包括直接贯彻、深化，也包括体现了地方诉求和特色的“优化”和“增加”。用途管制要有效实施，一大关键是要能“动”起来，在实施的时间维度上能体现弹性是规划实施弹性的重要组成。好的治理，管的是实施效果，而不是实施本身。因此，用途管制不仅是静态规划编制的内容，更多要考虑如何动态实施，如何通过评估、体检监测指标以及修正机制的设计来达到管制的目标。

管控单元是国土空间管制传导反馈监管的重要抓手。以往城市规划最重要的管控单元是控规单元。在很多地方是基于规划编制逻辑切分的单元，没有一级行政单位与之对应。这使得规划在基层落实无法对应行政考核，甚至会和其他部门的考核有所冲突，使得规划终端难以被评估监管。通过这次疫情，我们清晰看到管理的网格落实到管理社区的有效，所以规划的编制最终要能做到动态，首先就要和管理结合，结合管理主体、结合管理单元。

6.2.2 从规划分区到用途分类

最为狭义的用途管制是指通过对土地分区并附加规则，对土地用途进行限定的行为，判别是否可准入该用途。这里的核心就在于规划分区与用途分类的传导约束关系。

6.2.2.1 主体功能区到规划分区

主体功能区与主导功能分区是国土空间规划分区最为重要的两个概念，两者相互关联又不同。主体功能区体现区域协同共治，向下则应该转化成主导功能分区，承接和落实主体功能。以往主体功能区的是实现关键在于配合行政单元，落实指标或政策要求，有抓手、可执行、易考核，但无法对地块的用途进行指引。主导功能分区则配合规划管控单元执行，直接针对用地，是对用地直接指引的有力工具，但不对应行政考核单元。在新一轮规划中，从主体功能区到规划功能分区，可充分汲取以往经验，形成未来管控的分区。

用途管制的分区可从城市、农业、生态和其他四类空间着手。

四类国土空间划分

国土空间可以分为：城市空间、农业空间、生态空间和其他空间四类。

1. 城市空间。城市空间是以提供工业品和服务产品为主体功能的空间，包括城市建设空间和工矿建设空间。城市建设空间包括城市和建制镇的建成区；工矿建设空间主要是独立于城市建成区之外的独立工矿区。

城市空间是现代社会人类居住和活动的主体，人口多，居住集中，开发强度较高，产业结构以工业和服务业为主，居民点形态主要是规模较大的城市、城市群、城市圈、都市区等。

2. 农业空间。农业空间是以提供农产品为主体功能的空间，包括农业生产空间和农村生活空间。

农业生产空间主要是耕地，也包括园地和其他农用地等。

农村生活空间主要是农村居民点和农村其他建设空间。包括农村公共设施和公共服务用地。

耕地、园地等也兼有生态功能，但其主体功能是提供农产品，所以定义为农业空间。农业空间的人口较少，居住分散，开发强度不大，产业结构以农业为主，居民点形态多为相对密集的分散的小城镇和村庄。

3. 生态空间。生态空间是指以提供生态产品或生态服务为主体功能的空间。分为绿色生态空间和其他生态空间两类。

绿色生态空间主要是指林地、水面、湿地、内海，其中有些是人工建设的，如人工林、水库等，更多的是自然存在的，如河流、湖泊、森林等。其他生态空间主要指的是沙地、裸地、盐碱地等自然存在的自然空间。

其中，林地、草地、水面虽然也兼有农业生产功能，可以提供部分林、牧和水产品，但其主体功能应该是生态，若过于偏重于其农业生产功能，就可能损害其生态功能，因此，林地、草地、水面等应定义为生态空间。

相对于农业空间，生态空间的人口稀少，开发强度很小，经济规模很小，居民点形态为点状分布的数量很少的村庄。

4. 其他空间。指的是纵横于上述三类空间中的交通、能源、通信等基础设施，水利设施以及军事、宗教等特殊用地空间。

城市空间是人类聚居的主要载体。推进新型城镇化是必然过程，但是空间资源的有限性，导致无法满足城镇无序扩张的粗放发展。因此增量严控和存量更新是这个阶段改革的重点。存量更新部分，国土空间用途管制的政策属性就尤为重要，一定是体现社会的价值取向。

农业空间除了粮食产出以外，也是农耕文明的载体，而这个载体显然包括了乡村、自然地理、风貌、生活习俗等诸多方面，如贵州的梯田、东北的农场、江南的水乡都是综合各类因素后的集成特征。未来乡村不会消亡，而会成为一种新的聚居形态，也会有新产业的出现，无论是公共服务要素配置，还是生活状态，都会有很大变化，我们应该允许这样的变化发生。曾经的村庄大规模迁并是值得反思的，我们要警惕现在村庄的减量趋势，对于乡村地区用途管制的作用更多应在于顺应规律的正向引导，比如针对低效用地、空置宅基地的引导退出，或是新功能的导入等。

对于生态空间我们看到的往往是底线，其实生态空间中生产也是一项重要的功能。除去生态效能以外，文化、服务等也是重要效能。在生态建设的过程中，文化的彰显、地下空间资源的利用、人民的获得感和体验感都将成为生态空间功能的重要组成。“绿水青山”和“金山银山”并行不悖。

同时还要考虑的就是在这三类空间之外，还有第四类空间，即重大基础设施走廊和重要能源基地。这是支撑地区发展和安全保障的基础。

不同空间的用途管制释放着不同的引导信号。同样类型的区域里，比如农村需要减量化和特色发展的地区、有文化遗存和文化基础的地区，以及试图在现在的时代背景下创造新的乡村文化的地区，其管制、准入、引导的标准是不一样的。因此，除了在空间上有分区之外，在时间维度上还要跟地方的治理重点和行动计划相关联，甚至有政策分区叠加，共同构成一个分区用途管制的指引。

6.2.2.2 对既有标准的讨论

《市级指南》试行版首次对新的国土空间规划分区进行界定。其中有三个值得关注的要点：

首先要注意的就是全覆盖、不交叉、不重叠的要求，这是国土空间规划用途管制中对国土空间规划分区的基本要求。也表达了本次规划改革对厘清事权、统一管制的决心。但要注意的是，在指南中还有这样一段描述：“如市域内存在本指南未列出的特殊政策管控要求，可在规划分区建议的基础上，叠加历史文化保护、灾害风险防控等管控区域，形成复合控制区。”也就是说，对于每块地，必须落入一个主导分区，而在此之上若有其他要求也并不排斥。

其次，要理解两级国土空间规划分区的两种逻辑，第一级规划分区更多继承了土地规划的做法，是对全域大片土地基础性能进行的描述，从开发与保护两个角度出发，也可一定程度对应生态、农业、城镇三类空间。而第二级分区则更多继承了城市规划的做法，是对集中建设空间上承载功能进行的描述，针对的是人的不同活动行为。这两级规划分区基于不同的出发点进行切分，其管控传导的方式也应有很大的差别。

最后，分区与三条控制线的逻辑关系也为人们所关注。在大多数地区的实践中，将生态保护区等同于生态红线，农田保护区等同于基本农田控制线，城镇发展区等同于城镇开发边界，这与从前土地规划从分区到用途分类约束的逻辑是分不开的。但指南对此的表述却较为模糊，对于农田保护区的含义解释是“永久基本农田相对集中需严格保护的区域”，也就是说农田保护区边界不等于基本农田范围；而对于城镇发展区的描述则是“城镇开发边界围合的范围”，也就是说城镇发展区边界等于城镇开发边界。既然三条控制线是平行关系，分区又是全覆盖、不交叉、不重叠的关系，部分相对应、部分不对应的逻辑是不合理的。在这一点上，也就需要地方根据自己的管理需要，进一步解读与细化一级分区与三条控制线的关系（图 6-5）。

一级规划分区	含义
生态保护区	具有特殊重要生态功能或生态敏感脆弱、必须强制性严格保护的陆地和海洋自然区域，包括陆域生态保护红线、海洋生态保护红线集中划定的区域
生态控制区	生态保护红线外，需要予以保留原貌、强化生态保育和生态建设、限制开发建设的陆地和海洋自然区域
农田保护区	永久基本农田相对集中需严格保护的区域
城镇发展区	城镇开发边界围合的范围，是城镇集中开发建设并可满足城镇生产、生活需要的区域
乡村发展区	农田保护区外，为满足农林牧渔等农业发展以及农民集中生活和生产配套为主的区域
海洋发展区	允许集中开展开发利用活动的海域，以及允许适度开展开发利用活动的无居民海岛
矿产能源发展区	为适应国家能源安全与矿业发展的重要陆域采矿区、战略性矿产储量区等区域

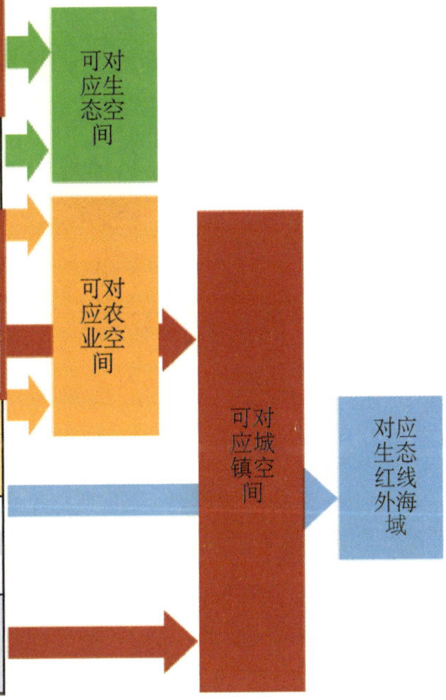

一级规划分区	二级规划分区		
生态保护区			
生态控制区			
农田保护区			
城镇发展区	城镇集中建设区	居住生活区 综合服务区 商业商务区 工业发展区 物流仓储区 绿地休闲区 交通枢纽区 战略预留区	3-8
	城镇弹性发展区		
	特别用途区		
乡村发展区	村庄建设区 一般农业区 林业发展区 牧业发展区		4
海洋发展区	渔业用海区 交通运输用海区 工矿通信用海区 游憩用海区 特殊用海区 海洋预留区		8
矿产能源发展区			

图 6-5 《市级指南》试行版规划分区建议

6.2.2.3 用途分类的适应性

国土空间规划分区与用途分类的区分在于分区是对一个片区主导功能的模糊性表达，而分类是对于一个地块用途的精准性表达。规划分区与准入规则共同对用途进行限定约束，即总体规划对详细规划的管控逻辑。因此，总体规划的末端落准规划分区、明确准入规则，作为与详细规划的衔接界面，同时，强化对详细规划的指导和约束。详细规划负责在总体规划限定的框架下明确具体地块的用途。如此一来，规划分区对土地的描述即为“一张蓝图”，具有战略性与稳定性，可执行至规划期末，而用途分类对土地的描述为一张动态图，具有动态适应性，是在一张蓝图的战略引领下，应对当前情境产生的实施方案之一。

总体规划、详细规划与信息平台

总体规划（县城）：明确分区底图和叠加控制要素，叠加控制要素包括政策区、地区级设施布点、交通与市政要素等。

数字化信息平台：以总体规划为底，落实重要公益类图斑、现状稳定和近期建设图斑。

控规拼合：为管理图件，当局部地块要开发时，可依情况调整局部控规，成为近期开发地块，受数字化信息平台核准后纳入平台管理。

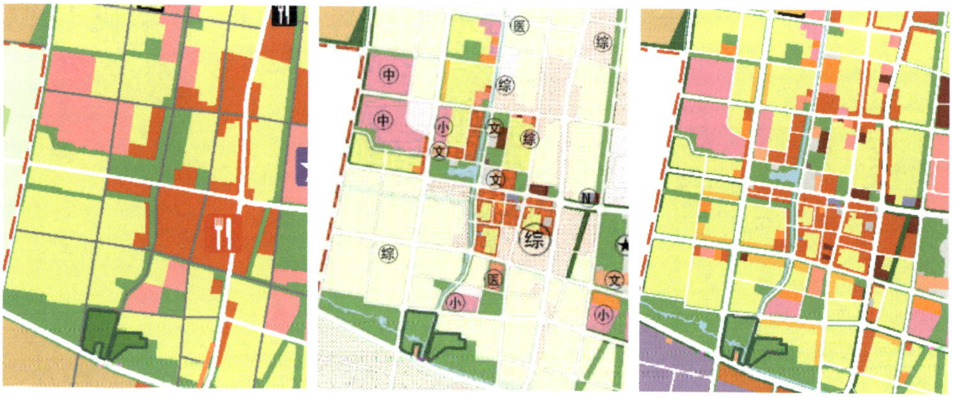

总体规划（二级分区）　数字化信息平台（分区叠加分类）　既往控规拼合（用途分类）

（来源：广饶县国土空间总体规划，上海同济城市规划设计研究院有限公司，李继军团队，2021年）

具有战略意义的规划分区是上级政府事权，而具有适应性的用途分类则应为本级政府事权。市、县报送总体规划时，上级政府应着重审查主导功能分区图纸，其结构性、管控规则是否合理等，具体的用途分类则应为地方事权。就地方的国土空间规划编制而言，在地方规划成果中，可选择体现用途分类的具体内容，作为向下指导的关键，也可选择不体现用途分类的内容，但需要对如何向下传导做出具体要求，比如通过编制单元规划、总体城市设计等。总而言之，规划分区与用途分类的界面同样也可理解为中央政府事权与地方事权的界面。政府在许可过程中有所不为，是治理模式和水平现代化的要求。

如果将大量国土空间用途转换放到最基层的治理单元，就需要在详规层面通过城市设计、公众参与、相关利益人听证等形式进行适应性应对。公众参与、听证等不是只组织一个会，一定要有制度配套。在主导功能不受影响的前提下，用途分类转换进行时代适应和政策响应，体现需求侧对于国土空间资源的诉求，这才是用途管制真正的价值。这样的调整不是全部放到自然资源部门来，所以在国土空间总体规划编制过程中的机制体系甚至程序设计就显得尤为重要，建立程序的正义也是这次国土空间规划编制工作很重要的一个内容。

本次国土空间规划改革明确提出城乡、海陆、地上地下三统筹。城乡的统筹早已开始；海陆统筹现在还是比较新的一个课题，譬如无人的海岛、涨潮退潮线、滩涂海洋变化等，国家已经明确了“用地用海分类”，但是具体操作还需要在实践中进行补充完善；地上和地下统筹是我们以往还不够重视的，尤其是全域地下空间的统筹。地下空间的结构性、系统性，对它的功能用途的战略性考虑，既有连通性系统要求、未来功能使用预期、底面高程管控、走廊接口等要求，也包括服务于人防、战备等战略性空间的复合利用，在以往规划中基本上是盲区。市域范围内地下矿产开采管控与地面林业保护、耕地保护关系复杂，这些资源的利用、对战略价值的体现，以及对于技术革新的应对，都需要系统性解决。新的基础设施对于地下的需求，除了地铁等轨交系统，地下物流、垃圾通道等传统规划考虑得比较少。

6.3 行动响应：国土空间用途管制的战略逻辑与传导——以上海为例

用途管制离不开传导的概念，而传导则分为多种级别和形式。在上海新一轮总体规划中字斟句酌，通过“落实”“深化”“优化”“明确”“研究”①等一系列动词表达出不同的传导意图与下位遵守的要求，从结构性控制到图斑落实，都可谓是某种类型的用途管制。

上海从总体规划到单元层次规划间的传导是通过三个层面展开的，分别为战略引导、底线控制和系统指引（图 6-6）。

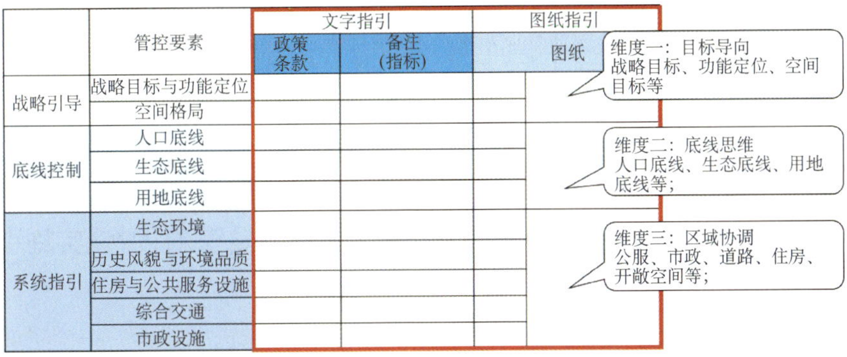

图 6-6　上海 2035 空间管控体系

① “落实”表示必须严格遵守的内容；“深化”表示应遵守并进一步深化与完善的内容；“优化”表示应原则上遵守的内容，可适当做出优化与调整；“明确”表示应在本指引的基础上进一步增加与补充的内容；“研究”表示应在本指引的引导下重点研究的内容。（王新哲，2020）

第一，战略引导。所有空间要素统一在一张图上，体现“一张蓝图干到底”。但不是说规划就是一张图，仅仅是把所有的要素都叠在一起。而是要建立未来服务于管控的信息平台，就是未来的政府治理平台。因此，既要整理到底哪些指标、哪些要素是这次国土空间规划里面要管的，还要理解“一张蓝图”的真正内涵和意义，是地区发展的全民共识和我们坚持的发展目标。

第二，底线控制。国土空间的利用，是对于功能及产出的预期。鉴于未来的不确定性，以及最低行政成本和社会成本的管理，需要确定一个边界条件，这就是底线的控制，且这个底线控制应该是可以进行分级传导的。

第三，系统指引。系统指引核心在于强调对于各条线综合性的统筹和共同事权的主张，这是与地方政府实施政务相关联的。

6.3.1 上位的约束传导：对于量控、线控、重大设施等内容落实

要强调对上位规划约束内容的传导要求和需要下位规划落实的内容。传导包括量控、线控和重大设施等内容的落实和自上而下分解。但是不排除在上位规划编制的同时启动下位规划，也就是说这次的国土空间规划改革过程中，建议在省级编制规划的时候市级也进行编制，市级编制的时候区、县和镇都应该同时编制，及时联动避免在实施过程中的反复与行政成本的增加(图 6-7)。

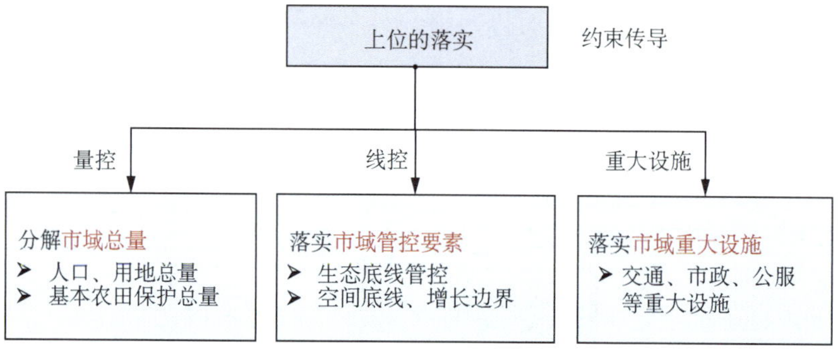

图 6-7 上位约束传导示意图

6.3.2 上位的理念传导：基于专项研究，深化总规战略意图，加强实施引导

对于约束内容以外的其他战略意图，可以分成两个层面来进行理解。一个层面，深化上位规划的战略意图，包括总体发展目标深化、空间结构体系深化；另一个层面，还要深化地方涉及但是上位规划未明确的内容，包括人口规模、人口密度、空间布局的指引，三级生态保护区(禁建区、限建区)的面积指引及建设等，系统专项类的指引包括历史风貌与环境品质、住房与公服、交通、市政等(图 6-8)。

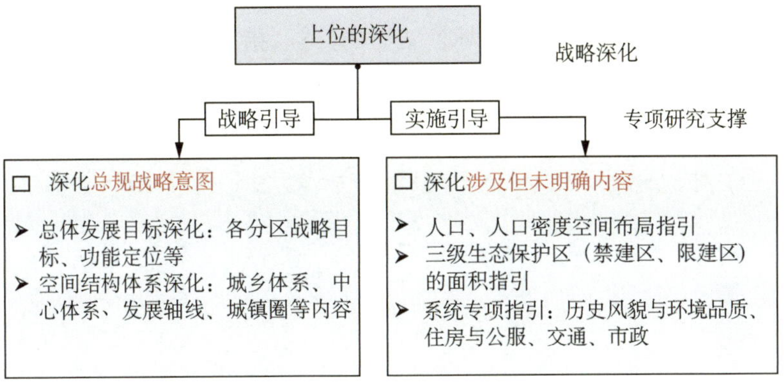

图 6-8 上位理念传导示意图

6.3.3 强化系统统筹，明确各条线技术要点

在不同的层面上，要明确各个条线的技术要点，比如说战略引导维度的战略目标和功能定位，市级层面需要将全市战略目标进行分解，区级层面需要深化本区的目标引导和功能导向（表 6-2）。

表 6-2 上海 2035 条线要点

主要维度		落实内容	深化内容
战略引导	战略目标与功能定位	全市目标分解	深化各区目标引导，功能导向
	空间格局	落实城乡体系、中心体系、发展廊道、城镇圈、留白	深化功能导向
底线控制	人口底线	分解人口总量	深化空间引导
	生态底线	落实生态管控线及量	
	用地底线	落实用地边界、开发边界范围及量	深化片区人口密度
系统指引	生态环境	落实线控及保护要求	深化分解森林覆盖率等
	历史风貌与环境品质	落实各项历史要素、文化保护红线	
	住房与公共服务设施	落实专项理念	深化住房、公服差异化供给
	综合交通	落实枢纽、设施、廊道	
	市政设施	落实重大设施、重大廊道	

6.3.4 强化整体统筹，明确核心指标

通过指标进行监管和考核，指标要放入一张图的管控平台上，与空间数据叠加共同发

挥作用。针对各个行动单元，或者叫作管控单元、政策单元，都要跟政府年度计划、发展目标结合在一起。因此，这一轮总体规划框架下的目标、指标逻辑关系的确立，以及近期规划的编制过程，实际上就是行动规划，都和行使政务有关系（表 6-3）。

表 6-3　上海 2035 规划指标

指标	类型	范围	近期	中期	期末
常住人口规模(万人)	控制型	各区			
基本农田面积(万亩)	控制型	郊区			
耕地保有量(万平方米)	控制型	郊区			
森林覆盖率	控制型	郊区			
生态保护控制线面积(平方千米)	控制型	各区			
城市开发边界范围面积(平方千米)	控制型	各区			
建设用地总规模(平方千米)	控制型	各区			
留白面积(平方千米)	控制型	各区			
主城区、新城、重点镇人口密度(万人/平方千米)	引导型	各区			
绿道总长度(千米)	引导型	各区			
绿地面积占比	控制型	中心城			
人均公共绿地面积(平方米/人)	引导型	各区			
轨道交通站点 600 米就业人口/常住人口覆盖率	引导型	各区			
公共开放空间(400 平方米以上的公园和广场)的 5 分钟步行可达率	控制型	各区			
新增住房中政府及机构持有的租赁型住房比重	控制型	各区			
养老设施覆盖率	引导型	各区			
社区公共服务设施达标率	引导型	各区			
水系开放空间连通率	引导型	各区			

国土空间规划中的用途落地应该更像目前“十四五”规划的空间版与战略版。在“十四五”的规划里面的数据、指标，比如说要降低哪些系数、要提高哪些要求、要达到什么目标等，应该在国土空间上找到空间承载，譬如图斑，以达成监督实施的目的。也就是国民经济目标与国土空间规划融合，目标与空间载体融合，且通过图纸来进行传导表达。

6.4　结论

关于国土空间规划改革与国土空间用途管制，是一个旧话题，也是一个新话题。其本质是对私权利的约束，目标是促进治理能力现代化。要把握以下七个关键：

第一，要体现改革与现代化的治理能力。国土空间用途管制作为国土空间规划改革最重要的改革内容之一，是规划实施的重要抓手。它真正体现的是改革向纵深发展过程中，整个社会治理能力现代化水平的提升。

第二，空间用途管制具有双重属性。除了管物还管人，这个“人”是在全域空间里，而非仅在城市建设空间里。比如前面提到的不同类型空间中的村庄里，城中的、城边的、郊野的、荒山野岭的、半坡的、沟槽的，村庄的减量化政策是不同的，用途管制政策是差异化的。

第三，管制分级中的自上、自下协同。不同层级要同时编制规划，上下传导和响应。我们应承认不同地区的管理水平存在差异，通过差异化的政策管理应对空间治理与管制过程中不同的诉求。

第四，管制分区中的空间、时间协同。除了空间的横向到纵向之外，结合着地方的差异化，我们要有跨时间的政策覆盖，这个政策体现跟国家战略、地方战略相结合的价值取向。所以在整个空间规划编制的过程中，都应该有前置的战略编制。否则空间方案又约束回原来在总量上打圈圈的思路，无法有效识别结构性要素和实现格局优化。

不同地区的城市、不同规模的城市、不同发展阶段的城市，结构性要素都是不一样的。如果对地方的经济发展做一个简单的评估，我们会发现很多经济贡献都是来自房地产，并不是来自真正的二次产业，二次产业规划上企业的贡献率很低，也就是说大部分来自比较小的企业。另外，三次产业里面都是生活性服务业，不是生产性服务业，这种产业结构或者经济结构存在大问题，这是战略必须要解决的问题。地方动能之类的问题不考虑清楚，一味通过规划去争取增量指标是不可靠的。

第五，管制分类中的用途转换。前文提到了部门间的协同，需要建立机制体制，而不是一切全揽在自然资源部门手里，共同事权要跟其他部门来进行协商、协调。另外，提到人的现代化，落实到通过市民参与，发挥民智，集中民意来指导约束用途转换。

第六，战略和目标最后要变成行动。行动层面上海做了三套成果，一套成果我们叫“白本子”，是中央事权的，往上报的成果，是最薄的；一套叫作“蓝本子”，是地方事权的，留给地方执政用的。就像前文所述，在这一轮规划中，地方在有需求的情况下也可在总体规划中明确集建区内的规划用途分类，但这是为地方所需所用的。第三套是现在越来越重视的公众版，很多规划公示已经在注意这一点，这个公众版可以拿到学校，拿给旅游的人，这就是在传播地方影响力和形成对地方发展思路的共识。同时，成果的基础构成是 1 + N，“1”指完整总纲，“N”指向下传导指引文件。上海是通过分区规划指引、专项规划大纲和行动规划大纲这三个附件分别从横向区县、纵向系统，以及时间维度向下传导。而地方也可有自己的探索，比如对乡村地区的传导、对详细规划的传导、对新区或者特殊政策区的传导等等。核心在于考虑有些事权要下放，通过规划指引来进行落实，前面提到的浦东实践正是体现这一点。

第七，规划有所为有所不为。我们要深刻理解“监督实施”和“实施”的差异，部门事权的划分在中央是很确切的，但到了地方就变得模糊。这次的规划就是管什么批什么，而这一点恰恰是理顺规划体系、明确规划深度、指导我们规划怎么做的关键。理顺“有所为有所不为”，规划治理能力提升也就前进了一大步。

（感谢广饶县国土空间总体规划项目组李继军团队，以及文中引用的其他团队项目与原作者及其参与人员。）

参考文献

[1] 黄征学，蒋仁开，吴九兴.国土空间用途管制的演进历程、发展趋势与政策创新[J].中国土地科学，2019，33(06)：1-9.
[2] 林坚，武婷，张叶笑，等.统一国土空间用途管制制度的思考[J].自然资源学报，2019，34(10)：2200-2208.
[3] 王新哲，薛皓颖. 国土空间总体规划传导体系中的语汇建构[J]. 城市规划学刊，2019(S1)：9-14.

总体规划：

省级、市县、乡镇

THE OVERALL PLANNING

7 省级国土空间规划传导的思考

朱郁郁*

7.1 传导是国土空间规划编制与实施的基本逻辑

省级国土空间规划的有效传导是保障国土空间规划有用、好用、管用的关键问题，是国土空间规划编制和实施的本质逻辑。省级国土空间规划的有效传导也是省级国土空间规划是战略性、协调性、操作性的重要保障。

国、省的发展理念、目标战略等要求，通过规划传导机制，由下位的规划落地实施。

有效传导的本质是建立在一系列的约束性的规划传导规则之上。因此，规划传导具有四个方面重要特征：约束性、过程性、一致性和连续性。

约束性，规划传导具有约束性和强制性要求。不需要下位规划和专项规划严格落实的，不属于规划传导内容。因此，规划传导与原城市规划中的强制性内容有一定的相通之处。

过程性，规划传导是一个辐射的过程。我国幅员辽阔，国土空间尺度大，省一级的国土空间规划，从最小的海南省 3 万多平方千米到新疆维吾尔自治区 163 万多平方千米，要管到每一寸土地，必须通过多次传导才能够真正实现管控目的。如城镇开发边界，在省级国土空间规划尺度下，一般只能定规模、定指标，无法精确确定城镇开发边界；只有到乡镇级国土空间规划才能真正落位。因此，省级国土空间规划传导具有很强的过程性特征。

一致性，传导内容必须保持规划要素前后的一致性。省级规划传导层级仍较多，自省一级往下对应“五级三类体系”有 4 个层次，经多次传导易出现传导失真，顶层规划的要求到了具体的乡镇或者控规层面就会出现跑偏的问题。因此要建立比较有效的传导机制。

连续性，传导内容必须在不同行政层级间保持连续性。国土空间规划分层编制，一级政府、一级规划，传导内容必须在层级间保持连续性、避免断层，这样才能保证国家意志、省级政府的要求随着各个层级的规划能够得到逐级的贯穿而不走样。

* 朱郁郁，上海同济城市规划设计研究院有限公司空间规划研究院副院长，高级规划师。邮箱：shzhuyuyu@163.com

7.2 省级国土空间规划传导机制的基本认识

7.2.1 认识一:省级国土空间规划是编制依据而非直接管控依据

省级国土空间规划是编制依据而非直接管控依据。以省级规划为市县规划编制依据,以市县规划为空间治理管控依据,以详细规划为实际建设管理依据。省一级国土空间规划承担的是市县规划编制依据的作用,而非直接的用地管控。因为我国省级单元尺度大,省一级规划处于国家规划和市县规划之间,实际上发挥着重要的承上启下作用。由于空间尺度原因,省级规划无法做到"定边界"的深度,而是作为国家保护开发战略、省级战略意图向市县传导的平台引导市县规划编制,保证市县规划编制不跑偏;并且用省级规划传导的要求来监督和检验市一级规划编制是否合理。

实际操作过程中,省一级的一张蓝图不是由省级规划来确定的,而是用符合省级规划要求的市县规划拼合起来的。因为建设用地的使用开发权是在市县层面,市县依据控制性详细规划实现对用地的具体管控。因此省级规划不能太粗,也不能太细,不是要"一竿子捅到底",直接对具体用地进行管控、代替控规和下位规划,而是要发挥它的协调性作用,作为市县规划的编制依据。

7.2.2 认识二:省级国土空间规划的内容体系应与事权体系相适应

省级国土空间规划内容体系应与省级事权体系相对应,做到"批什么报什么,管什么编什么"。

表 7-1 省级国土空间规划管控内容与事权对应关系一览表

管控类别	管控内容	对应事权
建设用地规模	省级国土空间规划审查要点包括国土空间开发强度、建设用地规模——《自然资源部关于全面开展国土空间规划工作的通知》	省级划定,国家审批
生态保护红线	按照行政管理权限,生态保护红线分为省级生态保护红线和市县级生态保护红线——《海南省生态保护红线管理规定》	省级和市县分别划定
永久基本农田	各市县应按照耕地质量等别从高到低的顺序,优先将粮食生产功能区和重要农产品生产保护区范围内的耕地,以及铁路、公路等交通沿线和城镇、村庄周边的优质耕地划定为永久基本农田——《中共海南省委、海南省人民政府关于加强耕地保护和改进占补平衡的实施意见》	市县划定,国家审批

续表

管控类别	管控内容	对应事权
城镇开发边界	需新设城镇、产业园区、旅游度假区开发边界的由市县政府向省政府申请批准市县总体规划调整——《海南省省和市县总体规划实施管理办法(试行)》	市县划定,省级审批
林地控制线	林地范围根据市县总体规划确定——《海南省自然资源和规划厅关于推进国土空间用途管制行政审批制度改革的意见》	市县划定,省级审批
省级园区及重大设施	经省政府同意,对全省产业园区、重大基础设施等规划布局进行调整——《海南省省和市县总体规划实施管理办法(试行)》	省市县协同划定,省级审批
用地布局	因优化建设用地布局需要对市县总体规划用地布局进行调整的,经市县政府批准同意后对市县总体规划调整,并报省自然资源和规划主管部门备案——《海南省省和市县总体规划实施管理办法(试行)》	详规划定,市县政府审批
村庄开发边界	乡镇人民政府负责本行政区域内村庄规划的组织编制、实施工作——《海南省村庄规划管理条例》	乡镇划定,市县政府审批
永久基本农田占用	重大建设项目选址确实难以避让永久基本农田的,在可行性研究阶段,必须对占用的必要性、合理性和补划方案的可行性进行严格论证,通过自然资源部用地预审;农用地转用和土地征收依法依规报国务院批准并补划数量质量相当的永久基本农田——《中共海南省委、海南省人民政府关于加强耕地保护和改进占补平衡的实施意见》	国务院审批
林地占用	建立市县总体规划调整与林地征(占)用合并审查机制——《海南省自然资源和规划厅关于推进国土空间用途管制行政审批制度改革的意见》	依等级由市县、省、国家审批

资料来源:根据海南最新省级文件整理,未明确要求的根据国家相关文件整理

省级空间规划内容上做减法,空间政策上做加法。对于市县一级事权,尽量下沉至市县一级,如边界指标+结构划示,保留市县规划优化权;乡村发展控制边界变为制定标准,由市县综合划定;基础设施功能区边界变为“名录+位置”传导,在实施层面结合具体方案报建。省级国土空间规划则重点在于加强政策引导,强化战略引领、区域协调、陆海统筹、高质量发展等内容;永久基本农田线、林地保护控制线等增加调整机制,允许市县规划适度优化;旅游度假功能区、产业功能区、乡村功能区等细化用途管制、增加政策设计。

市县空间规划延续向上反馈,强化向下落实。延续向上反馈,包括各类指标的落实情况,以及评估与动态监测情况;落实生态红线、永久基本农田、林地、开发边界、乡村功能区的调整优化方案;落实各类功能区的布局方案、重大设施的空间布点。强化向下落实,包括指导镇/分区规划和详细规划的编制;细化城镇功能区内的规划分区,落实用途管制规则;细化各类公共设施和基础设施的规划选址、选线方案;细化各类管控指标的向下分解

落实;针对近期重点建设功能区细化分区指引,指导实施。

7.2.3 认识三:省级国土空间规划的传导体系应与治理体系相适应

省级国土空间规划的传导体系应与治理体系相适应。以往的规划传导无法做到非常清晰、有用的主要原因在于省级政府事权与省级规划编制内容不能很好匹配,规划编制内容并非完全由管理者和使用者来决定,因此规划编制的需求者和规划编制的供给者未完全匹配,导致规划失去实际的管控作用和传导作用。

省域间省级治理体系有差别,传导深度适应管控力度。由于我国幅员辽阔,各省、自治区的社会经济发展阶段和治理水平差异大,很难适用一个标准、一个要求去衡量所有省份。有些省份治理能力强,做到"省直管县",治理重心都由市一级、县一级来承担;有些省份"市带县"做得好,地级市作用重要,在省级政府和县级政府中间起到协调性、管理性平台的作用。各省、自治区管理体系的差异性决定了规划传导体系的不同,按照"管什么、编什么"的原则,因省制宜去制定符合各个省治理特点的传导体系。比如"以市带县"做得好的省份,管控传导重点在地级市,把省一级的发展意图管控要求传递到地级市层面,再由地级市向县一级传导;"省直管县"的省份,省一级规划的传导重点要直接到县一级,如果只到地级市的话,县一级规划编规划很难从省一级规划里找到依据,同时县一级与市一级存在相互博弈,造成省级意图难以落实。

7.2.4 认识四:规划传导的指向性决定了传导的有效性

规划传导的指向性决定了传导的有效性。传导要明确指向,明确传导的对象是谁,这对于保证总体规划的有效实施发挥着非常重要的作用。

省一级国土空间规划,必须要形成对于市县和相关部门的明确的参考内容,也就是说规划传导对象,必须落实到具体的、具备实施管理能力的主体,不管是市县还是部门,必须要有精确的指向性。如果不能实现责任到人的话,规划传导就会失去它的有效性,也造成之前上位规划确定的空间结构在下位规划当中很难实施,究其原因在于没有精确的指向,没有落实到具体实施的行政主体上去。

7.3 当前省级规划的传导机制与不足

国土空间规划"自上而下"的编制体系本身十分强调传导的重要性。回顾过去省级三大空间类规划,如住建部门的城镇体系规划、发改部门的主体功能区规划、国土部门的土地利用规划,这些规划在规划传导方面的经验和教训值得吸取和借鉴。过去省域城镇体系规划、土地利用总体规划尽管有传导的成分，但并不清晰，导致省级规划缺乏约束力，市级规划对省级规划内涵理解不足，传导机制没有建立。因此这三大规划确实需要通过国土空间总体规划加以综合，去建立新的管控传导体系。

7.3.1 省域城镇体系规划传导机制

城乡规划的体系完整性非常强，建立了一个从总体规划到控制性详细规划再到修建性详细规划的技术层级的逻辑体系，但是传导的内容和机制在过去的城乡规划当中是缺失的，甚至城市规划基本术语不含“传导”词条。

从过往的实践来看，规划在技术层级之间的传导是相对比较有效的，尤其是从城市总体规划到控制性详细规划，控制性详细规划再到修建性详细规划，在总体形态、交通系统等等方面，总体规划的约束性作用还是非常强的。

但行政层级间的规划传导很难有效，从省级规划到市县规划，省级战略意图在市县规划中较难体现。省域规划和城市总体规划同一个时期编制，都经过了国务院的批准，应该要有比较好的呼应关系。然而在编市县一级的总体规划的过程中，往往很难从省域城镇体系规划中去找到有用的或者是有很强针对性的东西；而且由于省域城镇体系规划缺乏有效和强有力的规划传导要求，因此缺少对各个市县具体的规划管控要求，常常出现用“模糊”来应对“模糊”的情况，在规划编制过程中往往从有利于自身城市自己发展的视角去开展规划，忽视了上位规划要求，使得省级战略意图在市县规划中难以体现。

7.3.2 土地利用规划传导机制

土地利用总体规划的传导机制与行政事权保持完全一致，传导体系完整，依托指标分解的传导方式，实现了较好的层级化传导。

但是因为土地利用规划本身战略性、综合性和协调性先天不足，传导内容单一，难以反映和支撑国家和省级政府的战略意图、战略构想，战略引领方面的作用相对偏弱。由于战略性的偏弱，也会导致土地利用规划的横向传导机制是比较弱的，对于其他部门规划的指导上，不能建设的部分讲得很清晰，但对于建设的指引不足。因此，对于省级战略的实施，土地利用总体规划的引领性是相对欠缺的。

7.3.3 主体功能区规划传导机制

省级主体功能区规划，主体功能区规划传导性较好，因为目标相对明确，名录传导精确；以县级行政区为基本单元，形成清晰的主体功能区定位，甚至能够实现对点状乡镇的规划引导，并配套相应的实施政策。

但是主体功能区规划体系性、综合性偏弱。由于主体功能区规划没有形成完整的层级体系也没有完整的技术逻辑，所以它对具体空间的管控引导是比较弱的，只有政策性的要求，但缺少空间性的要求。

7.4 省级国土规划传导的思考

要实现省域国土空间化的有效传导，要理清四个方面问题。第一个是“向谁传导”，要有精确的指向性；第二个是“传导什么”，明确什么内容是必须要传导的，省级规划编制内容繁多，不是所有的内容都可以向市县规划或者是专项规划去传导；第三个是“怎样传导”，用什么传导机制进行有效的传导；最后是“如何实施”，保障规划真正能够传导落地。

7.4.1 问题一：向谁传导

国家已建立五级三类的国土空间规划体系。未来将形成两种规划传导，即纵向的层级间传导和横向的部门间关于空间类规划的传导。

纵向传导，也包括两类：一类是行政层级之间的传导，从省级规划到市规划、县规划再到镇规划，这个是国家以及上级政府战略意图的逐渐落实的过程，也是体现了国土空间规划自上而下编制的重要特点；另一类是技术层级之间的传导，是从宏观规划向微观规划的传递，从总体规划到控制性详细规划再到修订性详细规划的传导过程。

横向传导，是自然资源部门的国土空间规划向相关部门的空间类规划的传导，比如说综合交通规划、市政水利规划、水系规划，等等。横向规划能不能成功传导，是体现国土空间规划战略性、纲领性的关键。只有横向规划有效发挥作用，才能够真正体现出国土空间规划的统领性、全局性作用。

基于此，省域国土空间规划的直接传导对象，就是所辖的地级市或是县级市；横向传导就是要传达到省一级相关部门，包括发改、交通、水利等等相关部门。市县规划、专项规划编制必须依据上位规划编制、落实上位规划要求、体现上位规划意图；传导内容必须实现“三匹配”，与地方事权相匹配、与部门事权相匹配、与监管考核相匹配。

7.4.2 问题二：传导什么

国土空间规划传导要素要可以落实、可监督的定量、定点、定线等形式为主；减少叙述式、描述式等内容。省级国土空间规划内容庞杂，综合其传导要点，关注七类需要重点研究的传导要素：三类是非空间性要素，包括策略、指标、名录；四类是空间性要素，包括结构、边界、分区、位置（图 7-1）。

非空间性			空间性			
1—策略	2—指标	3—名录	4—结构	5—边界	6—分区	7—位置
核心的文字性策略指引，条目式表达	指标性要求，省级规划指南指标+海南特色指标	重要保护区、地及重点项目的名录	区域性、市(县)域范围系统性结构关系	具有政策刚性的控制线体系	海南省域主导功能分区	位置坐标尚未精准的重要空间内容
例： 战略定位 主体功能 区域协同	例： 耕地保有量 用水总量 森林覆盖率	例： 历史文化保护单位 百镇千村	例： 城镇职能结构 文化景观格局	例： 生态保护红线，永久基本农田，城镇开发边界，林地控制线	例： 高新产业功能区 海洋自然保留区	例： 电网系统规划布局 综合交通系统布局

图 7-1　七类管控要素示意

7.4.2.1　要素一：策略/政策/规则

策略也可以叫政策或者规则。所谓策略，就是省域国土空间总体规划要求下位规划和专项规划落实的理念、目标、规则或者行动，既包括全省的统一性政策要求，也包括省级规划对具体市县或者具体部门的约束性和指导性的要求。这种传导，主要以纵向传导为主。

从具体的内容来看，可以分为四种类型。

第一类是全省贯彻施行的发展理念，比如以人为本、生态优先、城乡统筹等发展理念，是所有市县、所有部门都需要遵循的理念。

第二类是省级政府的战略意图，比如海南省国土空间规划中提出，全省围绕“建设自由贸易岛”“全省一盘棋、全岛同城化”的战略格局，去谋划各个市县规划，这就需要在各市县规划中去抓落实，同时也需要各个部门的专项规划的有力支撑。

第三类是全省国土空间保护与开发的统一政策与规则，包括各类控制线的管控要求、各类准入政策等。这些政策除了国家统一规范外，各省还会根据实际做优化调整再传递到各市县去，这些政策不能由市县规划来制定，它必须省里来制定以后，由市县规划来执行落实。

第四类是对各市县提出的具体定位等要求，包括主体功能区等。这类要素需要从全省发展的角度，对各个市县提出功能定位、发展方向的要求。

总体而言，策略要素的传导，不是一种精确性的传导。这类传导建立在上位规划权威性基础上，是需要下方规划去领会和落实，考验规划编制单位的水平和能力，是一种政治站位的要求；这类要素传导实际上也很难采用技术性的核查，因为很难通过具体的指标、具体的空间去校对省里的策略、政策、规则是否落实。但需要强调的是,这类传导应该落实到一系列政策机制上,如过去的主体功能区规划的政策要求一样,把策略转化成政策,使策略的传导在市县、部门层面操作时更加有效。

7.4.2.2 要素二:指标

所谓指标,就是省级国土空间规划提出需要下位规划和专项规划落实的定量化管控要求,可以是数量型指标,也可以是标准型指标,这些指标具有纵向传导要求,也会有横向传导要求。指标性的传导有利于监督和检查,对于检验市县规划实施的有效性、规划编制的科学性非常重要。

数量型指标可分为两类:一类是省规划指南规定的管控性指标要求,如自然资源的保护面积、三区三线的面积、蓝绿空间的面积、自然岸线的长度要求;另一类是体现省域发展目标的预期性定量指标,如经济总量、产业结构调整目标等,体现省域发展目标。

为实现高质量制定的生态保护、发展质量、设置标准等方面的定量标准,比如说 15 分钟生活圈覆盖率、绿色清洁能源使用率、公园绿地 500 米覆盖率等。这类指标也是需要从省域规划提出,到市县规划、乡镇规划去传导。

7.4.2.3 要素三:名录

对于省级国土空间规划而言,由于省级行政单元尺度大,有大量规划内容由于精度、尺度原因无法以图示方式表达,尤其是一些数量多、面积小,难定位又须管控的要素,只能采用列表方式表达,由下位和专项规划加以细化落实。

其中包含四类:一是各类自然资源要素和人文要素,包括自然保护地,历史文化名城、名镇、名村的名单等;二是各类需要省级规划确定的各类交通、市镇和公共服务设施的名录,通过名录传导的方式,由省级规划提出,在市县规划的具体规划当中加以空间的落位;三是各类工程和近期行动计划,这在国土空间规划当中也是比较重要的,包括一些生态修复工程、基础设施建设工程以及土地整治计划等,这些内容很难直接具体落到各个具体点位,对省级规划来说,只能是通过名录的方式向市县和专项规划去传递;四是准入清单和负面清单,省级规划要明确准入清单和负面清单,通过名录方式向市县、部门传达。

名录式传导尽管没有精确的位置,但是由于名录简单、准确,与部门事权有效对应,既能够反映省级政府的意图,又能够用名录来确定管控目标的刚性,同时又给了市县规划、部门规划一定空间的弹性,在过往实践中取得较好效果,兼顾规划传导的刚性和弹性需求。

7.4.2.4 要素四:结构

结构是国土空间保护与开发的总体战略与布局形态在国土空间上的总体反映,集中体现了上级政府的战略意图和对空间发展总体格局的认识。结构传导，既包括了纵向传导，也包括了横向传导。

包括四种结构传导：一是省域保护开发总体格局，这类格局通常反映了国家的战略格局在省级层面的体现以及省里的主要发展战略；二是生态、农业、城镇空间的总体格局，对于省域规划空间来说将形成结构性的表达，有利于形成全省城镇、农业、生态保护空间格局的整体性认识；三是省域国土空间保护开发总体格局的结构性要素，比如重要的发展走廊、重要的生态廊道等，这些结构性要素由省级规划提出、市县规划和专项规划落实，省级规划的结构才有实际意义；四是支撑国土空间总体格局的结构性支撑要素，比如重要的设施廊道等。

结构要素在过去城乡规划中非常常见，甚至会认为是核心内容，但是在实践过程中，结构要素传导又最容易被忽视，因为它没有分解为具体的指标或者布局。未来要实现省级层面的结构、要在国土空间规划当中实现结构要素的有效传导，必须设法细分为具体的空间，才能够保证传导的有效性和约束性。

7.4.2.5 要素五：位置

所谓位置，即需要在省级国土空间规划中明确地理位置，并且在下位和专项规划当中进一步确定地理坐标内容。

从传导方式来看，位置性要素的纵向传导、横向传导都比较重要。具体包括四种：(1)需要明确空间方位的规划内容，如各类重要的公共服务设施的布局和点位；(2)需要省级规划确定的重要交通走廊、设施走廊；(3)支撑城镇空间形成网络化格局的重要发展廊道；(4)需要生态修复的工程的位置。

位置传导是一种重要的空间性传导，在国土空间规划当中也常常把位置型要素和名录型要素结合起来，形成组合的传导方式相互配合，使规划的传导更加准确和有效。

7.4.2.6 要素六：边界

通过控制点、坐标点明确控制范围，一般具有明确的用途属性、权籍属性和管控要求。边界型传导一般要求准确坐标，对省一级规划来说比较少。具体而言包括两种：一种是各类资源要素的控制范围，如基本农田保护线，生态红线、城市开发边界，这一类的边界需要严格传导；另一种是各类开发保护主体的事权边界，如特定的园区、旅游区的边界，需要在省一级规划就划定，市县规划去遵循。

对于省一级规划来说，边界型要素一般都是划示为主，没有办法也没有必要做到边界精确，必须要通过良好的规划传导机制，在市县甚至是乡镇级的国土空间规划中确定起来。

7.4.2.7 要素七：分区

分区是为了加强国土空间资源管控而确定的面状空间，包括了功能性分区、政策性分区；从传导方式来看，以纵向的传导为主的。从具体内容来看，对于省级规划而言分为四种：一是各类规划分区，规划分区内不是单一功能，而是多种功能的混合，但体现为某一种主导功能；二是特定政策区，需要赋予特定政策，是国家战略或者省级战略在省一级规划里明确的政策性地区，比如说自贸区、省级开发区等；三是需要省级规划区重点协调的地区，比如跨界地区、临界地区、重要流域等，如长江经济带就是国家尺度上需要协调的重要地区，长三角生态绿色一体化示范区则是跨省级层面的重点协调地区，各个省内部也有很多跨市界协调地区；四是各类的管控分区，比如说重点开发区、优化开发区、生态保护区，等等。

分区要素是实现国土空间优化、全域覆盖、全域管控的最重要的技术手段，同时省一级规划非常需要在省级层面提出需要省级事权、省级关注的重要区块，分区也体现了省级规划对于重要区块的管控引导作用，具有特别重要的意义。但在实践过程中，规划分区精确传导是比较困难的，因为规划分区还是一个混合的主导功能区，内部的功能配比是存在很大的弹性。

7.4.3 问题三：怎样传导

7.4.3.1 规划管控要求

规划管控要求大致可分为三类：刚性传导、弹性传导、动态传导。

对于刚性传导，关键词是落实和深化，是强调规划要求的不可变，落实型是表示必须严格遵守和落实的内容，深化型是要在满足管控前提的要求下，去进一步深化落实深化和细化的内容。

对于弹性传导，一般会包括优化型和适应型两类。优化型是需要下位规划和专项规划发挥主观能动性，结合实际情况落实上位规划要求，原则上是要遵守，但可以适当优化调整。适应型表示规划是要在满足总体规划的总体管控要求的基础之上，根据各地、各部门的具体情况进行适应性的优化和调整。

对于动态传导，一般可以有一些形变和量变，形变是在形态上可以有一定程度的变化，量变是在指标上允许一些动态的变化。

7.4.3.2 规划传导形式

1）贯穿式传导

贯穿式传导，就是“上下一般粗”的传导方式。对于省级国土空间规划而言，除了理念、原则、标准等要各级规划共同遵守的内容之外，采取贯穿式传导的规划内容不多。但贯穿式传导刚性却是最强的，往往是属于国家或者是省级事权严格管控内容，比如生态保护红线，作为省级事权，市县规划是不允许调整的，这类要素就会成为贯穿式传导的内容。下位规划和专项规划只能执行、不能修改。

随着国土空间规划从扩张性规划会转向存量型规划，尤其是全国一张图这样的方式确立以后，永久基本农田、城镇开发边界可能逐渐趋向固化，未来永久基本农田、城镇开发边界都可能走向贯穿式的传导方式，贯穿式传导的内容也会不断增加，当然这也需要一个过程。

2）分解式传导

分解式传导，是确保省级规划有效落实的基本保障。对于省级国土空间规划而言，大量的规划传导是要通过分解式传导在市县规划和专项规划当中加以落实的。一类是数量型的分解，比如全省的基本农田指标需要分解到各个市县，建设用地总规模也要分解到各个市县。另一类是细化型的分解，比如说省一级的规划分区要向市县级的规划分区去传导；对于省域空间而言，一般是生态、农业、城镇三大空间，沿海的省份还会有海洋空间，对于西藏、青海、新疆、内蒙古等尺度大的省份，在省域层面上能够基本理清楚这三类空间而言就够了；但是对于其他省份，就需要在省一级层面上继续深化到规划分区，同时规划分区也需要进一步向规划地类去传导。

3）变换式传导

变换式传导，对于省级规划而言，在传导过程中，随着规划深度增加，传导要素会出现转换，尤其是大量的非空间性的要素会转化为空间性的要素，包括主体功能区—规划分区、划示边界—划定边界，指标—落位、名录—位置、策略、结构—格局等多种形式。比如结构性分区，从省级规划到市县规划可能会转换为边界；省级规划中以名录形式出现的历史文化名镇、名村，在市县规划里要转换为具有具体位置、具体面积、具体形态的边界性的要素；省级规划里以线为要素的高速公路，在市县规划中就转换为具有具体用地的边界性要素（图 7-2）。

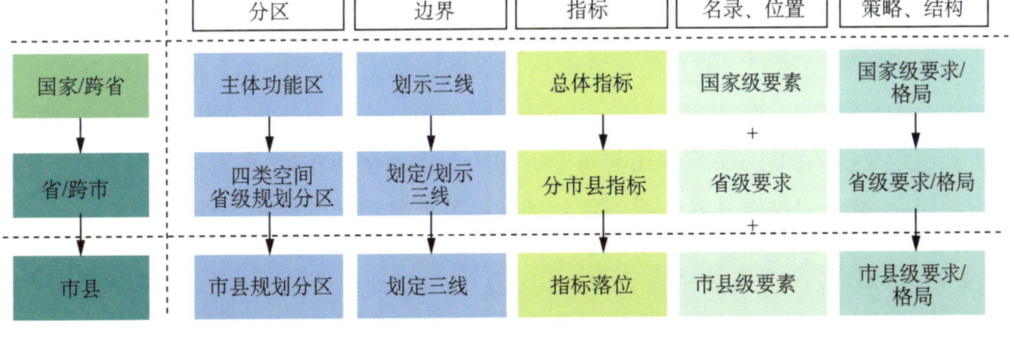

图 7-2　变换式传导方式示意

7.4.4 问题四:如何实施

为了使省域规划有明确的传导对象,解决好向谁传导问题,有必要在省级国土空间规划中强化市县规划指引和专项规划大纲的编制(图 7-3)。

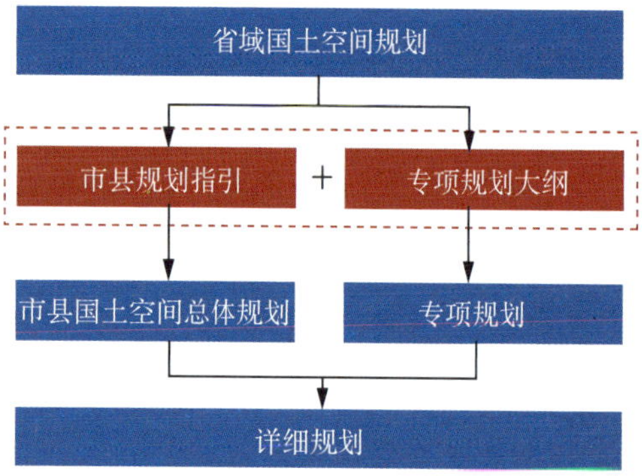

图 7-3　省域国土空间规划传导

要强化省级国土空间规划对市县国土空间规划的有效指引，要坚持“突出战略引领、强化省级刚性、留出市县弹性、便于监督核查”四个方面的基本原则。

7.4.4.1　原则一:突出战略引领

由于省级规划站位高,是对全省国土空间保护和发展的总体安排,需要通过市县规划指引,贯彻国家意志、落实省级战略、体现新发展理念。比如安徽省省级规划中,战略意图之一是要解决外出务工农民的回流问题,要发挥县城在本地城镇化当中的核心作用,就要强化对县城发展规划,包括在建设用地指标方面的优化配置等,这就是省级战略在传导中的具体体现。

7.4.4.2　原则二:强化省级刚性

过去省级规划刚性没有体现出来,省级规划内容似乎比较宏观或者只是简单的指标分配。而实际上省级规划的刚性重点体现在三个方面:结构的刚性、总量的刚性和底线的刚性。三者中结构的刚性往往是被忽视,但实际上结构代表了省级政府的战略发展意图,需要通过市县规划贯彻落实,强化省级结构的刚性需要通过市县规划的指引、要素的配置、政策性的约束来传导到市县规划当中去的。

7.4.4.3　原则三:留出市县弹性

省级国土空间规划一般只能做到结构性规划的深度,要求的是方向上的正确性而不是空间上的准确性。而且城市是动态发展的,省级规划也没有办法及时反馈,这就要求给予市县规划足够的弹性;而且这还与每个省的治理体系密切相关,建设用地的开发权还是在市县层面,要保留城镇开发边界的优化弹性以及开发用地的使用弹性。

7.4.4.4　原则四:便于监督核查

国土空间规划与以前规划的重要区别在于强调形成闭环,强调规划实施的可监督、可核查。对于省域国土空间规划来说，市县规划指引不是一编了之；对于市县规划来说，要将市县规划指引作为未来规划编制的任务书，把它变成一个可分解、可感知的规划约束要求。同时，市县规划指引，未来可能还会变成规划信息平台当中的一个环节，通过规划指引强化省域规划对于市县规划直接编制依据的作用，保证市县规划不跑偏。

7.4.4.5 市县规划指引：一文、二图、一表

基于这样一种认识，未来应该用"文、图、表"三种形式来构建市县规划指引的基本内容框架，把市县规划指引作为未来市县规划编制的任务书，指引的基本行政单元根据各省份治理能力强弱而定，一般至少指引到地级市层面。

文，以专章形式阐述每个市、县的规划执行要求，独立成文。包括战略引导、空间引导和系统指引等三方面要求：一是战略引导，确保省级政府战略目标能够在市县规划中落实，包括战略任务、主体功能区协调等方面内容；二是空间引导，包括结构性的传导和蓝图性的传导要求；三是系统指引，包括各类系统要素在市县层面上的分解和要求。

所谓"图"就是对每一个市、县，以行政区划为单元形成空间的约束和指引；指引形成两张图，一张是空间规划指引图，解决布局和结构的要求；一张是系统规划指引图，解决各类系统要素的空间落位的要求。

所谓"表"就是要对每一个市、县要有一些具体的约束性的指标，刚弹结合、使传导要求更加定量化。包括了省级规划指南要求的分解性指标，也包括一些因地制宜的政府性指标，每个省份可以根据实际提出适合本省的管控要求。

7.5 结语

当前，国土空间规划体系基本稳定，下阶段重点是深入贯彻落实并推动实施。在国土空间规划编制过程中，很多领域需要不断摸索，尤其是国土空间规划如何实现国家治理体系现代化方面，仍需进一步研究，并逐步建构起国土空间规划体系。在省级国土空间规划中，要明确省级国土空间规划是编制依据而非直接管控依据，要实现省域国土空间化的有效传导，要有精确的指向性，要有传导的边界界定，要有有效的传导机制保证。同时，由于我国省际差异巨大，空间尺度、自然本底、发展状况、治理水平各不相同，要基于该省特点，因地制宜的探索规划传导机制，探索适合该省的以国土空间规划为基础的治理政策机制。

8　治理视角下县级国土空间总体规划定位*

王新哲**　钱　慧　刘振宇

在“五级三类”的国土空间规划体系中，总体规划作为综合性规划，分级编制各有侧重，国家级侧重战略性、省级侧重协调性、市县级侧重实施性。但对同为“侧重实施性”的市县规划，目前的研究主要集中于对具体技术环节以及技术方法的讨论，且大多并未将县级与市级规划做严格区分①。市县总体规划涉及市（地）级、县（市）级两级政府，规划作用、内容和深度应有所差异②。作为空间规划体系建构的基本单元，县级总体规划在空间规划体系中的定位及其内容重点需要深入研究③。

现有对空间规划和事权的研究大部分侧重于分析原央地以及部门关系的职权交错混杂等背景下多规冲突背后的权力博弈，提出国土空间规划体系的构建要理顺央地关系、整合部门权益等，大部分研究习惯于将“市县”统归于央地关系中的“地方”层级，而对于市、县的差异并未有太多关注④。

基于此，本文从空间治理视角出发，对我国空间事权体系下县级政府的规划事权进行了分析，进而探讨县级国土空间总体规划在空间规划体系中的定位，并对不同类型县级单元的国土空间总体规划的编制模式进行了探讨，希望能加深对空间规划体系的理解，并为县级国土空间总体规划的编制实践提供有益参考。

基于我国当前行政体系的复杂性，本章的县级包括县、县级市、自治县、区和旗。在规划事权上，自治县和旗与县基本接近，在本文中合并探讨。市级包括地级市、地区、自治州

---

*　文章转载自：王新哲，钱慧，刘振宇.治理视角下县级国土空间总体规划定位研究[J].城市规划学刊，2020(03)：65-72.

**　王新哲，上海同济城市规划设计研究院有限公司常务副院长、教授级高级工程师、注册规划师。邮箱：wxinzhe@163.com

①　伍江，曹春，王信，等.面向实施的区县级国土空间总体规划探索：以《淮安市清江浦区城乡空间发展实施规划》为例[J].城市规划，2019，43(11)：37-50.朱杰.多源数据融合的市县国土空间规划人口城镇化模式：以扬州市为例[J].自然资源学报，2019，34(10)：2087-2102.程茂吉.基于城市形态学视角的市县国土空间规划城镇空间管控研究[J].城乡规划，2019(3)：71-78.顾建波.县市国土空间总体规划技术思路探索[J].小城镇建设，2019，37(11)：17-25.

②　张尚武.空间规划改革的议题与展望：对规划编制及学科发展的思考[J].城市规划学刊，2019(4)：24-30.

③　王新哲.地级市国土空间总体规划的地位与作用[J].城市规划学刊，2019(4)：31-36.

④　林坚，许超诣.土地发展权、空间管制与规划协同[J].城市规划，2014，38(1)：26-34.邓凌云，曾山山，张楠.基于政府事权视角的空间规划体系创新研究[J].城市发展研究，2016，23(5)：24-30+36.谢英挺.基于治理能力提升的空间规划体系构建[J].规划师，2017，33(2)：24-27.林坚，赵晔.国家治理、国土空间规划与“央地”协同：兼论国土空间规划体系演变中的央地关系发展及趋向[J].城市规划，2019，43(9)：20-23.张京祥，夏天慈.治理现代化目标下国家空间规划体系的变迁与重构[J].自然资源学报，2019，34(10)：2040-2050.

和盟，市级规划专指地级行政单位的规划。

8.1 空间治理与国外空间规划体系

8.1.1 空间治理的转型

20 世纪 90 年代，随着全球化的进程、新自由主义经济的发展以及公民社会的成长等宏观背景的转变，传统政府的角色和管理模式受到越来越多的挑战，“治理”(Governance)成为新趋势①。在空间层面，这种管理模式向治理模式的转型带来了权力在不同空间尺度之间的“纵向”重构，其中一个重点表现就是国家权力“下沉”，即随着区域和地方一体化发展的趋势政策制定和执行权力从国家向地方的下放②。西方政府认为，提升地方政府的事权有助于地方政府更好地处理与市场和社会的关系，制定更适合地方特征和需求的政策，从而更好地刺激地方经济的繁荣和促进地方发展的多样化③。但权力地方化必然会带来地区发展差距以及恶性竞争的加剧等问题，为了避免和减少这些问题，国家作为“领航者”和“协调者”的角色更加重要，通过有限而精准的干预避免地方政策的失控，保障公平、安全等基本价值底线，以及保证地方政府的空间政策符合中央政府的愿景和战略框架④。

8.1.2 国外空间规划体系与事权关系

国外的空间规划体系基本按照一级政府、一级事权、一级规划的原则设置。在空间治理的趋势下，西方空间规划体系中各层级的事权划分也发生了变化，总体上表现为国家对地方规划的控制权减少，转而偏向提供政策框架性的指引，地方空间规划自主权和决策权得到提升⑤。以英国为例，英格兰在 2004 年从传统土地利用规划体系向空间规划体系转

---

① RHODES R A W. The new governance: governing without government[J]. Political Studies, 1996, 44(4): 652-667.

② HAUGHTON G, ALLMENDINGER P, CO-UNSELL D, et al. The new spatial planning: terri- torial management with soft spaces and fuzzy boundaries[M]. London: Routledge, 2010.

③ RODRÍGUEZ-POSE A, GILL N. Is there a global link between regional disparities and devolution[J]? Environment and Planning A: Economy and Space, 2004, 36(12): 2097-2117. JONES M, GOODWIN M, JONES R. State modernization, devolution and economic governance: an introduction and guide to debate[J]. Regional Studies, 2005, 39(4): 397-404.

④ 姜涛. 西欧 20 世纪 90 年代空间战略性规划(SSP)研究——案例、形成机制与范式特征[M]. 北京: 中国建筑工业出版社, 2009.

⑤ NADIN V, MALDONADO A M F, ZONNE-VELD W, et al. Comparative analysis of territorial governance and spatial planning systems in Europe[R]. Final Report Submitted to ESPON, 2018. www. espon. eu/planning-systems.

型之初，形成中央（规划政策条例）、区域（区域空间战略）和地方（地方发展框架）三级规划体系，中央和区域对地方规划具有很强的干预和约束性。但2010年开始英国逐步废除了大伦敦之外的区域机构，2011年出台了《地方主义法案》，中央政府主要行使战略指导和监督职能，地方议会根据地方法律自主处理本地区各项事务。英格兰层面以国家空间政策框架代替了规划政策条例，区域空间战略被废除，地方规划的地位得到提升①。地方规划以地方发展框架为实施性规划的主体，包含若干个政策文件，其中行动规划等是指导开发建设的依据。

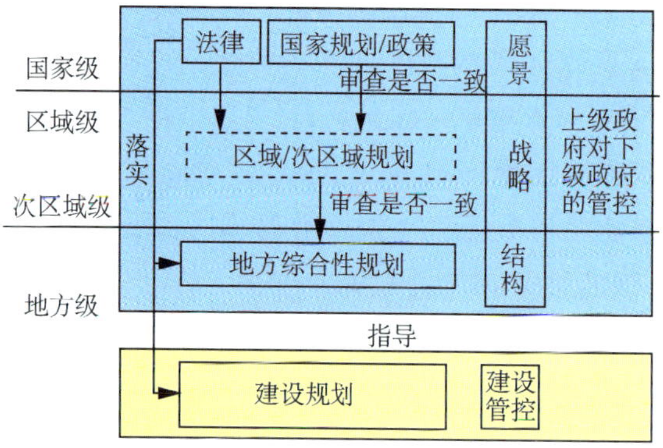

图8-1 国外空间规划体系事权划分示意图

总体而言，国外的规划中国家事权与地方事权划分较为明晰，地方综合性规划是国家事权向地方事权过渡，是国家治理向地方治理转变的一个工具。国家和区域政府通过规划政策指引、法律法规以及规划监督工具等来保障地方综合性发展规划与国家和区域政策的一致（图8-1）。

虽然我国宏观背景与制度环境与西方国家有较大的差异，不能照搬西方治理模式与规划体系，但西方规划体系中国家与地方政府之间的职能分工和规划事权划分可以为我国当下国土空间规划体系构建中央和地方政府的规划角色提供可借鉴的经验。

8.2 我国国土空间规划体系中的治理逻辑

8.2.1 体现国家意志的空间治理工具

建立空间规划体系是推进国家治理体系和治理能力现代化的重要环节。作为优化国土空间资源配置的基础性规划和国家落实可持续发展的空间蓝图，国土空间规划体系的构建首先要体现国家意志，强调自上而下的传导和自下而上的服从，上级规划要明确对下级规划的传导要求，下级规划不得突破上级规划的管控要求。国土空间规划体系应将国家对生态保护、环境质量、粮食安全、民生保障等底线的刚性管控和可持续发展、区域协调、主体功能等国家层面的决策部署等重大战略，通过指标、边界等约束性的传导要素逐级传递，实现国家对国土空间资源的管控与配置要求的最终实施。

我国宪法规定："中央和地方的国家机构职权的划分，遵循在中央的统一领导下，充分发

① 蔡玉梅，王国力，陆颖，等.国际空间规划体系的模式及启示[J].中国国土资源经济，2014，27(6)：67-72.

挥地方的主动性、积极性的原则。”可见，中央在事权确认和划分上具有决定权。在没有国家授权或委托的情况下，地方政府是对中央决策的具体落实和执行机关。事权的划分并非绝对的，即使是“地方事权”，上级政府及中央政府也仍可以行使监察权和进行问责①。

8.2.2 面向全域全要素的综合治理

空间规划改革的一个重要的目标是解决原有体系下各类自然资源要素长期以来底数不清、权责不明、多头管理、空间冲突、利益交杂等问题，实现对各类自然资源要素的统筹管理和优化配置。空间规划体系的构建强调“横向到边，纵向到底”，从传统空间性规划的土地资源拓展到“山水林田湖草矿海城镇村”等全部的自然资源，实现对国土空间的全域全要素的全覆盖，形成国土空间保护与开发“一张蓝图”，把每一寸土地都规划得清清楚楚。

8.2.3 与事权对应的分层级治理

根据《中共中央 国务院关于建立国土空间规划体系并监督实施的若干意见》，国土空间规划体系的构建应该与事权相对应，强调“一级政府、一级事权、一级规划”。“五级三类”的国土空间规划体系体现了中央对国土空间进行“分层级”治理的思路。总体规划和详细规划体系的构建是对中央到地方各级政府之间的事权关系以及政府—市场—社会三者之间的权益关系的重构，包含了中央空间事权的逐级传导最终向地方空间事权过渡的过程。

总体规划是政府对其行政区域内的国土空间开发保护利用进行总体安排的综合性规划。总体规划贯穿各行政层级，是上级政府约束下级政府的空间政策工具。总体规划间的层级传导核心是中央对一级国土空间资源管控权的逐级落实；总体规划向详细规划的传导体现了一级管控权向二级管控权的过渡，这个“界面”应不同于其他层级之间的过渡，最“底层”的总体规划应该同时反映国家管控与地方利益的双重要求，形成融合国家意志与地方发展的综合性的蓝图。

8.3 我国行政体系与地方规划事权的界定

8.3.1 县级政府长期承担基层政府的角色

县级是我国历史最久和最稳定的基层行政层级，长期以来发挥着“央地关系接口”的作用，历史上“皇权不下县”，国家权力的执行以县为基本单元。在当前行政体系下，县级

① 赵民.国土空间规划体系建构的逻辑及运作策略探讨[J].城市规划学刊，2019(4)：8-15.

政府是拥有完整行政职能的基层政府。乡镇虽然是一级行政建制政区，但政府的行政事权是不完全的。根据《宪法》和《地方各级人民代表大会和地方各级人民政府组织法》，县级政府拥有完整机构组织和行政职能，乡镇政府的部分机构是县级在乡镇的派出所机构，而且在财政、环境与资源保护以及城乡建设等领域没有独立事权。近年来，随着经济的快速发展，部分发达地区通过强镇扩权、提出"镇级市"等方式，赋予经济水平较强的镇以县级行政权力来解决镇行政管理权限不能满足经济社会发展需求的矛盾，但从目前的结果来看这一改革的方向是撤镇设市（县级）而非对镇级政府的扩权。因此，县级政府更适合承担空间治理体系中落实国家管控要求和管理地方发展双重功能的职能。

8.3.2 我国行政政区不同类型在县级政权的反映

我国行政政区包括地域型、城市型和混合型三类。地域型政区是最早出现的政区，适应于生产力水平和城市化水平较低的农业型社会①。地域型政区具有严格的层级特征，强调管辖权自上而下的层级传递，政府职能重点是对"域"的管理。历史上产生的省、地、县和乡等都是典型的地域型政区。城市型政区是随着经济社会发展和城市化进程的推进而衍生的服务于城市经济社会管理功能的政区，管辖对象是城镇人口和产业集聚的聚落，其政府职能重点是对"城"的管理，因此关注的重点不是层级差异而是规模大小和地位高低。城市型政区的设置首先在国外出现，严格来看，我国的政区中的区和街道是接近于国外内涵的相对纯粹的城市型政区的一部分。混合型政区是我国"市带县"模式下衍生出的带有"广域性"特征的城市型政区，即管辖范围还包含了城市连续建成区之外的大量的农村型地域②。20世纪80年代初开始，随着改革开放以来城市经济的快速发展，我国开始从"城乡分治"转向"城乡合治"。1982年《宪法》明确规定较大的市可以辖县，1983年《关于地市州党政机关机构改革若干问题的通知》提出"逐步实行市领导县的体制"，"市带县"体制开始大力推行，经过"撤县设市""地市合并""整县改市"等一系列改革，"地级市"和"县级市"逐步演变为混合型政区，其政府在管理城市化地区的同时兼具对农村型地域的管理，职能重点既包括对"城"的管理也包括对"域"的管理。

当前我国县级政区包含县（自治县、旗）、县级市和区，分属地域型、混合型及城市型政区，政府职能重点分别为"域""城+域"以及"城"（表8-1）。县是地域型政区，其下一般辖乡镇，但现实中也存在大量县下设街道办事处的现象③（图8-2）。县级市是混合型政区，

① 许正文.论我国地域型与城市经济型政区[J].陕西师大学报（哲学社会科学版），1995.

② 朱建华，王开泳，陈田.国内外城市型政区设置研究进展与展望[J].地理科学进展，2015，34(8)：987-997.

③ 《地方各级人民代表大会和地方各级人民政府组织法》中仅明确"市辖区、不设区的市的人民政府，经上一级人民政府批准，可以设立若干街道办事处，作为它的派出机关"，但因未明确规定县下不可设街道，现实中存在大量的县辖街道现象。

市区下辖街道，城市化发育相对充分，非农经济较为发达，城市功能和形态明显；外围乡镇仍然以农村功能和特征为主。区是城市型政区，下辖以街道为主，是完全城市化地区，但随着近年来撤县（市）设区的增加，涉农区逐渐增多。

表 8-1　县、县级市、区基本情况比较

		县	县级市	区
行政单元个数（2018 年）		1 524	363	962
城镇化发育程度	城镇化率（六普）	31%	46%	77%
	农业就业比重（2016 年）	74%	64%	57%
政区性质		地域型	混合型	城市型
政府职能重点		域：农业农村	域 + 城：城市与非农经济及农业农村	城：城市与非农经济

资料来源：中国统计年鉴 2018；第六次全国人口普查资料；中国县市社会经济统计年鉴 2017

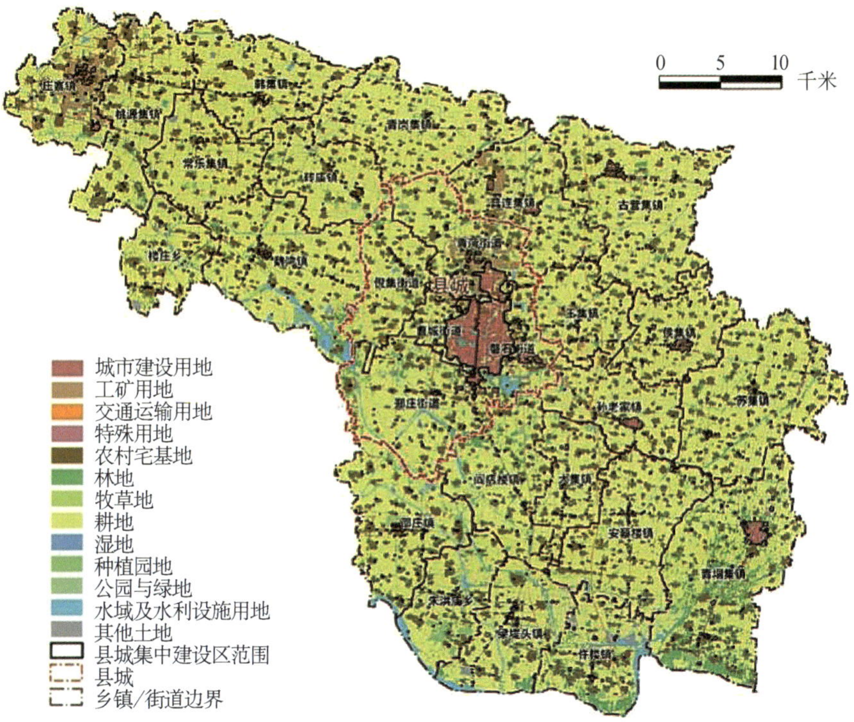

图 8-2　山东省曹县县域行政区划及用地现状图

资料来源：上海同济城市规划设计研究院，山东天诚国土规划设计院有限公司．山东曹县国土空间总体规划（2019—2035）草案[R].2019.

8.3.3 县级政府在规划事权中的分工

在原土地利用规划和城乡规划中，除了市级政府直接管辖城市地区的实施权，县级是空间管控的规划实施权力最集中、最基础的层级。

土地利用规划是我国土地用途管制的基础，核心是通过“三区四界”和土地利用规模、计划等将中央对土地一级发展权的管控逐级分解至地方进行落实①。在实施方面，对非建设用地管控的实施大部分在县级，基本农田的划定由县级组织实施，非建设用地土地使用权的确权以及土地使用权证和承包经营权证都是由县级人民政府核发。集体建设用地的使用权证书由乡镇报所属县级人民政府核发；国有建设用地方面，城市地区的使用权证书由市人民政府核发，其他的基本由县级核发。城乡规划通过核发“一书三证”对空间开发的用途、强度等进行控制。在具体的实施中，“一书三证”的实施许可主要由县级政府核发，镇级政府仅有部分乡村建设规划许可的权力。

8.3.4 县级总体规划的实践

8.3.4.1 土地利用总体规划与城乡总体规划

不同政区的行政事权层级关系也不完全相同，行政事权的分层关系在空间上主要体现在地域型政区和混合型政区的“全域”的部分。对于城市型政区和混合型政区的“城区”部分，规划建设及资源管理事权为市政府直属管理。土地利用总体规划强调对全域的管控与安排，根据《土地管理法》，县和县级市的土地利用总体规划的事权没有本质的差异，市辖区土地利用总体规划的事权由地级市政府授权决定。

县是地域型政区，城市（乡）规划中对于县级规划的定位及内容一直比较模糊。根据《城市规划法》及《城乡规划法》，只有“县人民政府所在地镇的总体规划”，没有县级或县域的总体规划。大量的规划实践中创设的县级总体规划是按照市规划的模式即“县城规划＋县域城镇体系”进行规划编制。县域城镇体系规划作为县城总体规划的编制延伸有其历史原因，但仅是权宜之计②。“县城”是一个约定俗成的概念，一般指“县人民政府所在地镇”。随着县域城镇化水平的提高，“县城”规模的壮大，部分省通过地方立法创设了“县城”的概念，如《甘肃省城乡规划条例》（2009 年 11 月 27 日通过）明确规定了“县城”的概念，即：包括县政府所在镇和已经与该镇建设发展关系密切的镇、乡和村庄（图 8-3）。《山

---

① 林坚，吴宇翔，吴佳雨，等.论空间规划体系的构建：兼析空间规划、国土空间用途管制与自然资源监管的关系[J].城市规划，2018，42(5)：9-17.

② 赵民，郝晋伟.城市总体规划实践中的悖论及对策探讨[J].城市规划学刊，2012(3)：7-15.

东省城乡规划条例》规定了县城总体规划需由省人民政府审批。在高度城镇化地区，城镇连绵发展，县城有可能突破“县人民政府所在地镇”的范围①。“县城”是县级市审批暂停期的临时应对，其目的是对县进行城市型的管理，未从制度上改变县的行政事权与定位。

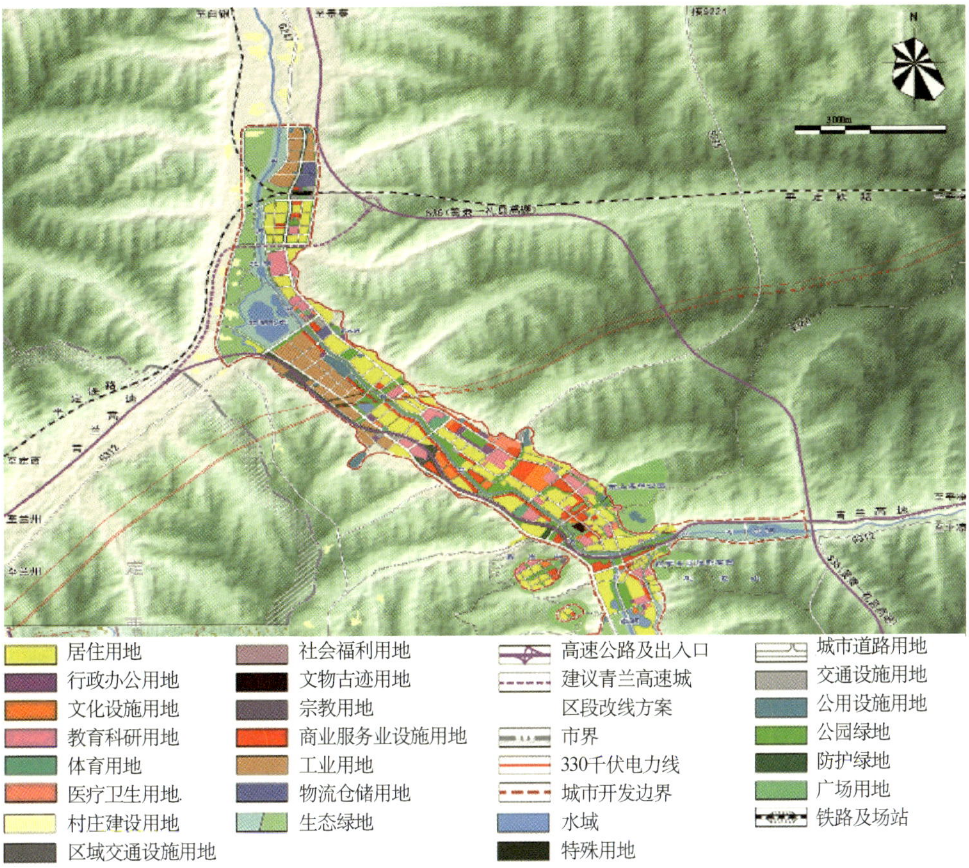

图 8-3 甘肃省会宁县城市总体规划——县城规划图

资料来源：上海同济城市规划设计研究院.会宁县城市总体规划(2018—2035)草案.

8.3.4.2 国土空间总体规划

总结部分已经发布的省级国土空间规划体系相关文件，可以发现对于县一级的总体规划定位各不相同，体现了不同的治理重点。各省均将县级的市和县归为同一类型，均为“全域＋中心城”的编制模式。除云南以外，各省普遍将县级规划的审批权赋予了省级政府，这与加强规划的管控、“省管县”等改革导向是一致的。云南则取消了原有城市规划体系中“越级审批”的现象，中心城以外的区、县（市）规划均由上级的州（市）审批。对于“县级政府所在地的镇”大多没有明确，仅有江苏省规定县国土空间规划包括县级政府所在地

① 王新哲.对规划区划定原则的研究[J].城市规划学刊，2013(6)：67-75.

的镇,云南在镇级规划中将“县(市)人民政府所在地的镇”单列(表8-2)①。

表8-2 各省县级总体规划及乡镇级规划编制审批要求

	区		县(市)	乡镇	
	市政府所在区	般区		县级政府所在乡镇	一般乡镇
云南	可和市合并编制,也可单独编制;报省政府审批	市政府	州(市)政府审批;州政府所在市可与州合并编制,也可单独编制;报省政府审批	县(市、区)合并编制,一并报州(市)政府审批	县(市、区)政府审批
浙江	逐级上报省人民政府审批		逐级上报省政府审批	中心城区范围内的,逐级上报省政府审批	省政府授权市政府
江苏	/		设区市政府审查同意后报省政府审批	不单独编制,包含在县级规划中	设区市政府审批;省级以上历史文化名镇的规划报省政府审批
河北	/		设区市人民政府审批,省政府指定的重点县(市)经设区市人民政府审查同意后报省政府审批	市辖区内的,报设区市政府批准或由市级政府授权的县级政府批准;其他的由县级政府审批	
河南	/		逐级报省政府审批	逐级报市级政府审批	
山东	/		报省政府审批	开发边界内的乡镇纳入中心城区	市、县(市)政府审批
山西	/		由市政府报省政府审批	县级政府报市级政府审批	
四川	/		逐级上报省政府审批	城市(县城)开发边界内的乡镇纳入市县统一编制	上一级人民政府审批
江西	单独编制的,逐级审查报省政府审批		逐级审查报省政府审批	市辖区的报设区市政府批;其他县(市政府)批	
吉林	/		逐级审查报省政府审批	逐级审查报市州政府审批	
黑龙江	/		由市(地)政府(行署)报省政府审批	由县(市、区)政府报市(地)政府(行署)审批	

① 绝大多数省份的市级建制中,已没有了“地、州”的类型,所以在县级规划中也模糊了县与市的区别,但云南有较多的地、州,在规则制定中明显区分了地域型政区与城市型政区的区别,提出“州(市)政府所在的市(区)可与州(市)合并编制,报省政府审批,也可单独编制,按程序报省政府审批。县(市、区)政府所在地乡镇与县(市、区)合并编制,一并报州(市)政府审批”。

在国土空间规划体系建构的初期，总体规划的重点是“域”，但随着研究的进展，对于中心城的内容逐渐加强，一方面因为城市是重要的社会、经济、文化载体，另一方面因市辖区的城乡规划归市级政府“直管”，考虑与事权对应，市的国土空间总体规划应包含中心城区①。但根据前文的分析，对于典型的地域型政府，将“县城”纳入县级国土空间总体规划是值得商榷的。

8.4 空间规划体系中县级国土空间总体规划的定位

8.4.1 基于空间治理的县级国土空间总体规划定位

从上述分析可知，县级政府是国家较为基层的政权，是大量国家事权与地方事权交接的“界面”，县级规划应当也可以成为体现国家事权的最基层规划，是国家“统一行使全民所有自然资源资产所有者职责”的重要载体，国家监督实施空间规划的重要平台，侧重于底线管控的落实以及地方发展与国家战略和政策框架的协同。

同时，国际经验也表明各国在乡镇层面普遍有总体层面的空间规划作为地方发展的指引，其空间规划主要是在相关的法律法规的框架约束下，服务于地方发展的需要而编制，且与地方政府的事权高度匹配②。所以从治理的角度，详细规划、镇级总体规划更接近“地方规划”。

8.4.2 县级国土空间总体规划是总体规划——详细规划的传导界面

在空间规划体系中，市县镇均可编制详细规划，详细规划的上位规划是总体规划，各级城市的中心城区规划都可直接指导详细规划，也可通过进一步的区总体规划（或分区规划）细化落实后指导详细规划。市级规划中心城区以外的部分要通过下辖县市的总体规划继续深化才可以直接指导详细规划。镇级规划“可因地制宜，将市县与乡镇国土空间规划合并编制”，没有编制乡镇总体规划的地域其详规的上位规划是县级规划（图 8-4）。因此，总体规划到详细规划的界面较为复杂，同时在未来的管理过程中会出现规划的局部调整、修正等，更加剧了“界面”的复杂性。为加强操作性，亟须建立面向实施（详细规划）的总体规划的“最终成果”整合平台。目前，我国正在建立的国土空间规

---

① 按照事权对应的关系，市总体规划所含的“城区”应为市辖区或街道，但《市级国土空间总体规划编制指南（征求意见稿）》采用了“市域＋中心城区”的编制体系，这是考虑到区级事权的复杂性与多样性，也为区国土空间总体规划的编制留出了空间。

② 彭震伟，张立，董舒婷，等.乡镇级国土空间规划的必要性、定位与重点内容[J].城市规划学刊，2020(1)：31-36.

划“一张图”信息系统正是为此而进行的，但该系统目前是采取分级建设的方案，未能形成跨层级的整合平台，建议在未来的方案中进行适当调整（图 8-5）。调整后的方案中，省级、市级系统主要用于监督、控制总体规划编制，县级系统处于核心位置，成为整合部分市级中心城区规划、镇级规划核心要素的平台，直接面对详细规划编制，作为监督实施的重要平台。

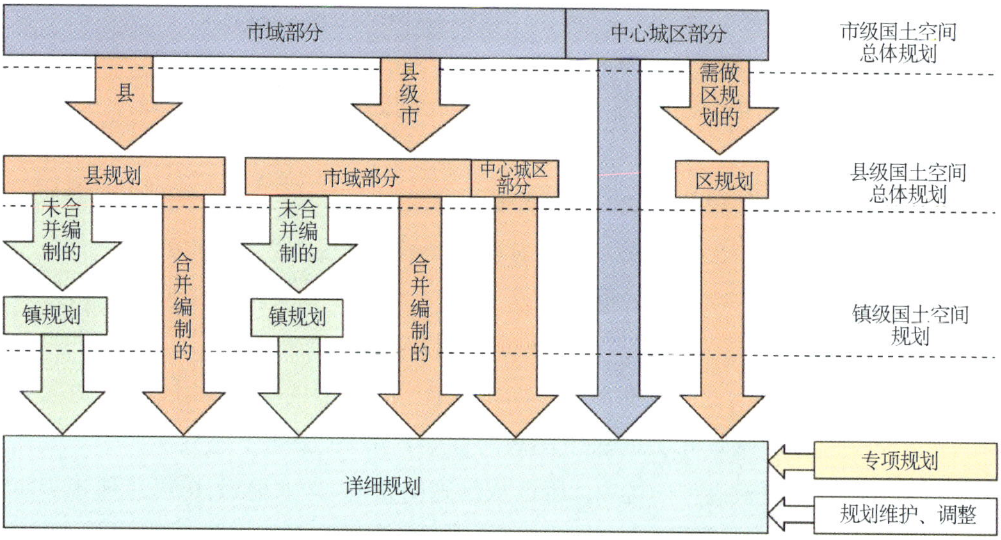

图 8-4　市级、县级和镇级国土空间与详细规划的关系

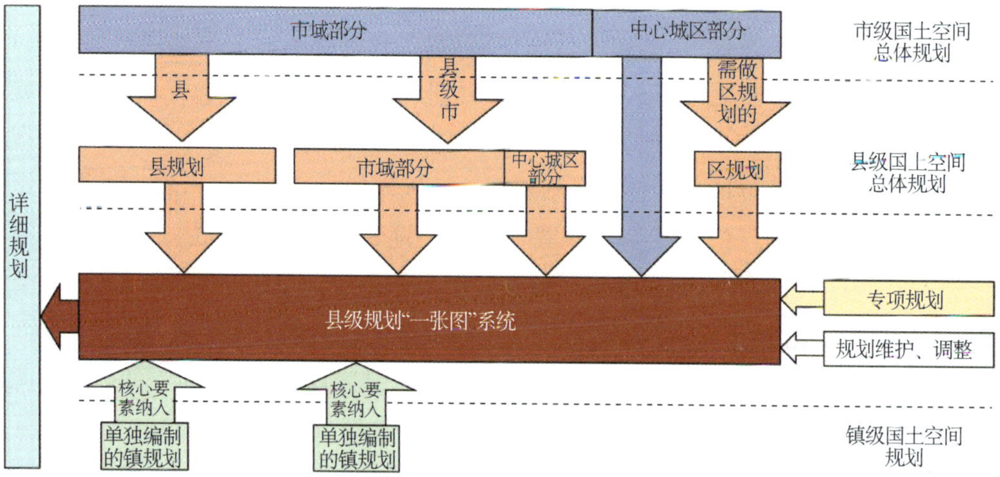

图 8-5　国土空间规划一张图信息系统建议方案

8.4.3 县级国土空间总体规划的编制模式与内容重点

8.4.3.1 县级国土空间总体规划的重点在“域”

前文提到我国行政政区包括地域型、城市型和混合型三类。实力较强、数量较多的为城乡合治的混合型，各级政府都将重点放在了“城区”，这与城镇化、工业化的发展进程密切相关。但县级政府，特别是县的首要任务是对全域的管理，从土地利用规划的有效传导和近些年来各地开展的全域城乡规划就可以看出，“域”的统筹、管理是非常迫切而且可行的，这也是空间规划体系改革的初衷与重点。县域规划应在做好全域国土空间底线管控，进行全域功能的引导，对生态、农业、城镇空间的保护、开发、利用和修复以及县域结构性的交通、基础设施廊道及重点设施做出统筹安排的同时，明确镇村体系并对乡村的发展提出管控和引导要求，为促进城镇化与乡村振兴提供支撑，体现向上对接城市、向下带动乡镇发展的作用。

8.4.3.2 县级市、市辖区和县的总体规划应有所差异

县、县级市和区三类县级政区在事权和特征上的不同，规划编制模式和内容上也应各有侧重(表 8-3)。

表 8-3 县级国土空间总体规划编制模式及内容比较

<table>
<tr><th colspan="2"></th><th>县</th><th>县级市</th><th>区</th></tr>
<tr><td colspan="2">编制主体</td><td>县政府(＋合并编制的乡镇政府)</td><td>县级市政府(＋合并编制的乡镇政府)</td><td>上级政府授权区政府</td></tr>
<tr><td colspan="2">编制模式</td><td>县域规划，不含城关镇，城关镇和其他乡镇可合并编制，但成果分列</td><td>包含市域规划和中心城区规划两个层次，乡镇可合并编制，但成果分列</td><td>城区的深化细化</td></tr>
<tr><td rowspan="2">编制内容重点</td><td>全域</td><td colspan="2">三条控制线，功能分区，对生态、农业、城镇空间的保护、开发、利用和修复，县域结构性的交通、基础设施廊道及重点设施，镇村体系，乡村发展的管控与引导等</td><td>—</td></tr>
<tr><td>中心城区</td><td>—</td><td colspan="2">空间结构，功能分区的深化细化；产业优化策略与空间布局主次干道体系、重要公交网络与重要设施布局；结构性蓝绿网络与公共开敞空间的布局与管控要求；历史文化保护的界线与管控要求；开发强度分区、密度控制、风貌控制等城市设计与空间形态管控要求；通风廊道的格局和控制要求；住房保障、公共服务体系与社区生活圈的安排；基础设施体系与重要设施布局；城市更新的重点空间与策略等</td></tr>
</table>

注：独立于中心城区外的区参考县级市编制；涉农的市辖区规划编制模式和内容由地级市规划明确

1）县级市总体规划

县级市有特征明显的中心城区。其建制一般为街道，街道不具备独立的规划编制组织权，其规划安排需纳入由县级市政府组织编制的县级市总规中。县级市国土空间总体规划包括市域及中心城区两个空间层次。县级市规划内容除了对市域的管控与安排外，中心城区部分应在落实上级对城市要求的同时体现城区发展的诉求并为详细规划提供依据，具体应包括空间结构和功能分区的安排，产业优化策略与空间布局，主次干道体系、重要公交网络与重要设施布局，结构性蓝绿网络体系与公共开敞空间的布局与管控要求，历史文化保护的界线与管控要求，开发强度分区、密度控制、风貌控制等城市设计与空间形态管控要求，通风廊道的格局和控制要求，住房保障、公共服务体系与社区生活圈的安排，基础设施体系与重要设施布局，城市更新的重点空间与策略等方面。

2）市辖区总体规划

在城市规划体系下，区原则上不具备独立的总体规划编制权（区可以编制分区规划）。空间规划体系下，如无上级政府授权，一般不单独组织编制区总体规划，而是在市级总体规划中完成。鉴于县改区的普遍性及区本身的多样性，建议以下三种情况可单独组织编制区国土空间总体规划（图 8-6）：一是城市面积较大，在市级总体规划中难以达到直接指导详细规划的深度要求，则需要编制区级总体规划以深化细化市级总体规划的内容（也有学者建议保留“分区规划”的类型，但基于减少规划概念的思路，本文更倾向于“区国土空间总体规划”）；二是独立于中心城区外、未被市级总体规划纳入中心城区的区，可参照县级市编制完整的区总体规划（图 8-7）；三是与中心城区空间关系紧密的涉农区，可重点针对非城市化地区编制区总体规划，作为对市级总体规划中市辖区非城市化地区规划安排的补充，这类区总体规划属于不完全的类型，需要市级总体规划明确任务。

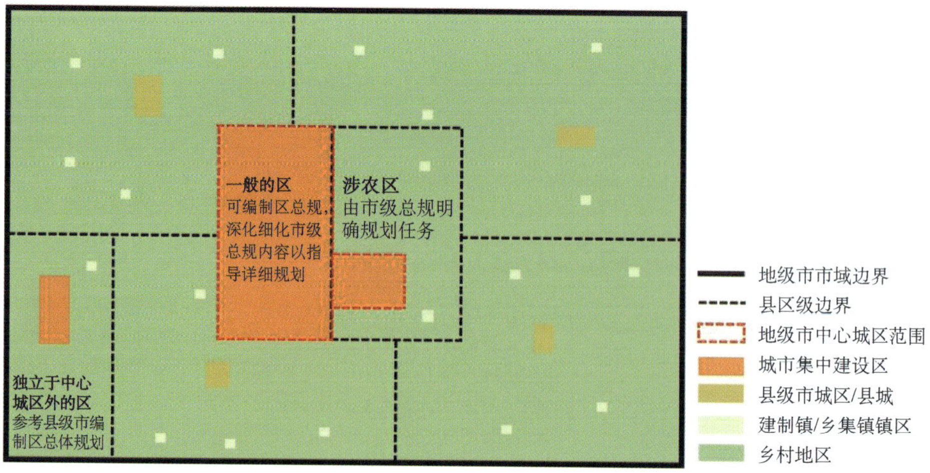

图 8-6　单独编制区国土空间总体规划的几类情况

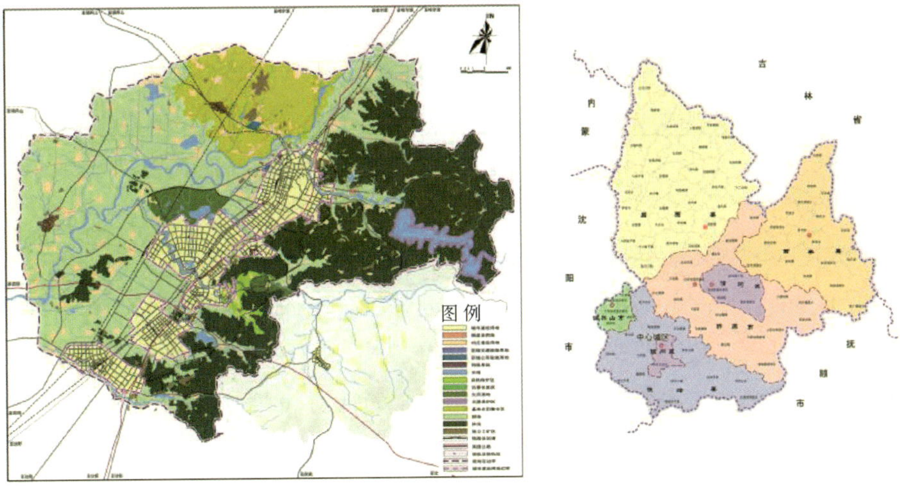

图 8-7 辽宁省铁岭市清河区
左：行政区划，右：铁岭市规划区规划图
资料来源：上海同济城市规划设计研究院.铁岭市城市总体规划(2015—2030)[R].2015.

3）县总体规划

前文提到，县总体规划作为一个事实存在的城市规划类型，包含了县域和县城两个层次。但从行政关系来讲，城关镇和其他乡镇作为同一行政层级的政府，在行政事权上具备同等地位，在土地利用规划事权没有差别，城市规划通过划定规划区将县城的规划权力“上收”至县政府，其实“上收”的只有总体规划和详细规划的编制权、郊区农村建设审批权。部分实力较强的镇有较大的规划自主权是因为获得了县政府的权力下放和授权。县域总体规划的实践进一步体现了县域各镇规划事务的“平等”，是符合县域治理的导向的。

因此，建议在国土空间规划体系下，县总体规划以县域为重心，为突出其重点是对县域的管控和安排，在内容上不含“县城”或城关镇。城关镇可以单独或联合其他连绵形成“县城”的镇编制镇总体规划。对于城镇规模较小，无须单独编制镇级总体规划的地区，可“因地制宜，将市县与乡镇国土空间规划合并编制”。鉴于当前县辖街道的实际情况，辖有街道的县可参考县级市，在规划中增加县城的内容，范围以街道为主，但长远来看应通过撤县设市理顺行政关系。

8.4.4 县级总体规划与镇级总体规划的关系

浙江、江苏等地开展的县市域总体规划基本上是将城市规划的深度覆盖到全域，不可避免地造成了对镇级事权的上收、规划内容繁杂等问题。随后进行的“多规合一”聚焦于底线型、结构性要素，但也有部分省份学习江浙经验，将“多规合一”做成了县市域总体规划。浙江省县市域总体规划虽然较为成熟也得到多方面的认可，但与其同步推出的还有浙江省在全国率先进行的强镇扩权试点工作，将部分县级管理职能下放到镇，使得镇级政府自由裁量权扩大，但削弱了县级政府对全县域的区域协调能力以及构建一体化发展环境的控制力①。部分城镇又单独编制镇总体规划，突破了县市域总体规划，造成了镇级与县级规划的冲突。

结合我国的行政管理体制特点，乡镇国土空间总体规划既要与当下的乡镇事权相匹配，也要明晰并尝试改革县与乡镇之间的事权划分，逐步因地制宜地适当下放县级规划建设管理权限，提升乡镇政府的执政能力②。《若干意见》中“将市县与乡镇国土空间规划合并编制，也可以几个乡镇为单元编制乡镇级国土空间规划”也存在理解上的悖论。如果合并编制的是实力较强的镇（自然应包含城关镇），符合上级政府对重点地区加强管理的导向，但也一定程度上剥夺了强镇的自主权。如果合并编制的是规模较小、实力较弱、没能力或不需要编制镇级总体规划的镇，那么将造成重点镇与一般镇管控层级上的错位。基于空间治理的层级与逻辑，合理的解读是合并编制只是一种操作手段，县乡联动、同步编制，从而确保县市层面获得足够、有效和精准的信息反馈，也能同时确保乡镇发展诉求在县级总体规划中得以呈现②。无论是同步还是先后编制，县、镇规划成果应当分置，纳入县级总体规划的内容层级是相同的，大量属于“地方规划”的内容只需在镇（包括城关镇）总体规划中体现。

8.5 结语

央地事权关系是当前国家治理现代化的重要内容。空间规划体系构建的基本原则是与事权相对应，实现对国家空间管控的分级传导。在市县镇三级中，县级是从中央事权向地方事权过渡的“界面”，其总体规划应该是体现国家事权的总体规划的基础层。本文对县级国土空间总体规划的定位、模式与内容的思考是基于对国土空间规划体系构建的治理逻辑以及县级事权的分析，期望能对县级规划的编制提供一定借鉴，但鉴于我国县级单元发展阶段和空间特征的复杂性，县级规划编制的技术思路还需要进一步深入研究。

参考文献

[1] 潘海霞，赵民.国土空间规划体系构建历程、基本内涵及主要特点[J].城乡规划，2019.

---

① 龙微琳，张京祥，陈浩.强镇扩权下的小城镇发展研究：以浙江省绍兴县为例[J].现代城市研究，2012，27(4)：8-14.

② 彭震伟，张立，董舒婷，等.乡镇级国土空间规划的必要性、定位与重点内容[J].城市规划学刊，2020(1)：31-36.

[2] 上海同济城市规划设计研究院.会宁县城市总体规划(2018—2035)草案.

[3] 上海同济城市规划设计研究院,山东天诚国土规划设计院有限公司.山东曹县国土空间总体规划(2019—2035)草案[R].2019.

[4] 上海同济城市规划设计研究院.铁岭市城市总体规划(2015—2030)[R].2015.

9　市县国土空间总体规划编制技术

裴新生*

9.1　市县总体规划的重点与技术要点

国土空间规划改革至今大局已定,"五级三类"规划编制体系正在逐步建立过程之中。不同层级规划的侧重点和编制深度存在差异,国家级规划侧重战略性、省级规划侧重协调性,市县级和乡镇级规划侧重实施性。

市级国土空间总体规划是对市县国土空间保护、开发、利用、修复做出的全局性安排。从规划编制的内容来看,一般包括基础分析、战略谋划、空间优化、要素支撑和实施保障几个部分。针对规划编制实践中的难点,通过对东、中、西部几个市县级总体规划的实践案例的解读,本文将具体阐述在基础分析和空间优化两项规划编制重点内容中的技术要点。

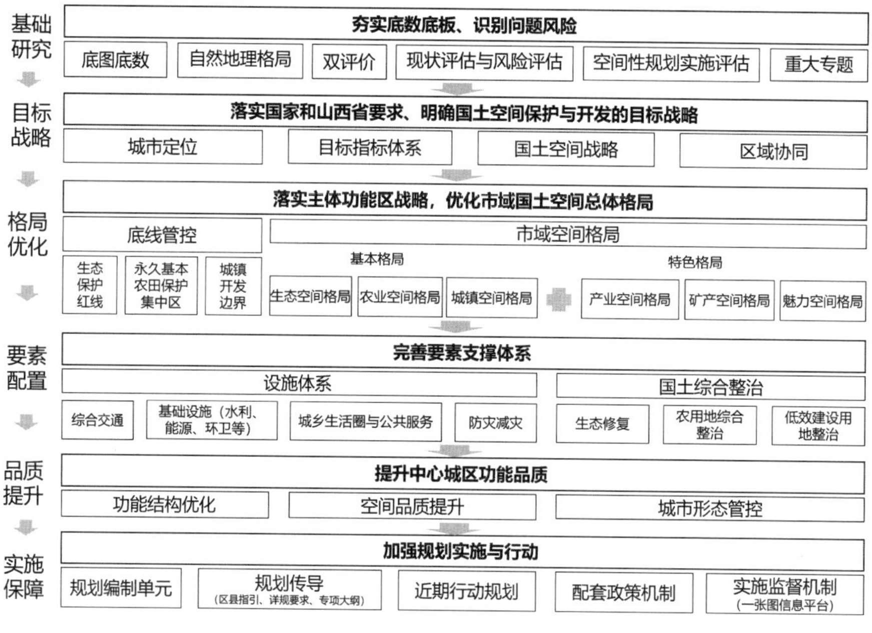

图 9-1　某市级国土空间总体规划技术路线图

* 裴新生,上海同济城市规划设计研究院有限公司副院长、教授级高级工程师,中国城市科学研究会新型城镇化与城乡规划研究专业委员会副主任委员兼秘书长。邮箱:peixs@163.com

9.2 基础分析：充分发挥“双评价”①对规划编制的支撑作用

9.2.1 “双评价”对市县国土空间规划的支撑

“双评价”对市县国土空间规划的支撑主要体现在识别国土空间核心问题、支撑国土空间开发保护格局及明确国土整治生态修复重点三个方面。根据地方特点，选取特定指标，有助于识别国土空间开发保护的矛盾、本地资源环境瓶颈等核心问题。在识别三类空间之间矛盾等核心问题的基础上，“双评价”可以支撑“三条控制线”的划定工作（图9-2）。另外，国土空间的修复与整治、退耕还林、退耕还牧、协调城镇建设和农业开发等国土空间开发保护中的重要策略或行动，也需要充分发挥“双评价”的作用。所以从问题的发现到格局的划定、再到整治修复的全过程中，“双评价”都能够发挥重要作用。当然，发挥作用的前提是要能够开展因地制宜的分析来找准问题。

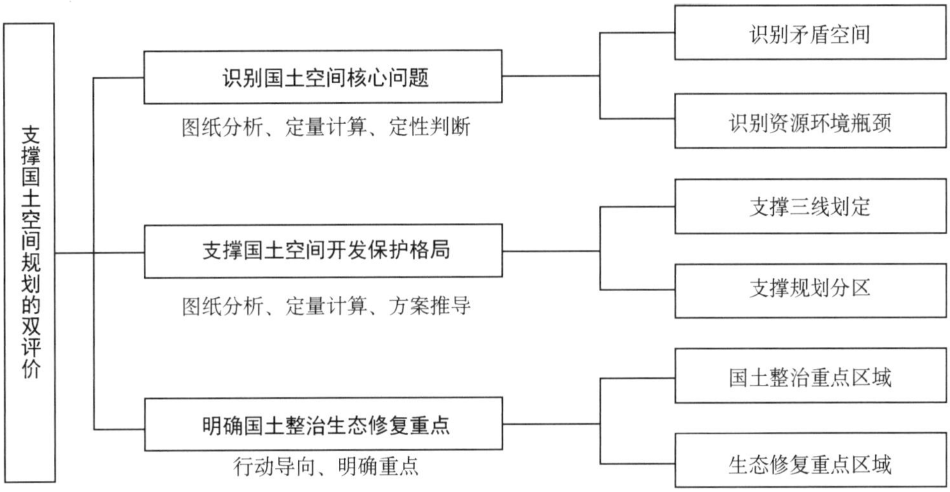

图9-2　“双评价”对国土空间规划的支撑作用

9.2.2 利用“双评价”摸清家底

9.2.2.1 立足地方特点，开展针对性分析

“双评价”工作是本次国土空间规划编制非常强调的一个技术环节，也是一项强制性的

① “双评价”是指“资源环境承载能力及国土空间开发适宜性评价”，是编制国土空间规划、完善空间治理的基础性工作，也是进行“生态保护红线、永久基本农田、城镇开发边界”三条控制线划定，确定用地用海等规划指标的参考依据。（编者注）

工作内容。“双评价”工作可以帮助我们摸清资源家底，包括资源的类型、数量与质量等。

具体开展“双评价”工作时，一定要结合地方的特色资源、针对地方的重点问题进行分析。虽然“双评价”建构了一套标准的分析体系和分析标准，但在具体的使用时要针对评价的对象进行因地制宜的取舍①。

以湖北荆州和青海西宁两个案例为例，可以帮助我们理解“双评价”工作在针对性地摸清家底方面的作用。荆州位于湖北中部江汉平原，是重要的农产品主产区，1.41 万平方千米的土地之上耕地占比超过 50%。对于这样一个农业占比高并且重要的地区，需要对土地资源，特别是耕地质量等级进行非常细致的评价。西宁是青海省省会，地处青藏高原与黄土高原的过渡地带，既有盆地山脉交织、南北降水差异大等自然地理条件的过渡，也是农业和牧业过渡地带，更需要对其自然地理格局、农牧业生产条件等资源本底进行深入分析。

9.2.2.2 荆州案例：针对关键要素的评价分析

针对地处江汉平原的农产品主产区荆州，我们需要回答以下三个问题：一是土地资源、水资源以及水环境容量对农业生产、城镇建设的支撑和承载作用有多大；二是资源环境承载能力方面有没有出现超载问题；如果存在资源环境瓶颈，是否会对未来的农业生产和城镇发展、人居生活造成负面影响。因此，荆州的“双评价”工作重点开展了土地、水两类资源以及水环境对农业生产、城镇建设两类活动的承载能力评价(图 9-3)。

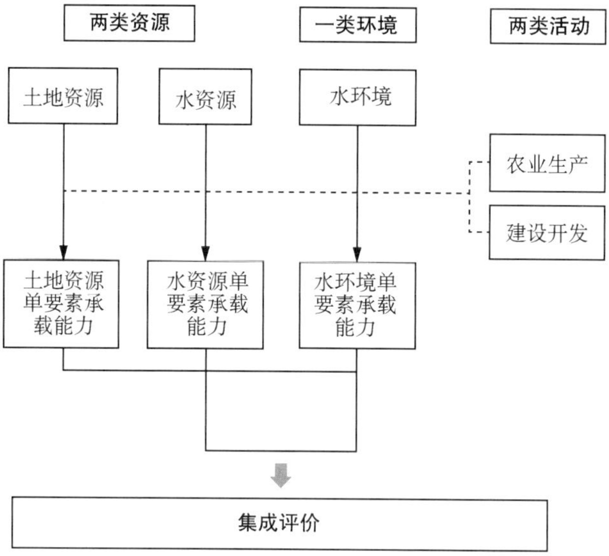

图 9-3 资源环境承载能力评价技术框架

① 黄华，刘振宇，胡方，等. “双评价”支撑国土空间规划的路径初探——以荆州市为例[M].《理想空间》第 85 期.

1）水资源承载能力评价

荆州“双评价”工作揭示了荆州面临的一个突出问题——不缺水但受到水权约束。地处江汉平原的荆州水资源比较充沛，全市层面水资源总量并未对农业生产和城镇建设形成限制，但在局部的区域出现了水资源对农业开发的制约，部分县（市）出现了水资源农业承载量（计算量）低于现状耕地规模的现象。主要原因为在农业用水的分配关系、分配比例上出现了失衡问题，叠加部分县（市）农业用水效率较低造成了水资源和农业开发的不匹配（图 9-4）。这就提示我们，通过“双评价”将资源要素与农业生产、城镇建设进行匹配分析，有助于找到资源环境承载方面存在的问题。

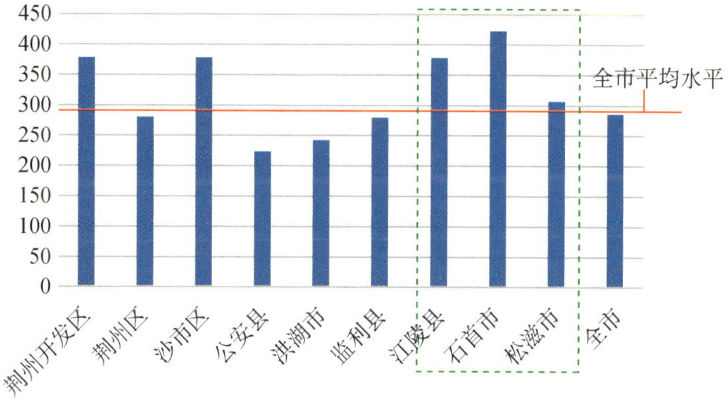

图 9-4 荆州各县（市）农业亩均用水量（2017 年）

来源：荆州市 2017 年水资源公报

2）水环境容量评价

通过“双评价”的环境容量分析，我们发现了荆州存在的另一个问题——水环境容量成为局部区域的制约因素。市域绝大部分区域的水环境容量是充足的，但在市辖区，水环境对农业生产和建设开发产生了明显的制约，存在水环境容量超标的问题，甚至已经导致了地表水环境质量下降现象（图 9-5）。分析这个现象产生的原因，主要包括三点：首先，荆州市辖区人口集中、建设集中，污水排放强度大的同时城乡污水处理设施不完善；其次，荆州市辖区环境独特，内河水系远低于长江水位，使得内河水系只能在自己内部的一个小水环境里循环（图 9-6）。若不引水，难以利用长江的环境容量；最后，市辖区的水环境容量受到农业面源污染和生活工业污染以及上游污染的叠加影响。

如果不是针对每个城市特殊的自然地理条件和环境要素开展分析，我们很难得出有用的分析结论。正是在针对性评价的基础上，我们能够提出相应的治理对策，包括产业结构的优化、农业生产优化减少面源污染，以及城市内部水系贯通、通过水系的治理来提升我们的环境容量等。

图 9-5 地表水环境质量(含总氮)

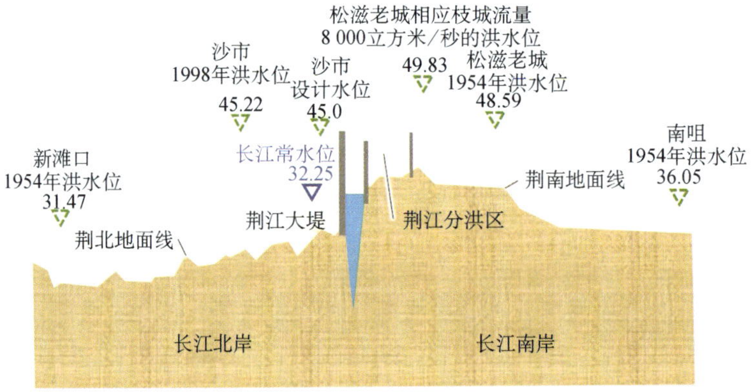

图 9-6 荆州市辖区水文环境示意(米)

3) 农业生产适宜性评价

对于荆州这样一个在国家层面承担农业生产主导功能的城市,我们需要强化农业生产适宜性评价。依托农业土壤监测数据库,"双评价"分析依据《耕地质量等级》增加了对全域土地的耕种质量兜底评价。细致的评价能够帮助我们识别耕地质量与农业高质量发展的匹配程度,评价本身也可以为后续的规划对策拟定提供支撑。

9.2.2.3 川西北与西宁:牧业承载力及牧业生产适宜性评价

结合地方的特色资源、针对地方的重点问题进行分析能够使"双评价"发挥更大作用。从这个原则出发,针对广大牧区的"双评价",需要突出牧业承载能力和牧业生产适宜性评价。

1) 牧业承载能力评价

开展牧业承载能力评价需要了解一些牧业方面的基础知识,比如"中度干扰假说",即放牧行为和生态保护存在一定的共生关系,适度的放牧一定程度上有利于维持生态系统的稳定(图 9-7)。

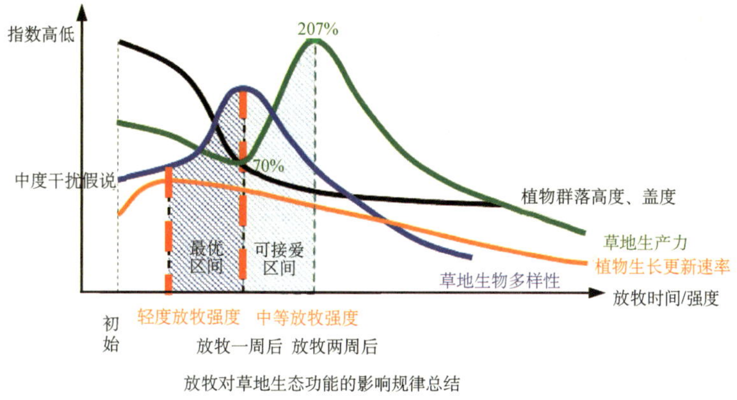

图 9-7　中度干扰假说示意

资料来源：

[1] 郑群英，刘刚，肖冰雪，陈莉敏，陈立坤，张洪轩，倪泽霖.放牧对川西北高寒草甸植物物种丰富度和生物量的影响[J].草业科学，2017，34(07)：1390-1396.

[1] 美国生态学家康奈尔(J. H. Connell)等人于 1978 年提出的一个假说，认为中等程度的干扰频率能维持较高的物种多样性。如果干扰频率过低，少数竞争力强的物种将在群落中取得完全优势；如果干扰频率过高，只有那些生长速度快、侵占能力特强的物种才能生存下来；只有当干扰频率中等时，物种生存的机会才是最多的，群落多样性最高。

在川西北生态示范区规划中，我们开展了牧业承载能力评价工作。在建构分析框架时，重点针对牧业生产与生态保护之间的相互关系，立足于地区牧业发展特征(散养模式为主)来分析合理的载畜量并评估承载能力。分析结果表明，川西北存在着牧业超载问题，与现状调研时的发现是吻合的(图 9-8)。

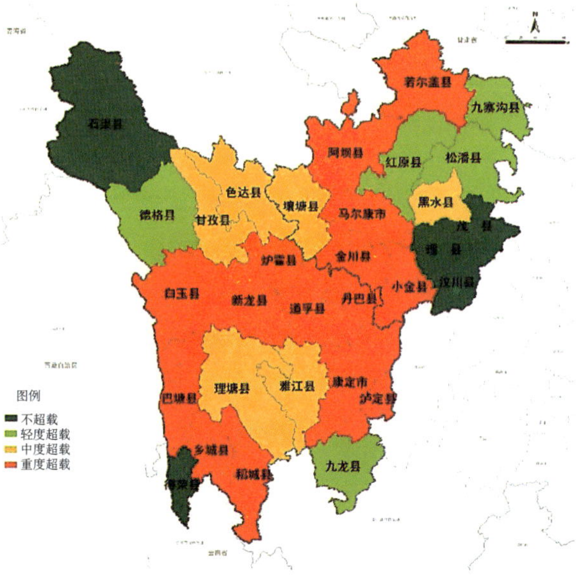

图 9-8　川西北地区夏秋季放牧强度示意图

2）牧业生产适宜性评价

在西宁项目实践中，我们针对当地的自然地理环境和生态地位优化了牧业生产适宜性评价框架。西宁自然灾害风险较大，同时又承担国家层面水土保持的重要生态保护功能，就需要对牧业生产可能造成的生态影响进行针对性的评价。因此，我们依托青藏高原宜草数据，分别从草地适宜性和放牧可能产生的负面影响两个角度建立了牧业生产适宜性评价框架（图 9-9）。由于西宁市域内部不同区域的自然条件和生态问题差异较大，在开展评价工作时根据实地情况选取了适宜的单要素指标进行叠加分析，初步确定了牧业开发适宜性等级，最终结合连片度等要素进行了修正得出牧业开发适宜性评价等级的最终结果。

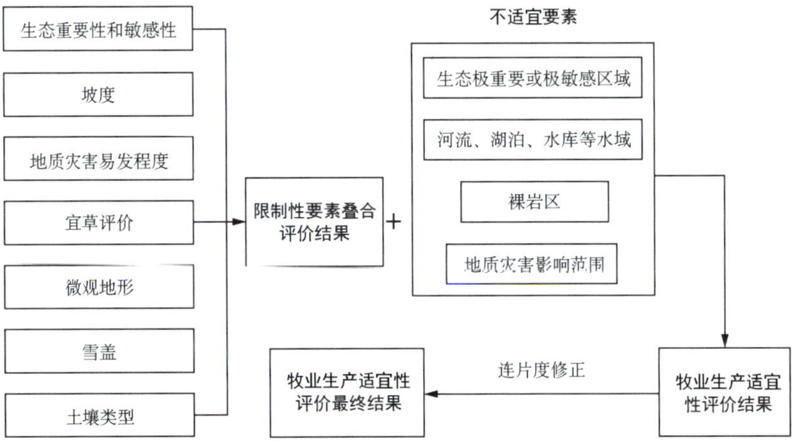

图 9-9 西宁牧业生产适宜性评价框架

评价结果表明，西宁处于过渡地带，大量的半山坡是农业适宜与牧业适宜高度叠合的区域，既适合牧业发展，也适合农业生产（图 9-10）。但以往的土地利用规划里，这些区域往往定位为农业地区，包括大量的永久基本农田也位于这个区域。这就会与牧业生产产生冲突，过度的农业开发也可能导致水土流失问题的恶化，对整个流域的生态环境都会造成巨大负面影响。类似这样的问题，就需要开展因地制宜的“双评价”才能准确地识别（图 9-11—图 9-13）。

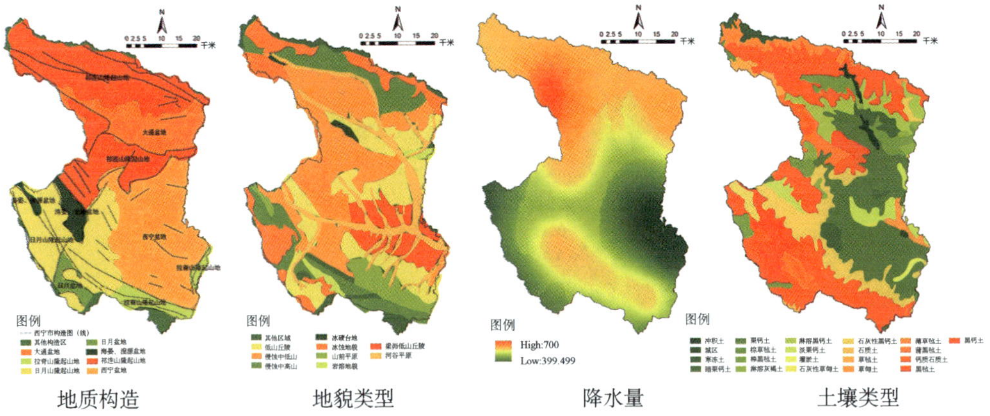

图 9-10 地处过渡地带的西宁自然地理特征

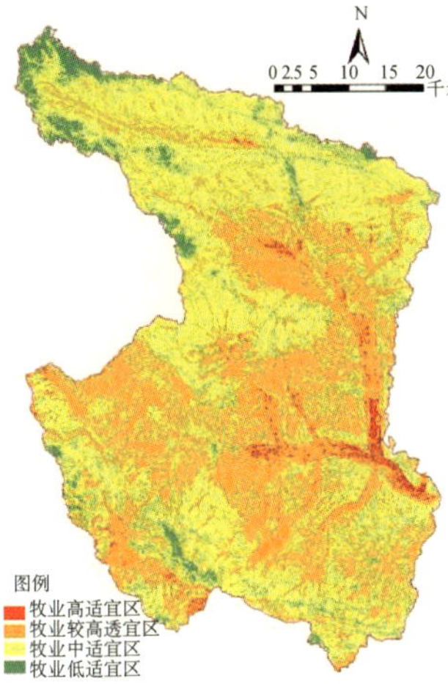

图 9-11 限制性要素评价结果

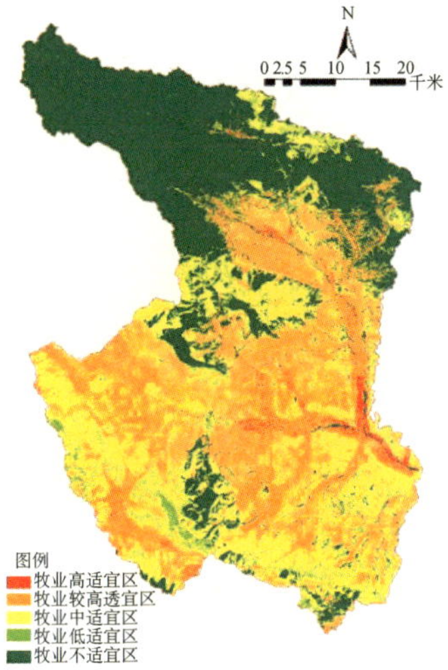

图 9-12 叠加不适宜要素

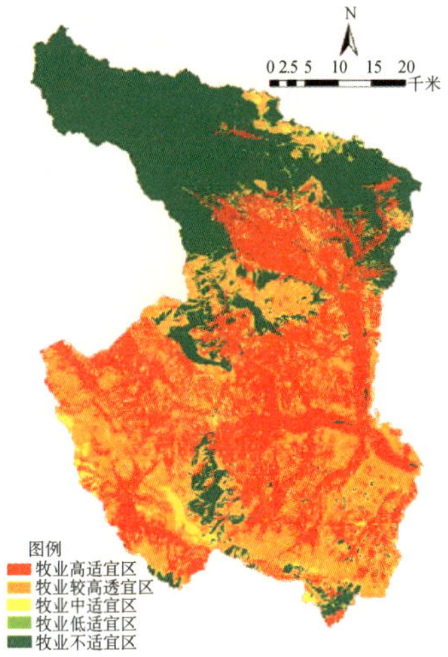

图 9-13 连片度修正结果

9.2.3 以“双评价”为基础优化国土空间布局

9.2.3.1 识别潜在生态空间，完善生态管控体系

以西宁的生态管控为例，如果按照简单的底线管控要求，只通过生态保护红线进行管控的话，市域范围内还有接近一半的生态保护极重要区未能纳入管控体系。在规划实际操作过程中，由于目前的生态保护红线是经过多轮沟通和协调的结果，所以修订起来非常困难。因此，我们建议建立分级管控体系来强化对生态空间的保护，严控生态保护红线的同时，重视生态廊道建设、重视次级的生态控制区域的管控。

9.2.3.2 优化农牧业空间布局，缓解保护与开发的矛盾冲突

“双评价”还能帮助我们识别自然地理梯度格局，这是空间格局优化的重要基础。川西北、西宁这类地区，自然地理格局的重要性尤为突出。经过测算，我们发现农业、牧业的分界线大致在海拔3 000～3 200 米，牧业与生态的分界线基本处于海拔 3 800～4 500 米。这些分界线的识别非常重要，可以为我们提供利用不合理空间的调整方向(图 9-14)。比如一些半

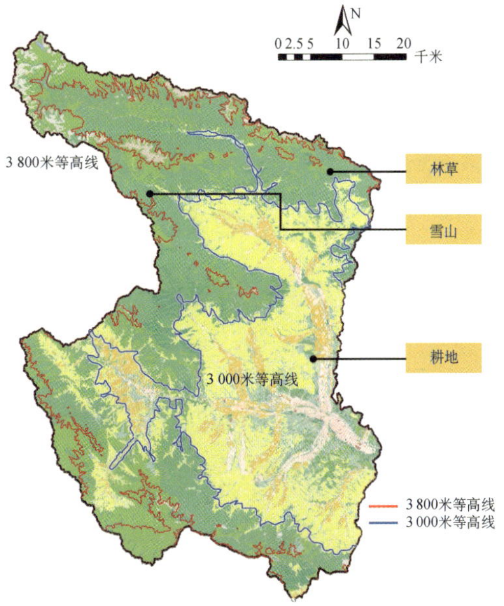

图 9-14 自然地理梯度格局的识别

山的地方，到底是保持农业生产，还是为了治理水土流失需要退耕还林，还是退耕还草、保持牧场，都需要我们在评价的基础上来做出价值判断。

9.2.3.3 识别后备耕地潜力空间，优化农业空间

针对江汉平原这样传统的农耕地区荆州，一方面，我们通过“双评价”发现，很多既有的永久基本农田保护区域，其中的耕地质量较为一般，难以适应未来的优质现代农业的发展。另一方面，通过评价我们能找到后备的耕地资源，虽然尚未纳入永久基本农田保护，但这些耕地的质量比较好，可以作为未来的永久基本农田储备区。也正是有了这些分析过程，我们可以进行系统地思考，像荆州这类仍然处于城镇化快速发展阶段的城市，未来依然有一定的开发建设需求。这些后备耕地资源恰恰能够形成开发建设可能占用的耕地资源的有效补充。这样的识别工作对未来的规划方案拟定、指标的测算等都具有非常现实的意义。

9.2.3.4 明确生态修复重点

仍然以西宁为例，“双评价”可以帮助我们识别潜在的生态风险以及可能发生生态风险的重点区域，包括黄土区的水土流失风险、沙化风险和部分农田的盐渍化风险，以及风险可能发生的重点区域。基于评价分析结果，可以明确生态修复的方向及重点生态修复区域建议，包括对水土流失、沟壑以及对裸露山体的治理，对退耕还林还草区域等的识别等(图 9-15)。

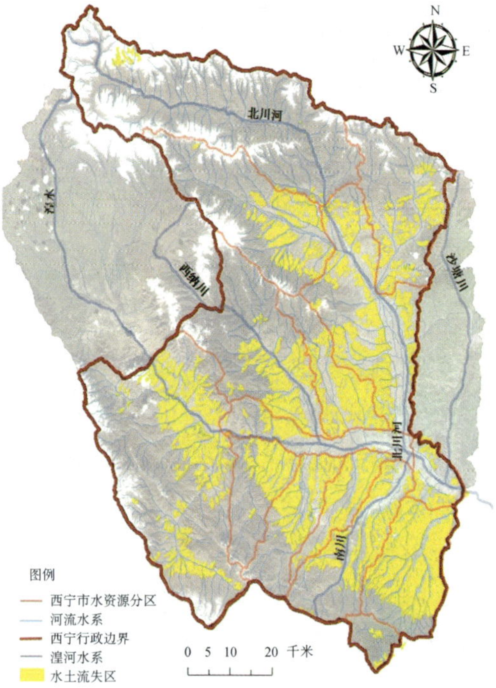

图 9-15 西宁水土流失分布

9.3 空间优化：统筹协调三类空间的关系和布局

9.3.1 国土空间优化的基本原则

对生态空间、农牧业空间及城镇空间进行整体优化是本次国土空间规划编制的核心任务。在规划编制过程中，需要对三类空间进行统筹协调。生态空间的规划，除了本底之外需要考虑如何构筑一个保护网络。农业空间规划，除了关注农牧业、农地，更要关注农村、思考乡村振兴如何实现。城镇空间规划，首先要有一个大的战略格局，再来衡量如何形成完整的城市空间结构。

把这些问题叠加可以发现国土空间规划总图带有高度的战略指引。我们需要对三类空间进行统筹，而不是把三个空间简单地拼在一起。国土空间规划一定要警惕这样一个简单的拼合思路，简单地进行“多规合一”。“多规合一”是一个技术过程，但是如果没有战略引导就只是一个简单的平衡。一定要用系统思维、规划思维体现规划的战略引领。我们需要运用规划的手法，把生态网络、耕地保护和乡村发展与城镇发展相结合，最终形成规划方案。

9.3.2 生态空间：从底线管控到生态网络

9.3.2.1 规划思路

这一次的国土空间规划最大的特点是全域全要素的规划和管控。也就是说我们需要衡量如何统筹三类空间的关系，而不是简单地把三类空间划分清楚、把三条控制线画好就万事大吉了。

从生态空间来看，生态空间规划的核心是要逐步从底线管理走向生态网络建构，包括以下两点：一是生态空间不能够局限于底线管控，特别不能够只简单地局限于划定生态保护红线；二是要在“双评价”的基础上建构生态网络，以“双评价”作为生态空间规划的前提条件，在识别重要的生态资源和空间的基础上，通过生态廊道的组织、用规划的手法来形成生态网络。

9.3.2.2 案例解析：云南景洪

1）案例特点

景洪是云南西双版纳州的首府城市，具有突出的生态系统独特性和重要性。首先，景洪拥有中国面积最大的热带雨林和季雨林，有我国面积最大的热带雨林生态系统（图 9-16）。第二，景洪也是全球 25 个生物多样性热带区域之一，是我国最大的野生亚洲象种群的栖息地，拥有 5 000 多种高等植物、762 种脊柱动物（占全国 1/4）和 427 种鸟类（占全国 1/3）。

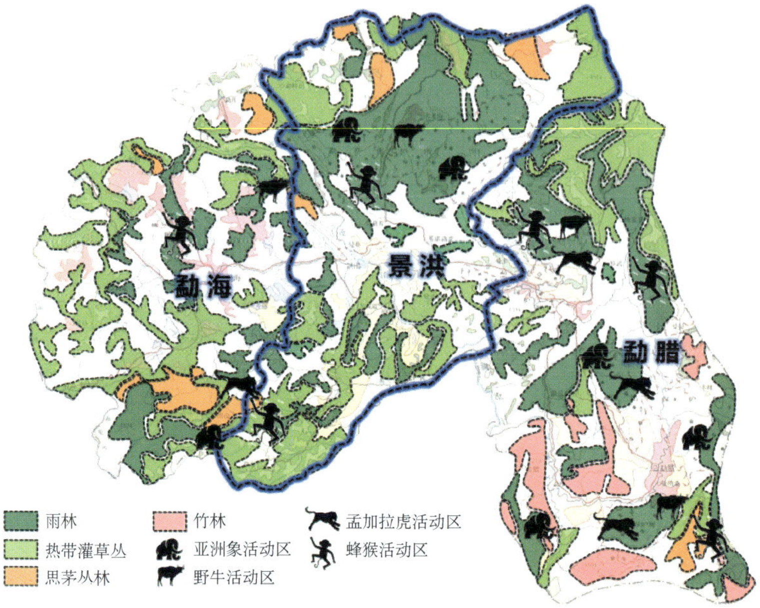

图 9-16 景洪重要生态资源分布示意

但是景洪的生态空间也存在较多的问题。第一，生态空间分布比较零散、不成体系。生态保护红线碎片化现象突出，重要的自然生态系统和珍稀濒危动物植物栖息地未得到有效保护。第二，随着城市建设的拓展，雨林面积在减少。通过卫星影像分析可以看出，市域人工林（橡胶林）面积显著增加，林地显著减少，而同期建设用地面积增加了近 11 倍（图 9-17）。第三，人与动物的空间矛盾日益突出。因为景洪是野生亚洲象的重要栖息地，人类活动对野象的栖息造成了较大的影响。海拔 500～1 000 米是亚洲象活动的主要区域，同时也是当地农作物种植的主要区域，野象迁徙廊道被农业与村庄及基础设施廊道阻隔。第四是管理方面的问题，对于生态空间，也存在多头管理、九龙治水的问题，存在各类自然保护地交叉重叠等现象。

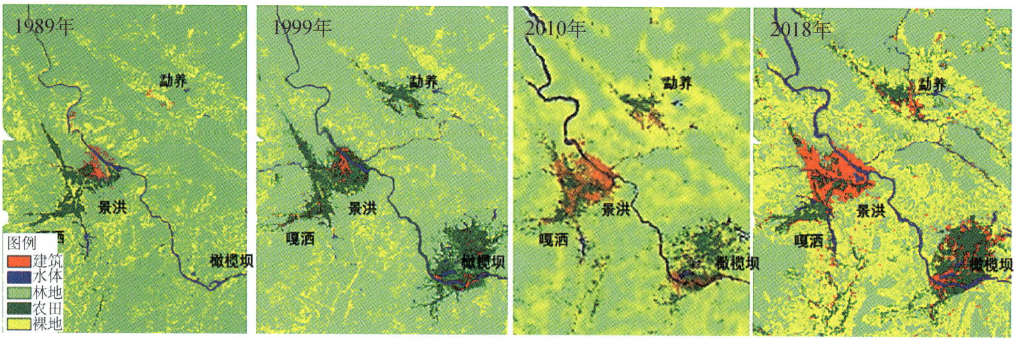

图 9-17 景洪市 1989—2018 年土地利用类型分布

2）生态空间规划策略与规划技术框架

针对这样一个生态系统极度敏感、生态保护重要性极其突出的地区，我们提出建立雨林国家公园为主体的自然保护地体系、形成结构性网络连通的体系化生态空间格局的规划思路。

生态空间也需要规划，而不是简单地把国家划定的生态保护红线、自然保护区、森林公园等落到图斑上去就能解决问题。生态空间的规划也需要规划逻辑和规划思维，需要一套逻辑体系完善的技术方法来支撑。我们拟定了生态空间规划的技术框架：第一步，梳理现状、进行评价；第二步，统筹和识别，统筹自然保护地体系，识别生态源地、生态廊道；第三步，确定生态空间，形成有机的生态网络；第四步，明确生态空间的管控措施（图 9-18）①。

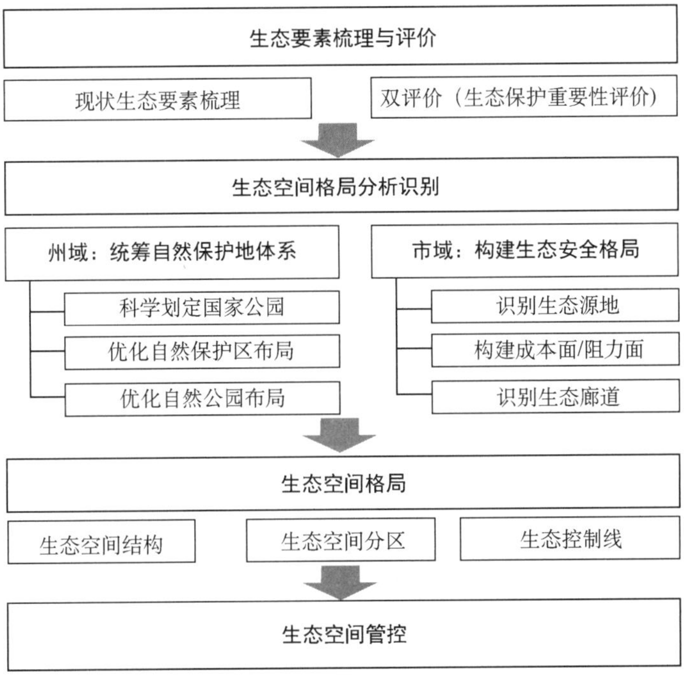

图 9-18　生态空间规划技术框架

3）生态空间规划

第一是现状梳理与评价。简单来说，“双评价”除了国家标准中的规定动作外，我们针对景洪的特殊性做了一些自选动作。比如从雨林的特征出发，在生态保护重要性评价方面选择了地表径流、蒸散发量、土壤可蚀性、降雨侵蚀力等多项重要评价因子来开展评价。

第二是统筹与识别。从区域统筹的角度来看，景洪自然保护地图斑块比较分散，有国家级，也有州级和县级的自然保护区、风景名胜区，需要统筹考虑。另外，也要考虑跨区域

① 彭灼.自然保护地体系空间规划管控的景洪实践[J].中外建筑，2020(03)：84-87.

生物迁徙廊道的统筹。景洪和老挝、缅甸交界，在跨境生物多样性廊道在生物多样性保护中起到关键作用，需要把这些廊道识别出来进而在生态空间里进行管控。所以在具体的分析过程中，我们基于尽可能选择面积较大的天然林斑块、尽可能远离村寨以及保障宽度等原则，衔接《中老跨境联合保护区域亚洲象保护规划》及《西双版纳生物多样性保护廊道管理办法》，划定了区域性生物迁徙廊道(图 9-19)。通过这样的统筹安排，初步建立了国家公园—自然保护区—自然公园三级自然保护地体系。整体的思路是把建立生态空间管控体系，把原来各类保护区矛盾冲突的地方，按国家的统一标准确定核心保护区、一般控制区，以此来协调管理上面临的多头管理、九龙治水的问题。

第三是构建生态网络。基于“双评价”和生态本底分析，我们进一步识别了规模较大、生境较好的大型生态斑块，将其作为生态源地。再通过一些生态技术分析方法(主要是最小阻力分析法)，来进一步辨别规划中潜在的生态廊道，包括两条区域性生物迁徙廊道、一纵两横三条市域主要的生态廊道，以及九条市域次要的生态廊道，通过生态廊道把分散的生态源地串联起来。同时，我们还根据这个地区的重点生态功能和生态保护目标，识别了重点的雨林生态修复区，结合生态源地、廊道评价，划定了重点生态修复斑块。最后，基于生态保护红线、生态源地、生态廊道和雨林重点修复斑块的叠合分析，构建了景洪“一区两脉多廊多核”的生态安全格局(图 9-20)。

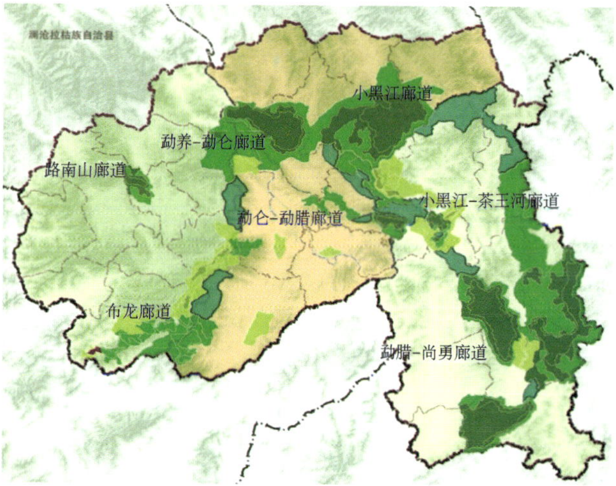

图 9-19 跨区域生物迁徙廊道

图 9-20 生态安全格局规划

生态安全格局的构建一定要有战略思维、规划思维，而不仅仅只局限于底线思维。如果只局限于底线，那一定是一个碎片式的斑块布局，无法形成由有机网络构成的生态安全格局。当然，景洪这个案例比较特殊，城市生态要素比较丰富、重要性也很突出。我们其他一些地方，比如中部一些以农耕为主的平原城市，虽然生态要素没有景洪丰富，但依然也存在生态系统、生态网络，也需要针对地方的实际情况进行针对性的规划。

9.3.3 农业空间:从耕地保护走向乡村振兴

9.3.3.1 规划思路

农业空间也是三类空间中的一类重要空间,对于农业空间规划,一个核心观点是在严格执行耕地保护的基本国策基础上,怎样从农地保护走向农业发展再走向农村发展,也就是如何把耕地保护和未来的乡村发展、乡村振兴相结合。

农业空间规划仍然存在着大量难点,简单的耕地保护不足以解决复杂的乡村问题。农业空间规划需要对农业、农村的土地资源进行统筹安排,农业空间效益的提升需要结合乡村振兴战略来寻求答案。

9.3.3.2 底线管控:耕地和永久基本农田保护

以浙江嘉兴为例来谈谈农业空间的底线管控问题。嘉兴市位于浙江省四大农业区之一的杭嘉湖平原,素有浙北粮仓之称,现状土地利用为六田一水三分地。嘉兴永久基本农田保有率全省最高,耕地质量也是全省最高。但通过“三调”分析也发现了嘉兴在永久基本农田保护方面存在一些问题。一是永久基本农田保护存在缺口,并且补划的难度也较大。二是用地破碎化问题,嘉兴是城镇连绵网络化发展的城镇化地区,城市和乡村很难找到一个很明显的边界。永久基本农田也类似,比较破碎,5 亩以下的永久基本农田图斑、片块占比分别在 10%和 2.7%左右。三是还存在拟调整生态保护红线与永久基本农田重叠以及初划城镇开发边界与永久基本农田重叠的现象。

目前这样的资源本底显然不足以支撑未来现代农业的发展。因此,土地综合整治就非常关键。针对嘉兴面临的问题,我们首先通过评估评价来寻找潜力空间。通过农业适宜性评价,结合耕地质量评价,明确永久基本农田需调整的片区,寻找永久基本农田补划潜力区(图 9-21)。在这样一个平原地区,又是传统的江南水乡,河湖水网密集,永久基本农田往往和生态保护红线存在高度重叠现象。同时,未来城市要拓展的一些重要的空间也会和永久基本农田保护之间产生冲突。与西部地区相比,永久基本农田保护的矛盾非常的尖锐。通过农业的适宜性评价,结合耕地的质量,就可以明确永久基本农田的保护范围。立足于潜力挖潜,包括寻找耕地后备资源,以及农村建设用地的精明收缩,为未来农业空间的优化提供支撑,是农业空间规划需要解决的问题。

同时,针对这样一个位于浙北粮仓但耕地破碎程度比较高的地区,要支撑未来现代农业和规模农业的发展,除了关注耕地数量更要重视耕地质量。除了把底数搞清楚之外,还需要强调土地整治对提升耕地和永久基本农田数量和质量方面的作用。所以在实际操作中,嘉兴提出实施以万千亩田建设为核心的高质量保护永久基本农田行动计划,全面形成以百亩田、千亩田、万亩田为基础,以高标准农田为质量标准,以规模化高效节水灌溉为主体的高质量保护永久基本农田新格局(图 9-22)。

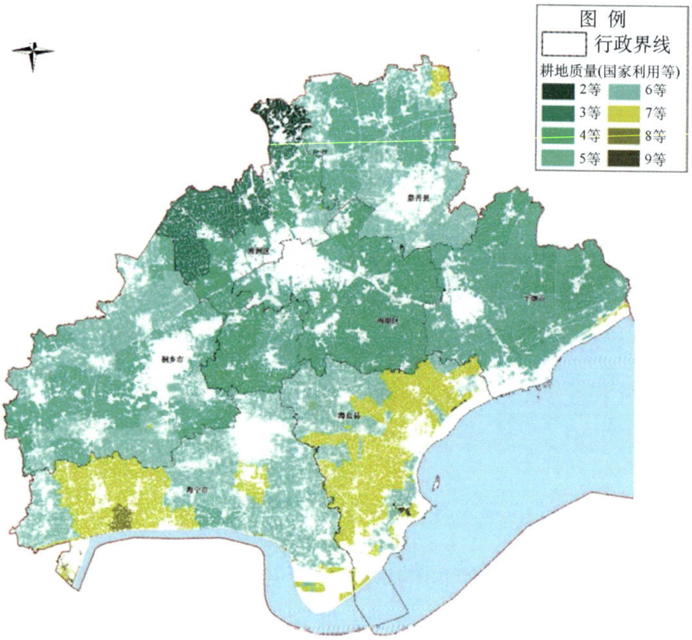

图 9-21　市域耕地质量评价

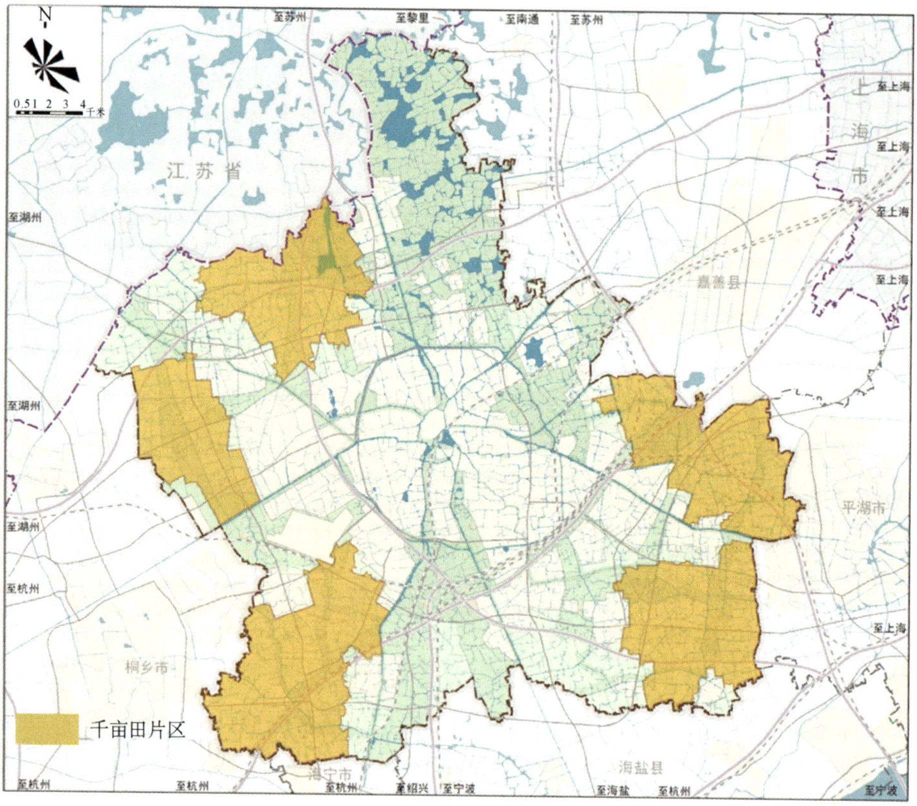

图 9-22　嘉兴市辖区“千亩田”片区

再就是对“三条控制线”矛盾的协调。“三条控制线”在东部地区的矛盾是非常突出的，城镇开发边界内极有可能会有成片或者少量的永久基本农田，能不能够调出？我们认为未来有一些城镇开发边界里面，还可以有一些集中的成片永久基本农田，它不影响我们整体的结构，而且也是更好的一种人和自然的和谐共生，需要做的是要回答怎么把它保护好的问题。这也包括永久基本农田和生态保护红线冲突的问题。我们认为既有整改划出、维系生态的操作方法，对绝大部分为林地园地、需要进行工程性恢复的永农区域，需要整改划出；也可以探索继续保留永农的方式，对绝大部分即可恢复用地，协调生态保护红线，探索休耕轮作的生产方式和管控方式，在恢复农业功能的同时最大限度地保持空间的生态服务功能（图 9-23）。在矛盾协调的基础上，我们进一步对永久基本农田的划定进行了优化，不仅保证了数量，还要提高质量，确定了永久基本农田示范区、集中区、整备区以及优化区等。

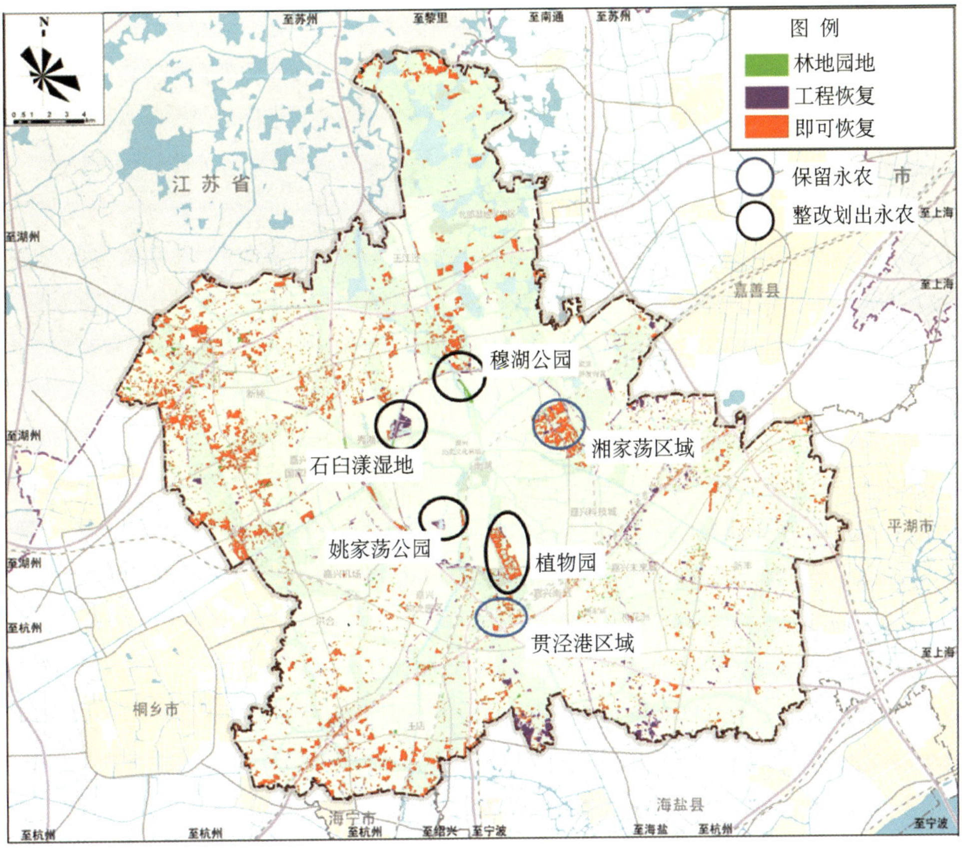

图 9-23　嘉兴市辖区“三条控制线”矛盾协调示意图

9.3.3.3　乡村振兴：促进特色化发展、引导精明收缩

农业空间规划光有底线管控是不够的，我们需要把“三农”问题放在一个更高的规划

视角，把农业用地到农业产业、到农村人居的和谐、到乡村振兴这一条线串起来。这个任务工作量会比较大，但我们认为这就是农业空间规划需要回答、需要去解决的问题。比如怎样去识别乡村的发展潜力，如何引导精明增长。为了回答这些问题，我们不断探索，建立了一个分析框架来识别乡村发展的潜力，以分析和评价作为制定乡村地区差异化发展策略的基础。

以下将以广西壮族自治区的一个地级市为例进行阐述。从现状来评估，我们认为除了土地等核心资源要素进行分析之外，对乡村的发展水平，包括农业现代化的水平、工业发展水平、公共服务设施水平、人口规模、城镇化等一系列要素要进行综合的分析和评价（图 9-24）。也对它的一些特色资源进行了识别，特别是未来乡村振兴，一定要结合乡村地区的生态资源、文化资源、历史资源及特色村落。从未来的美丽中国、美好人居这样一个大的愿景下，对农村地区的分类引导是农业空间规划必须要回答的问题。

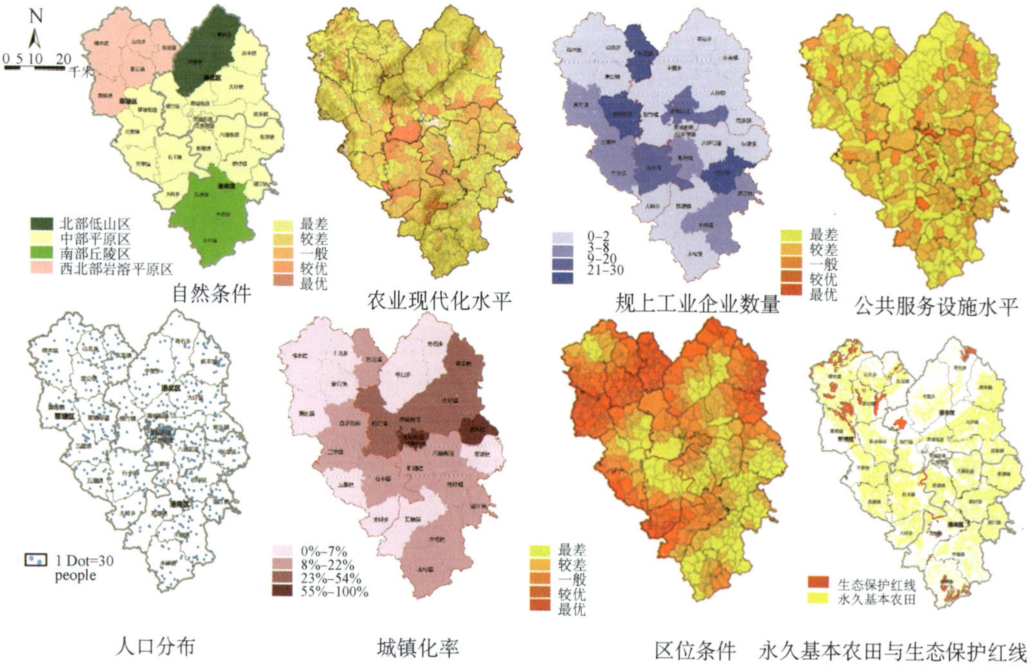

图 9-24　村庄发展基础评估

那么市级层面，我们的农业空间规划应该做到什么深度？在市级层面确定全部的村庄分类难度较大，但是至少应该把分级分类的评估依据确定好，把需要重点保护的特色村落、需要融入城镇的村庄这样一些特殊的类别识别出来。通过一系列的研究，我们认为应该划分乡村发展的不同分区，根据其在乡村振兴方面的主导功能，制定差异化的引导策略（图 9-25）。比如城乡统筹发展区，未来就应该加强与中心城区的联系；而生态保护发展区，就应该重点提升生态功能，坚持生态保护与维育优先；平原现代农业发展区就应该鼓励集中化、规模化的农业种植。

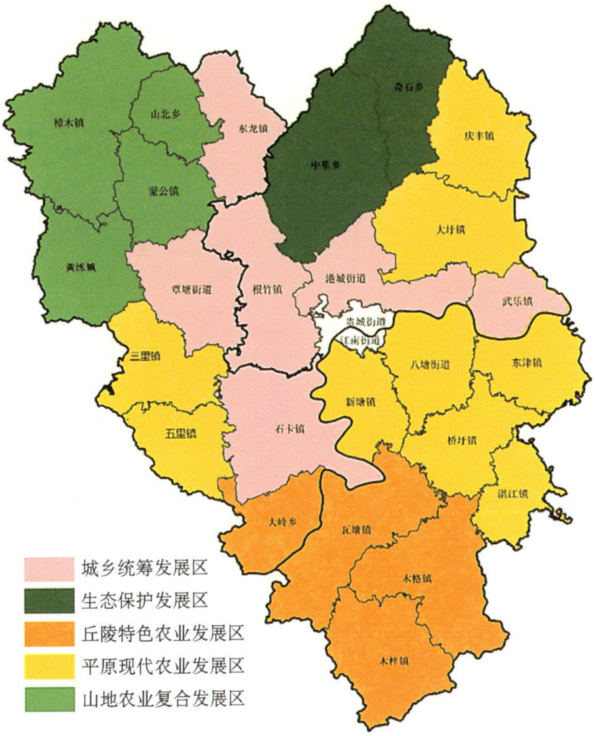

图 9-25　乡村发展分区

虽然地级市面积很大，规划只能提出原则性的指引，但是市辖区的工作我们可以做得非常细，可以确定出市辖区的村庄分类，在综合评估村庄条件的基础上制定分类标准，明确城郊融合类、集聚提升类、精明收缩类、特色保护类，以及搬迁撤并类等村庄。只有把大的村庄分类确定出来，才有可能促进农业空间形成人口—土地—产业的和谐对应关系。农业空间的规划更应该关注农业生产空间和农村生活空间（村庄），以及农业人口之间是否存在匹配关系。在确定村庄分类的基础上，精明收缩、特色发展类的村庄都会有具体的空间落位，这对未来的乡村振兴战略的具体实施将形成非常好的支撑。根据不同的村庄分类，我们也才可能讨论管控要求、设施配置标准等等（图 9-26）。

农业空间虽然看似简单，但也需要进行规划。农业空间规划也需要战略引领，重点解决在耕地保护这样一个底线的基础上，如何向农业产业发展、乡村振兴转变这一问题。农业空间规划对于我们打造美好的人居环境、提高农业空间质量非常关键。

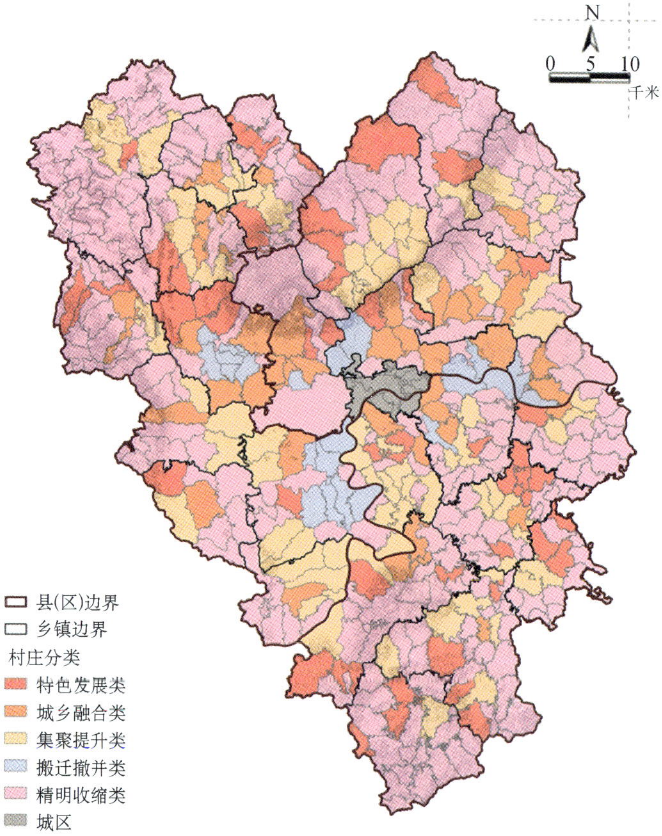

图 9-26 市辖区村庄分类

9.3.4 城镇空间：从规模扩张走向高质量发展

9.3.4.1 划定城镇开发边界

1）立足地方差异，因城施策

第三个空间，城镇空间，可能也是大家最关心的，应该如何去规划？城镇开发边界应该怎样去划分？我们的一个核心观点是要逐步从规模扩张走向高质量发展。当然，东中西部不同地区发展面临的机遇是不一样的，不能简单地一刀切，应该在总量管控的基础上，根据地方的发展阶段发展诉求因城施策、留有弹性。举个小城市的例子，小城市往往发展具有不同的可能性，我们在实际操作中感受更深。可能因为一条路、一个大企业来了就会使一个小城市发生翻天覆地的变化，那么它的城镇开发边界怎样划分才能合适。打个比方说裁缝做衣服要能够合体，不能够束缚住发展，这就需要我们去科学地论证。

简单来讲，规模问题永远是困惑一线设计人员的重点问题。城镇开发边界划定一定要衡量城市发展的阶段性。比如上海、深圳这类城市就已经从增量发展转向了“存量”和

“减量”。但是像中部一些处于城镇化快速发展阶段的城市，必然有发展的空间诉求，应该预留一定的发展空间。如何因城施策？是不是可以采用不同的分类标准，根据城市的发展速度发展动力，5 年一次评估，根据发展的绩效来确定弹性标准。我们选择了四个有代表性的案例来说明这个问题。

第一个城市是嘉兴，它是一个长三角高度发达的城市，城镇化率非常高，而且呈现出非常典型的城乡一体网络化发展、城乡高度融合的态势。所以很难明确地看到城镇乡村的边界。当然，虽然它也会有一定的增量但是不会太大，我们更多地要转向“存量”和“减量”，着重结构优化和效益提升，更需要关注内部怎么样挖潜来满足发展的需求（图 9-27）。这是东部城市面临的非常普遍的问题。

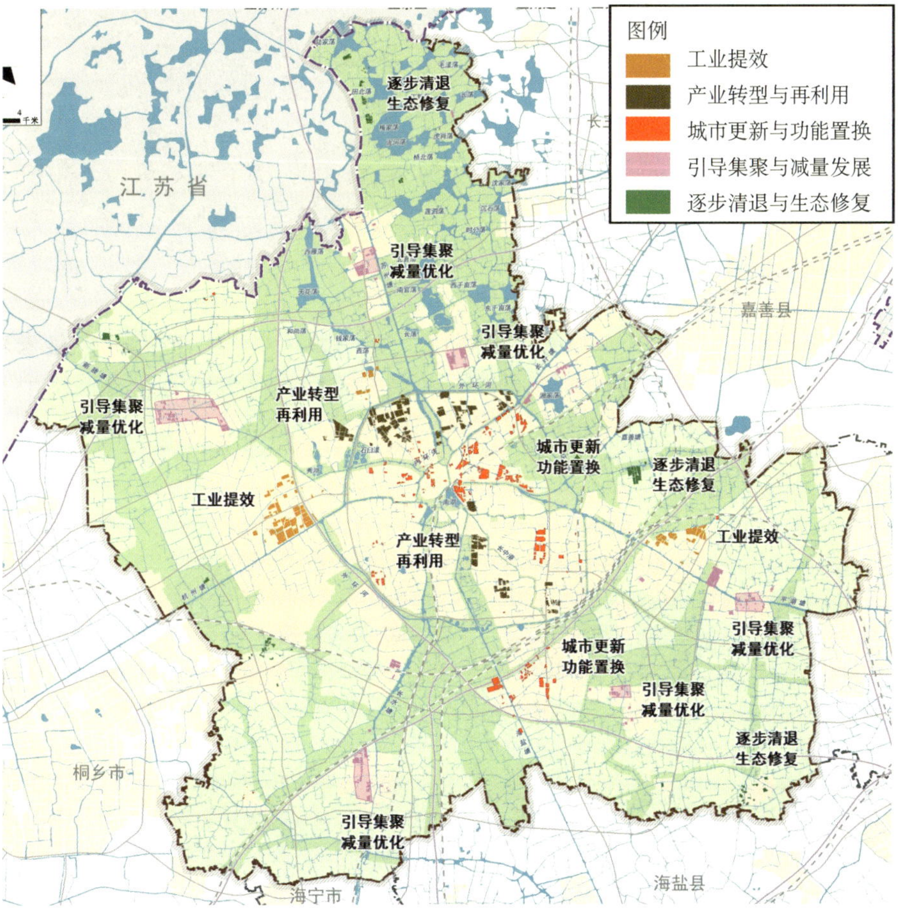

图 9-27　嘉兴市存量用地分析

第二个城市是荆州，它是江汉平原的中心城市。荆州城镇化率目前还没达到全国的平均水平，随着一系列如蒙华铁路、港口、产业等重大项目在荆州的集聚，它依然还有增长诉求，这个诉求往往还比较大。这个时候就一定要分析城镇化的发展阶段和发展潜力。

给这些地方的指标要稍微地宽松一点，才能够满足城市未来发展的需求。当然荆州还面临着行政区划的调整，未来中心城区要和公安江陵一体化发展等这些诉求都要求我们从战略层面去研究，这也正体现了我们规划的战略思维(图 9-28)。

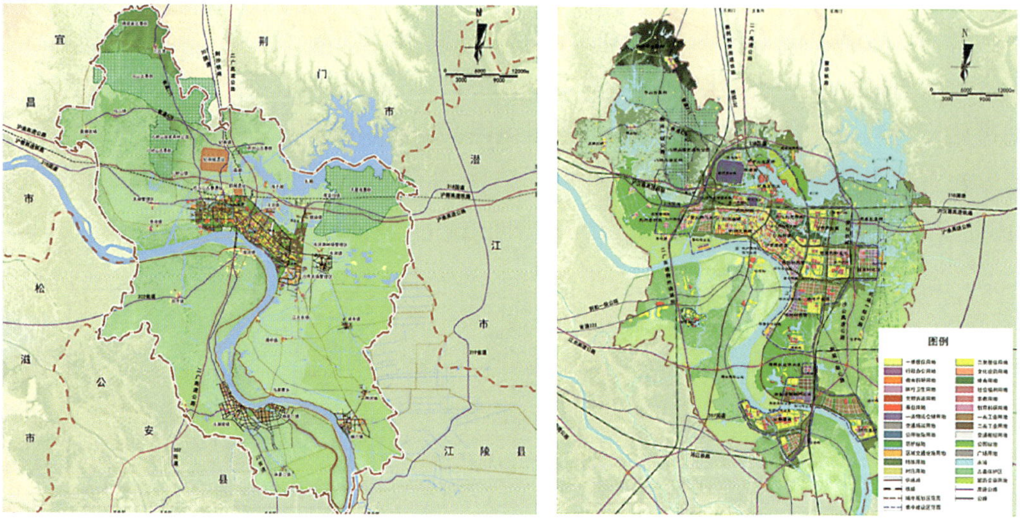

图 9-28　荆州现状(左)及战略规划诉求(右)

第三个城市是景洪。这个城市非常有特色，它的城镇化水平不是很高，但是未来并不需要走规模扩张的道路，更多的是要寻找特色化的发展路径，在生态保护的前提下发展旅游业、茶产业等特色产业。这样的城市，更需要在全域来统筹乡村振兴与旅游发展(图 9-29)。

图 9-29　寻求特色化发展的城市

第四个城市案例，是东北的城市，根据8～10年的发展来看，城市不仅没有增长，还在收缩。对于这类城市，我们可能更多要优化它的城市空间品质，而不是简单地通过划定城镇开发边界来解决问题。

2）城镇开发边界划定的多情景应对

以我们正在编制规划的中部地区一个地级市为例来谈谈城镇开发边界划定过程中的多情景应对问题。这个案例非常有代表性，城市由一北一南两个城区组成，一大一小，一个是市政府所在地，另一个是历史文化名城，中间还有一个地方机场。城市规模不大，但是国家区域化交通设施的建设，区域性的高铁、高速公路建设对城市空间结构产生了比较强的引导作用。所以在研究空间方案的时候，我们和铁路方面的设计单位进行了多轮沟通。我们需要分析高铁的各种走线可能，如果从东边走，车站设在哪里？会对城市产生什么样的影响？如果还是传统的西线高铁方案，城市又会是一个什么样的结构？其他包括机场搬迁问题，这些都是影响城市特别是小城市发展的重要战略因素。所以，前期我们在研究城镇开发边界划定的时候，既要研究指标分配，到底规模多大、需要留多少弹性，更要研究如何把这个指标落地。

我们拟定了城市空间结构的不同情景方案，这应该是我们规划人员比较擅长的。我们模拟了三种情景方案。第一个情景方案，如果未来主要的高铁走西线，主要的站点在西线，那主要的增量空间也就在西线，需要通过西线拓展来组织城市空间。第二个情景方案是强心带动，围绕着主城中心进一步集聚强化，包括高铁站点、包括配套产业都在主城布局。副中心则突出历史文化名城保护，突出特色发展，两个城区之间保持一定的生态空间和生态隔离。因为城区之间有生态要素、有机场等很复杂的因素，而且机场短期来看没法搬迁。第三个情景方案，东线拓展。高铁未来如果从东边走，那么它对城市的发展就必然会带来一个新的影响，东部的高铁站、城市功能都会发生变化。包括两个城区中间的部分，我们也考虑到远景的可能性，如果这个机场真的是搬迁了，那么对于这样一个中小城市，就可以打造一个带状的三组团城市。当然目前来讲，跨度可能还比较远，但是我们的规划一定要有战略思维，不只是为了这一次的国土空间规划编制，不是把这些指标落地了就结束了。应该说规划要为未来的长远合理发展预留可能，至少不能够形成障碍。所以我们会设定这样三个不同的情景模式来分析研究城市空间拓展的可能（图9-30）。中小城市更要研究城市的发展愿景，研究不同的形态、不同的结构、不同的方向，而不是简单地在图上按照一个现状往外扩多少比例，简单地画一条线，我们认为这可能会给中小城市未来的发展造成极大的困惑。

当然，最终方案的确定需要上级部门统一协调。但作为规划师，需要站在市长的角度充分做好参谋的作用。不同的城市发展既要符合国家的政策规范，尽量少占永久基本农田和稳定耕地，又要能够满足城市发展，在发展和保护之间取得一个平衡。对中西部地区处于快速发展阶段的城市，这个环节是至关重要的。

	情景一：西线拓展	情景二：强心带动	情景三：远景设想
规模	170平方千米	165平方千米	190平方千米，规模偏大
高铁站点选址	充分利用现有铁路线位与站点	共规划3个高铁站，新建两个，原址扩建1个。新建成本高	共规划2个高铁站，其中新建一个高铁站，原址扩建1个
机场搬迁的不确定性	保留原机场，预留新机场位。不受影响	保留原机场，预留新机场位。不受影响	搬迁机场，做强中部板块，受不确定性影响较大
生态保护	湘江西侧开发用地占用公益林，以及部分地质不适合开发区域	控制较宽生态廊道，以特色小镇、精品小镇为开发模式	缺乏生态特色，有连绵发展趋势
产业发展	最大保障集中产业用地，促进西部产业带形成	受地质条件影响，产业用地规模受限	受地质条件影响，产业用地规模受限
中心形象	做强现有城市中心，受棚户区改造限制	结合冷水滩现状中心，向南拓展，共同打造城市中央活力区	集中打造城市新中心，提升城市形象

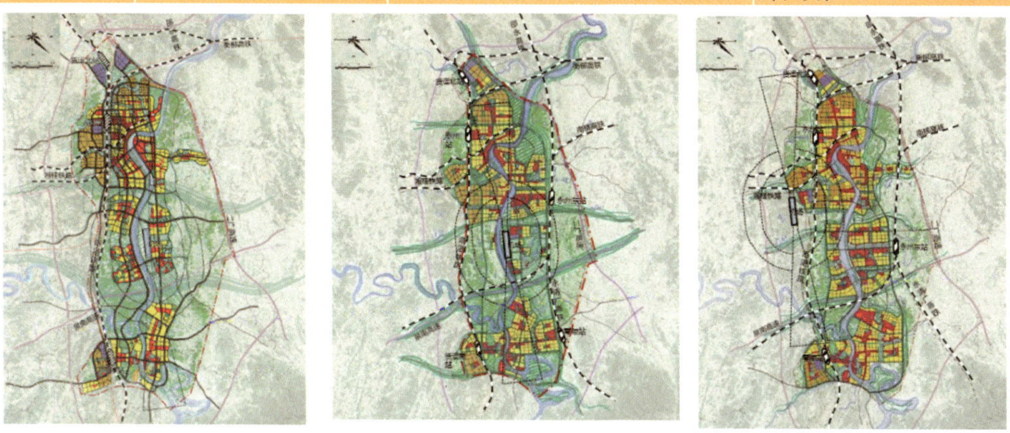

图 9-30 城市空间结构三种情景方案

9.3.4.2 提升城市品质

国土空间规划，特别是市县层级的总体规划，除了关注市域、协调好三类空间之外，中心城区的提升优化也是规划需要回答的问题。中心城区要体现以人为本，补短板提品质，要完善道路系统、提高道路网的密度，我们很多城市都存在着主干道很宽、但道路密度很低的问题。当然，城市品质的提升也包括怎么营造水绿空间和城市开放空间，包括基于社区生活圈推动社区服务中心建设等等。包括这次疫情对我们也是一个非常重大的考验，我们未来的城市治理、公共空间、公共服务，以及怎么更好地建设健康城市，都是我们中心城区规划需要回答的问题。

9.4 总结与思考

1）客观看待“双评价”，开展工作时要体现地方特点和特殊性

我们用不同的案例阐述了“双评价”的实际操作，核心观点是要客观看待“双评价”的作用。作为本底分析的重要工具，“双评价”能够发挥重要作用，但“双评价”作用的发挥，

需要针对地方特色、针对地方特色资源来开展评价。针对性强的、好的“双评价”能够帮我们快速地认识到地方的问题，进而为以后的规划工作提供依据。

2）重视空间规划的战略思维，小城市也有大战略

空间规划一定要有战略思维。我们经常讲小城市也有大战略，小城市的发展具备更强的可变性和灵活性。我们要充分研究小城市发展的不确定性，在此基础上来谋划城市的空间格局。至少在这一轮的国土空间规划中，一定要在战略引领之下协调好城镇空间和生态空间以及农业空间的关系。如果有的地方因指标的限制导致城镇开发边界画得小了一点，也一定要在规划里为未来的长远发展留出合理的弹性。

3）要突出规划的核心价值，注重系统思维及统筹协调

此次国土空间规划编制，依然要体现“规划”在其中的核心价值，也就是说需要有系统思维，对三类空间进行统筹与协调。而不是简单地把生态保护红线、永久基本农田落地，把中心城区划一个城镇开发边界，就认为解决了本次国土空间规划编制的所有问题。

4）要认识到规划运行体系建设的重要性

这次国土空间规划编制还有一个难点，即怎么让编制的规划发挥作用？一定要构筑一套管控体系，把规划和空间治理、国家治理水平提升结合起来。只有把改革的精神吃透，理顺传导路径、强化规划实施的机制设计、完善管控政策，才能够真正发挥国土空间规划的作用。

10 乡镇级国土空间总体规划的必要性、定位与重点内容*

彭震伟 张 立** 董舒婷 李雯骐

2019 年 5 月，中共中央、国务院发布《关于建立国土空间规划体系并监督实施的若干意见》，提出将主体功能区规划、土地利用规划、城乡规划等空间规划融合为统一并分级分类的国土空间规划。对应我国的行政管理体系，形成以国家级、省级、市级、县级、乡镇级五级，以总体规划、详细规划、专项规划构建三类空间规划体系①（图 10-1）。其中，关于省级、市级和县级国土空间规划的讨论已经很多，但乡镇层面的探讨尚未展开。空间规划改革背景下，乡镇作为我国行政区划的重要基础单元，该层次的空间规划上承市县国土空间总体规划，下引详细规划（含村庄规划），十分关键。

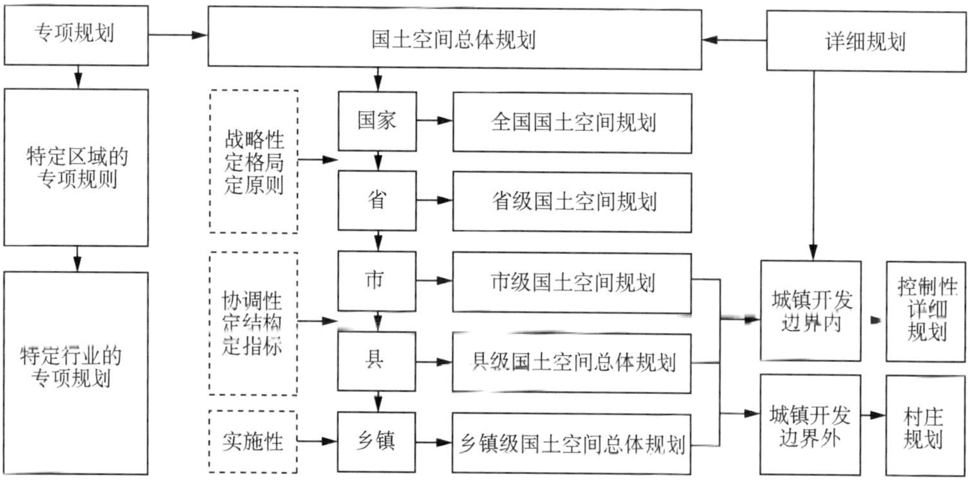

图 10-1 国土空间规划体系

截至 2017 年年底我国有建制镇 18 085 个、乡 10 314 个，合计 28 399 个乡镇（中华人

---

* 文章转载自：彭震伟，张立，董舒婷，李雯骐.乡镇级国土空间总体规划的必要性、定位与重点内容[J].城市规划学刊，2020(01)：31-36.

** 彭震伟，同济大学党委副书记、教授，中国城市规划学会常务理事、小城镇规划学术委员会主任委员。邮箱：pengzhw@tongji.edu.cn

张立，同济大学建筑与城市规划学院副教授，中国城市规划学会小城镇规划委员会秘书长，同济大学城市建设干部培训中心主任。邮箱：leonzsh@tongji.edu.cn

① 中央文件并未明确提出五级三类，所谓的“五级三类”是在后续的自然资源部新闻发布会时总结归纳提出。

民共和国住房和城乡建设部，2017），总人口规模达到 9.8 亿人，占全国总人口的 70.5%。据测算，1982—2010 年，中国城镇化发展中的“镇”化贡献率为 44.1%①；2010—2015 年，进一步攀升到了 55.1%②。从用地方面来看，2016 年乡镇的镇区建设用地面积达 40 815 平方千米，占当年全国城镇建设用地总量的 43.6%③。这表明，乡镇在协调城乡关系、促进城镇化发展中起到重要的推动作用。因而，推动乡镇层面国土空间规划编制的规范性和有效性关乎中国城镇化和经济社会的健康发展，审慎研究与设计乡镇层面的国土空间规划具有现实必要性。

新时期的国土空间规划体系重构，对于乡镇层面规划的内涵提出了新要求，即在有效整合既往的土地利用总体规划和乡镇总体规划等必要内容的基础上，探索新的全域统筹框架，并积极对应（和改革）乡镇政府的事权职能，使乡镇地域内的国土空间资源保护、开发、利用和治理有序开展。本文基于对我国乡镇基本特征和现存规划问题的剖析，结合政策要求提出对乡镇国土空间总体规划的定位思考，并提出初步的重点内容架构，以期对相关的技术指南、规程等的制定提供参考。

10.1 乡镇总体规划的尴尬处境

10.1.1 乡镇两规内容与现实管控需要相背离

乡镇作为最低层级的总体规划编制单元，同时也是“多规冲突”最直接的呈现平台（图 10-2）。目前，乡镇层面的核心规划仍是乡镇总体规划（简称“乡镇城总规”）和乡镇土

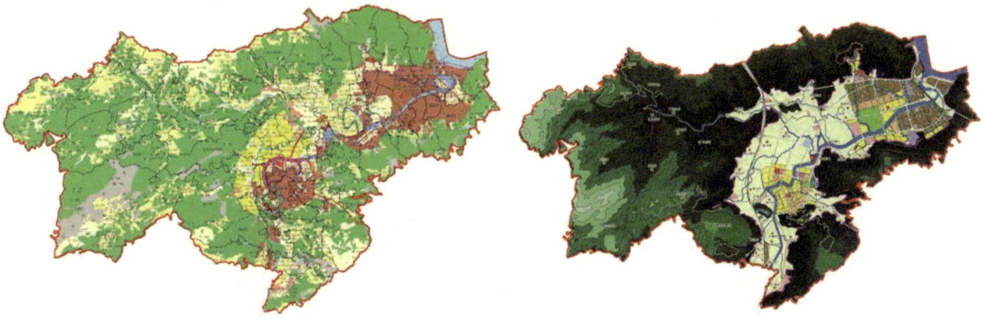

图 10-2 浙江省温州市藤桥镇“城总规”与“土总规”

资料来源：温州设计集团有限公司，2017.

① 张立.中国城镇化四十年[M].中国建筑工业出版社，2020.

② 刘盛和，王雪芹，戚伟.中国城镇人口“镇化”发展的时空分异[J].地理研究，2019，38(1)：85-101.

③ 乡镇镇区建设用地统计口径包括建制镇、乡和乡镇级特殊行政区，数据摘自住建部全国乡镇统计数据表；城市数据摘自国家统计局网站年度查询查询专栏。

地利用总体规划(简称“乡镇土总规”),但长期以来两规存在规划目标分离、技术路线偏差、实施手段偏差等多方面的突出矛盾,削弱了各自的严肃性与权威性①。传统的乡镇城总规强调对地方发展的战略引领作用,但普遍存在“重镇区建设而轻全域统筹”的问题,且在技术方法上沿用城市总规的范式框架和指标体系②,缺少对乡镇及农村的特定问题及现实需求的回应,从而使得乡镇城总规存在较大的局限性。

传统乡镇土总规以“保护耕地和基本农田”为主导思想,强调自上而下的土地指标分配和边界管控,但其垂直分解的操作方式往往过于粗放、均质而忽视现状条件中的差异,且难以匹配地方的实际发展需求。与此同时,既往的土地利用规划实施“县乡同步编制”的工作方法,且管控权力和审批权极度集中(省级和国家级,或者授权设区市审批),往往导致乡镇在完成了县市的数据搜集等基础任务之后,完整的乡镇土规编制不了了之,很多乡镇无完整的正式成果。

而在管控层面,目前针对区域性的空间管制手段尚缺乏明确的技术标准与规范,乡镇规划(土总规和城总规)原本应在村镇层面具有实施性的空间管制作用,但实际的全域管控能力低下。主要体现在规划编制过程中“先图后底”做法普遍、空间管制分区随意,加之规划管理中有效手段的缺乏造成了自然资源保护和监管在乡镇层面的严重滞后。

10.1.2 乡镇总体规划的向下传导与落实差

目前乡镇层面基本有一套完整的城总规成果,但下位详细规划层面的控规、城市(镇)设计及村庄规划的编制完成度较低,这直接导致城总规的落地实施性较差。另一方面,在对村庄规划的引导上,既往的乡镇城总规对村庄单元仅做宏观的体系性引导(如划定中心村、基层村等),而不涉及村庄具体的管控内容和建设指导;传统的乡镇土总规对于村庄的管控也仅限于建设用地与非建设用地的区分(三区四界),对村庄建设的管控作用较弱,且讨论多年的村庄土地利用规划基本没有启动编制。总体来看,乡镇两规都表现出对镇村的不适应性,难以全面指导乡镇的发展和对空间资源的有效管控。

10.1.3 乡镇镇区的二元土地制度明显,城乡建设用地混杂

城乡二元土地所有制的并存在乡镇层面体现明显。2016 年,住建部主持的全国 121 镇调查显示,乡镇镇区建设用地中的集体用地占比高达 60%,而镇区内仍有行政村的

---

① 肖昌东,方勇,喻建华,等.武汉市乡镇总体规划“两规合一”的核心问题研究及实践[J].规划师,2012,28(11):85-90.

② 陈小辉,邱白嫣.乡镇总体规划中的“囚徒困境”及脱困之道:兼论乡镇总体规划逻辑系统还原与重构[J].城市发展研究,2017,24(4):1-6.

城镇比例则高达64%①,这也使乡镇镇区总体呈现出低密度和松散的空间结构。与此同时,乡镇人均建设用地面积较大。

乡镇土地的这些特征亦间接导致了传统两规的频繁失效。乡镇城总规主要沿用了城市用地的规划方法,对于存在大量集体用地的镇区而言,显得水土不服。住建部组织调研的121镇数据显示,人均城镇建设用地高达207平方米,虽然反映了乡镇土地利用的粗放,但也反映了乡镇总体规划的用地指标管控标准与地方实际之间的巨大偏差。乡镇土总规在镇区的表达仅仅是"红斑",并未区分土地权属的差异,亦未实施用途管制分区,即"粗放有余,精细不足"。

10.1.4 乡镇规模差异大、职能不完备,单一的既有规划标准难以应对

我国乡镇的规模差异很大。虽然乡镇的平均辖区规模是220平方千米(表10-1),但最大的乡镇辖区达5.2万平方千米(新疆若羌县罗布泊镇,相当于25个深圳,2017年人口4 300人)。从镇域常住人口规模来看,75%的镇在5万人以下,但也有超过300个建制镇(非县城)的镇域人口规模超过10万人。从镇区常住人口规模来看,2016年年底镇区人口大于10万人的特大镇有72个(除去县城关镇以外)(表10-2),但是由于我国设市标准和审批过于严格,通过法定程序自上而下实现"建制镇升格为市"的十分稀少。

表10-1 2016年全国乡镇基本情况

	建制镇	乡	乡镇综合
数量(个)*	21 116	10 529	31 645
平均人口数量(万人)*	4.15	1.88	3.26
平均行政区域面积(平方千米)*	188	270	220
平均建成区面积(公顷)**	220	63	158
人均建设用地面积(平方米/人)**	204	223	207

数据来源:*2017年住建部乡镇统计年报数据;**赵晖,等,2017

表10-2 2016年乡镇建成区常住人口累计百分比

建成区常住人口(万人)	所含镇(个)	累计占比
0.3以下	3 315	18.99%
0.3—0.5	471	21.69%
0.5—1	7 981	67.42%

① 赵晖,等.说清小城镇:全国121个小城镇详细调查[M].中国建筑工业出版社,2017.

续表

建成区常住人口(万人)	所含镇(个)	累计占比
1—2	3 515	87.56%
2—3	1 103	93.88%
3—4	479	96.63%
4—5	233	97.96%
5—6	123	98.66%
6—7	78	99.11%
7—8	40	99.34%
8—9	31	99.52%

数据来源:根据2017年住建部乡镇统计年报数据分析整理(不含县城关镇)

与此同时,当前我国乡镇一级政府的职能不完备,不具有独立财政和建设审批等权力,涉及建设空间管控和非建设空间管理的事权十分有限,尤其对重要自然资源的管理权限几近缺失,致使乡镇层面对于生态资源保护与监管缺乏足够的重视,这也是我国山水林田湖草等自然资源破坏严重的原因之一。

与乡镇之间巨大的差异相矛盾的是,现有的规划标准、编制办法、技术规程等(无论是"城总规",还是"土总规"),缺少分类指导的针对性内容,基本是整齐划一的规定性条款,导致规划的适应性差,难以因地制宜满足实际的建设管理需求。

10.2 空间规划改革对乡镇层面的要求

10.2.1 国家治理现代化要求乡镇规划管控与事权协同

本质上看,空间规划是国家开展空间治理的重要手段。新的国土空间规划体系作为推进国家治理体系和治理能力现代化的重要抓手,将重构不同层级政府之间的事权关系,成为规制地方发展的重要治理工具。乡镇政府作为我国行政体系的基础单元,应当在当下事权有限①的条件制约下,积极响应国家治理体系现代化建设的目标,建构起与乡镇事权高度匹配的规划管控体系,以及探索重构适应现代治理要求的乡镇事权体系。乡镇作为一级地方政府,应有总体层面的规划来引领和管控全域国土空间的保护、开发、利用和治理。

① 就规划建设领域而言,乡镇无规划审批权限,且控规不在本级政府审批。

10.2.2 城乡融合发展要求乡镇承担自然资源和生态保护的作用

"十八大"以来，生态文明成为指导我国各方面建设的重要思想。《若干意见》中明确要"坚持生态优先、绿色发展"的理念，这就要求国土空间规划体系的建构要建立在生态视角与生态价值观之上①。乡镇作为最接近自然资源的政府层级，具有重要的自然资源和生态保护的作用，是国土空间规划有效实施的关键。此外，乡镇的产业发展、基础设施和公共服务设施布局等需要有总体层面的布局安排，发挥城乡统筹作用，既要考虑与县市的衔接，也要考虑与乡村的融合。

10.2.3 乡镇实现高质量发展和高品质生活是新型城镇化的客观要求

2018 年国务院政府工作报告提出"高质量发展的要求"，分级分类的国土空间规划体系的建立与完善是推进高质量发展的重要举措，也是国家新型城镇化的客观要求。相较于传统乡镇城总规和乡镇土总规，新时期的乡镇国土空间规划强调对全域各类自然资源的管理和空间资源的有序开发利用，不仅落实"多规合一"，更要充分重视城镇、农业、生态三大空间的发展质量，促进发展方式、生活方式及治理方式的转变②。显然，实现高质量的乡镇发展，仅靠县市层面的国土空间规划是难以实现的，需要因地制宜、深化细致的乡镇级国土空间规划。

10.3 我国乡镇国土空间总体规划的定位特征

10.3.1 国际经验：服务地方发展诉求，匹配乡镇事权

以具有典型意义的英、法、日三国规模尺度与我国乡镇较为相近的行政单元为对象，其空间规划的特点、事权关系等对思考新时期乡镇国土空间总体规划的必要性和定位等有参考和借鉴价值。英国现行地方层面的空间规划包括地方规划和社区规划，前者是总体层面的规划，后者是偏向于实施和详细层面的规划。地方规划主要应用于市、郡、区级的行政单元，由地方规划当局进行编制和审批，从尺度上与我国乡镇类似③。法国的市镇层面包括市镇或市镇联合体，与我国的乡镇在规模尺度上大体相当。法国在市镇层面编制《地方城市规划》和《市镇地图》，前者针对较大的市镇或市镇联合体，后者适用于较小的

---

① 杨保军，陈鹏，董珂，等.生态文明背景下的国土规划体系构建[J].城市规划学刊，2019(4)：16-23.

② 庄少勤.在 2019 城市发展与规划大会上的讲话[C].2019.

③ 田颖，耿慧志.英国空间规划体系各层级衔接问题探讨：以大伦敦地区规划实践为例[J].国际城市规划，2019，34(2)：86-93.

市镇,主要划定分区、提出具体土地利用和建设指标,作为实施地方规划管理的依据①。日本的空间规划包括国家、都道府县和市町村三个层级,其中市町村是最基层政府,从市到町到村,其乡村性越明显。从规模上而言,日本的町村与我国镇乡较为匹配。町村与市一样,有自己的土地利用规划,内容偏重总体概要性和发展导向性②。

从国际经验可看出,各国在乡镇层面普遍有总体层面的空间规划作为地方发展的指引,其空间规划主要是在相关的法律法规的框架约束下,服务于地方发展的需要而编制,且与地方政府的事权高度匹配③。

10.3.2 明晰县乡事权划分,适当下放县级规划建设管理权限

《若干意见》中指出,按照"谁组织编制、谁组织实施""谁审批、谁监管""管什么就批什么"的原则进行国土空间规划的编制与监管。结合我国的行政管理体制特点,乡镇国土空间总体规划既要与当下的乡镇事权相匹配,也要明晰并尝试改革县与乡镇之间的事权划分,逐步因地制宜地适当下放县级规划建设管理权限,提升乡镇政府的执政能力。要结合"强镇设市"的改革趋向④,进一步定向下放国土空间资源的管理权限(如城镇开发边界内具体的土地用途管制等),明晰乡镇政府在自然资源管理、监督和巡查方面的作用。乡镇国土空间总体规划应兼顾镇区(集镇)的发展诉求,实现覆盖全域全要素统筹的规划管控。

10.3.3 传导市县规划的管控要求,强化实施性

市县国土空间总体规划是乡镇的上位规划,因此,乡镇国土空间总体规划承上须严格衔接落实市县规划中的相关内容,主要包括指标衔接(如永久基本农田、自然岸线保有率等保护类指标;城乡建设用地规模等开发类指标;高标准农田建设面积等修复整治类指标等)、分区衔接(如三区三线控制区线;红线、黄线、蓝线、紫线等二级控制线,以及用途区划定等)和名录衔接(如各类保护区、文保单位、重大项目等)等。

与此同时,在县市国土空间总体规划编制阶段,宜实现县乡联动、同步编制,从而确保县市层面获得足够的、有效的、精准的信息反馈,也能同时确保乡镇发展诉求在县市国土空间总体规划中得以呈现。

---

① 孙婷.基于市镇联合体的法国小城镇发展实践及对我国的启示[J].小城镇建设,2019,37(3):26-31.

② 谭纵波,高浩歌.日本国土利用规划概观[J].国际城市规划,2018,33(6):1-12.

③ 但也必须看到,西方国家的行政体制与我国不同,地方政府的自治性强,上一级政府对下一级政府的管控力相对较弱。

④ 张立,董舒婷.国家治理现代化趋向下中国特色的市制体系建构:暨关于"镇设市"的讨论[J].城市规划学刊,2019(6):32-37.

10.3.4 创新镇区空间用途管制方式

对于乡镇本级，除了全域层面进行各类资源的保护与开发利用外，重点和难点在于镇区空间的用途管制方式。要创新空间用途管制方式，区分国有建设用地和集体建设土地，探索用途准入和用途许可制度。在国有建设用地上采取类似于英国的规划许可制度，在集体建设用地上采取类似于日本和中国台湾的建设开发许可制度①。前者与当下的城镇建设用地管控许可方式一致，后者需要进一步探索实践，在保障土地权益人和外部效应之间取得有效平衡。

此外，对于乡镇国土空间总体规划与详细规划的编制关系，处理方式有两种：采取总规详规一体化的编制方法；采取"主导功能分区 + 关键要素控制"的方法。

对于第一种方法，实际上在既有的《城市、镇控制性详细规划编制审批办法》的第十条②就已经提出过"总控规一体化"，但是多年来相关实践较少，这从侧面印证了这种方案的"水土不服"。即便是面对新的国土空间规划体系，其虽然能一定程度上一步到位、简化规划层级，但其适用范围存在一定局限性（大镇强镇的适用性差），且审批修改会比较特殊，不利于国土空间规划体系下各层次规划的内容统一。

对于第二种方法，针对重点和关键内容可以做精做细，做到详略得当。该方法下，镇区规划将摆脱城总规精确到地类的技术传统，通过划分主导功能分区，利用各分区进行指标和要素控制，明确主导功能、开发强度等关键指标以及公共服务设施与市政基础设施等的配置和选址要求等，同时结合主导功能区内其他管控要素（如历史建筑/生态保护等要求），最终形成"主导功能分区 + 关键要素控制"的镇区规划方式，向下传递指导详细规划。该做法能够避免"总规详规一体化"带来的总规修改频次过多的问题，同时填补传统城总规对于控规核心指标传导和管控不足的弊端，亦能很好地与现行国土空间总体规划体系相融合。

10.3.5 统筹引导村庄（详细）规划

在新的国土空间规划体系之中，市县层面要完成村庄布点工作，乡镇国土空间总体规划作为市县规划与村庄规划的中间层级，应成为村庄建设管控的主体平台，并承担在《关

① 李名扬，孙翔.城市土地利用控制开发许可制度比较研究：以英国、日本、中国为例[J].中国建设信息，2005(17)：26-28.金俭，吕□.论台湾土地开发许可制及其对大陆地区的启示[J].湖南师范大学社会科学学报，2013,42(3)：47-54.

② 该条文说明，"规模较小的建制镇的控制性详细规划，可以与镇总体规划编制相结合，提出规划控制要求和指标"。但是该条文叙述较为模糊，对于规模较小的建制镇界定不明确，相应的技术方法与编制审批程序不完善，应用相对较少。

于加强村庄规划促进乡村振兴的通知》中明确的“暂时没有条件编制村庄规划的,应在县、乡镇国土空间规划中明确村庄国土空间用途管制规则与建设管控要求,作为实施国土空间用途管制、核发乡村建设规划许可的依据”的重要责任(图10-3)。实际上,就目前我国的实际情况而言,大部分村庄没有实际的建设需求,编制完整村庄规划的动力不足。过去多年来的实践也已证明,所谓全覆盖的村庄规划编制,基本上仅仅满足了主管部门的“统计”之用,现实中基本不具备操作性。

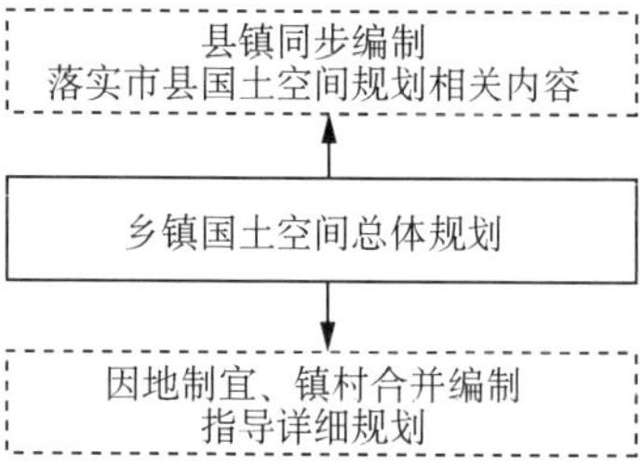

图10-3 乡镇国土空间总体规划的定位与作用

因此,在当下国土空间规划的改革中,应紧紧抓住乡镇作为一级地方政府的管理优势,在乡镇层面实现镇村空间(总体)规划合并编制、全域覆盖,以实现对村庄的规划建设管控。可以以图则形式,辅以正负面清单索引,通过“要素+指标+图示+名录”的方式对村庄的规划建设进行底线管控,作为一般村庄的建设依据。同时要把握好乡镇层面对村庄建设的管控边界,切实明确村庄规划是详细规划。在乡镇国土空间总体规划中明确村庄的建设边界(规模),并能够切实引导城镇开发边界外的详细规划①编制。

对于人口大村、经济强村和历史文化名村、传统村落等特殊类型的村庄,可以在乡镇层面底线管控的基础上,编制专门的综合性村庄(详细)规划,但在乡镇层面仍应覆盖基础的管控要求。

10.4 乡镇国土空间总体规划的重点内容

国土空间规划改革背景下的乡镇国土空间总体规划不仅是对于原乡镇多规的整合,更是一种从编制、审批、实施、监管全流程的全新探索,是生态优先导向下对于乡镇国土空间开发、保护、利用和治理格局的整体谋划,兼具底线管控与发展引导。对应我国乡镇事权特征和改革趋向,乡镇国土空间总体规划中的重点内容应包括各类自然资源保护、国土综合利用管控、乡镇域空间格局统筹、镇区空间弹性规划和村庄建设底线管控等。

10.4.1 严格保护乡镇全域自然资源

在乡镇国土空间总体规划编制中,有必要对自然资源各类要素做出精准管控,划定各

① 笔者认为,当下的“乡村规划”用语过于泛化,不利于准确信息的传达。当下国土空间规划体系中所说的“村庄规划”应该称之为“村庄详细规划”。与之相对应,乡镇层面对村庄建设的管控,主要是总体层面的;而与村庄经济发展方面的规划内容,应该是社区规划层面的。三个层面的规划内容,目前经常混为一谈,导致乡村规划无序和混乱。更为深入的阐述将另文展开。

类资源的保护红线、保护区范围(县乡规划同步编制,反馈给县市规划),并深化细化具体管控内容,全要素绘制“一张图”。需要指出的是,乡镇层面由于其事权的限制,针对自然资源的管控更多是对市县国土空间总体规划中各项边界的细化与落实(如生态保护红线、永久基本农田保护红线、城镇开发边界等),以及执行县市政府授权的自然资源管理、监测和巡查职能,并落实管控措施与指标要求。在有条件的乡镇,可探索建立乡镇级的自然资源保护体系,划定乡镇级自然资源保护要素的空间边界,制定自然资源要素保护和开发的规则和变更程序。

10.4.2 刚性管控乡镇国土空间的开发利用

乡镇国土空间总体规划中较为核心的内容是对于乡镇全域国土空间保护与开发格局的整体规划,这就涉及如何进行分区划分以及管控措施的制定。实际操作过程中,应遵循保护自然生态、因地制宜开发、集约利用空间、统筹多维区域的原则,对城镇、农业和生态等各类分区进行细化、制定综合目标、界定分区范围、明确管制措施,从而更针对性地进行保护、开发格局的整体管控。如针对城镇空间,可继承优化传统土规的经验,继续细分为城镇集中建设区、城镇有条件建设区、特殊用途区、矿场与能源发展区等,继而对各分区制定如鼓励开发、限制开发、禁止开发等具体要求。

10.4.3 统筹乡镇域空间格局

乡镇域空间格局的管控应该包含乡镇域空间结构、镇村体系、城乡建设用地、产业布局、综合交通、公共服务、公共安全、公用工程等。相对于传统的乡镇城总规,乡镇国土空间总体规划对于乡镇域空间的管控应更加刚柔并济。比如,对于影响乡镇全域发展的重要发展节点、交通廊道、重大设施等,需在乡镇全域层面进行统筹布局,但是在设施配置等方面应给予更多的弹性,区别于精确到选址的管控方式,可采取制定公共设施配置要求,明确配置标准、类型和选址要求,实际建设选址或进一步的精确管控措施可交由详细规划或专项规划来进一步落实。

10.4.4 弹性规划镇区空间

镇区规划方法的创新是乡镇国土空间总体规划的重点内容。建议采用相对弹性的“主导功能分区 + 要素控制”的镇区规划方法。该方法下,针对镇区的重点编制内容主要包括划分主导功能分区、制定分区指标、明确管控要素等。结合乡镇空间的特点,可将主导功能分区划分为居住生活区、中心活动区、工业物流区、战略预备区以及其他功能区。

对各主导功能分区配备"建设控制指标表",内容可包含:分区编号、主导功能、开发强度、基础设施配置、公服设施配置、其他要求等,以实现强度和要素的管控。对于规模较小的乡镇,可以只有一个综合性功能区。

与此同时,镇区规划仍然需要一张达到二级用地分类深度的规划引导总图,该总图用于反馈各功能分区的管控指标,也用于传导控规编制,但该总图不是法定的,其作用主要是引导示意。

10.4.5 底线管控村庄建设

乡镇国土空间总体规划对村庄建设应做到针对底线要素的刚性管控,内容可包括村庄建设用地总规模,划定建设用地拓展边界、永久基本农田保护红线、生态红线、保护建筑控制线等,提出小学及教学点、村级行政设施、污水处理场站、变电所以及其他公共设施配置类的相关要求。实际操作实施过程中可采用"要素清单"的方式进行管控,并逐步完善相关法律法规,以达到对村庄建设的有效约束。相对应地,所谓的"村庄规划"宜坚守其详细规划的本质,除少数特殊村庄(传统村落等)外,不宜做成综合性规划。

10.5 结语

传统的乡镇城镇总体规划和土地利用总体规划存在诸多的冲突和尴尬,其内容与现实管控需要相背离,且向下传导和落实差,尤其镇区的二元土地特征明显,且乡镇规模差异大,职能不完备。与之相悖的是,国家治理现代化的改革需要对乡镇层面的规划管控和事权协同提出了更高的要求,城乡融合发展也要求乡镇承担自然资源管理和生态保护的作用,新型城镇化发展同样要求乡镇要实现高质量发展和高品质生活。在上述背景下,乡镇国土空间规划的重要性不言而喻,尤其是乡镇层面需要有国土空间总体规划来承接市县规划的实施内容,并且指导详细规划的编制实施。乡镇国土空间总体规划的重点内容应包括全域的自然资源保护、国土空间开发利用、全域空间格局、镇区空间布局和村庄建设管控。

实际上,国土空间规划体系的建立有着行政和技术双重逻辑①,乡镇国土空间总体规划需要在充分认识当下现实问题和矛盾的基础上,综合考量对生态文明、治理体系现代化的呼应和规划引领高质量发展的要求,创新探索适应时代发展需求的规划定位,要充分重视县与乡镇事权划分和服务地方需求的辩证关系,不仅是国土空间规划体系逻辑的梳理,也要同步推动相关领域的变革,比如行政区划(大镇设市)和财税制度(乡镇财税恢复独

---

① 赵民.国土空间规划体系建构的逻辑及运作策略探讨[J].城市规划学刊,2019(4):8-15.

立，完善转移支付制度），这样才能合力推动乡镇的健康发展。乡镇国土空间总体规划作为最低行政层级区域的总体规划，有其特殊性，而且量大面广且千差万别的乡镇，其面临着不同的发展阶段与差异化的发展诉求。如何编制有效、管用的乡镇国土空间总体规划，是下一步国土空间规划改革走向深入的关键工作。

参考文献

[1] 本刊编辑部.国土空间规划体系改革背景下规划编制的思考学术笔谈[J].城市规划学刊，2019(5)：1-13.

[2] 王新哲.地级市国土空间总体规划的地位与作用[J].城市规划学刊，2019(4)：31-36.

[3] 温州设计集团有限公司.藤桥镇总体规划(2011—2020)和藤桥镇土地利用总体规划(2006—2020)相关图集[R].2017.

[4] 中共中央、国务院.关于建立国土空间规划体系并监督实施的若干意见[N].人民日报，2019-05-24(001).

[5] 中华人民共和国住房和城乡建设部.2017 年中国城乡建设统计年鉴[J].北京：中国统计出版社，2018.

11　上海市镇级国土空间总体规划实践

俞　静*

11.1　上海镇级总规的发展概况

2017年12月，《上海市城市总体规划（2017—2035年）》（简称《上海2035总规》）①获得国务院正式批复，形成了上海市全市层面的国土空间总体规划成果。2020年5月，《中共上海市委、上海市人民政府关于建立上海市国土空间规划体系并监督实施的意见》发布，形成了上海国土空间规划体系的基本架构②。应对国土空间规划体系"五级三类"的总体框架，上海市形成了分层次的技术衔接，市总体规划对应省级层次、区总体规划对应市县级层次、新城新市镇总体规划对应于乡镇级层次的体系衔接。上海新市镇总体规划就是上海的乡镇级国土空间总体规划，是上海两级政府三级管理中镇级管理层面的统领性综合性的规划层次（图11-1）。

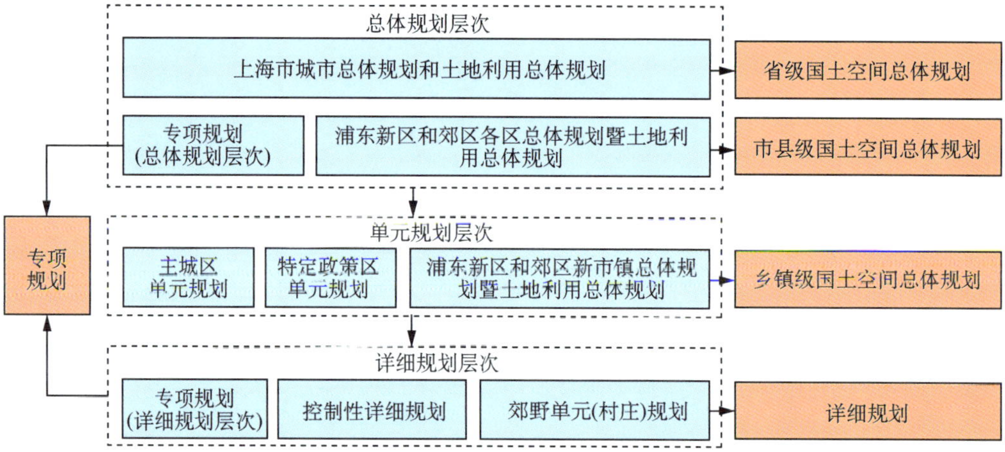

图11-1　上海市国土空间规划体系示意

资料来源：徐毅松，熊健，范宇，宋煜，孔卫峰.关于上海建立国土空间规划体系并监督实施的实践和思考[J].城市规划学刊，2020(3)：57-64.

---

*　俞静，上海同济城市规划设计研究院有限公司高级工程师，同济大学建筑与城市规划学院博士研究生。邮箱：yujing@tjupdi.com

①　上海市规划和国土资源管理局.上海市城市总体规划(2017—2035年)[R]，2017

②　徐毅松，熊健，范宇，宋煜，孔卫峰.关于上海建立国土空间规划体系并监督实施的实践和思考[J].城市规划学刊，2020(3)：57-64.

11.1.1 阶段一:城镇体系确立规划编制层次

2000年,继《上海市城市总体规划(1999—2020年)》(简称《上海2020总规》)①(图11-2)批复后,《上海市国民经济和社会发展第十一个五年规划》进一步提出明确按照"1966"四级城镇体系②的框架结构促进郊区城镇化和集约化的指导思想,具体包括:1个中心城,以上海市外环线以内的600平方千米左右区域为限;9个新城,宝山、嘉定、青浦、松江、闵行、奉贤南桥、金山、临港新城、崇明城桥,总计500万人以上规模;60个左右新市镇,具有5~15万人不等规模,且相对独立,各具特色;600个左右中心村,适度归并现状自然村,形成具有合理公共设施配置的农村基本居住单元。

图11-2 《上海市城市总体规划(1999年—2020年)》城镇体系规划图

2004年,上海市颁布《关于切实推进"三个集中"加快上海郊区发展的规划纲要》(沪府发〔2004〕45号),进一步引导郊区城市化、工业化的集聚发展,当时郊区的90个镇相应分为三种规划类型:位于郊区新城的25个镇,纳入新城总规;若干撤制镇作为社区纳入相应新市镇的总规;而相对独立完备的61个"新市镇"编制新市镇总体规划。至2008年,上海共完成41个新市镇总体规划的编制和全部镇的土地利用总体规划的编制,为郊区发展提供了技术支撑。

11.1.2 阶段二:机构改革促进两规合一技术整合

2008年,上海市开展部门机构调整,原城市规划管理局和原房屋土地管理局中的土地管理部门整合,组建完成"上海市规划和国土资源管理局"③。2009年,上海市率先在全市层面开展城市总体规划与土地利用总体规划的"两规合一"工作,形成"两规"梳理版规划成果。

---

① 上海市人民政府.上海市城市总体规划(1999—2020)[R],2000.

② 上海打造"1966"四级城镇体系[J].领导决策信息,2006(07):18.

③ 熊健,范宇,宋煜.关于上海构建"两规融合、多规合一"空间规划体系的思考[J].城市规划学刊,2017(03):28-37.

这一版本主要围绕两个规划的技术衔接，包括基础要素底板、用地分类、编制标准等方面的梳理，初步实现两规纳入"同一张图"的基本目标。但两个规划各自成果要求和管理程序暂不改变，规划内容、法定程序、成果体系和实施管控等方面有待进一步融合①。与此同时，上海市继续推进镇级总规的编制工作，但速度相对放缓，截至 2012 年，上海共完成 4 个新市镇总体规划编制或修改。

11.1.3 阶段三：上海新一轮总规编制引领规划改革

2012 年，上海启动了对《上海 2020 总规》的实施评估，并于 2 年后，即 2014 年全面启动面向 2040 年上海新一轮总规的编制工作（该项工作随着 2017 年"十九大"召开，根据中国共产党提出二〇三五年的发展目标而调整规划年限为 2035 年）。上海新一轮总规编制跨越了国家规划体系改革全程，是对国土空间规划编制一次全方位的探索和预演。该总体规划的编制包含了规划编制方法的优化和规划编制体系的完善。

这一时期，镇级总规主要以分批次试点的方式开展。2015 年 7 月，结合《嘉定区江桥新市镇总体规划》（简称《江桥总规》）②的试点，上海开展了《新市镇总体规划暨土地利用总体规划编制技术要求和成果规范》（简称《成果规范》）③的研究。2016 年 2 月，《成果规范》颁布试行。2017 年 2 月，《江桥总规》获批，镇级总规的成果名称正式确定为《新市镇总体规划暨土地利用总体规划（含近期重点公共基础设施专项规划）》，充分体现了国家多规合一阶段性试点的要求。

11.1.4 阶段四：全面确立和推进国土空间规划编制

2017 年 12 月，《上海 2035 总规》获得批复，对上海整体空间体系提出"网络化、多中心、组团式、集约型"的布局原则，对城乡发展提出了"主城区—新城—新市镇—乡村"的四级体系（见图 11-3）。2018 年 7 月，上海市市委常委会审议通过《关于全面实施〈上海市城市总体规划（2017—2035 年）〉的意见》，镇级总规编制推进工作再次被提上议事日程。

---

① 熊健，范宇，宋煜.关于上海构建"两规融合、多规合一"空间规划体系的思考[J].城市规划学刊，2017(03)：28-37.

② 嘉定区规划和国土资源管理局，嘉定区人民政府.江桥新市镇总体规划暨土地利用总体规划（含近期重点公共基础设施专项规划）(2017—2035)》[R]，2017.

③ 上海市规划和国土资源管理局.上海市镇总体规划暨土地利用总体规划编制技术要求和成果规范研究[R].2016.

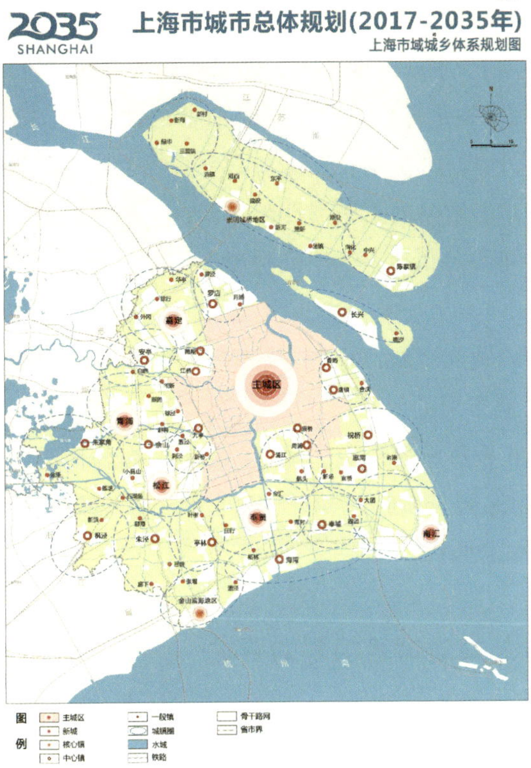

图 11-3 《上海市域城乡体系规划图》

经梳理，全市确需编制镇级总规的单元共计 75 个，包括了 73 个新市镇和 2 个乡，乡即崇明区的新村乡、横沙乡。至 2019 年年底，上海共完成 24 个新市镇总体规划编制，并计划至 2021 年实现上海市镇级总规的全覆盖。

2018 年 11 月，根据国家整体部门改革部署和机制改革要求，上海市规划和国土资源管理局调整并更名为“上海市规划和自然资源局”。2019 年，上海市的镇级总规的成果名称也正式变更为《新市镇国土空间总体规划》，与国家五级三类的国土空间规划体系完成衔接。

11.2 上海新一轮总规的理念和要求

新时代、新阶段和新常态下，面对资源、能源、环境、安全的多重挑战，上海的镇级总规编制也随《上海 2035 总规》的确立发生了新变化。

11.2.1 上海新一轮总规的理念转变

2014 年，上海新一轮总规编制伊始，提出了规划理念“四个转变”。一是价值取向上，由经济导向的传统发展观转变为以人为本的科学发展观；二是发展模式上，由外延发展型规划向内生增长型规划转变；三是思维方式上，由愿景式终极目标思维向底线型过程控制思维转变；四是工作内涵上，由规定性技术文件向战略性空间政策转变①。

四个转变体现在城市发展路径选择上，更强调“底线约束、内涵发展、弹性适应”的规划原则。以规划建设用地规模“负增长”、人口有序管控、生态环境改善和城市运行安全保障为发展底线；以转变基于增量的扩张惯性为强调存量的高价值更新为发展内涵；以强化制度政策设计，推进空间留白和动态维护机制建设为发展弹性。

四个转变体现在规划编制技术方法上，更强调“两规融合、多规合一”的规划方法。统筹考虑两规的核心内容，做到规划目标和发展理念、基础底板和用地分类、发展规模和核心指标、空间结构和用地布局的四个统一。《上海 2035 总规》编制期间，协同开展全市各类专项规划，使总规真正发挥统筹资源和政策的公共平台作用。

四个转变及其规划原则、规划方法不仅在《上海 2035 总规》层面予以落实，也贯穿于全市各层次规划编制和管理中。

11.2.2 上海新一轮总规对镇级规划的要求

11.2.2.1 城镇建设，锁定“天花板”，力争“负增长”

上海新一轮总规将《上海 2020 总规》确定的规划期末的规划建设用地 3 226 平方千米作为规模“天花板”，锁定 “终极规模”，推动规划建设用地“零增长”，年度新增建设用地逐年递减。对于基层单元的镇，面临更严格的“三线”管控和用地限制，更紧迫的低效用地减量化任务。

11.2.2.2 自然资源：优先资源保护，限定城镇边界

上海新一轮总规强调了部制改革后的自然资源管理属性，提出海陆空间统筹、山水林田湖草全要素管控思路。对于郊区镇而言，本就是落实永农基本农田保护、生态保护红线，承担各类自然资源保护储备和土地整备的一线地区，保护任务极其严峻复杂。

11.2.2.3 民生保障：应对人口变化，弥补设施短板

上海新一轮总规强调了通过优化产业结构、完善公共政策、加强社会管理等措施，推动人口规模适度可控和人口结构不断优化。对于郊区镇而言，经济相对滞后，建设相对薄弱，面临更严峻的公共设施质量不高、覆盖不足，空巢化老龄化背景下的新需求难以满足

① 张尚武，金忠民，王新哲，等.战略引领与刚性管控：新时期城市总体规划成果体系创新——上海 2040 总体规划成果体系构建的基本思路[J].城市规划学刊，2017(03)：19-27.

的诸多困境。

11.2.2.4　文化传承：突出格局保护，提升空间品质

上海新一轮总规创新提出文化保护控制线，强调了更严格的历史文化遗产保护、历史地区格局保护、自然(文化)景观保护，对城市设计、城市空间品质提出了更高要求。郊区城镇在文化提升方面相对滞后，对高品质的公共空间和景观风貌的需求更为迫切。

11.3　上海镇级总规的经验和问题

自1946年《大上海都市计划》至今，上海市历次总体规划基本都延续了“多中心，有机疏散”的空间布局思路。从现实情况来看，长期以来城市功能和就业岗位集中在中心城区①，郊区发展相对滞后。和新城相比，散布于上海郊区的新市镇在城市功能和居住水平方面均有较大差距。

以嘉定区江桥镇为例，江桥镇紧贴上海中心城区，位于沪宁经济带最东端(图11-4)。

图11-4　江桥镇在上海市、嘉定区区位示意
资料来源：《嘉定区江桥镇总体规划暨土地利用总体规划(2015—2040)(含近期重点公共基础设施专项规划)》

2014年，江桥镇常住人口为27.18万人，城市化率超过99%，镇域面积42.37平方千米，建设用地30.28平方千米，接近指标上限。由于交通便捷而地价低廉，江桥镇成为中心城区西北扩展的一个典型工业镇，吸引了大量外来人口。伴随着20世纪90年代房地产开发建设热潮，2003年，江桥镇又成为上海市配套商品房基地，建设了一批“高起点规划、高水平设计、高质量施工和高标准管理”的“四高小区”，吸纳了大量中心城区的疏解人口。江桥镇从

① 徐毅松，廖志强，张尚武，等.上海市城市空间格局优化的战略思考[J].城市规划学刊，2017(02)：20-30.

最初5万人左右的本地户籍人口快速膨胀到近30万人的常住人口，面临典型的用地粗放、设施短缺、品质低下和管理超负问题。作为郊区城镇还需要兼顾耕保任务，生态管控的约束。江桥镇的现实问题中浓缩了上海大都市郊区乡镇发展的种种问题。

结合上述新市镇的发展现实，上海的镇级总规编制目前存在如下几个问题。

11.3.1 编制主体方面，镇级总规的主导性和积极性不足

上海实行“两级政府，三级管理”行政体制。2008年前，仅就城规而言，镇级总规编制和管理分为两个层级：中心镇总规由区县政府组织编制、市政府批复；一般镇总规由镇政府组织编制、区县政府审批。2010年，《上海市城乡规划条例》发布，镇级总规编制和审批权统一上收，由区、县人民政府会同市规划行政管理部门组织编制，报送市人民政府审批。从行政流程上看，大大简化并统一，但从基层主体角度看，镇级总规主导权其实被削弱了。同时，随着控规不断覆盖，镇级主体在面对具体建设任务时，更关注于比较灵活的控详规划，产生了镇级总规“受束缚多而指导性不强”的偏见，进而降低了镇级总规编制的积极性。

11.3.2 研究对象方面，镇级总规的完整性和统筹性不足

《上海2035总规》制定了规划建设用地总量“负增长”的目标，形成了全口径建设空间的紧约束，全市规划建设用地总规模进一步从原3 226平方千米调减到3 185平方千米，这使得集建区外低效工业用地减量和零散宅基地归并成为工作重点。长期以来，镇的开发建设多着眼于集建区(镇区、工业区)内，对集建区外的农村地区缺乏引导，即使是各条线的法定专项规划如环保、林业、水务的边界和指标，在镇级层面也存在图斑交叠和功能交叉问题。针对上述突出问题，“郊野单元(村庄)规划”进一步就农村发展、农地整治、农宅归并和农民安置工作进行专项研究，也对全镇规划的完整性提出了迫切要求。

11.3.3 实施重点方面，镇级总规对公共权益的保障不足

上海的新市镇长期以来也存在中国乡镇普遍的公共服务和基础设施短板问题，并由于灯下黑效应落差更大。一方面，各类区域层面的高速公路、铁路、机场、大型市政设施对新市镇空间造成了负面影响，如江桥镇，东西方向自南向北有吴淞江、京沪高速、曹安公路、沪宁铁路等多条交通通道，将城镇完全分割开来。2010年，位于江桥镇南部的虹桥国际机场改扩建完成后，对其老镇区、北部社区、北虹桥地区等多个建成区形成了70分贝噪声影响，产生了和宜居环境的矛盾。另一方面，镇的自身设施配建也滞后，仍以江桥镇为例，2016年对其规划实施评估发现，已批控规中经营性用地实施完成较好，商务商业用地

完成度在60%以上,住宅用地完成度超过80%;而文教体卫、公共绿地等公益性设施用地完成度仅为25%～45%,“欠账”明显,短板明显。

11.3.4 规划内容方面,镇级总规的基层可操作性有待提升

镇级总规既然“上承市区总规,下启控详实施”,其可操作性就包括双向传导。一是要精准落实,对上位规划的目标、指标、坐标等各类强控内容,如部门管理的农林水用地必须在镇级层面核清边界,如江桥镇,吴淞江滨江沿线约2平方千米B类永久基本农田和林地就存在图斑重叠。二是要核实现状,对历史上农村地区较为宽纵的用地管理方式遗留的瑕疵在政策层面统一核销。三是要强化规划效用,在同一个数据底板上,由于大部分的新市镇规模不大,其总规和控规在工作深度上非常接近,有必要在技术层面有所精简,在管理层面有所区分。基层部门对“各级审批程序日益烦琐带来的管理低效和市场应对不足”也有抱怨,对镇级总规能否发挥作用提出了质疑。

11.4 上海镇级总规的定位和作用

“新市镇”是上海政府管理的最小单元“镇”的特定称谓,新市镇总规就是上海最为基层的总体规划,因此在纵向上,它是一级政府职责,是全镇长远发展的方向盘。

新市镇总规属于上海规划体系中的单元规划层级,即国土空间规划体系中的乡镇国土空间总体规划层级。这一层级,是应对上海超大城市规划管理实际需求的一种中间层级,该层级还包括了主城区的单元规划和特定政策区的单元规划等多种类型。因此,在横向上,新城新市镇总体规划,和其他单元规划共同构建了全市公共利益和公共资源均衡发展的协调器。

镇级总规通过横向到边,纵向到底的空间覆盖和规划协调,形成“一镇一本规划”成果,成为镇级规划的技术管理和公共政策的综合平台。

11.5 上海镇级总规的关键任务

11.5.1 加强主动性,做好与“三级管理”的体系衔接

镇作为一级政府,对应一级事权,结合中国自上而下的治理传统,镇的发展面临更多超越层级本身的资源竞争。镇级总规的主动性体现在两方面,在上位管控下提出自身发展诉求和反馈管控优化建议。镇级总规形成一个统一完整的成果,有利于整合全镇统一的发展诉求,彻底摸清各类管控存在的落地矛盾,从而强化规划的及时性和严肃性。

如江桥镇，根据其区位条件和资源特点，提出其区域层面的“沪宁第一镇：上海西部近郊商务服务型的综合城镇”的总体定位，突出江桥镇作为沪宁城镇发展带上综合性节点城镇、北虹桥生产性服务业集聚区和吴淞江沿线重大生态景观节点的区域价值。

为此，在江桥镇的整体空间部署上，提出如下安排：

一是进一步拓展吴淞江沿线生态绿地宽度，调整工业和物流用地，建设区域级滨江生态公园（图 11-5）。二是优化产业功能与居住功能格局，噪声干扰区优先发展产业功能和建设公共绿地，建设高品质商务环境（图 11-6）；非噪声干扰区集中布局住宅，依托轨道交通进一步完善服务设施，提高宜居性。同时，与北部南翔镇研究城镇组团协同发展，重点解决南北交通联通。这些关键性的空间战略部署和结构性调整只有在与区总规协调一致的前提下，才能对各类边界和指标产生有意义的细化落实和有价值的调整反馈。

图 11-5　江桥镇吴淞江沿线风貌
资料来源：《嘉定区江桥镇总体规划暨土地利用总体规划（2015—2040）（含近期重点公共基础设施专项规划）》

图 11-6　江桥镇西郊商务区风貌
资料来源：《嘉定区江桥镇总体规划暨土地利用总体规划（2015—2040）（含近期重点公共基础设施专项规划）》

11.5.2　加强完整性，实现基层单元实质性规划合一

国土空间规划的基础是土地用途管制，核心宗旨就是实行最严格的耕地保护制度、确保国家粮食安全。镇级规划就是落实对所辖镇区、集镇社区、农村地区、郊野地区等全域不留空白的规划统筹。一是深化两规（城市规划、土地利用规划）梳理成果，形成一套用地标准、一个数据底板和一张规划总图。原则上，建设用地以《城市用地分类与规划建设用地标准（GB 50137—2011）》为主，非建设用地分类以《全国土地分类（试行）》为主，采用“一套地类、两套编码”方式在技术层面解决转换问题，建立三级分类体系：一级类 12 个，用 2 位阿拉伯数字表示；二级 53 个，包括 23 个有细分类，30 个没有细分类；三级类 145 个，用 5 位阿拉伯数字和 1 位英文字母开头后加 4 位阿拉伯数字的方法同时进行表示，确保类型全覆盖，

并避免过于复杂(图 11-7)。

用地分类				对照土地利用现状分类	对照城市用地分类
大类	中类	小类			
建设用地	城镇建设用地	居住用地		071	R
		公共设施用地		054、082-085、094、095	A
		其中	基础教育设施用地	083	A33、Rx2
			社会服务设施用地	071	Rx2
		商业商务设施用地		051、052、053	B
		工业仓储用地		061、062、063	M、W
		道路与交通设施用地		051、054、101-106	S
		市政公用设施用地		086、107	U
		绿地		087	G
		特殊用地		091、092、093	D
	农村居民点用地			072	H14
农用地	耕地			01	E2
	园地			02	
	林地			03	
	养殖水面			114	
	坑塘水面			114	
	设施农用地			122	
	其他农用地			04	
未利用地	河湖水面			111、112、113	E1
	滩涂苇地			115、116	E9
	其他未利用地			121、123、124、125、126、127	

图 11-7 两规合一"一套地类"用地分类转换示意

资料来源:《上海市新市镇国土空间总体规划(含近期重点公共基础设施专项规划)编制技术要求和成果规范(试行)》研究报告

随着国土空间规划体系的逐渐确立,2020 年 11 月,自然资源部发布《国土空间调查、规划、用途管制用地用海分类指南(试行)》,上海也据此进一步完善各级国土空间规划相应的编制规范与技术标准。

在此基础上,承接上位规划的三线管控要求,完成精准的用地图斑落图,处理好各类用地边界和指标。以土地整治、增减挂钩、建设用地减量、宅基地归并、土地复垦等层层细化的手段,处理好土地管控的刚性要求和建设面对未来变数的弹性需求之间的有机联动。

11.5.3 加强公益性,重点做好社会保障和近期补短

快速城市化过程中,镇级公共设施和公共空间的历史欠账问题尤为突出,任务艰巨。单元规划层次的主要协调工作也在于此。因此,镇级总规强化了公共性系统的弥补和提升内容,简化了经营性系统的管控内容。

江桥现状呈现出典型的城乡接合部的特点。一是公共空间,完善广场、绿地、水系等空间,保护历史地区环境,强化地理水文特征,提高风貌特色辨识度。规划通过对水系肌理梳理为全镇规划了与人车分流的全步行绿道系统,将原来处于背面的河道空间转变为正面空间,并与吴淞江生态绿地衔接。二是公服设施,加快完善多层次的服务设施配置,

实现网络化和均好性。以上海为例，除了常规公共服务设施配置以外，更为紧迫的还有住房保障和养老体系建设。三是公共交通、市政系统，要衔接区域的新一轮轨道交通网络计划。《上海 2035 总规》提出了城际线、市区线、局域线“三个 1 000 千米”的轨道交通网络计划，10 万人以上新市镇实现轨道交通站点全覆盖的区域目标。

11.5.4 加强近期实施，提供基层多种规划实现路径

镇级政府的困难在于资源短缺和具体事务繁杂琐碎之间的矛盾。优化基层工作，提高流程效率，也是加强镇级总规实施性的重要保障。资源紧约束的背景下，上海面临着城市更新、郊野地区减量化等迫切需要解决的问题。这些问题的解决不能仅仅依靠规划自上而下的“资源配置力”，而更加需要自下而上的“利益协调”机制，从而增加规划的弹性和灵活度①。

镇级总规应充分考虑独立编制、联编和套编等多种方式，协同镇区两级，协调相似相邻城镇，衔接总控两级，根据实际需求，减少重复环节。如与控规衔接方面，视本镇实际情况对镇形成单元管控，对单元内的人口和建筑量规模、四线、用地结构、公共空间和设施配置，以及生态、环保、安全等底线性内容明确刚性要求，对单元内以市场配置为主的产业发展等内容则留有政策余地，顺应城镇发展的需求变化，形成刚性弹性相结合的发展指引以便于实施。近期规划一般以 5 年为期限，对于近期计划实施的公益性项目，在不突破分单元指引要求下，通过控规套编方式，深化至专项规划图则深度，直接进入后续流程，直接指导项目建设。如选址和指标有调整，则再通过控规、专规规划或村庄规划等规划调整，满足法定流程。通过规划体系的技术改进，赋予规划编制方式上的灵活性，实现一定程度上的流程提效。

根据后续跟踪观察，上述设想在现实中也依托着规划管理的改革。实施过程中所涉及的不同业务部门的管理协同问题，不同层次行政部门的管理衔接问题，都需要通过精巧的机制设计进行疏解，才能最终实现上述设想的流程提效的初衷。

11.6 上海镇级总规的成果形式

上海镇级总规成果内容和形式，以“管理便捷、信息集成、面向实施”为目标，强化“一本文本、一张图纸、一套标准、一个平台”的成果要求。根据《成果规范》要求，镇级总规形成图文并茂、内容统合的一本规划，突出核心图纸 3 张。整体上将“问题—思路、目标—指标、方案—策略”进行连贯表述，形成文风简洁的“一镇一本规划”，易于传播、理解、使用和执行。

---

① 熊健，范宇，宋煜.关于上海构建“两规融合、多规合一”空间规划体系的思考[J].城市规划学刊，2017(03)：28-37.

11.6.1 法定文本

一本规划，即"新市镇国土空间总体规划"成果文本，属于法定文件，用于管控和公示，以两规成果内容为基础，通过合并、衔接镇级总规的章节、图纸和表格，整合并覆盖国土空间相关内容（图 11-8）。

城规法定成果要求
《上海市新市镇总体规划编制技术要求(试行)》
25个章节、40张图纸、9张表格
以空间落地为主,指标为辅

序号	章节	图纸	表格
1	总则	区位图	
2	发展目标		
3	城镇性质		
4	发展规模		
5	空间管制规划	镇域空间管制规划图	
6	空间结构规划	镇域空间结构规划图、镇域建设分区示意图	
7	土地使用规划	镇域土地使用规划图、集建区土地使用规划图、镇域土地使用现状图、集建区土地使用现状图	镇域(现状/规划)用地构成表 集建区(现状/规划)用地构成表
8	农村居民点布局规划	村庄布点规划图	
9	居住及民生保障规划	居住用地规划图	
10	公共服务设施规划	公共服务设施规划图	
11	产业用地规划	产业布局规划图	
12	历史风貌保护规划	历史风貌保护区规划图	
13	城镇更新规划	城市更新规划图、减量化用地规划图	
14	生态系统规划	绿地系统规划图、水系规划图	主要河道蓝线及陆域控制线一览表
15	景观风貌规划	景观风貌规划图	
16	综合交通规划	综合交通规划图、道路系统规划图、道路断面规划图、公共交通规划图、慢行系统规划图	道路(现状/规划)控制一览表 轨道交通规划控制一览表
17	市政设施规划	电力系统规划图、供水系统规划图、燃气系统规划图、雨水系统规划图、污水系统规划图、通信系统规划图	
18	环境保护规划	环境保护规划图、环卫设施规划图	
19	综合防灾规划	综合防灾规划图	
20	地下空间规划	地下空间规划图	
21	地名规划	地名规划图	规划地名一览表
22	下层次规划编制要求	开发强度规划图、高度分区规划图、城镇建设单元规划图、郊野单元规划图	城镇单元规划一览表、城镇单元规划设施配置一览表、郊野单元规划一览表
23	近期建设规划	近期建设规划图	
24	远景规划	远景规划图	
25	规划实施与管理		

土规法定成果要求
《上海市区(县)镇(乡)土地利用总体规划编制标准》(报批稿)
5个章节、5张图纸、7张表格
以量化指标为主，空间为辅

序号	章节	图纸	表格
1	总则		
2	土地利用现状	土地利用现状图	
3	土地利用结构和布局	土地利用规划图	土地利用结构调整表、新增建设用地控制指标表、各村基本农田保护任务分解表、耕地保有量变化情况表
4	土地用途分区与调控	建设用地和基本农田管控图、生态控制规划示图、土地整治规划示意图	土地用途分区面积统计表、土地整合规划表、重点建设项目用地规划表
5	附则		

图 11-8　两规合一两套成果对比示意

资料来源：《上海市新市镇国土空间总体规划（含近期重点公共基础设施专项规划）编制技术要求和成果规范（试行）》研究报告

文本共计6个章节,包括总则、空间发展战略、土地综合利用、公共空间与基础设施保障、单元规划和近期实施章节,将两规两套成果进行有机整合形成最终成果目录(图11-9、图11-10)。成果目录体现了规划编制内容中的战略性、底线性和实施性的三大维度内容。

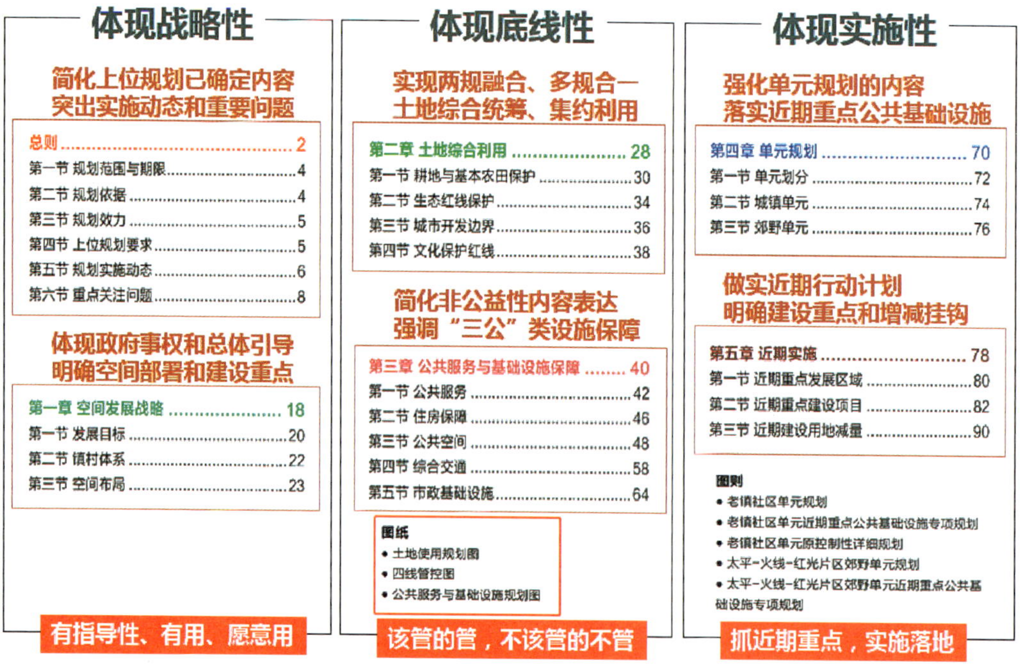

图11-9 “一本规划”成果目录示

资料来源:周俭,熊健,俞静,等. 2017.《成果规范》研究报告

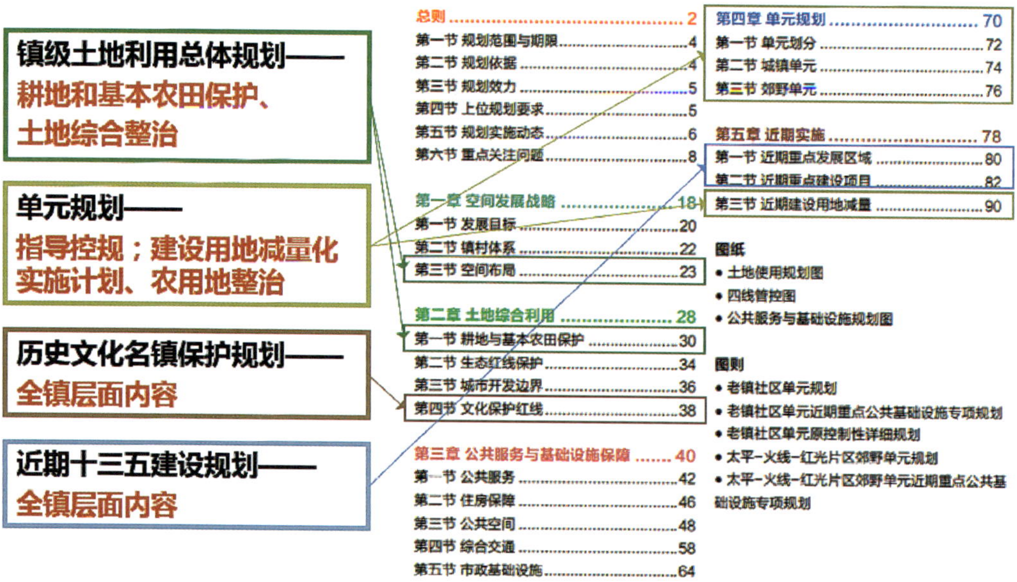

图11-10 “一本规划”成果目录融合示意

资料来源:《上海市新市镇国土空间总体规划(含近期重点公共基础设施专项规划)编制技术要求和成果规范(试行)》研究报告

文本具体内容如下：

总则，交代规划背景、现状及上位规划要求情况。

第一章，空间发展战略，包括发展目标、镇村体系、空间布局结构。以“人口规模、土地利用、公共保障、产业发展”四个方面的综合发展指标为引导目标，突出公共政策导向。用地布局上，创新图纸表达方式，远期用地采用“功能区”引导示意，近期实施的各类公共设施则以图斑精确表达。土地利用突出结构调整，统筹基准年、近期、远期三个阶段，及城规和土规的建设用地、农用地、未利用地的各项指标增减情况。

第二章，土地综合利用，突出底线保障。确保上海全市“新四线”落地，包括城镇开发边界、永久基本农田、生态保护红线、文化保护控制线；围绕上海郊区特色，落实都市郊野农产布局和用地统筹；贯彻上海增减挂钩政策要求，落实存量更新的用地调整方案；响应上海严格的历史保护要求，探索文化文化保护控制线管理机制。

第三章，公共服务与基础设施保障，突出公共产品供给。针对公共服务设施建设严重滞后的典型问题，强化设施服务的配置要求与建设进度的管控要求。加强总体城市设计，提出公共开放体系建设要求，与区域景观风貌带做好衔接。全面提升公共交通服务水平，结合全市轨道交通建设，弥补常规公交等多项绿色交通系统。此外，对于市政供给类公益性基础设施落地和农民安置用地、保障性住房用地给予明确落实。明确各类公益性公共服务设施、住房保障、公共空间、综合交通和市政基础设施的配置标准、规模、数量和布局，其中交通市政设施达到控制线深度。

第四章，分单元落实。总体规划通过城镇单元与乡村单元进行全覆盖指标管控。城镇单元，进行街坊指标管控，突出近期重点公共基础设施要求。乡村单元，增加了农用地和建设用地的功能引导区分别控制。对于需独立用地的公益性专项设施深化至图则深度。

第五章，近期实施。明确发展的重点区域、各类实施项目和用地安排，制定建设用地减量化计划，划定近期土地整备引导区，提出近期实施计划的用地保障措施。聚焦近期公益性项目，包括文教体卫养老、道路交通、市政设施、生态环境、安置基地。近期重点公共基础设施直接形成控规图则，对接建设实施。

相较传统镇级总规，文本成果既有简化，也有强化。

一是简化上位规划已确定内容，承接区县总体规划，对于发展定位、发展规模等区县总规已明确的内容在镇层面直接落实，不再赘述。二是简化非公益性内容中的表达，如居住、商办、工业等内容纳入空间发展战略部分，不再单独安排章节。在土地使用上以功能引导区体现功能混合，为下位规划预留弹性。三是落实近期规划，对于镇域各类近期重点建设项目和减量化项目形成项目表和布局图，并在单元层面形成专项规划图则，明确近期建设项目的各项控制指标，直接指导项目建设，落实近期减量化项目用地以及复垦后的功能安排。

形成成果文本过程中的若干技术报告可以作为技术支撑和执行参考，包括必备的实施评估报告、编制说明（人大、专家、部门审核意见及公示环节和回复）和选备的重点问题专题研究报告等。

11.6.2 核心图纸

核心图纸 3 张，即土地使用规划图、四线管控图和公共服务与基础设施规划图。3 张图纸整合了各层次各要素的核心内容，分维度实现全域空间的“多规合一”（图 11-11—图 11-13）。

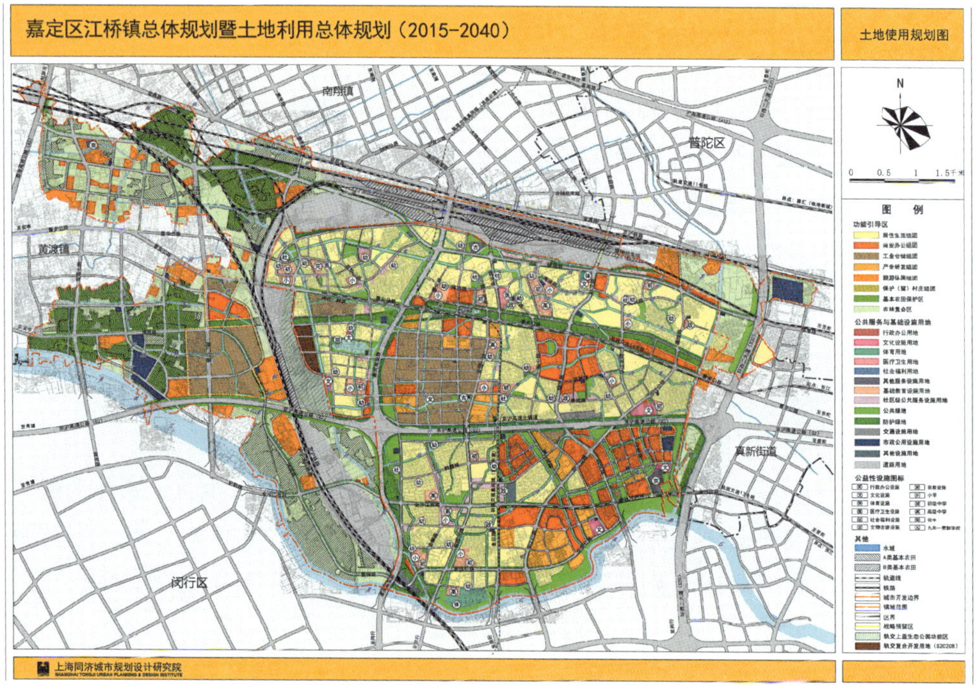

图 11-11 新市镇土地使用规划图

资料来源：《嘉定区江桥镇总体规划暨土地利用总体规划(2015—2040)(含近期重点公共基础设施专项规划)》

11.6.3 图则若干

根据各镇实际情况划分城镇单元和乡村单元，编制图则。衔接原控规（原村庄规划）和近期重点公共基础设施专项控规，以功能引导为主，突出近期实施要求。明确各单元的功能定位、发展规模、用地布局和控制指标，每个单元以一图（单元控制图则）、三表（总体引导规划表、设施规划表、控制指标表）形式，明确控制要求，成为控规、专项规划和村庄规划等下位规划编制任务书（图 11-14—图 11-16）。

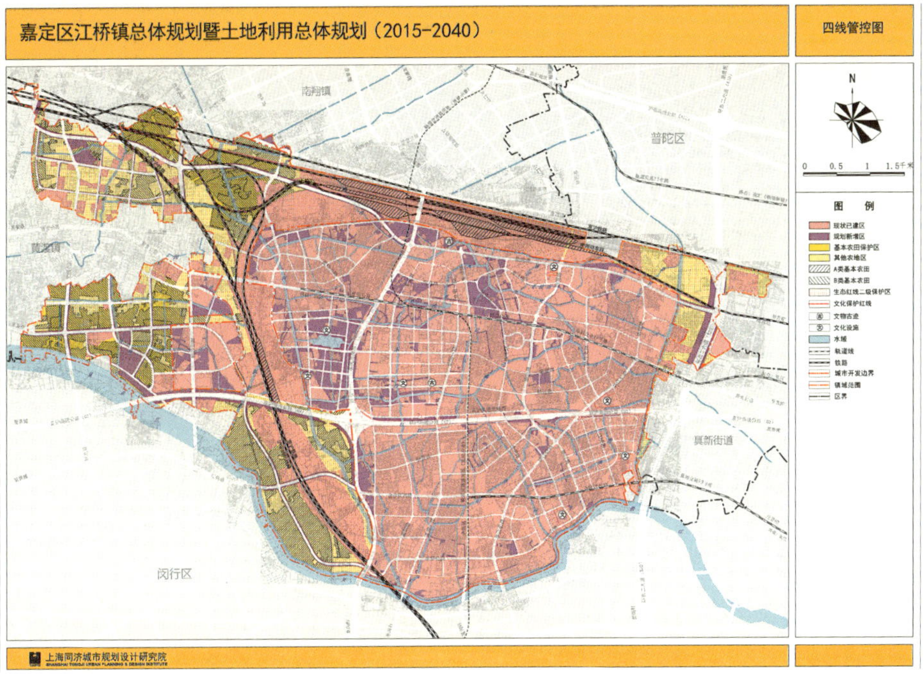

图 11-12　新市镇四线管控图

资料来源：《嘉定区江桥镇总体规划暨土地利用总体规划（2015—2040）（含近期重点公共基础设施专项规划）》

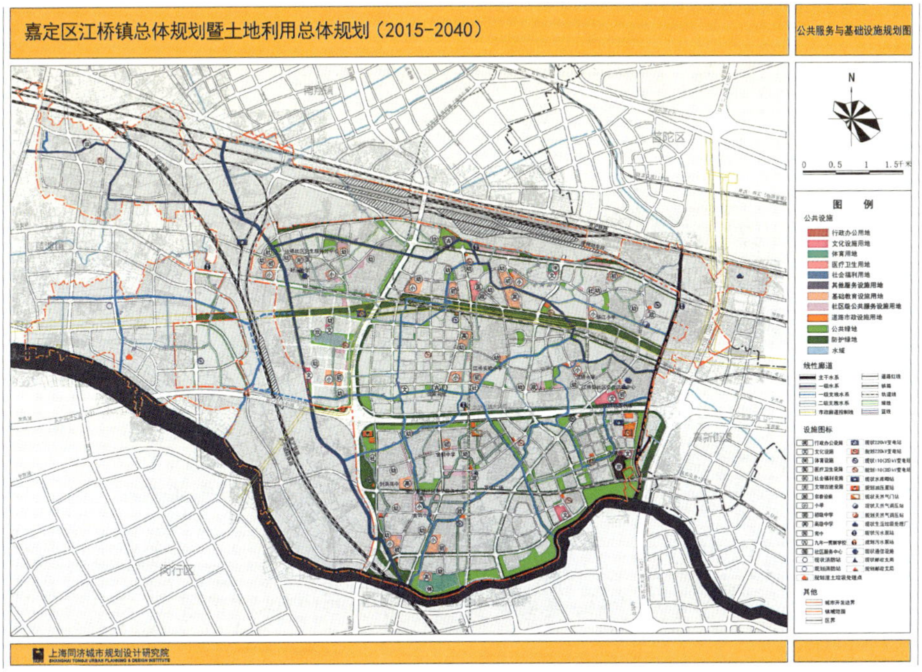

图 11-13　新市镇公共服务与基础设施规划图示意

资料来源：《嘉定区江桥镇总体规划暨土地利用总体规划（2015—2040）（含近期重点公共基础设施专项规划）》

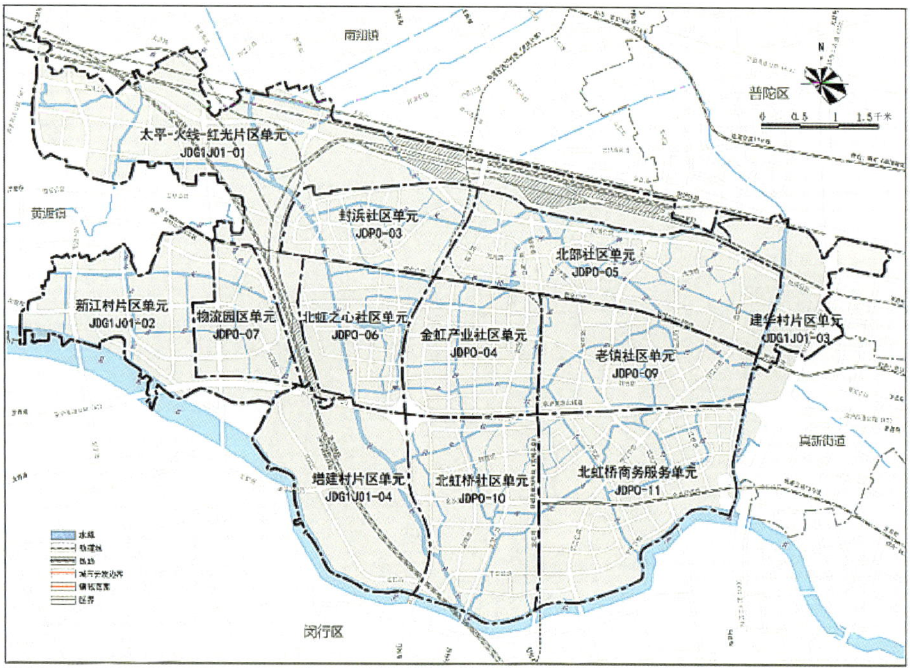

图 11-14　新市镇单元划分示意

资料来源:《嘉定区江桥镇总体规划暨土地利用总体规划(2015—2040)(含近期重点公共基础设施专项规划)》

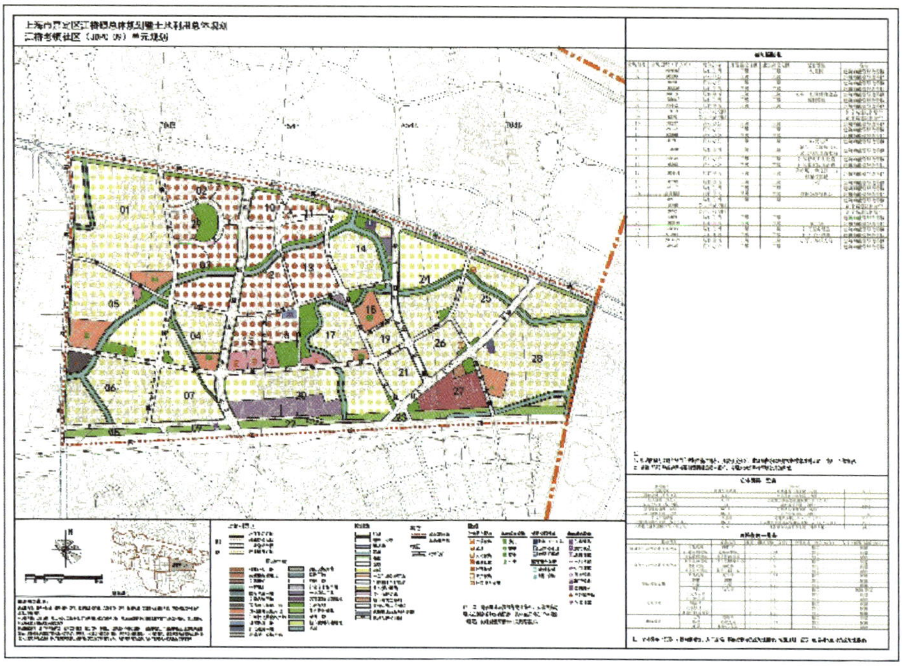

图 11-15　新市镇城镇单元图则示意

资料来源:《嘉定区江桥镇总体规划暨土地利用总体规划(2015—2040)(含近期重点公共基础设施专项规划)》

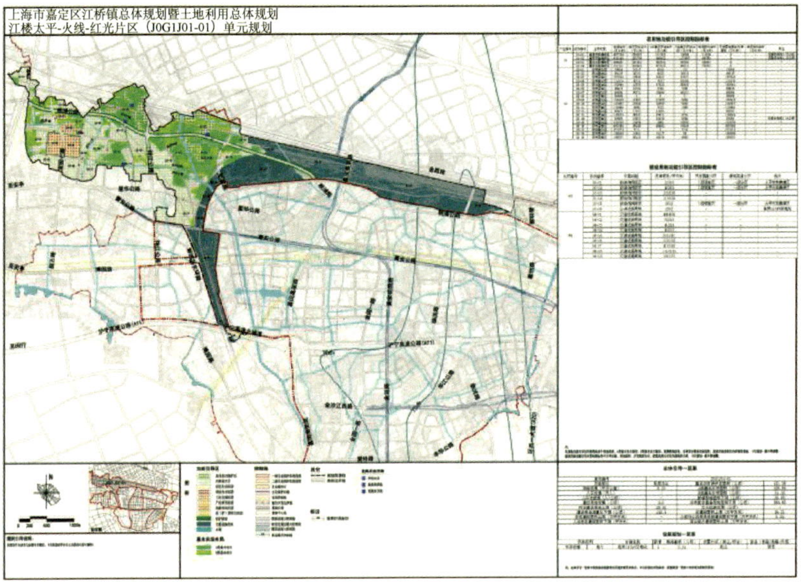

图 11-16　新市镇郊野单元图则示意

资料来源：《嘉定区江桥镇总体规划暨土地利用总体规划（2015—2040）（含近期重点公共基础设施专项规划）》

11.6.4　数据成果

除了上报入库要求的数据成果，在实际编制和管理中的数据成果难点是镇级总规层面和分单元管控层面的数据管控校核。单元图则控制要素和指标与现有技术信息平台的衔接，下位规划（控规、专规规划和村庄规划）编制前自动关联形成基础要素底板，编制后自动比对，校核数据吻合和调整的情况。近期重点公共基础设施专项规划图则数据则纳入现有控规的管理模块（图 11-17）。

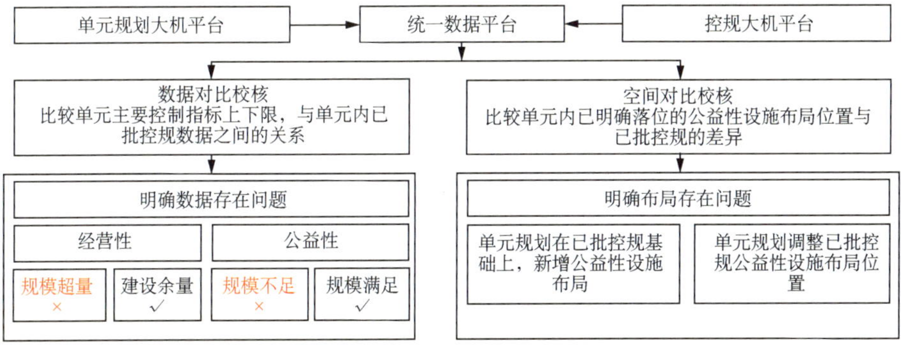

图 11-17　新市镇数据平台构架示意

资料来源：《上海市新市镇国土空间总体规划（含近期重点公共基础设施专项规划）编制技术要求和成果规范（试行）》研究报告

为更加体现服务型政府职能，镇级总规成果也要为信息公开做好准备。规划文本和图纸统一成册后，以电子格式逐渐向公众开放，方便政府部门、管理人员以及市民大众的查阅与参与。

11.7 总结和展望

2016 年以来，上海市通过镇级总规的编制探索，以小见大，上下协同，从镇级层面上寻求自身在国土空间规划体系中的角色，与处于顶层设计的《上海 2035 总规》编制过程遥相呼应，以探索和促进上海市从“多规合一”向“国土空间规划”工作的整体进化。上海镇级国土空间总体规划的探索充分考虑了上海的现实，如大都市乡镇如何发展、基层公共保障如何落实、近期建设如何与远期协调、在日益科层化的行政体系中如何提高效率等问题。

图 11-18 《嘉定区江桥镇总体规划暨土地利用总体规划(2015—2040)(含近期重点公共基础设施专项规划)》获奖证书

作为试点并最终完成的《江桥总规》因其在国土空间规划体系探索中的前瞻性与基础性工作，获得 2017 年度全国优秀城乡规划设计一等奖(图 11-18)，同时，作上海镇级总规《成果规范》的技术研究成果，获得上海市规划和国土资源管理局的创新案例奖。

嘉定区江桥镇作为试点镇，是近郊型、高度工业化和城市化转型的新市镇，后续工作则结合松江区石湖荡镇、浦东新区老港镇、奉贤区四团镇等远郊型、生态型等工业化、城市化程度各有差异的新市镇规划进行对比研究。远郊镇往往承担了更多的区域服务职能，面临更艰巨的产业、交通、生态、风貌等发展压力，如松江区石湖荡镇是典型的农业镇，全镇高达 75%用地被划入生态用地；如浦东新区老港镇承载了市级垃圾填埋焚烧设施的建设，环境承压尤为突出；如奉贤区四团镇面临临港新区、自贸区等多头管理导致规划冲突等。因此，《上海市新市镇国土空间总体规划（含近期重点公共基础设施专项规划）编制技术要求和成果规范(试行)》也进行了多次修订完善，但总体原则、编制深度要求、成果内容形式没有发生重大改变。

上海新市镇的整体经济水平较高，地形地貌不复杂，极端问题也较少，易于编制和管理的统一。相对而言，中国幅员辽阔，差异巨大，各地镇级国土空间总体规划如要有效实现并发挥作用，还有待于整个体制机制的系统性建设，才能实现乡镇的空间管理能力、权限和责任的全面进步。

感谢参与《嘉定区江桥镇总体规划暨土地利用总体规划(2015—2040)(含近期重点公共基础设施专项规划)》《上海市新市镇国土空间总体规划（含近期重点公共基础设施专项规划）编制技术要求和成果规范(试行)》(沪规划资源总〔2020〕574 号)工作的全体成员,他们是周俭、熊健、俞静、顾玄渊、廖志强、周芳珍、汤瑜悦、冯东敬、汪洁、张洪武、景秋晨、张春美、全先厚、张晓亮、金岚等。

参考文献

[1] 庄少勤,徐毅松,熊健,等.超大城市总体规划的转型与变革:上海市新一轮城市总体规划的实践探索[J].城市规划学刊,2017(S1):1-10.

[2] 周俭,熊健,俞静,等.《上海市镇总体规划暨土地利用总体规划编制技术要求和成果规范》研究报告[R]//上海市规划和国土资源管理局.上海同济城市规划设计研究院,2017.

详细规划：

控制性详细规划、乡村规划、村庄规划

THE DETAILED PLANNING

12　控制性详细规划改革与实践

侯　丽*

12.1　控制性详细规划的作用及其发展

国土空间规划体系下的详细规划改革制度设计还处于进行时，本章通过对控规发展历史的回顾，以及地方典型案例的介绍，尝试对详细规划过往进行总结，并提出国土空间规划体系下详细规划改革的个人理解。

详细规划位于国家与社会关系的最前沿，也是一个充满争议的领域。控制性详细规划在改革开放以来，在引导和塑造城乡建设环境方面取得了巨大的成就。在中国数量规模巨大的新城新区开发建设中控制性规划起强势作用，在旧区改造中，也起到了毋庸置疑的作用，以温州旧改为例，使得温州规划部门一度成为市政府“第二财政局”①。深圳通过法定图则作为政府公共部门与土地开发市场，以及国家与社会之间的管控工具，在其城市更新中，容积率的确定已经越来越成为一种经济可行性计算工具，而与规划本源出于对物质空间环境的塑造有所不同，将这种促发展的工具运用到了极致。如 Peter Calthorpe 所批评的，现代规划作为城市规划作为一种大型的摧毁而不是建设城市（特性）的武器（weapons of mass urban destruction），制造出千城一面的“混凝土森林”②。这样的城市空间建设是快速有效的，但同时也会带来简单粗暴的问题。

任何的一个规划体系，当下的特色跟它独有的发展路径是密切相关的。中国的控制性详细规划源于对西方某些方法的借鉴，包括美国的区划（zoning）、香港的发展蓝图、法定图则，以及德国建造区划、德国和日本的土地重划，后者指通过地块边界的重划来获得道路和市政公共基础设施，另外，控制性详细规划成长为具有中国特色的规划管制工具。这个词冠以“控制性”，在翻译的时候，可能会翻译为 regulatory，或者直接翻译成 control，但是它并不是纯控制性的，应该说它目前的作用是市场监管和市场服务并存的一个状态，所以改革中“控制性”三个字没有了，也许更为准确。

首先，控制性详细规划的原理、手段和方法，以及规划的作用，相对于诞生于计划经济时

---

* 侯丽，同济大学建筑与城市规划学院教授、博士研究生导师，中国城市规划学会详细规划专业委员会副秘书长；中国城市规划学会历史与理论专业委员会委员。邮箱：houli@tongji.edu.cn

① 根据访谈，2013 年温州。

② Peter Calthorpe, Weapons of Mass Urban Destruction: China's cities are making the same mistake America made on the path to superpower status, *Foreign Policy*, August 13, 2012.

期的总体规划，有着明显差异，并逐渐发展变化。以新马克思主义理论角度来看，详细规划首先是社会空间生产的一个重要工具，通过这类具体开发条件设定的规划，使土地和空间发挥出最大的效应，即所谓"城市增长联盟"，经营性的作用始终存在。其次，中国的控制性详细规划带有非常强烈的计划经济延续下来的、自上而下分配建设任务、保障公共设施配套的技术理性，例如各种千人指标、公共空间、教育设施、医疗设施等规划指标传导，在美国区划里面是不存在的。再次，中国土地特有的产权制度，城市政府是国有土地的产权代理人——在乡村地带更为模糊，法理上村委会是集体土地重要的产权代理人(之一)，因而地方政府在编制规划的时候，如果是从理性的角度来讲，倾向于社会福利最大化，所以中国的详细规划编制，不仅或者说不应该是着眼于单个地块的收益，但是总会存在近期和远期的矛盾。最后，控制性详细规划的一个重要的特性，总结下来，它既是公共性的、代表政府行为，是一种公共政策，但在大多数城市中它的编制又是市场化的，因为规划院体系越来越市场化。这种编制市场化和管理公共性的共存塑造着规划市场以及开发市场博弈。

12.2 控制性详细规划的改革

12.2.1 详规的第一次改革:应对市场化挑战

详规的第一次改革，指 20 世纪 80 年代中后期控制性详细规划从详细规划中分解成为两个层次，修建性详细规划和控制性详细规划。它发生在改革开放初期，总体说来是为了应对土地市场化改革所带来的挑战。从 20 世纪 70 年代末开始，伴随着经济体制改革的启动，城市建设资源的调配方式发生了明显变化，从而改变了详细规划在整个规划体系当中的作用。在原有体系下，总体规划决定了一个城市建设资源的分配，因为大多数的城建资源是国家自上而下分配，所以城市总体规划的编制、国家审核批准非常重要，这是列入国家计划的必要前提；伴随着改革开放，市场逐渐成为推动城市开发的主导力量，外资与开发商进场，详细规划成为重要的互动界面、谈判平台。对于城市政府来讲，总体规划更多变成了战略性、指导性，与资源的分配失去了直接的相关性；而详细规划涉及具体地块的规划(即开发)条件，以及能够获取的市场资源。规划管理部门的日常事务变得更加频繁和复杂，规划的博弈在微观层面加剧，这是源于计划经济模式的修建性详细规划变得不适应当下城市社会经济发展的宏观背景。

伴随着土地是否可以进行有偿化改革、如何进行有偿化改革的同时，规划界开始探讨，详细规划和总体规划之间急需一个中间层次，也就是说，在进场亲自建设和保持战略性思考之间需要一个中间层次。这个中间层次叫什么？对此曾经有过多种探讨，比如说分区规划、土地细分(subdivision，源于德国和美国)、区划等。例如那个时期美国女规划师的访问与中国香港土地批租经验向内地的输送，都是规划变革的重要影响因素。

12.2.1.1 国家使命与市场试水：上海虹桥新区详细规划

20 世纪 80 年代的控规实验，第一个案例是上海虹桥新区。这之后还有如清华规划院在桂林市中心的详细规划，中规院的深圳华侨城第一期建设详细规划，同济规划院的厦门市中心南部特别区划、广州的街区规划，以及温州的旧改控制性规划等。以虹桥新区的详细规划为例。1982 年，上海城市总体规划第一次在上海展览馆向社会开放，这是一个标志性的事件，因为以往的总体规划属于国家机密。这一轮规划做得相对公开，在社会上引发热烈的讨论，上报的时候还请吴天明导演拍了一个纪录片叫《上海的昨天、今天和明天》，一起上报国务院。20 世纪 80 年代的上海面临新区拓展和旧城改造的各种窘境以及现实的巨大挑战。城市规划的性质逐渐发生了变化。为什么它要向公众开放？除了意识形态的转变，一个很重要的因素是城市政府要开始吸引市场的力量，尤其是来自中国的香港地区、日本以及各国华侨的外资。上海作为首批沿海开放城市，一个具有悠久的国际贸易合作的东方大都市，被赋予了中国重新向世界开放、积极融入全球经济体系的排头兵的角色。

当时，浦东新区的开发开放还在讨论当中，虹桥新区的规划很快被提上了议事日程。与经济特区不同，上海在改革开放初期的起步异常谨慎，从小到大，逐步探索。浦东在 1982 版总体规划中仍然作为工业和居住片区进行规划，虹桥与闵行是上海最早选定的开发区，其中闵行作为高新技术工业开发区，而虹桥位于上海的长三角腹地的几何中心，交通便利、征地问题较少，有望成为代表改革开放的上海形象的新的城市中心。

虹桥规划编制起步于《涉外小区详细规划》，从标题看就有着鲜明的时代特色。“小区”一词从苏联规划模式而来，小区规划名称表明政府希望建设一个涉外的、相对独立的、自我配套的小区组团。这一片是废弃了的军事机场用地，乡村建设较少、征地容易。百废待兴，对外开放的第一步是解决外宾住宿问题。上海当时最好的国际饭店是 1949 年前建设的，没有能够接待外宾的现代五星级酒店，所以建造现代高级酒店是当务之急；然后是驻沪领事馆、高级旅馆以及外籍人员的公寓和涉外的活动场所。可以看出，虹桥新区的功能设定与中国的改革开放、城市的战略性发展息息相关，虹桥规划的编制紧密围绕着这一大国战略进行。

从 20 世纪 70 年代的涉外小区详规，到 1980 年的《延安西路中山西路地区详细规划》，规划不断调整，逐步从“涉外小区”成为综合性的开发区（图 12-1）。因为着眼于对外宣传、招商，所以规划图例中英双语、以英语为主。规划仍然属于展示终极建设完成状态的详细规划，表达了具体的建筑形态。功能布局上分为三个片区：西部使领馆区，东部为高端公寓，中间有些混合用地，包括两个五星级酒店。虹桥闵行开发公司作为建设开发和管理主体，时任市长汪道涵拿着这个小册子去中国香港、日本开会。对上海对外开放消息有兴趣的开发商提出：这个图看不懂啊！每块地的容积率是多少？随后根据市长指示，上海规划部门依照国际通行的惯例，提出了表达规划指标，而不是形态的新式详细规划。指标包括：用地性质、建筑高度、建筑面积密度（即容积率）（图 12-2）。

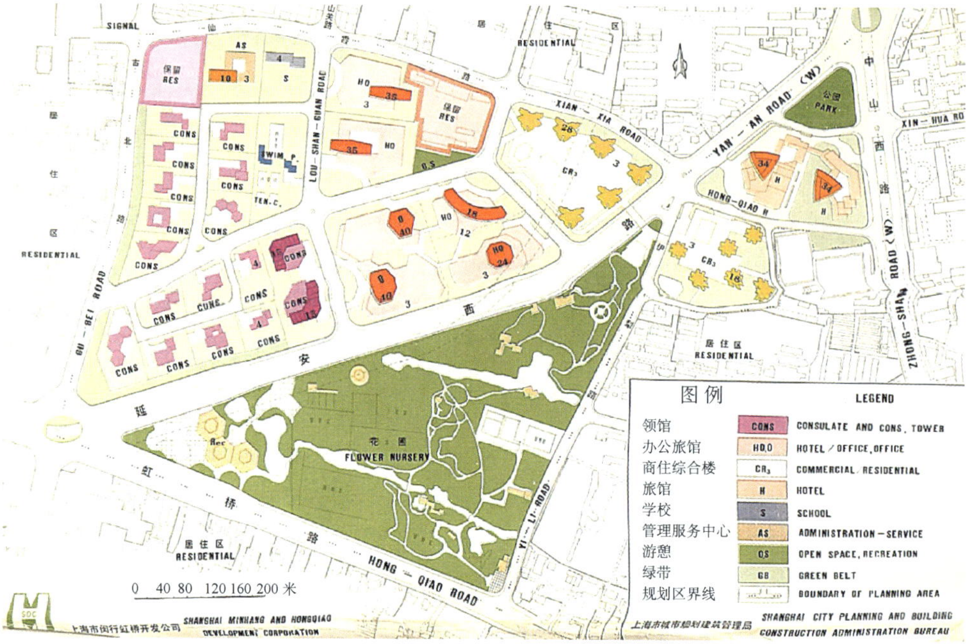

图 12-1 1984 年版虹桥新区详细规划

资料来源：上海市规划院编，《上海市虹桥经济技术开发区详细规划》宣传册

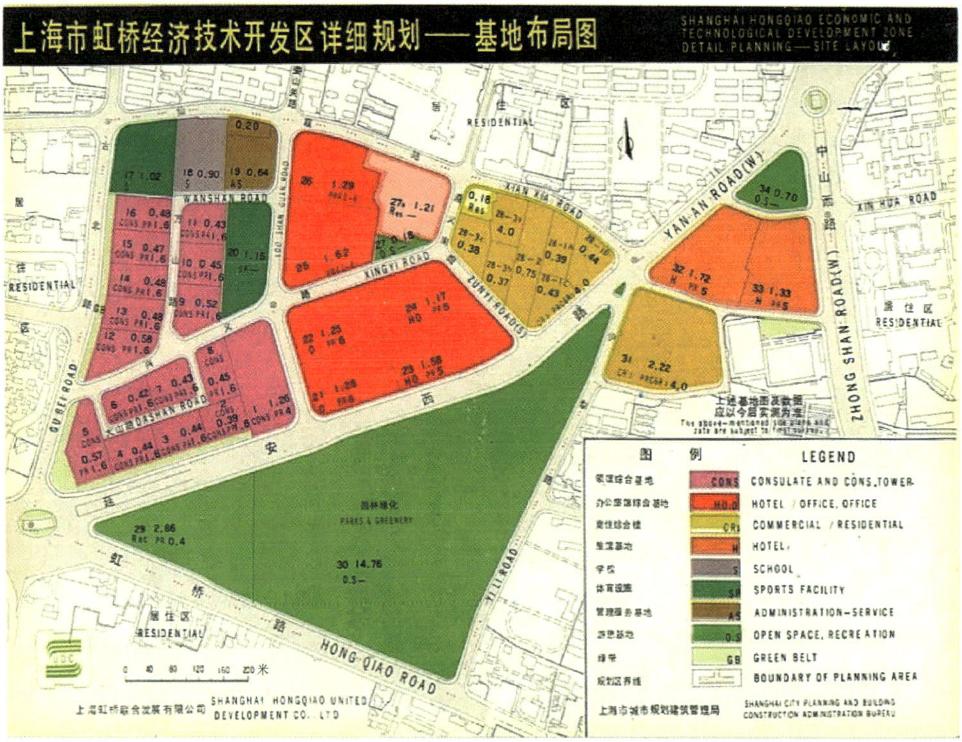

图 12-2 从涉外小区到虹桥开发区：新时期控规的雏形

资料来源：上海市规划院编，《上海市虹桥经济技术开发区详细规划》宣传册

在该规划推出以后，面临了未来控制性详细规划难以逃避的命运：几乎每一个地块的规划指标都进行了修改，从用地功能到建筑高度到开发强度，根据市场条件不断变化。因为土地市场刚刚开始，还处于培育过程，每一项指标都是对于市场情况的试水，包括对地块划分的尺寸（亦即影响了市场开发主体可承担的开发投资总额）。1988 年 8 月 8 日，一个华语世界所偏爱的吉祥的日子，日本华侨孙忠利高价拍得上海第一块批租土地，由此逐步启动了土地使用权向市场出让所带动的大规模快速城市开发与建设。图 12-3 展示了对虹桥开发区各地块规划指标变动的分析，以及开发强度的不断升高。唯一没有变化的是延安西路以南的大型公共绿地。在宏观背景上，中央政府、地方政府和规划部门、开发部门的相互关系发生变化；在专业领域，与此相配套的规划制度回应并尝试引入变革。城市政府的职能也从建设管理，走向了规划管理。

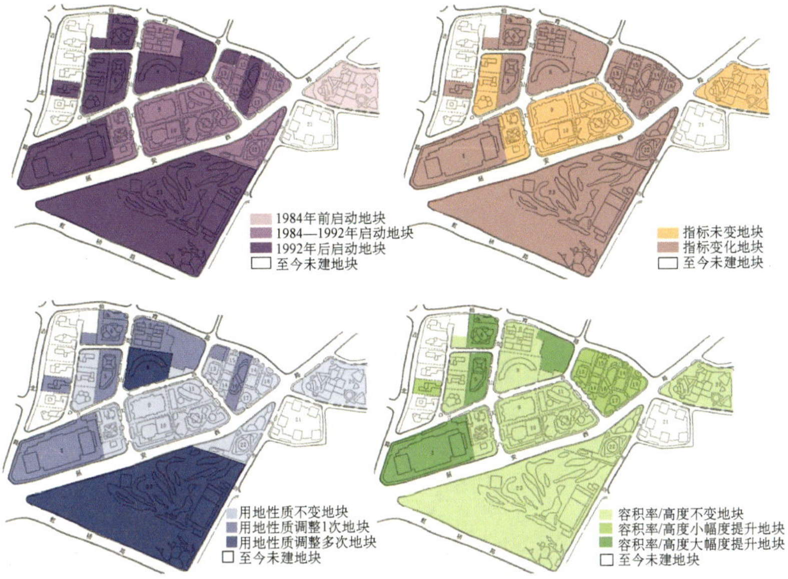

图 12-3 虹桥开发区各地块指标变动情况分析

资料来源：作者自绘（沈赟协助绘制）

上海最早建立了新的规划层次，以参照美国区划的表现形式为主，包含了今天的分区规划和控制性详细规划内容，以及推出了一系列的规划管理技术规定作为行政许可依据。1983 年起上海试行了《土地使用管理技术规定》，对上海各时期各项建设用地的实际建设情况进行了抽样调查，并在参考美国、日本，以及中国的香港、台湾等地规划建筑法规基础上，就用地分类、建筑面积密度、建筑密度及沿街建筑高度控制提出了通则式规定。这一系列举措奠定了迄今为止其城市规划管理的大致框架。

12.2.1.2 “第二财政局”：温州旧改控制规划

与新区开发、国家使命相对应，温州的旧改控规是在总结了早期如上海虹桥，以及苏州、桂林的经验基础上提出来的，更加明确地表达出地方政府得以借力土地有偿使用而实现城市面貌更新的“土地财政”模式的起步。温州作为浙江的一个中小城市，不是国家重点建设城市，也非国家工业化基地，所以以往国家建设投资非常少，城市规划在这里一直以来起到的作用并不大。温州的特殊性在于从“文化大革命”的中后期开始地方小商品经济逐渐繁荣，民营经济力量日益增长，与海外华侨联系紧密，在改革开放初期获得了第一桶金，开始从小商品生产转向房地产开发领域。温州旧改规划同样起步于人民中路和人民西路的“小区规划”，至1987年温州旧改的控制规划逐渐成形，比原来的总体规划更详尽，但比后来的控制性详细规划要稍微粗一点。在控制规划中，规划指标基本上沿用了上海虹桥的选项，但是它对于指标的测定主要基于市场反馈，具有更强的经营性。在上海虹桥详细规划中，政府自上而下的战略意图非常明确，比如说用地性质，必须是涉外用途，对竞拍方、开发商也有默认的标准，如外资背景、大型跨国公司、国际连锁酒店等，从功能到形态有具体的引导性要求。而温州更加基于单个地块的市场可行性，逐个地块测算，容积率从最早的1逐渐上升到3～4，用地分类尊重了本地传统，商住结合较为普遍，特别规定了居住用地的控制指标，以及独立的沿街建筑密度、容积率和建筑高度规定，这也使得后期的人民路旧改沿街再开发先于地块内部改造，从而形成了“一层皮”的改造结果（图12-4）。1987年温州旧改启动大会上，挂出了“人民城市人民建”的横幅。因为当时的土地有偿使用面向外资，所以开发商都是采用中外合资的形式，大部分是温州华侨跟本地国企合作，从区到职能部门都开设了下辖的房地产公司，体现了公私合作。

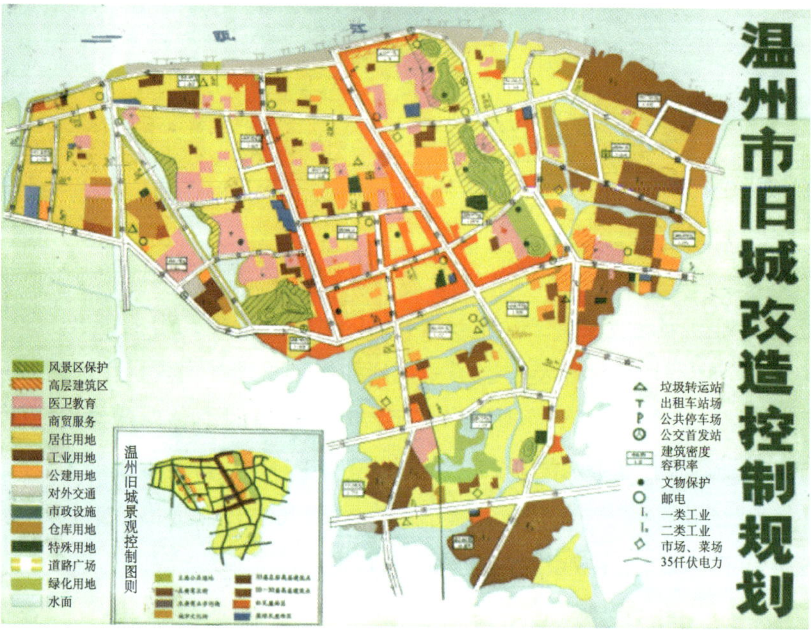

图12-4　1988年版的《温州市旧城改造控制规划》
资料来源：温州市档案馆

引入市场力量的温州旧城控制性详细规划非常成功地推动了旧改，老城面貌迅速改变(图 12-5)。在指标变化方面，1992 年版控制性详细规划的容积率同样不断被提高，普遍从 1 变成了 2～3，某些地块在出让时指标被临时调整，因此也产生了控规和土地财政所伴生的另一痼疾——腐败问题。

图 12-5　20 世纪 90 年代初与末期的温州人民路
资料来源：温州市档案馆。

12.2.2　从国家到地方的控规正式制度建构

12.2.2.1　国家及省层面

从 20 世纪 80 年代末到 90 年代，城市规划国家主管部门建设部在温州、厦门等地开过几次控制性详细规划的研讨会，引介地方的控规实验，但一直到 2007 年之前，还是属于一个地方百花齐放的状态。

1991 年，建设部发布《城市规划编制办法》(后文简称《办法》)，并正式采用了控制性详细规划的名称。根据《办法》第二十三条，控制性详细规划应当包括下列内容：(一)详细规定所规划范围内各类不同使用性质用地的界线，规定各类用地内适建、不适建或者有条件地允许建设的建筑类型；(二)规定各地块建筑高度、建筑密度、容积率、绿地率等控制指标;规定交通出入口方位、停车泊位、建筑后退红线距离、建筑间距等要求;(三)提出各地块的建筑体量、体型、色彩等要求;(四)确定各级支路的红线位置、控制点坐标和标高;(五)根据规划容量,确定工程管线的走向、管径和工程设施的用地界线;(六)制定相应的土地使用与建筑管理规定。

1992年,建设部发布22号令《城市国有土地使用权出让转让规划管理办法》,在第五条中规定:"出让城市国有土地使用权,出让前应当制定控制性详细规划。出让的地块,必须具有城市规划行政主管部门提出的规划设计条件及附图。"

尽管如此,在新版《城乡规划法》颁布之前,全国各地对部令的执行贯彻是打折扣的。控制性详细规划的编制和管理局限在开发市场较为活跃的城市地区。从编制办法来讲,1991年和2005年的两版编制办法,控制性详细规划的编制技术没有什么大的变化,还是那几项重要的规划要素。但是在2005版《编制办法》中,根据时任温家宝总理"要强调规划的引领作用"指示,包括总规和详规都规定了强制性内容,并且提出强制性内容如修改应该要走原审批的程序。

2007年是控规获得法定地位的分水岭。新颁《城乡规划法》第三十八条规定:"在城市、镇规划区内以出让方式提供国有土地使用权的,在国有土地使用权出让前,城市、县人民政府城乡规划主管部门应当依据控制性详细规划,提出出让地块的位置、使用性质、开发强度等规划条件,作为国有土地使用权出让合同的组成部分。未确定规划条件的地块,不得出让国有土地使用权。"

2010年,《城市、镇控制性详细规划编制审批办法》进一步提出了"四线",即基础设施用地的控制界线(黄线)、各类绿地范围的控制线(绿线)、历史文化街区和历史建筑的保护范围界线(紫线)、地表水体保护和控制的地域界线(蓝线)等"四线"的控制要求,控规的刚性内容得到进一步明确和增强。

在省一级政府中,广东最早通过人大立法建立了地方的控制性详细规划管理条例;山东的《管理办法》启动在差不多的时期,因为它以省人民政府令的形式办法,发布时间更早一些,相应的约束力弱一些。各地省一级层面逐渐地都发布了相应的地方管理规定等等(表12-1)。

表12-1 省一级政府出台控规管理规定一览

发布年份—名称	发布形式
2003—山东省城市控制性详细规划管理办法	省人民政府令
2004—黑龙江省控制性详细规划编制规范 DB23—T744—2004	技术规范性文件
2004—广东省城市控制性详细规划管理条例	省人大立法
2004—安徽省城市控制性详细规划管理办法	部门规章
2005—广东省城市控制性详细规划编制指引(试行)	技术规范性文件

续表

发布年份—名称	发布形式
2012—江苏省控制性详细规划编制导则试行 2006 年颁布(2012 年修订)	技术规范性文件
2006—湖北省控制性详细规划编制技术规定(正文)	技术规范性文件
2006—黑龙江省控制性详细规划管理办法	部门规章
2007—四川省城市控制性详细规划管理办法	省人民政府令
2007—江西省城市和镇控制性详细规划管理条例	省人大立法
2009—河北省城市控制性详细规划管理办法(试行)	省人民政府令
2009—河北省控制性详细规划编制导则(试行)	技术规范性文件
2009—贵州省城市和镇控制性详细规划编制与实施管理暂行办法	省人民政府令
2010—浙江省控制性详细规划图集编制导则	技术规范性文件
2010—吉林省建制镇控制性详细规划编制技术暂行规定	技术规范性文件
2010—广西壮族自治区控制性详细规划管理办法(试行)	部门规章
2012—青海省城市(镇)控制性详细规划管理办法	部门规章
2012—福建省城市控制性详细规划编制导则	技术规范性文件
2013—福建省城市控制性详细规划管理暂行办法	部门规章
2016—陕西省控制性详细规划管理办法	省人民政府令
2017—云南省城市控制性详细规划编制导则与审查要点	技术规范性文件
2017—山东控制性详细规划编制技术导则	技术规范性文件
2017—湖南省控制性详细规划编制导则(试行)	技术规范性文件
2017—福建省城市控制性详细规划备案管理办法(试行)	部门规章

资料来源:根据收集资料兰天泽协助作者整理。

12.2.2.2 地方层面(以上海为例)

以上海为例。《城乡规划法》树立了控规的法定地位和作为规划土地出让条件的必要前提,这是一个全国的分水岭。在上海,2003 年之前,控规的编制和管理权相对分散,称之为“两级政府三级管理”,后来变成两级管理,详细规划管理以各区县和开发区为自主,如陆家嘴金融贸易区、金桥出口加工区,很多开发区管委会被授权规划编制和审批,包括规划各项指标的调整,具有比较大的自由裁量权。上海的系统性变化是在第五次城市工作会议(2006 年),从 2005 年开始,开始致力于控规全覆盖和向市一级收权,所谓“横向到边、纵向到底”,首先推进单元规划,把全市划分成控制性规划编制单元、编制单元规划;单元规划边完了以后,再开始编制整单元的控制性详细规划。上海还有一个特点,就是它的历史风貌保护工作启动较早(20 世纪 90 年代末),事实上覆盖了上海中心城区最为核心的部分,依据上海市历史风貌保护条例,风貌保护规划实质上起到了历史城区的控规作用，风貌保护区的规划管理工作、建设管理也更早就从区一级上升到市一级管理。

总的来说，上海市域内被分为中心城区和郊区两大块，中心城区按照单元规划、整单元控规的两个编制层次；在郊区县按照区县总体规划（分区规划）、乡镇总体规划两个层次，集中城镇建设区编制控规，补充以郊野单元控规或者村庄规划的形式，实现了中心城区控规全域覆盖、郊区城市化地区基本覆盖（图 12-6）。在编制管理的特点方面，它的编制和审批是分离的，通常来讲区政府，会同市规划局，组织编制，市规划局组织审批，市政府授权审批，区政府负责实施。上海在 2011 年（2016 年再次修订）颁布了详尽的《上海市控制性详细规划技术准则》，进一步统一了控制性详细规划的编制审批的各项标准，建立了三阶段九环节的审批流程（图 12-7），走向规范化、公开透明和程序完善，引入了专家审议制度、规委会专家审议，包括技术和程序审查。

图 12-6　上海市控规编制单元覆盖示意图

资料来源：上海市规划与自然资源局

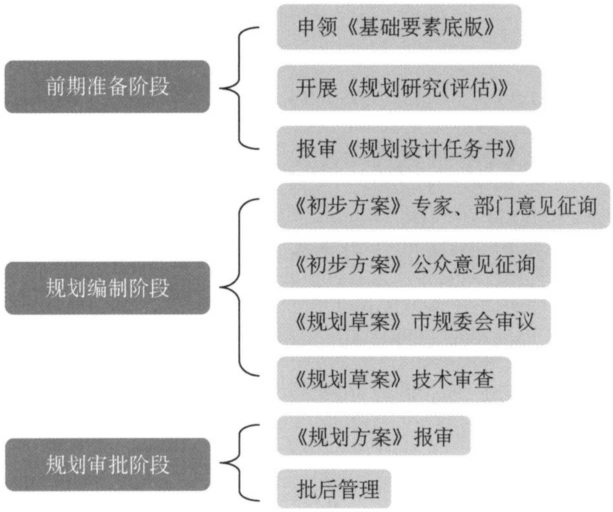

图 12-7 上海控规管理的“三阶段九环节”
资料来源:根据上海相关规定自绘。

这一轮控规管理改革重新划分了管理区域,中心城区由市一级来控制,远郊由区政府管理,浦东新区相对独立,具有更高的自主权。试点城镇、远郊城镇按照工作的性质、管控难度和重要性有所区分。在程序上,控规调整分为局部调整、“实施深化”和“规划执行”,实施深化意味着走规划条件调整的简易程序,规划执行是通过一定程度的建管自由裁量实现。

在上海,更为细化和刚性的控规技术标准陆续出台。例如对重点地区的城市设计附加图则的要求、对标准化成果规范的要求。最刚性的手段体现在居住用地容积率上。上海对居住用地的最高容积率实施一刀切,都不能超过 2.5,在当前的房地产市场背景下,导致这一管控政策有效期限下的所有居住用地都是 2.5,无疑是城市居住形态越来越单一的一个重要政策因素,当然要再加上日照间距、消防等其他技术规范要求、市场对于南北朝向的偏好。另一项是商办用地不能超过 4,但商办 4 的强度上限相对宽松,可以通过 TOD 建设、提高服务配套水平等方式“适度上浮”。

郊野单元规划是上海创新控制性详细规划的举措之一,也是多规合一的新发展,部分地取代了村庄规划和乡镇总规,具体管理部门从村镇处变成了详规处。郊野单元的初衷是完成集建区外现状建设用地的减量化任务,基于土地整治规划,后来经历了三次改版。第一轮的郊野单元编制背后主要的逻辑,是两规合一,即上海的规划和国土部门合并后,层层落实市区县土地整治规划的具体内容,包括结合建设用地的整治进行农用地整治和专项规划整治。新一轮的 2.0 版郊野规划,为了衔接 2035 总规,更加偏重于以综合发展为任务,从管理而言,也通过这样的转换,将重要的效野地区详细规划权上收到市一级。郊野单元规划对象不仅仅包括建设用地,也包括自然资源的整合,以及农田的优化整治方案,这可能也是未来详规发展的方向。郊野单元、生态单元成为城乡结合地区或者特殊政策区域的详细规划，在杭州、北京都有尝试，浙江省还创新了所谓“点状供地”，有待进一步的探讨。

12.2.3 详规的第二次改革：解读与期待

回顾控规的30余年发展，国家层面对于控制性详细规划一直以来提供的是比较宽松的约束和规定。2010年《城市、镇控制性详细规划编制审批办法》在反复讨论后，仅提出了一些粗线条的规定，从而使得地方拥有较大的自主权，在当下的控规管理中也呈现出五花八门的状态。在国土空间规划体系改革背景下，详规会发生什么样的变化？

一直以来，控制性详细规划被看作是一种地方规划，这一点未来是否会发生变化，会发生什么样的变化，是一个值得思辨的话题。《若干意见》对于详细规划的相关规定如下：

第一，详细规划是对具体地块用途和开发建设强度等做出的实施性安排，是开展国土空间开发保护活动、实施国土空间用途管制、核发城乡建设项目规划许可、进行各项建设等的法定依据。

第二，在城镇开发边界内的详细规划，由市县自然资源主管部门组织编制，报同级人民政府审批；在城镇开发边界外地乡村地区，以一个或几个行政村为单元，由乡镇政府组织编制“多规合一”的实用性村庄规划，作为详细规划，报上一级政府审批。

第三，详细规划要依据批准的国土空间总体规划进行编制和修改。

第四，相关专项规划要遵循国土空间总体规划，不得违背总体规划强制性内容，其主要内容纳入详细规划。相关专项规划在编制和审查过程中应加强与有关国土空间规划的衔接及“一张图”的核对，批复后纳入同级国土空间基础信息平台。

第五，以国土空间规划为依据，对所有国土空间分区分类实施用途管制。在城镇开发边界内的建设，实行“详细规划＋规划许可”的管制方式；在城镇开发边界外的建设，按照主导用途分区，实行“详细规划＋规划许可”和“约束指标＋分区准入”的管制方式。对以国家公园为主体的自然保护地、重要海域和海岛、重要水源地、文物等实行特殊保护制度。

从字面上理解，首先，控制性详细规划前面的三个字去掉了；其次，它的内涵和外延也发生了重大的变化，它扩张到了全域，包含城镇开发边界内和城镇开发边界外，郊野单元探索原来是地方探索，但是现在城市开发边界外，村庄规划也是详细规划的一种，详规由此分成两大类型。专项规划主要的内容纳入详细规划。

对于详细规划来说，最大的变化是从级到类，在五级三类国土空间规划体系中，原来详细规划被视为其中的一个级别，现在成为一个类型。图12-8表达了它和专项规划和总体规划的关系。结构关系的变化意味着未来详规的地位角色和作用，方法可能会发生比较大的变化。

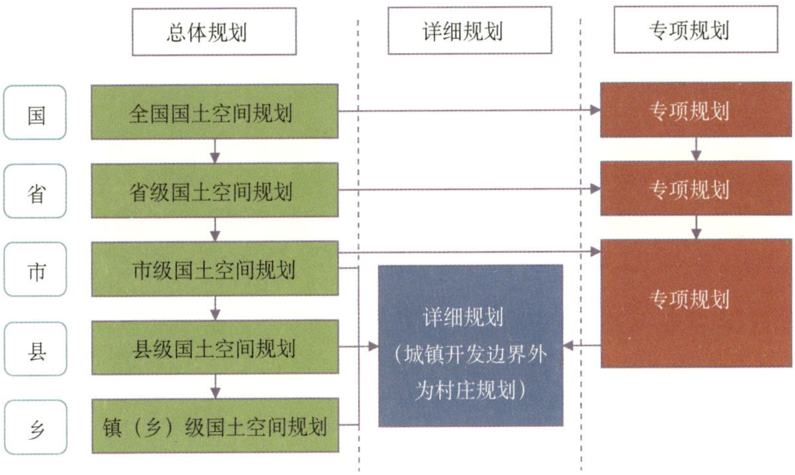

图 12-8　五级三类的国土空间规划体系图解

资料来源：作者自绘

问题 1：全覆盖还是依需求编制？

未来详细规划可能的领域关系有两种：全要素全覆盖的管控或者聚焦于重点矛盾地区的管控。根据《若干意见》所示，未来详规的领域可能是如图 12-9 所示，就是说城镇开发边界内是详细规划，城镇开发边界外也是详细规划，但是这个详细规划是村庄规划；在城乡区域内，还存在一些特殊政策区域，可能适用专项规划，比如说国家公园自然保护地、历史文化保护区等等。

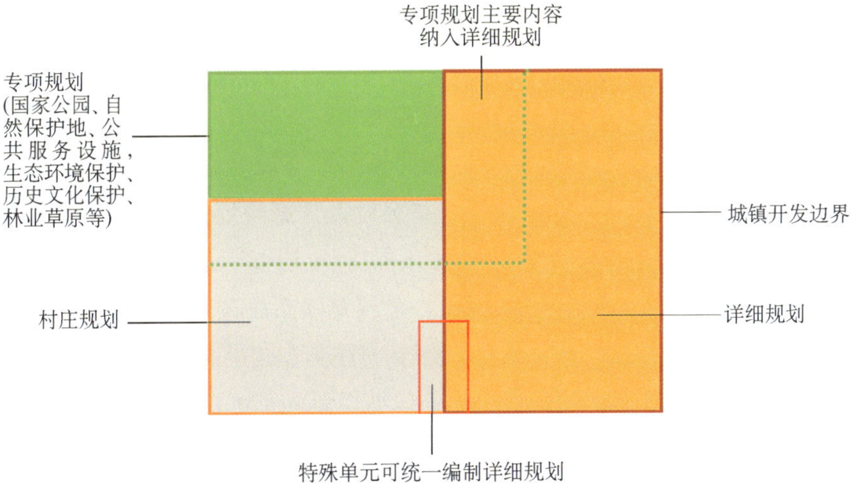

图 12-9　详细规划管控领域图解

资料来源：作者自绘

另外，在需要通过详细规划协调统筹各项自然资源要素和土地使用、开发建设的重点区域编制详细规划，而在其他地区编制管制通则、采用"分区准入"的方式，如图 12-10，示意为实体色块覆盖的地区为需要编制详细规划的地区。控制性详细规划发展 30 余年，即使是城镇化地区也尚且没有实现全覆盖。即使有的城市做到了“编制全覆盖”，但并没有真正实现法定详细规划的全覆盖。大多数城市都是聚焦于有大量开发需求，或者存在特殊的综合性管控需求的地区。在国际比较中发现，新加坡也是唯一的实现了详尽的土地使用和空间管控规划全覆盖的（城市）国家。从管控效率和必要性的角度，法定详细规划全覆盖是否有必要？哪些区域必须是在详细规划的指导下给予行政许可的？未来详细规划只管理建设行为还是像传统一样，要管理所有的自然资源的使用开发和保护行为？比如说林木的砍伐，是分区准入，还是说在特定的特别复杂的复合使用区域，一定要先编制详细规划？这个到底算不算详细规划？

这一点可以审慎论证。

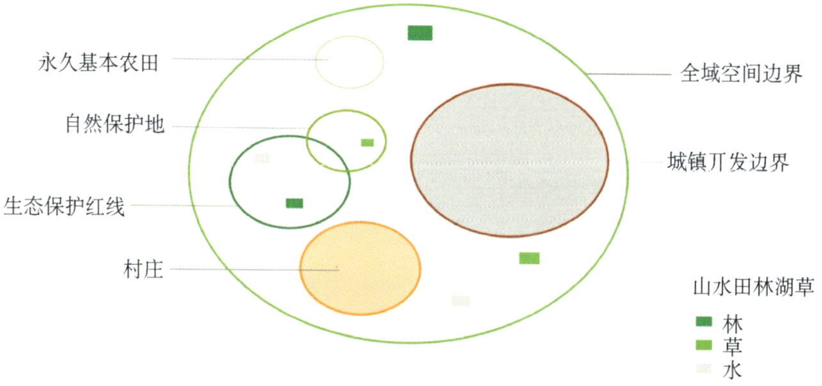

图 12-10　详细规划管控领域简化版
资料来源：作者自绘

问题 2：如何统筹多要素多目标的详细管控要求？

详细规划是落实多种类型和不同层次的国家与地方规划的基础平台。除控规外，原有的建设领域中历史文化街区保护规划、风景名胜区详细规划、村庄规划，都起到了以详细规划指导规划许可的作用。还有相应的水土保持、土地整治、环境保护等。面向不同的管控要素和管理逻辑，详细规划如何建立起一个统筹体系放在一起？图 12-11 展示了详细规划可能管理对象的连续体，从集中建设区到村庄到非建设区域。

问题 3：如何进行现代国家治理模式下的详细规划单元划分？

还有一个改革前提是怎么去划分规划单元？从各地实践来讲，在控规单元的划分上，以往是按照规划的原则。比如说城市干道、自然地理的边界来进行划分，按照公共设施服务的规模门槛来划分；现在很多地方开始尝试与行政管理单元所挂钩。这里面存在一个悖论，因为作为公共服务的提供者，与它挂钩是有好处的。但是另外一方面对于最重要的公共设施的配套，这种计算的基础如果发生了变化，因为行政并不是完全按照规划的原则来划分边界的，那么怎么去弥补因为边界的变化带来的控制性详细规划编制和实施上面的差异性？

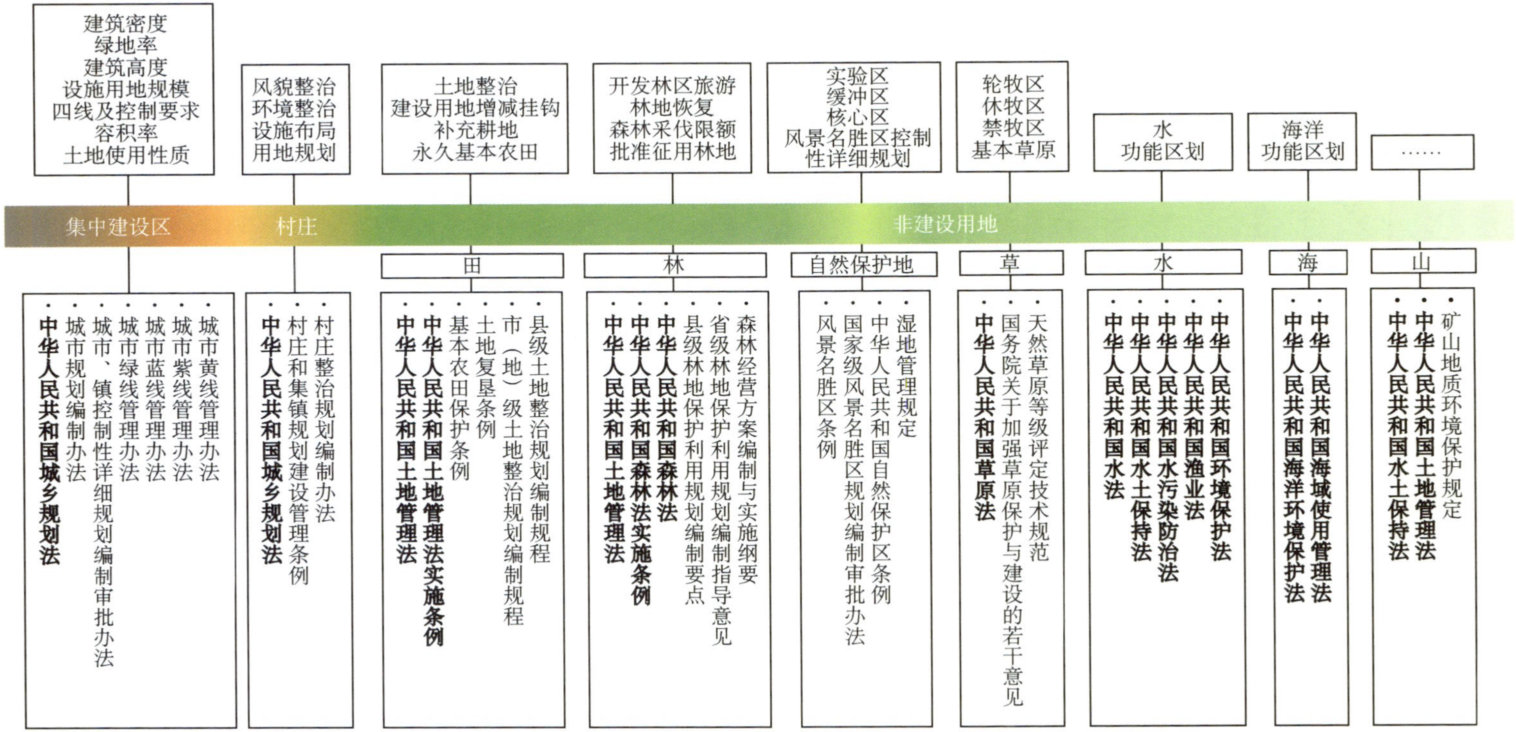

图 12-11　从建设领域到“山水林田湖草”的详细规划管控要素及相关法规

资料来源：作者自绘

问题 4:总规与详规的关系。

如果详细规划的编制单元统一到行政单元,那么与上一级总体规划的继承传导关系如何约束实现?比如说,怎样去制定分区分类的详细规划指引?总体规划的分区分类划分,依据不同逻辑,按照 6 大类的基本分区,详细规划应该怎么应对?详细规划、地方的详细规划,是否可以指定更为细化的、地方化的用地分类?比如上海一直使用自己的用地分类标准,原来体系中总体规划和详细规划存在上下两层皮的问题,怎么样通过这次改革回应这样一个固有的话题?《若干意见》特别强调了自上而下传导,但事实上以往的传导往往是一次性的;但是控制性详细规划的特点就是在于它要面临不断地修改,而且它的修改是地方政府的事务,不需要得到国务院的审批。调查发现,大多数土地出让之前规划条件都是经过修改的,跟原来的初始设置已经发生了巨大的变化。比如说一个矛盾焦点就是教育设施,教育设施在详规调整中被转移、不断延迟建设,规划图上有,但教育设施供应事实上被紧缩,造成学龄儿童上学难的问题。通过怎样的制度设计,可以解决这个问题?

问题 5:刚性与弹性。

详规的悖论是,“刚的不够刚,弹的不够弹”。应该刚性的地方,怎么样去实现它?虽然国家技术规范规定了应有强制性内容,但是地方政府仍然是有调整的权限。另外在弹性的方面,详细规划调整周期比较长,越来越多的程序约束,从改革初的巨大弹性,到后来自由裁量空间慢慢缩小,在现实中更存在公务员追求风险最小化、自我约束避免自由裁量的情况。在未来可能会面临的城市建设放缓,怎么样适应新的发展?在城市更新上面,很多时候按照规划条件是不可能的,那么怎样去改革?

问题 6:产权和发展权的公平平等问题。

以往大量的新区建设,城市规划作为土地公有制的国家代理人行使相应的资源配置权力。基于城市设计的控规编制,基于看着好看、天际线优美等设计的编制逻辑,就是在美国区划中被称之为违宪的所谓“spot-zoning”问题,这个地块可以建到 86 米,那个地方只能建到 78 米,这种相邻地块的开发条件差异背后逻辑如何论证?在土地使用权已经大量出让给市场、已经部分私有化的情况下,未来的详规编制必然面临发展权的公平平等的问题,怎么样从一个城市设计的编制逻辑变成城市治理的逻辑,尤其在建成区、在城市更新领域,这样的转型背后是非常庞大的一个课题。

参考文献

[1] 曹小曙,欧阳世殊,吕传廷.基于用地分类的国土空间详细规划编制研究[J].经济地理.2021,41(04):192-200.

[2] 段进,赵民,等.“国土空间规划体系战略引领与刚性管控的关系”学术笔谈[J].城市规划学刊,2021(2):6-14.

[3] 耿毓修.《上海市城市建设规划管理条例》及其配套规章[J].城市规划学刊,1989(6):37-38.

[4] 龚秋霞，孙骅声，罗赤.旧城改造详细规划中的土地区划初探：苏州桐芳巷改造规划[J].城市规划，1989(3)：10-15.

[5] 黄明华，等.规划与规则：对控制性详细规划发展方向的探讨[J].城市规划，2020，44(11)：52-57，87.

[6] 唐亚林.政治、行政与民政：当代中国国家治理现代化的“三政”框架建构[J].治理研究，2021(3)：49-64.

[7] 杨秀珠.温州旧城改造控制规划[J].城市规划，1989(6)：55-59.

[8] 衣霄翔，肖飞宇.控规调整的需求及特征研究：基于项目要素的统计与分析[J].城乡规划，2021(1)：117-27.

[9] 赵大壮.桂林中心区控制性详规得失[J].城市规划，1989(3)：16-19.

[10] 庄少勤.新时代的空间规划逻辑[J].中国土地，2019(1)：4-8.

[11] 邹兵，陈宏军.敢问路在何方？由一个案例透视深圳法定图则的困境与出路[J].城市规划，2003，27(2)：61-67，96.

13 乡村规划

李京生*

13.1 什么是乡村规划

13.1.1 历程回顾

广义的乡村规划自古以来就存在，近现代的乡村规划主要源于19世纪初的欧洲，我国政府大规模开展乡村规划起源于1958年的人民公社运动。1958年8月29日《中共中央关于在农村建立人民公社的决议》发布后，同年9月份，当时的农业部就发出一个通知，要求在有条件的情况下开展人民公社的规划编制，作为一项全民参与的运动，老一辈规划师都参与了大量的人民公社规划的编制。人民公社规划的内容除了涉及农、林、牧、副、渔等产业发展规划之外，还包括兴修水利、土地的平整、修整道路、建设新村等的农村生产和生活基础设施规划，开辟了我国乡村规划的先河。其中建设新村属于生活环境的规划，主要目标是迁村并点，建设规模较大的居民点，以利于土地集约利用和保障农村的公共服务。但急速推行人民公社时出现诸多问题，造成很多不良后果，1958年11月中共八届六中全会通过了《关于人民公社若干问题的决议》，其中明确指出"乡镇和村居民点住宅的建设规划，要经过群众的充分讨论"，这说明在没有经过农民同意的情况下，强行推动迁村并点建设新村的过程中引发了严重的问题，并且及时得到了引导和制止。

人民公社制度实施了20多年，我国大规模的农田水利基础设施建设基本完成，20世纪70年代末全国人民迎来了改革开放，农村实行的家庭生产责任制提高了农民生产的积极性，由此引发了农村社会的巨大变化，主要表现在两个方面。一方面是随着农业生产效率的提高，农村出现劳动力过剩，城市又无法吸收农民就业，农村地区进入了人民公社以来的第二次工业化浪潮，村镇企业遍地开花，出现"村村点火，处处冒烟"的景象，虽然破坏了环境，但提高了一部分农民的收入。另一方面是经历了20年的人民公社时期，农村新生代的住房需求迸发出来，乡村出现了"建房热"，这也是我国乡村住房建设每20多年呈现出的周期性现象。由于乡村的生产和生活需求发生了巨变，进一步导致乡村土地使用和生活环境等一系列的变化，甚至无序、混乱和碎片化，同时还出现了面源污染，新一轮乡

* 李京生，同济大学建筑与城市规划学院教授，中国城市规划学会乡村规划与建设学术委员会顾问。邮箱：shtjljsk@online.sh.cn

村规划呼之欲出。当时的国家建委，也就是住建部的前身，在引导村民住宅建设方面开展了一系列的研究，涉及村民住宅设计和居民点建设的各类法规和技术规范也相继出台了，逐步形成了一些规范化的管理模式，所以说改革开放后的乡村规划是从住宅建设开始的，由于是住建部门主导的乡村规划，更多关注的是乡村生活环境整治和建设用地的规划，与人民公社时期由农业主管部门编制的规划有很大不同。

由于乡村改革在前，快速城镇化在后，我国的城镇化进程走上了一条特殊的道路。就城乡人口就业和社会流动来看，出现了 20 世纪 80 年代"离土不离乡，进厂不进城"的乡村工业化，和 20 世纪 90 年代后期开始的全面城镇化两个阶段。前一个是鼓励在乡村地区大力发展小城镇和工业园区，防止大量农村人口流入城市，小城镇建设风起云涌，乡镇企业蓬勃发展，希望能够在小城镇聚集人口，把传统乡镇建设成小城市，从而实现从乡村工业化到乡村城市化的转变。乡村规划当时被称作村镇规划，规划编制的重点逐步从居民点规划转变为集镇规划和小城镇规划，以至于各类"村镇建设"期刊和学术团体纷纷改名为小城镇规划或小城镇建设。第二个阶段在是我国加入 WTO 之后，城市土地可以出让和大量外资涌入，导致城市扩张，我国全面进入了快速城镇化时期，尤其是大城市周边的"土地城市化"和国家重大基础设施建设，乡村地区小城镇的吸引力下降，乡村人才和劳动力涌入各大城市，出现"离土又离乡，进厂又进城"的局面，乡村的人才和青年人大量流失，开始出现人口老龄化，乡村生产、生活和生态环境呈现颓势，乡村发展和社会治理发生了混乱，"三农"问题日益深刻，城乡差距进一步拉大，初现西方发达国家在工业化时期的城乡二元结构，这一时期的乡村规划基本处于停滞状态。

从 2007 年党的"十七大"提出"要统筹城乡发展，推进社会主义新农村建设"以来，乡村发展又迎来了一个新局面，在城乡统筹的理念下，实现乡村社会的全面发展再次提到日程上来了。2012 年党的"十八大"提出以人的现代化为核心的新型城镇化，其中非常重要的一个原因就是经历了一轮全面工业化和快速城镇化之后，在国土利用方面出现了混乱，尤其是大规模的城市化造成了城乡巨大的差距，生态环境严重受损，资源、产业和人口分布失衡，只有在国土空间层面来调整，规划布局都市圈、城市群、城镇体系和村镇体系，才能提高我国资源使用的效率，在发展中提高生活质量，刺激扩大内需，可持续地发展经济。因此，空间布局被认为是重要的生产力，从而进一步孕育出了国土空间规划体系，这就是新型城镇化的重要意义，在此背景下的新农村建设和美丽乡村建设运动蓬勃开展，直到党的"十九大"提出乡村振兴战略，"产业兴旺、生态宜居、乡村文明、治理有效、生活富裕"二十字方针和产业、人才、文化、生态和组织五大振兴目标，乡村振兴成为全民参与的国家战略的一部分，乡村规划又迎来了春天。

13.1.2 基本理念

长期以来，大国小农是我国的基本国情，无法适应高度分工和组织化的现代社会发展。在乡村发展的道路上，从人民公社运动到社会主义新农村建设，基本的思路就是希望能够通过组织化、规模化来实现农业农村的现代化，希望能够把传统分散的小农和土地规模化整合，以提高农业生产效率和改善农村生活环境，因为这样做可以提高资源使用的效率，有利于在乡村地区建立更加完善的公共服务体系，还可以提高农业农村的抗风险能力，让农民生活富裕，使农业农村成为一个有吸引力的地方，进而有效地保障国家粮食安全。因此，国家强力介入乡村治理，结合城乡社会发展需求和城镇化进程，通过乡村规划，突破传统小农的血缘和地缘关系，引导农村居民点合并和生产方式重组，进而达到提高土地使用效率的目的，"迁村并点"则成为规划编制中绕不过去的主题。围绕农村居民点合并，很多地方提出的"一村一点"就是非常典型的做法。所谓"一村一点"就是将一个行政村域范围的所有居民点集中起来，建成一个居民点。在大城市郊区和山区还提出"一镇一点"，就是把全镇居民全部搬迁到镇区（图 13-1）。然而，随着城乡社会经济和基础设施发展和变化，原有区域空间格局和村庄区位的改变，有的实施了，有的没有实施，有的中途停止了，但无论什么阶段和过程，这种规划强力引导的理念始终体现在其中。

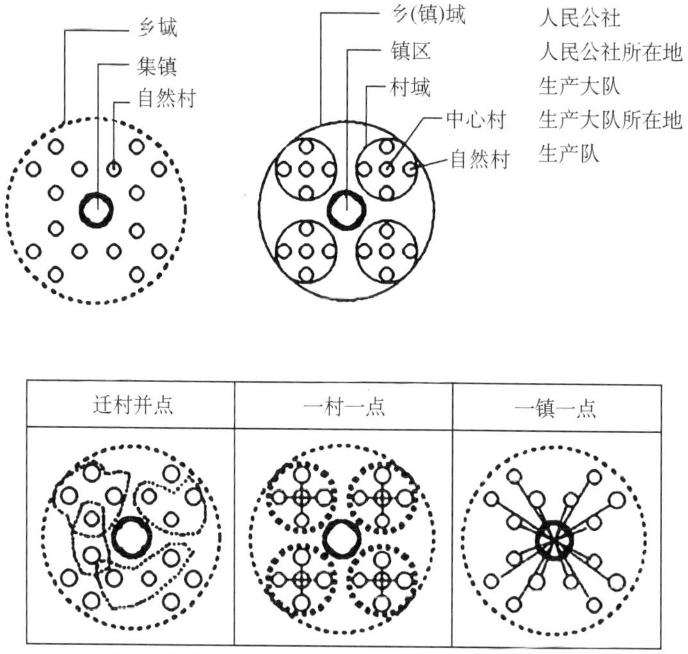

上海市20世纪90年代初期村镇合并规划设想

图 13-1　迁村并点概念图

资料来源：作者自绘

关于村庄合并，人民公社时期有两个比较典型的案例，一个是大寨，一个是华西，当时就有"学大寨，赶华西"的口号。原江苏省江阴县的华西村，在实施完成"田、林、水、路一体化"的农业生产性基础设施建设的同时，把 20 多个自然村合并成一个集中的居民点，将原来散乱的水体，经过人工整理和连通，裁弯取直，农田被方格化、模数化，有利于农业生产的水利化、机械化和电气化提供了基础，乡村的大地景观发生了巨大的变化，为后续的发展提供了非常好的基础(图 13-2)。

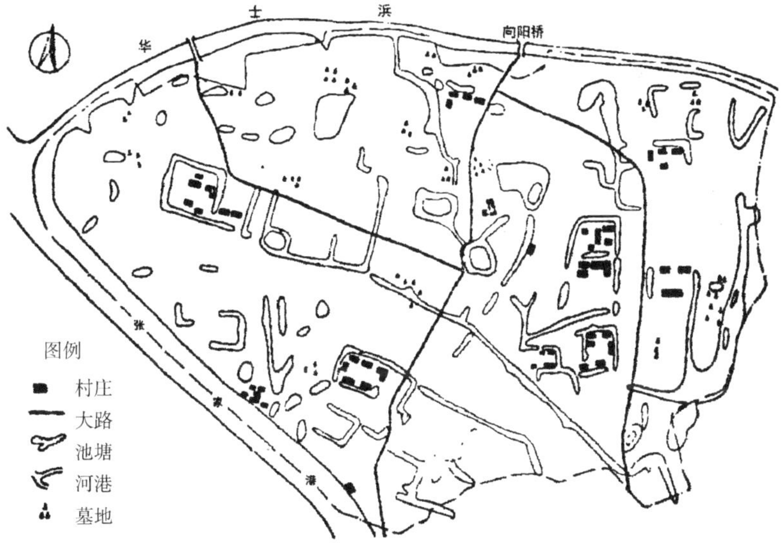

(a) 实现规划前(1963 年)华西大队概况

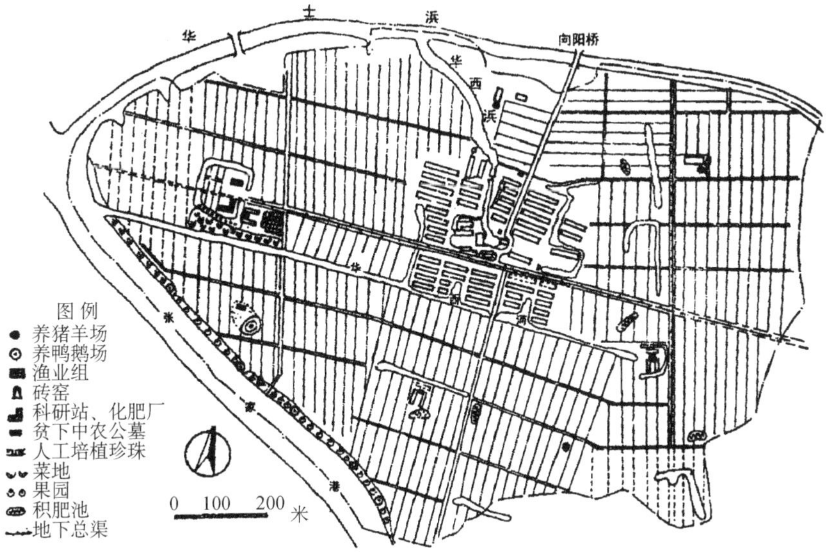

(b) 华西大队1972 年现状示意

图 13-2 华西村人民公社期间村落合并前后比照图

资料来源：

[1] 江苏省江阴县革命委员会调查组. 华西大队新村的规划建设[J].建筑学报，1975，03：13-17.

[2] 袁镜身.当代中国的乡村建设[M]//邓力群，马洪，武衡.当代中国丛书.北京：中国社会科学出版社，1987.

乡村规划涉及非常多的领域，并非只是生产生活的硬件环境，我国的乡村土地实行集体所有制，乡村规划涉及大量的社会经济课题，以及农民利益、城乡关系和社会公平等，是一个综合性规划，出于不同的发展阶段，其规划的缘起、主体和意愿，需要解决的问题不同，规划的内容、过程和成果是不同的。从以往政府主导和主管的部门来看，主要是农业和建设两个部门，并且各自的重点不同。建设部门组织编制的规划，通常以带房子修路为主，专注于生活环境规划，而农业部门的规划更关注生产环境，村落只是作为居民点看待的(图 13-3)。改革开放前比较关注农业基础设施规划，改革开放后更看重建设规划，这些都是发展阶段决定的。由于建设规划包括严格的乡村建设用地管理，直接涉及农民的利益、景观、风貌和历史环境保护等，具有直观性和落地性，所以被认为是有效的。2008 年颁布《城乡规划法》之后，乡村规划虽然获得了法律地位，建设规划被进一步强化，并且更偏向于城市管理的模式，对农业及其相关产业发展和用地的思考不多，而作为乡村规划来说，当前开展的国土空间规划将是重大机遇。

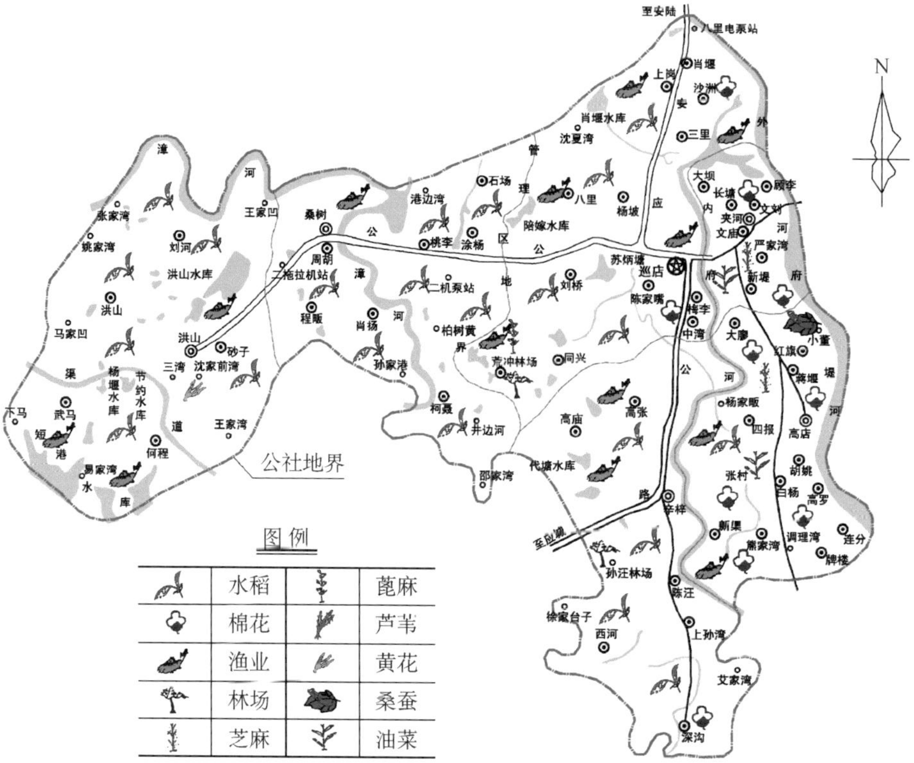

图 13-3 湖北巡店镇自然经济作物分布规划图

资料来源：黄杰. 集镇规划[M]. 孝感：湖北科学技术出版社，1984.

从人民公社规划到《城乡规划法》颁布以来的新农村规划，乡村规划都是在特定的历史时期不断顺应乡村社会发展，不断学习，不断探讨的过程，乡村规划队伍不断壮大的过程，现在乡村规划的重要性已经被广大农民认可，并且正在成为多学科、多领域和多元参与的法定规划，已经形成一些基本共识，并且被认为是实现乡村振兴战略的重要组成部分。

13.2 乡村的空间和村庄规划

13.2.1 乡村空间的属性

如果将地球人居环境的空间划分为自然环境和人工环境两大类型，那么乡村空间则是介于这两类空间中的半人工环境，或半自然环境，也就是说乡村空间具有二元性。因为乡村的生产生活主要是依托自然环境展开的，是人类通过因地制宜，对部分自然环境的微调、改造，利用自然力驱动的，是通过自然生态系统提供的服务功能运作，是依照自然规律生存的，与城市比较，具有更多的自然属性。城市是人工建造的，城市所有的建设行为都来自人的安排，不仅城市的道路和建筑物是人工的，其实城市的公园绿地及其一草一木都是人安排到那里的，尽管城市保留、模仿和利用了一部分自然要素，但是城市运行所消耗的能源和资源绝大部分是人类从异地搬运和输送的。在自然生态的大系统中包含有森林、沙漠、湿地、江河湖海等，这些系统共同构成了自然界的循环系统，但是这些子系统各自又是一个相对自我循环的系统，具有自我调节和更新的能力。乡村的农业生态系统就是利用了这些季节变化周期、循环和再生的能力，利用水、土、太阳能、重力等来获取生产和生活资源的。乡村从自然当中索取了一些生活的资源来养活了自己，也养活了城里人，所以农业和乡村空间对人类是非常重要的。没有乡村，城市则无法生存。乡村空间是因地制宜，依托自然创造出来的，具有强烈的自然性、地域性和复合性，乡村空间不但丰富了人居环境的形态和类型，还构成了人类文明和精神生活的重要组成部分。

当前的国土空间规划将国土空间划分为生态空间、农业空间和城镇空间三大区域，其实就是在生态文明理念下，引用生态系统生态学原理，将人居环境的自然、半自然和人工系统理论转化的成果，这里乡村主要包括农村地区的全部和部分自然地区。由于国土空间规划突破了原有的城乡规划的边界，从理念上将人类的活动与自然环境的保护看作同等重要，需要从三大空间体系中把握人类的开发和保护活动。由于农业空间依托于自然生态系统而存在，而城市空间又是依托生态空间和农业空间而存在的，同时，城市在人才、技术和资本的储备方面优于乡村，有更多的社会资本，可以反哺乡村，促进乡村的功能回归。因此，这些相互关系决定着国土空间规划的基本价值取向。通常我们更喜欢文学性描述，把乡村的生产、生活、生态空间相互关系比喻为“三生一体”，其中生产指的是农业，生活指的是城镇，生态讲的就是自然。由此可见，乡村空间涉及国土空间的所有类型，规划的内容和方法会涉及更广泛的领域。

13.2.2 村庄规划的必要性

从乡村治理看,乡村可划分为三个层次的权力空间。第一个层次是乡镇,第二是村庄,第三个自然村(村民小组)。我国的乡镇是国家最基层的政府组织,大多数乡镇是在历史上自然形成的,是乡村的经济和公共服务中心,除了城厢镇和特殊的建制镇之外,大部分的乡镇的规划都属于乡村规划的范畴。目前的村庄就是我们所说的行政村,是以人民公社时期的生产大队为基础发展出来的,是乡村社会治理的自治组织,是由多个自然村构成的。自然村则是乡村社会的基本单元,家庭则是乡村社会的细胞,自然村大部分是由家庭扩展出来的。因此,村庄已经突破了传统的血缘关系,并拥有更大的地域,成为一个相对完整的社区。在我国多次修订的《中华人民共和国村民委员会组织法》中,与村委会组织对应的空间就是村庄,尽管乡村集体所有制是以自然村为基础的,但是在组织乡村的生产和资源分配中,村庄所在的村民委员会具有更大的权力。

在人民公社时期集体化生产方式引导下,大部分我国乡村地区的土地完成了条块化整理。上海城郊的乡村地区 1984 年实行家庭生产责任制后,以村庄或村民小组为单位,依据耕地质量等级、规模、家庭人口和劳作距离等因素将耕地进行了再次分配,体现了一定的公平,提高了农民生产的积极性,但是也造成了土地使用的碎片化,对农业生产不利。以上海市松江区张泾村王家桥村民小组 20 世纪 90 年代初的状况为例,村落沿河道两岸呈带型布局,周边是耕地,村落河道北部是高产田,南部低洼,经常被淹没,此外还有距离村落比较远零星分散的耕地。改革开放后实行土地再分配,每户都分得三块耕地,离自己家近的有一块地,离自己家远的有一块地,在低洼地一块,经村民精确测量计算,从每户的宅基地到达这三块地的距离基本是相等的(图 13-4)。从公平性来讲,这是一个最佳方案,但是每个农户对市场的判断不同,造成土地使用的碎片化和景观的混乱,村域内农业生产用地协同性被弱化。譬如:由于各农户的土地利用方式不同,有种植的,有养殖的,随着季节的更替和各类作物收获时间不同,在灌溉、除草、施肥、灭虫等生产过程中导致相互干扰和排斥等问题大量存在,整体上大大降低了土地使用效率,降低了农产品的质量,并为农业的规模化和现代化形成了障碍。这种耕地碎片化现象在东亚地区农村也普遍存在,在 20 世纪 50 年代日本和韩国的农村土地规模化整理也是针对这种小农现象展开的。显然,解决这些问题没有土地使用规划是不行的。

作为乡村的基层社区,我国的大部分村庄至少有 300 年的历史,从选址到生产、社会交往和价值认同,一般都经历了自然、经济、社会和文化四个基本过程,每一个村庄都能讲出故事,经历了这些过程后,村庄不断的自我完善,形成相对自立和内生力。那么村庄为什么在相当长的历史时期能够稳定持续的存在和发展呢?我们曾经在北方贫困山村调查发现,这个 150 多户的村里竟然有各类一技之长的人才,其中有裱糊匠、木匠、石匠、司机、

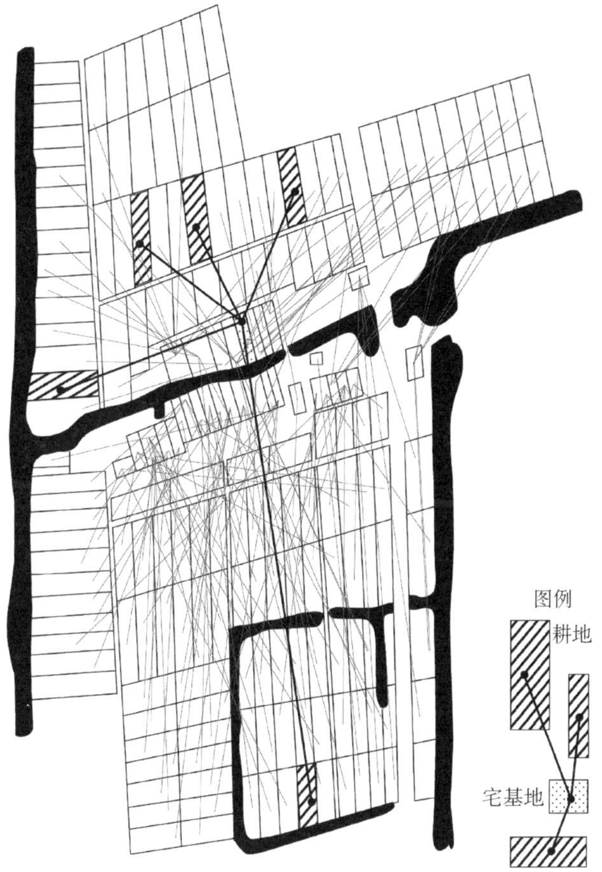

图 13-4 1984 年王家桥村域耕地与宅基地关系图
资料来源：作者自绘

电工和摄影师等，就是说传统村落中人才与村庄的发展是自然匹配的（图 13-5）。这些乡村人才的外流直接导致了村庄传统治理方式的失效，而解决系统性问题除了需要乡村外部环境改善的同时，村庄传统的血缘和地缘关系在当代乡村社会仍然具有重要的作用，近年来，随着一系列惠农利农政策的出台，一些村庄外出人员返乡参与家乡建设，甚至出现多元参与村庄规划建设的现象，为村庄发展注入了活力，同时为村庄发展吸收社会资本提供了基础，使乡村社会进一步开放，加速了城乡要素的流动，在资源使用和利益重组等方面不断创新发展，村庄规划的重要性进一步被凸显出来（图 13-6）。

13.2.3 村庄规划的过程

与乡村规划比较，城市规划制定规划目标和规划内容方面有一套完整的做法，这也是城市土地的国有性质所决定的。但是在乡村，尤其是村庄，规划就很难把握，也可能做了

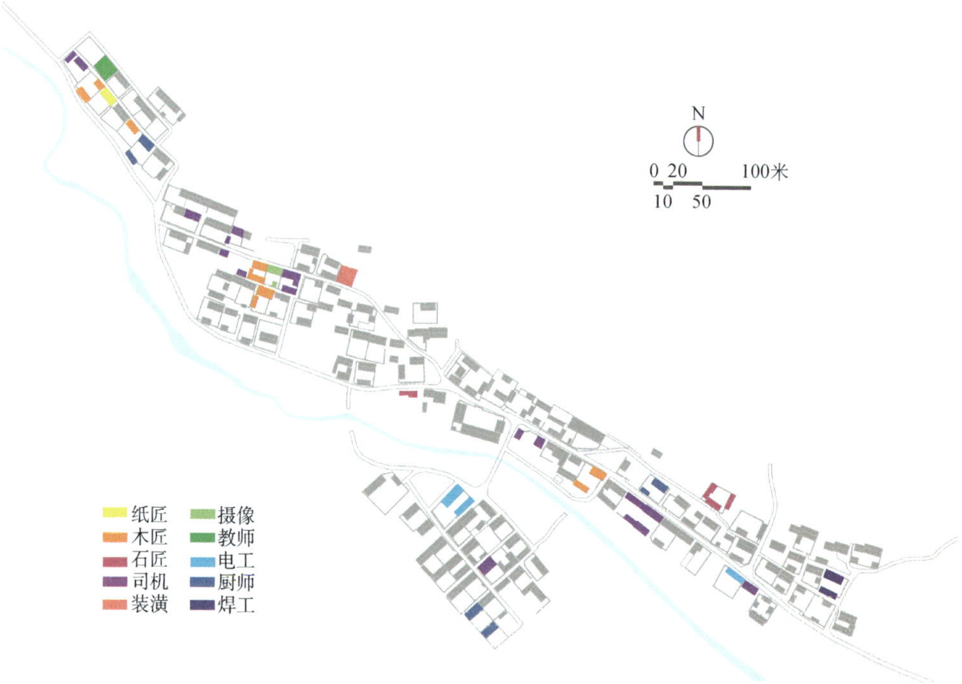

图 13-5 长门村人才分布图
资料来源：作者自绘

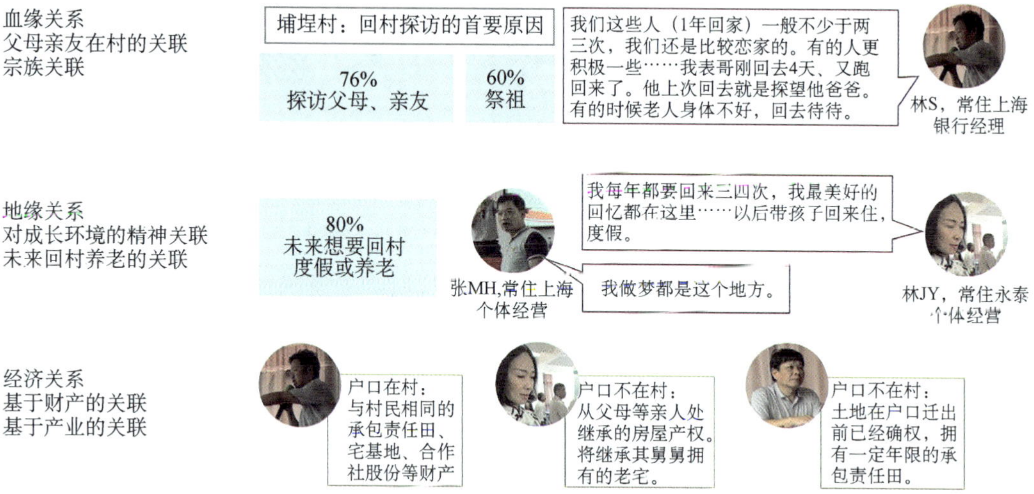

图 13-6 外出人员与村庄的社会关系
资料来源：作者自绘

很多仍不解决问题，有的也可能做得不多，却十分有效，促进了发展，解决了问题。由于乡村空间的功能具有高度复合性和集体所有制得土地性质，并且在辽阔的国土空间中各地村庄发展不平衡，资源条件、人文因素和发展的阶段不同，几乎没有一个村庄所遇到的问题和发展背景是相同的，每个村庄规划的动因、主导因素、规划内容和规划的过程都会有所不同，这也是村庄规划的难点和特点，不但规划的内容不同，甚至规划的过程都会不同，规划的路径和过程都需要采取不同的策略。

在着手编制村庄规划时，首先需要分析和识别村庄发展的阶段。第一个阶段会涉及自然灾害和生态安全，第二是生产问题，第三是居住环境的问题，最后是景观、遗产保护和文化传承等。当然有可能这些问题同时出现，这就需要综合分析和权衡，发现问题点，抓主要矛盾，确定规划的重点，提出以点带面的解决方案和实施步骤。譬如：在历史文化名村，可以通过遗产的评估，加强村民的传承和保护意识，规划可以设想以旅游带动农业生产和改善居住环境等。正是这种基于发展阶段的识别和发展路径的设计，才能制定规划的内容和规划编制的过程，从而避免规划的盲目性。因此，村庄规划不是一个面面俱到的规划，而是在保证国土空间高效是利用的基础上的实用性规划。基于村庄规划涉及相互关联的问题和存在多元主体的客观情况，规划编制的过程就是一个学习和促进利益相关人相互理解和交流的过程，村民动员的过程，从某种意义上来说，规划编制的过程往往会决定编制的成果。在高度社会分工的城市，规划是一个专业部门，规划编制完成和审批后，建设交给建委，管理有城管，运行是土地使用部门。但是在乡村，规划发起的主体，规划涉及的利益相关人，参与者，建设者，投资人和受益人往往很难分割。因此，村庄规划往往需要规划、建设、管理和运行一体化思考，在这个过程中需要村民的参与和理解，各利益团体形成共识，规划才能是有效和可操作的，这些只有通过多元参与的过程才能达成目标和共识，并转化为行动。所以，村庄规划是一个不断学习，不断交流的过程，不断相互理解和扩大集体利益的过程，和实现人的现代化过程（图 13-7）。

图 13-7　规划志愿者与长门村村民代表共同讨论规划方案
资料来源：作者自摄

13.3 国土空间规划体系中的村庄规划

13.3.1 村庄规划的定位

从方法论的角度看,国土空间规划也是把规划分为两个阶段:第一个阶段就是总体规划,第二个阶段是详细规划。总体规划是战略性的,详细规划是面向实施的,在国土空间规划体系中村庄规划属于详细规划。我可以将城镇开发边界内编制的规划理解为城市规划,城市规划里有控制性详细规划,这部分规划内容和用地管控大家比较清楚,但是村庄规划作为城镇开发边界外的详细规划怎么做还需要进一步探索。国土空间规划工作推进以来,村庄规划定位在详细规划阶段,是乡镇总体规划的下位规划,核心成果是村庄的土地利用规划,是通过三维的空间研究成果来确定二维的土地用途、规模和开发边界。国土空间规划是"全要素"规划,包含了山、水、田、林、湖、草的非建设用地和建设用地,国土空间规划对不同部门规划意图具有整合作用,土地利用规划固然重要,但是不能完全替代村庄具体开发行为的规划,以往的村庄产业规划、基础设施规划和建设规划等依然存在,在国土空间规划体系中属于专项规划,这些专项规划与村庄土地利用规划互为依据。

国土空间规划体系中将自然、农村和城镇划分为功能上相辅相成的三大空间领域。乡村的自然和农业属性决定了其在人居环境中不可替代的作用,乡镇是乡村社会治理的基层机构,村庄是乡村社会自治的单元,村庄的用地构成、资源利用和运营机制直接关系到其存在的价值。由于村庄各类空间的功能高度复合,且包含诸多人文因素,村庄规划的空间范围不应仅仅聚焦在居民点和建设用地,应包括村域所有的用地及其要素,必要时还需要将其所在县域、乡域或流域的村庄一并考虑。作为物质空间的构成要素,城市有三个,分别是建筑、场地和道路,但是在乡村,除了这三要素,还包括山、水、田、林、湖、草等自然和半自然要素,如何将这些自然和半自然要素与人工要素有机结合,提出一套有利于产业发展、生态宜居和村民富裕的空间规划和土地利用方案,反映在村庄规划中,如何顺应自然,因地制宜地开展各项生产和生态保护工作,资源导向比战略导向更重要,有针对性的问题导向比目标导向更重要。基于乡村的自然属性和功能回归,发挥乡村在城乡人居环境中应有的作用和价值,正是乡村规划要达到的目的,也是村庄规划的价值导向。

13.3.2 国土空间规划体系中村庄的类型

基于国土空间规划体系的生态学原理,村庄规划需要放到人与自然的大格局来讨论，我国南北气候、东西地势、不同地方的文化、农业形态及社会经济发展水平差异很大，村庄规划不可能因循单一的模式，村庄规划的编制不但需要充分考虑这些差异性，还需要通过类型学的方法，对村庄发展进行分类引导，这一点在编制村庄规划中是十分必要的，只有通过共性和普遍规律的认识，才能充分认识个性的特征，提出有针对性的解决方案。以往基于不同的学科领域、发展目标、治理方案和行动计划，曾对村庄的分类开展过大量的研究，其研究成果对当时乡村的社会经济需求起到积极作用(图 13-8)。在 2018 年中共中央、国务院印发的《乡村振兴战略规划(2018—2022 年)》提出的分类推进乡村发展中，将村庄分为集聚提升类、城郊融合类、特色保护类和搬迁撤并类四种类型，作为一项行动计划，对推进乡村振兴起到了重要的作用，但是如何确认村庄属于哪种类型，还需要回归到国土空间中，依据村庄的生态区位、资源条件、应具备的功能和发展环境来识别和判断。

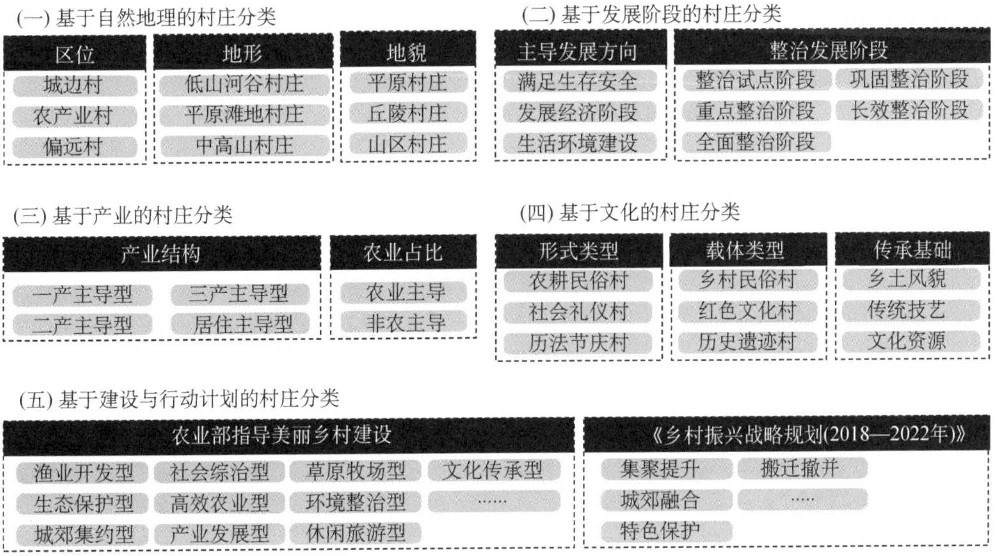

图 13-8 不同视角对村庄的分类示意图

国土空间规划体系划分的生态、农业和城镇空间区域是对不同区域空间的主导功能区进行的定位，是不同区域的村庄发展和规划的主要依据，在此，我们将杜能圈的城市到自然人类活动强度递减原理套入国土空间三大区域，再将所在各自区域内和区域交界处的村庄进行概念整合，就可以初步概括出五个基本类型。第一种城中村，第二种城郊村，第三个是农村，第四个是浅山村，第五个是山村(图 13-9)。其中城中村、农村和山村位于国土空间划分的三大空间领域内，城郊村和浅山村则处在三大空间领域的交界处，并且这五类村庄的土地使用的状态及表现出的空间形态具有明显的不同(图 13-10)。当然，以上五类并非全部类型，如果叠加地理、气候、产业和社会等因素，还会产生更多的类型。譬如：南方地区和北方地区的浅山村，因气候、土壤、作物和文化等方面的不同，村庄规划的问题、目标、内容、方法和实施的路径会不同，作为浅山村在区域中呈现生态特征和共性是基本相同的，尤其是在国土空间规划和土地管控中更容易被理解和认识，并有利于村庄发展类型的识别和判断，对村庄发展定位和村庄规划具有一定的引导意义。

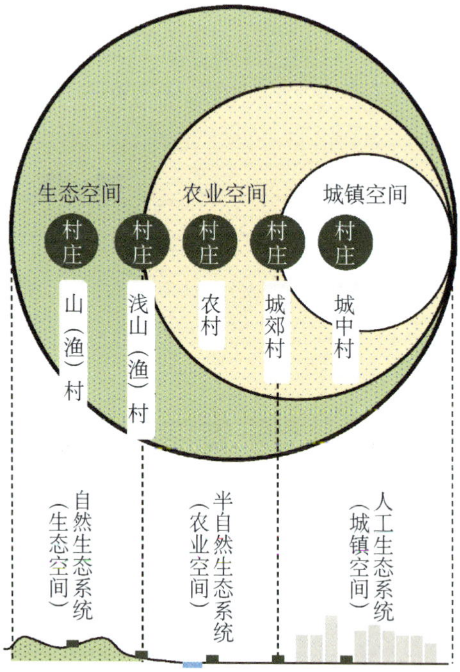

图 13-9 国土空间规划体系中村庄的类型

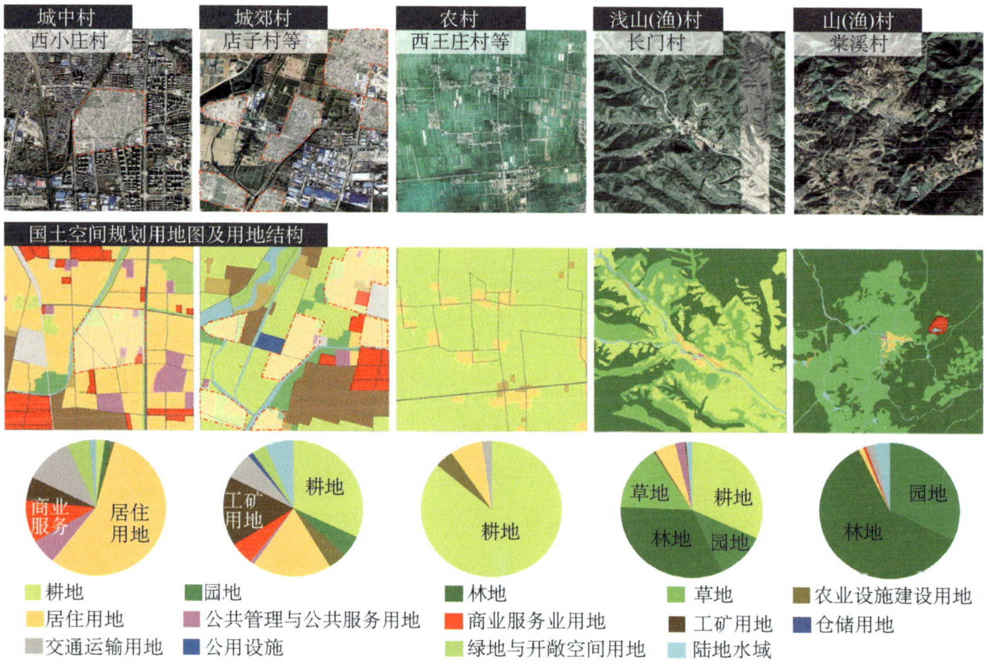

图 13-10 五类村庄的国土利用结构与空间形态示意图（刘潇 2020）

13.3.3 不同类型村庄的规划

目前所说的城中村大多数是在快速城镇化时期形成的位于城市中心的村庄，这些村庄的耕地已经基本消失，是长期居住的居民在其宅基地上不断自主开发建设的，达到极高的可发强度和建筑密度，长期居住的居民以房产出租为主要收入，村内社会环境比较复杂，以低收入人群居多，客观上是城市社会的“洼地”，为低收入人群生活在城市提供了方便，具有一部分城市社会生态系统的服务功能，各界对此褒贬不一。由于城中村的土地仍然属于集体建设用地，村内人口构成为尚未取得城市户口的本地村民和其他乡村地区的外出人员，大部分城中村被认为是城市待开发区，或需要更新、改造，甚至“铲除”的地区，这些城中村大部分没有编制过规划，出于自由生长和失控的状态。随着新型城镇化发展，都市圈、城市群、城镇带等一系列的国土开发，在交通便捷和土地高强度开发的城市群中心地带，由于城市连绵，会出现被城镇开发边界围绕的一批新的城中村，村中可能包含基本农田、生态林地和湖泊湿地等，其中有农民，有农业生产，无论在理论上还是在现实中都称得上是标准的城中村。虽然在此只是基于预测，但是从我国人口和耕地资源的条件来看，这类城中村不但会出现，甚至会长期或永久存在，上海市即将建设的郊野公园事实上就有这类城中村，今天看似城郊村，随着城镇群的发展，未来就是城中村，但是其功能、形态和社会构成与现在的城中村完全不同。由于城中村位于城镇开发边界内，其村庄规划主要依据应服从城市规划和相关法律来管控，也就是说城中村的规划属于城市规划范畴。

城郊村主要指的是可与城市之间保持日常通勤范围内的村庄，这类村庄主要是向城市提供自然生态系统功能的服务。以往的城郊村被动地接受城市的低端产业，用地碎片化，农业和生态功能基本丧失，开发无序，环境不断恶化，社区崩溃，出现“灯下黑”现象。由于城郊村位于不断扩张的城市边界地区，土地受城市地价不断升高的影响，城郊农业及其耕地包含的多重价值被严重低估。近年来随着城市需求的多元化，城市郊区生态功能得到重视，尤其是都市农业的兴起和对于食品安全的重视，城郊村不但恢复一部分向城市提供新鲜农产品的功能，在此基础上附加了更多的周末观光旅游和自然教育功能。随着城市基础设施的延伸和城乡一体化进程，郊区农业和农村的多元价值进一步被挖掘出来，农民的兼业化，农户收入结构的多元化，市民与村民的交流，为郊区乡村发展带来了更多机遇和社会资本，尤其是在城市群地区的城郊村，将以其优美的自然景观和人文风貌形成优于城市的生活环境，不仅仅发挥了生态效益，还在城乡社会经济活动中占有重要地位。尽管城郊村包含了较多的城市要素，但城郊村仍然属于乡村地区，城郊村的规划需要兼顾城乡双重要素和功能，如何通过土地利用实现其多元价值，促进城乡社会融合发展是其规划的核心内容，在其规划过程中如何体现村民为主体，包括市民在内的多元参与的规划方式十分重要(图 13-11)。在耕地不足和人口高密度的东亚地区，如日本、韩国和我国的台湾地区等，由于城乡空间高度混合穿插，农业的主体形态属于城郊型，大多数人口所在的村庄都具有强烈的城郊村属性。

图 13-11　参与上海岑卜村庄规划研讨的住村市民
资料来源：作者自摄

食品安全和粮食安全是两个相互包含而又不同的概念，粮食安全关注的重点是量，食品安全关注的是质。如果说城郊村主要关注食品安全的话，传统的农村则更加关注粮食安全。我国的东北平原、华北平原和江南冲积平原地区是粮食的主产区，地势平坦，利于耕作，适合发展规模农业，稳定的农业生产环境促进了城镇和人口的聚集，城镇化过程中，城市和乡村的发展各自遇到了土地供应不足的问题，既要保证粮食安全，又要推进城镇化，在不断提高农业现代化的同时，实现土地高效利用十分必要。但是传统的营农方式无法实现土地的集约化利用，江南水乡地区的村庄规模小，自然村落星罗棋布，平均每个自然村落不足 40 户，虽然北方平原地区村庄规模比较大，但村庄密度高，人均产出低，无法实现农业的现代化。随着农业生产方式的改变和现代化水平的不断提升，乡村地区不可能容纳众多的农业人口，必然推动了农村人口不断进入城镇，出现农房和宅基地大量闲置或低效使用问题，本着高效、集约和规模化使用的现代农业发展理念，有必要在城乡统筹的基础上对平原地区的村镇开展全面规划，其中村庄合并和大量宅基地复耕是不可避免的。在目前政府主导的村庄规划中，这一类规划做得是最多的，也是规划师最熟悉的，成功和失败都存在，但是基本方向是正确的。

浅山区通常指交通易达，人口和村落密度高于深山区，但又低于平原地区，有少量耕地和疏林草地的低山区和丘陵地带，山体相对高度一般不超过 200 米。浅山地区的村庄大多数位于山地与平地交界处，在国土空间规划体系中为生态区域和农业区域的交界的地区。浅山地区的自然和农业两大生态系统共同构成了一个复杂的生物多样的环境，人类开发活动频繁，属于生态敏感区，在维护区域乃至地球生态系统中具有重要作用。我国山区的村庄大部分是浅山村。由于浅山区生物多样和地形地貌相对复杂的特点，村庄的土地使用往往是因地制宜和随机的，耕地分散且每块规模较小，不适合开展大规模土地平整的农业，不利于农业机械化操作，在产业上很难出现某个单一的主体，村民的收益往往来自粮食、蔬菜、瓜果和中草药种植，以及部分养殖和加工业等多种经营，村民具有多种生产的技能和资源利用的智慧(图 13-12)。浅山村的民居通常建筑在靠近平地的坡面上，这样可以保留更多的耕地，住宅沿等高线延伸，风向和景向比日照更受到重视，正是这种因山就势而建的村落和丰富的物种，构成了浅山村的风貌特色，使之成为一种旅游资源。因此，浅山村的规划需要在维护生物多样性和自然风貌的同时，通过生物多样寻求产业发展的多元化路径，从而丰富村民收入的渠道是很重要的。

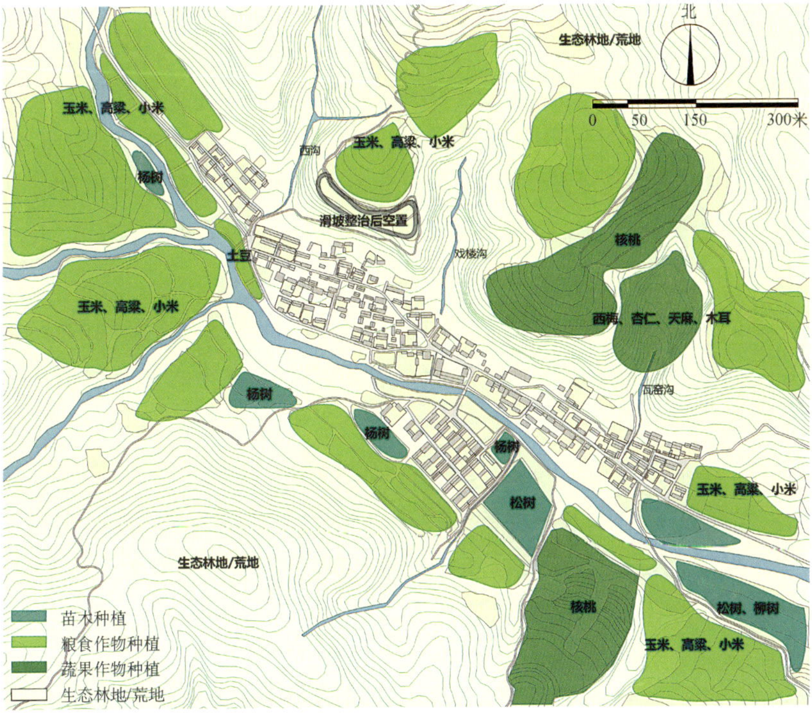

图 13-12 长门村种植分区图

资料来源：作者自绘

山村(包括岛屿的渔村)一般指相对高度超过 200 米的深山村庄，是一个相对独立的自然生态系统，是人与自然不断融合的产物，深山区本不宜人类居住，山村的形成往往与历史上的战乱有关。在国土空间规划划定的生态区域内，大量山村位于规划的生态红线、自然保护区、自然保留地或国家公园内，通常呈散状布局，规模比较小。由于山村往往处于远离城市和交通不便的地区，地形复杂，自然灾害频发，不适宜农业耕作，发展缓慢，空心化严重，依照国家发展战略属于人口缩减地区，所以山村的规划首先需要从更大的区域层面生存环境评价开始，制定保留、迁移和撤并计划。山村具有较高的生态价值，因为自然生态环境的正向演进仍然需要人类介入和管理，从自然生态系统维护和修复的角度看，保留一部分山村也是十分必要的，山村规划需要资源使用方式和环境保护中创造的工作岗位，以及防灾减灾需要的空间格局，山村的产业发展应立足于多种经营和有机、循环方面。同时，山村规划需要严格遵循自然保护法及相关的森林法或国家公园法等。

13.3.4 关于村庄的非建设用地规划

通常村域范围包含人工和非人工环境两部分，是由山、水、田、林、湖、草和村落建筑共同构成的，其中自然要素是主体，建筑部分只是构成要素之一，在村域总用地中所占比例不高。如果将国土空间规划体系三大空间领域理解为生产、生活和生态空间的话，城市可以看作是生活空间，农村是生产空间，自然环境是生态空间，那么，村域这三种类型的空间同时存在，其相互关系与整个国土空间的逻辑上有一致性，事实上传统的村庄就是依托这个“三生一体”的高度复合的空间而生存的，如何发挥村域土地使用效率，通过用地规划，发挥非建设用地用自然生态系统的功能十分重要，不但需要将建设用地和非建设用地统筹考虑，还需要了解如何利用生物多样性维护来降低成本，增加收益等，以及土地使用相关的农业生产技术的创新。

在2004年的崇明岛前卫村规划中，通过自然、生产和生活三个空间的穿插布局，将自然空间通过生态廊道渗透到生产和生活空间，使廊道不但成为水和自然植被构成的生物通道、动物栖息地，还塑造出乡村景观的特色，丰富了生物多样性，利用自然的生态功能提高了食品安全水平，彰显了地方特色，延伸出了自然体验和观光度假的功能(图13-13)。在非建设用地规划中，将村落和耕地的水网统一考虑，将居住生活用水简单过滤沉淀之后引入灌渠，通过设计，把农田置于灌渠和排水沟之间，利用农田吸收生活污水中的氮，然后排入自然水体，不但净化了水质，降低了成本，还增加了土壤的养分(见图13-14，图中深蓝色为灌溉渠，浅蓝色为农田排水明沟)。

在一些耕地匮乏，野生动物和候鸟出没的浅山村，部分农作物会被野生动物吃掉，农业产出低，成本高，过去将这种情况归为自然灾害，村民苦不堪言，种田的意愿不高，单纯的传统农业无法提高收入，如果进一步改造地形，扩大耕地，则会带来水土流失，使原有修复的生态环境功亏一篑。面对这种两难的局面，规划通过季节与野生动物的食物链和活动规律，在保证必要的粮食生产用地同时，规划部分农田种植土豆和葡萄的作物，以便吸引野猪、野兔和候鸟等，通过这种生物多样性维护的方法，村庄成为市民的野生动物观察点，进一步带动了服务业的发展，村民的收入更加多元和稳定了(图13-15)。这个案例清楚地说明了非建设用地的规划的作用和意义，这类规划思路不仅来自借鉴，更重要的是来自观察、向自然学习和有针对性的分析。

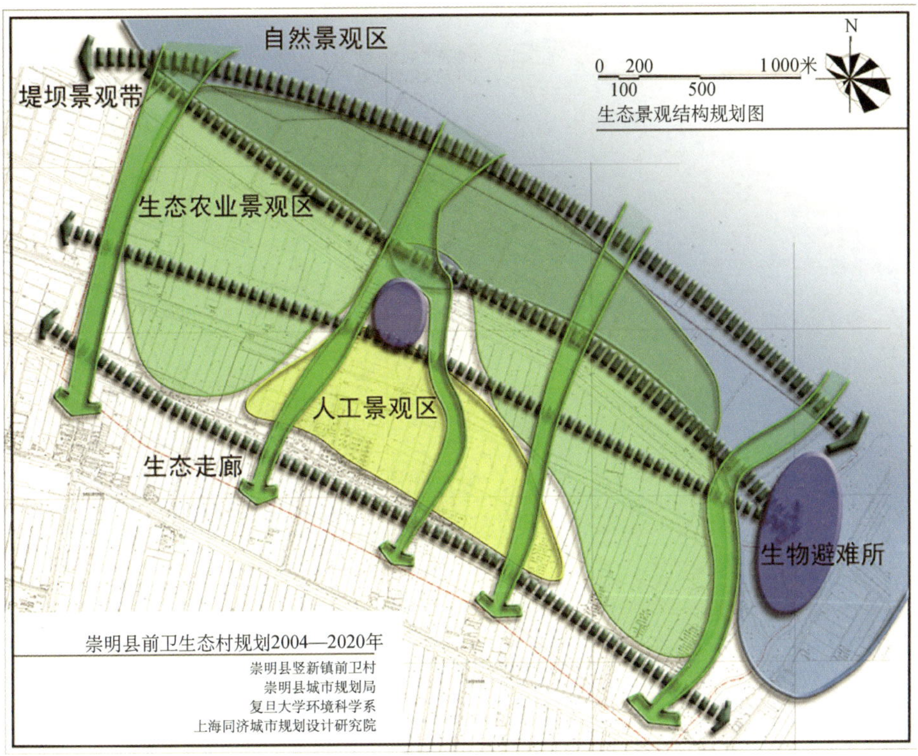

图 13-13 前卫村景观生态空间结构规划图

资料来源：作者自绘

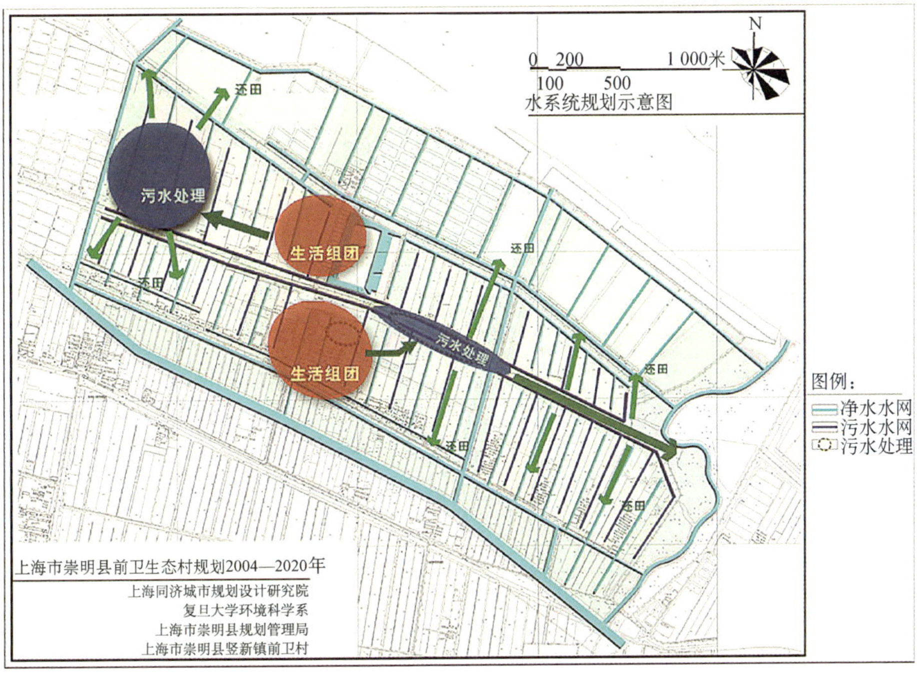

图 13-14 前卫村水系统规划示意图

资料来源：作者自绘

图 13-15 浅山乡村地区野生动物引导与农作物种植规划图
资料来源：作者自绘

14　村庄详细规划编制与案例

殷清眉　栾　峰*

在国土空间规划体系背景下，村庄规划被定义为详细规划。在学术以及实践上我国各地都在做一些探索。这章主要介绍新时代背景下村庄规划的探索实践及思考。

14.1　基础概念内涵

涉及村庄规划，一些政策文件、个人看法及界定其实都不一样。因此关于村庄规划，有一些重要概念需要梳理，包括乡镇、村庄、自然村(组)、乡村、集镇、村落、聚落、居民点等。

乡镇是最低一级的政府行政区划。村庄指的是行政村，是设置村民委员会实施自治管理的空间单元。对于自然村，大家的概念不是很一致，因此笔者特别加上组，自然村(组)实际上是面域的概念，是历史延续下来的，以共同的产权为基础，通常是兼有血缘等关系的村民自治组织。乡村一般是泛指，到底什么范围是乡村？是县域还是乡镇域？笔者认为乡村至少应该包括乡镇域范围，甚至也包含县域范围，只要是为农业服务的都可归到乡村范畴。集镇是历史上自然形成的，为周围乡村提供一些非农经济活动如产品物资交换和简单加工的地域，通常会围绕着集镇形成一定的聚落。关于村落，虽然有很多不同的见解，笔者还是倾向于专指连续的村庄建设地域空间，俗称图斑。需要注意的是，村落与自然村(组)不是一个概念，一个村落可能包含了很多自然村甚至行政村，而一个自然村也可能在空间上包含十多个村落。

因此，我们所说的村庄，通常都包含了田野区域，涵盖田林及一些基本设施，不仅仅是指农房(图 14-1)。与之对应的，村庄规划的范围也就是村域范围。

图 14-1　村庄

* 殷清眉，同济大学建筑与城市规划学院博士研究生。邮箱：510960642@qq.com
栾峰，同济大学建筑与城市规划学院教授，中国城市规划学会理事，乡村规划与建设学术委员会秘书长。邮箱：friendtlf@qq.com

以我们做的A村的村庄规划项目为例，图14-2(a)所示是镇域范围，A村是其中的一部分[图14-2(b)]。我们可以称镇域为乡村，而A村则称为村庄。在A村内部，又涵盖了多个自然村(组)，每个村(组)具有共同的集体产权，行政村本身也可能包含村级的集体产权，而镇也可能拥有乡镇级的集体产权部分，甚至部分就位于A村的某个位置。这样多重的集体产权关系，使得村庄规划在涉及权益的时候，就非常复杂。

从表14-1来看，A村的农用地占比约71%，建设用地占比约14%。根据统计资料，欧洲等传统地区村庄的建设用地指标也大致都在5%～15%。因此，开展村庄规划工作一定不能忽视村落外的农田和郊野，它们构成了村域的主要部分，同时也是村民正常生活和生产的重要空间地域。理解村落及其周边的农田、山林、河网等要素的关系，是把握乡村规律、推进乡村规划工作的重要基础。

(a) 项目镇域范围　　(b) 村庄规划范围

图14-2　A村村庄规划

资料来源：图14-2(a)来源于《上海市某镇郊野单元规划》

表14-1　村庄用地面积及占比

类别		面积(公顷)	比例
农用地		304.55	70.53%
建设用地	农村居民点用地	39.66	9.18%
	工业仓储用地	6.78	1.57%
	村级公共服务设施用地	0.38	0.09%
	道路广场用地	11.73	2.72%
水域和未利用地	河湖水域	68.72	15.91%
合计		431.82	100%

14.2 新时期村庄规划编制的政策背景

随着乡村振兴战略提出，大量资源投入乡村地域，对乡村地区的发展发挥着重要作用。当前背景下的村庄规划，一个非常重要的职责就是合理优化村庄布局，引导各类资源投入，共同推动村庄发展。了解新时代背景下的村庄规划，需要认真解读相关中央文件。

2018年9月，中共中央、国务院印发《乡村振兴战略规划（2018—2022年）》①，提出"分类推进乡村发展"，"顺应村庄发展规律和演变趋势，根据不同村庄的发展现状、区位条件、资源禀赋等，按照集聚提升、融入城镇、特色保护、搬迁撤并的思路，分类推进乡村振兴，不搞一刀切"，并将村庄分为集聚提升、城郊融合、特色保护、搬迁撤并四类（表14-2）。

表14-2 《国家乡村振兴战略规划（2018—2022年）》的乡村分类

类别	定义	未来发展
集聚提升类村庄	现有规模较大的中心村和其他仍将存在的一般村庄，占乡村类型的大多数，是乡村振兴的重点	科学确定村庄发展方向，在原有规模基础上有序推进改造提升，激活产业、优化环境、提振人气、增添活力，保护保留乡村风貌，建设宜居宜业的美丽村庄。鼓励发挥自身比较优势，强化主导产业支持，支持农业、工贸、休闲服务等专业化村庄发展
城郊融合类村庄	城市近郊区以及县城城关镇所在地村庄	综合考虑工业化、城镇化和村庄自身发展需要，加快城乡产业融合发展、基础设施互联互通、公共服务共建共享，在形态上保留乡村风貌，在治理上体现城市水平，逐步强化服务城市发展、承接城市功能外溢、满足城市消费需求能力，为城乡融合发展提供实践经验
特色保护类村庄	历史文化名村、传统村落、少数民族特色村寨、特色景观旅游名村等自然历史文化特色资源丰富的村庄	统筹保护、利用与发展的关系，努力保持村庄的完整性、真实性和延续性。切实保护村庄的传统选址、格局、风貌以及自然和田园景观等整体空间形态与环境，全面保护文物古迹、历史建筑、传统民居等传统建筑。尊重原住居民生活形态和传统习惯，加快改善村庄基础设施和公共环境，合理利用村庄特色资源，发展乡村旅游和特色产业，形成特色资源保护与村庄发展的良性互促机制

① 中共中央、国务院印发《乡村振兴战略规划(2018－2022年)》[EB/OL].[2018-09-26]. http://www.gov.cn/zhengce/2018-09/26/content_5325534.htm.

续表

类别	定义	未来发展
搬迁撤并类村庄	位于生存条件恶劣、生态环境脆弱、自然灾害频发等地区的村庄，因重大项目建设需要搬迁的村庄，以及人口流失特别严重的村庄	可通过易地扶贫搬迁、生态宜居搬迁、农村集聚发展搬迁等方式，实施村庄搬迁撤并，统筹解决村民生计、生态保护等问题。拟搬迁撤并的村庄，严格限制新建、扩建活动，统筹考虑拟迁入或新建村庄的基础设施和公共服务设施建设。坚持村庄搬迁撤并与新型城镇化、农业现代化相结合，依托适宜区域进行安置，避免新建孤立的村落式移民社区。搬迁撤并后的村庄原址，因地制宜复垦或还绿，增加乡村生产生态空间。农村居民点迁建和村庄撤并，必须尊重农民意愿并经村民会议同意，不得强制农民搬迁和集中上楼

2019 年 1 月 4 日，中央农办、农业农村部、自然资源部、国家发展改革委、财政部针对村庄规划工作联合发布了《关于统筹推进村庄规划工作的意见》(农规发〔2019〕1 号)①，提出“将现有规模较大的中心村，确定为集聚提升类村庄；将城市近郊区以及县城城关镇所在地村庄，确定为城郊融合类村庄；将历史文化名村、传统村落、少数民族特色村寨、特色景观旅游名村等特色资源丰富的村庄，确定为特色保护类村庄；将位于生存条件恶劣、生态环境脆弱、自然灾害频发等地区的村庄，因重大项目建设需要搬迁的村庄，以及人口流失特别严重的村庄，确定为搬迁撤并类村庄。对于看不准的村庄，可暂不做分类，留出足够的观察和论证时间”；“统筹考虑县域产业发展、基础设施建设和公共服务配置，引导人口向乡镇所在地、产业发展集聚区集中，引导公共设施优先向集聚提升类、特色保护类、城郊融合类村庄配套”。

2019 年 5 月，中共中央、国务院发布了《中共中央 国务院关于建立国土空间规划体系并监督实施的若干意见》②，提出五位一体(经济建设、政治建设、文化建设、社会建设和生态文明建设)、“四个全面”(建成小康社会、深化改革、依法治国、从严治党)、四大体系(规划编制审批体系、实施监督体系、法规政策体系和技术标准体系)，以及国土空间规划的五级三类体系。五级对应的是国家、省、市、县、乡镇政府层级。三类包括总体规划、详细规划以及相关的专项规划(表 14-3)。村庄规划在这个体系中属于详细规划。这个安排与原来的城乡规划法有明显的差异——之前的安排里，村庄包括总体规划和建设规划两个层次。准确把握新时代的这一调整性要求，对于正确开展村庄规划编制，具有非常重要的意义。

---

① 中央农办，农业农村部，等.关于统筹推进村庄规划工作的意见[EB/OL].[2019-01-04]. http://www.moa.gov.cn/ztzl/xczx/zccs_24715/201901/t20190118_6170350.htm.

② 中共中央国务院关于建立国土空间规划体系并监督实施的若干意见[EB/OL].[2019-05-23]. http://www.gov.cn/zhengce/2019-05/23/content_5394187.htm?trs=1.

表 14-3　国土空间规划体系中规划分类与层次分析表

	三类			
	总体规划	详细规划		相关专项规划
五级	全国国土空间规划			专项规划
	省级国土空间规划			专项规划
	市级国土空间规划	(边界内)详细规划	(边界外)村庄规划	专项规划
	县级国土空间规划			
	乡镇国土空间规划			

14.3　村庄规划的几个认知要点

基于时代发展及国家政策等多方面的原因，我们需要首先对村庄规划建立起比较全面而准确的认知，为此提出如下方面。

14.3.1　村庄规划有着悠久历史

因为“村庄不需要规划”“村庄要抓紧编制规划”等各种观点乱飞，我们首先需要从最为基础的层面入手，建立起有关村庄规划的正确认识。即村庄实际上从来都不缺规划，我国很多村庄有几百年的历史，没有现在这种规划之前，村庄依然有它的秩序，而且秩序非常稳定。如果我们把村庄规划作为对村庄进行的统筹布局，我们当然可以说，村庄一直都有规划，只不过与当前这种规范化的成果要求，并不相符而已。

如果我们把有序布局作为村庄规划，从考古资料中就会发现，至少七八千年前的古人类聚落形态，就已经井然有序了。再近一点也可以发现，几千年来的文明史，人类社会或开拓自然界，或跨越不同国家文明，都少不了井然有序，甚至是模式化的堡垒，它们兼具军事、行政，而后又涉及商贸、休闲等活动，譬如欧洲至今可见的一些罗马时期的军镇，也并非完全拷贝不走样式的布局形态，而是不同程度地呈现出基于当地的适应性。这些统筹安排在本质上与乡村规划布局没有根本性差异。相比后期的城市、超大城市更为复杂的规划工作，乡村地区的规划古已有之，只是不同时期的称谓不同，内涵上有所差异而已。

及至现代，自 20 世纪乡村建设运动以来，国内的乡村建设运动至今已经多次掀起热潮。20 世纪 50 年代全国掀起了人民公社建设热潮，当时的村庄或者人民公社规划，已经涵盖全域全地类，尽管因为过于超前而大多未能实施。此后，自 20 世纪 70 年代末期改革开放，因为乡村工商业发展，各地村镇再次掀起了乡村规划热潮。绵延至今的“村村通”工程，则最早可以追溯至 20 世纪 90 年代末交通部门，此后又不断在内涵上扩大，涵盖了几乎所有基础设施和服务。李京生为此做过专门调查和研究，图 14-3 显示了人民公社时期和改革开放土地承包时期村庄布局的明显差异，此后的调整也不可避免地带有了时代印迹。

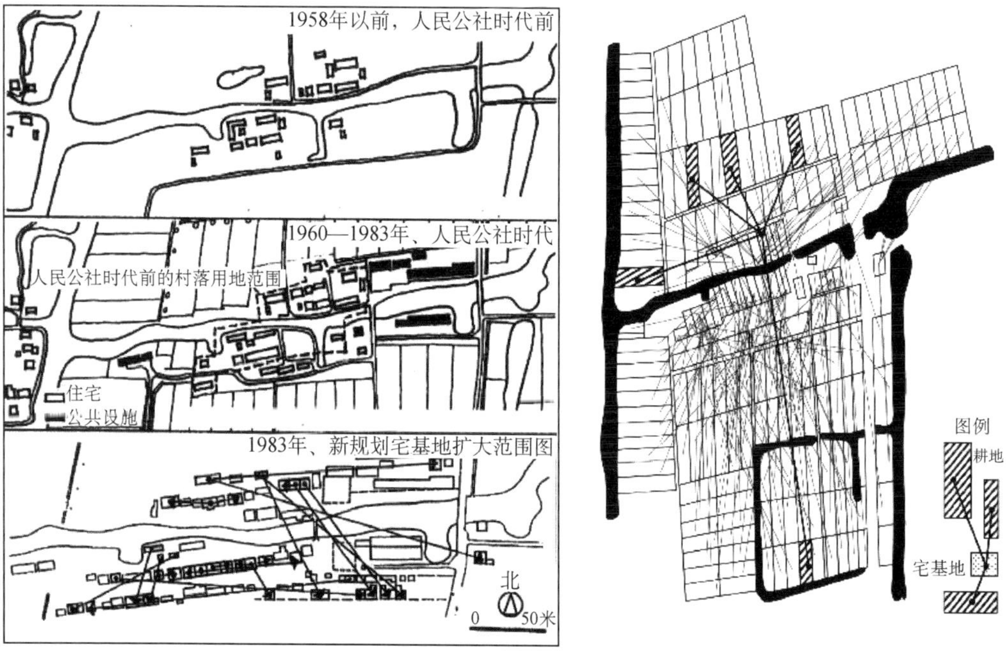

图 14-3　不同时代的村庄布局关系

资料来源：李京生.《乡村规划原理》，中国建筑工业出版社，2019.

近些年来，国内也经历了多轮的村庄规划编制，尽管存在着一些问题，但也不能因此忽视这些已经完成的成果。同时，因为之前还历经了土地确权等工作(图 14-4)，客观上已经初步形成了质量不一的有关村庄土地使用的各类约束，村民对于每块土地的权属等通常也非常清楚。这些都形成了村庄空间地域的区划管理，也在很大程度上承担起了村庄规划的作用。尽管这些规定，可能未以规范的村庄规划成果形式出现，或者也并未对未来做出系统性的安排。

14.3.2　新时代背景下的村庄规划编制意义

既然村庄并不是没有规划，那么为什么现在还要这么紧迫地来呼吁编制村庄规划？这就需要大家站在历史和现实的宏观背景下，理解中国现代化进程的战略性部署，以及有关乡村振兴战略的重要意义。

乡村振兴战略的提出，对于我国百年乡村建设事业而言，可谓是一个历史性的新高度。在这个大背景下，国家及各级党政机关和机构，向乡村地区投入了大量资源，人、

图 14-4 土地流转背景下的确权区划

资料来源：李京生.《乡村规划原理》，中国建筑工业出版社，2019.

财、物皆有，且已经发挥了一定的成效。尽管人口仍然呈现出从乡村地区向城市地区转移，但一面倒式的乡村衰退现象，已经基本被终止了，甚至出现了越来越多充满发展活力的乡村地区，尽管相比乡村振兴战略的要求还远远不够。相比城市而言，政府依然是乡村建设的主要投入来源。据初步测算，落实《乡村振兴战略规划（2018—2022 年）》确定的重点任务，总投资需 7 万亿元以上①。在当前时代背景下，政府投入的资源，必须要有明确的计划，并且要经得住审计和考验。为什么要在这里投入不在那里投入？为什么要这样投入而不是那样投入？为什么要投入这么多而不是可以投入得更少点或者更多点？这些都需要乡村规划作为重要依据！乡村规划约束着资源投入的方式、方法和方向。

当然，还有更为重要而综合性的使命，就是乡村规划编制工作在社会动员和治理方面的重要意义。因为任何规划的编制，事实上都是对既有空间资源格局的调整，同时也是对未来一定程度的约束，因此势必影响到包括村民在内的众多相关者的利益。特别是在国土空间规划体系的新时代背景下，村庄规划全域全地类全要素的布局统筹，必然更加深刻

① 澎湃.农业农村副部长韩俊：落实乡村振兴战略至 2022 年投入 7 万亿[EB/OL].https://m.thepaper.cn/baijiahao_8176274

影响到方方面面的利益。这对于多年来因为青壮年持续外流等原因而基本失去集体能力的村庄而言，反而可能因为共同利益相关而成为重要的多方主动参与，并且在此过程中发动群众和再组织群众，提升村集体能力的重要契机。因此，对于编制规划这样涉及众多相关方自身利益的事件，一定要充分把握住，将其作为推动社会参与和提升当地社会组织动员能力的重要契机，由此也赋予了乡村规划编制以重要社会治理工具的重要价值和意义。

此外，还有个重要的战略使命，就是国家的生态文明建设问题。由于国内城镇建设用地总量占比也不过几个百分点，国家整体的生态格局事实上主要由乡村地区承担，这也是国土空间规划编制对于生态保护格外强化的重要原因之一。通过村庄规划的编制，不仅将生态空间保护的要求落实到基层，而且可以通过规划编制，明确基层村庄的生态空间贡献及据此享有的支付转移等福利。

14.3.3 村庄规划的“问题—目的”导向

很长时间里，规划界流行着应当采取“问题导向”的说法。但是现在可以反思，如果没有了目标，很多问题也就不成为问题了。特别对于村庄而言，更需要完整地来理解问题和目标的关系，注重目标导引前提下的问题发现及应对。

从目的出发而言，笔者认为至少应当有三个方面的关注。一是新时代对于保护与发展的关注。特别是生态和历史文化等保护的要求，如今在国家层面上升到很高的高度，然而落实到具体村庄而言，这些保护的要求显然更多来自外部，村里的人可能更多的还是关注发展问题，除非前者能够给后者带来明显增益。这就需要格外说明，甚至采取更为积极的转移支付手段来予以适当补偿。二要从建立或者优化整体性的空间秩序高度，来统筹布局村庄各类用地及要素配置，并且站在这个高度上来发现当前的问题，从优化布局、有利于发展的导向出发，提出解决的策略。三是对应乡村振兴战略实施的要求，分析自身的核心资源及潜力，据此明确乡村振兴战略实施的具体路径，为发现薄弱环节、明确核心问题和行动路线奠定基础。

在战略导向下，我们应当进一步聚焦到具体问题，也就是针对特定对象，发现特有的问题。通过归纳总结，发现问题并梳理清楚其内在的原因，而不是就事论事、头疼医头、脚疼医脚，同时也不要人云亦云。譬如案例中，看起来一片生机勃勃的样子，但是稍做深入分析就会发现这个村庄把大量资源投入到旅游接待，且不说用地资源等问题，仅就旅游而言，就可以测算全村客流量，以及节假日客流量(图 14-5)。这样分析后，问题也就很容易浮出水面。即除非出现不小的奇迹，这种村庄旅游很难吸引足够流量和消费，来支撑如此高强度的旅游项目投入。

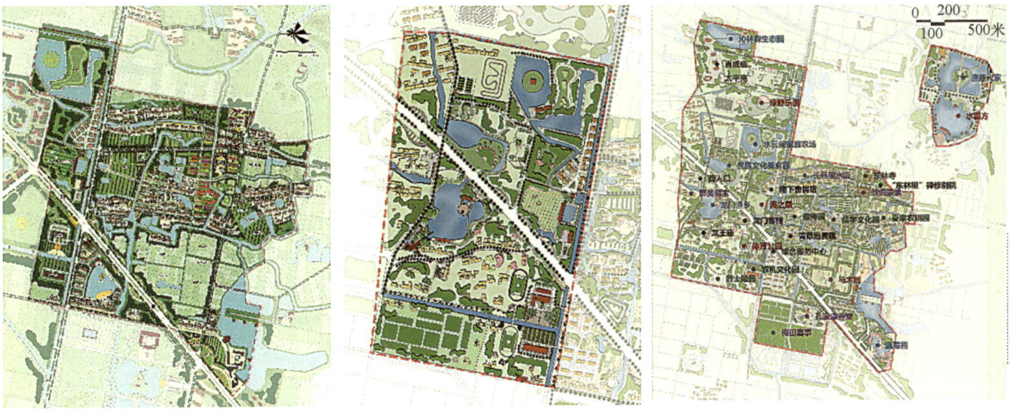

图 14-5 村庄规划案例
资料来源:《某村美丽乡村规划》《某村村庄规划》

14.4 从时代发展的角度来理解村庄规划的内容及要求

《自然资源部办公厅关于加强村庄规划促进乡村振兴的通知(自然资办发〔2019〕35 号)》对村庄规划的编制内容、要求等做出了规定。具体而言,可以归纳为“八个统筹一个明确”,较为完整地体现了时代发展对于乡村规划的要求,兼顾保护与发展的关系,并对行动提出了明确要求(表 14-4)。

表 14-4 国土空间背景下村庄规划的主要任务

主要任务	具体内容
统筹村庄发展目标	落实上位规划要求,充分考虑人口资源环境条件和经济社会发展、人居环境整治等要求,研究制定村庄发展、国土空间开发保护、人居环境整治目标,明确各项约束性指标
统筹生态保护修复	落实生态保护红线划定成果,明确森林、河湖、草原等生态空间,尽可能多地保留乡村原有的地貌、自然形态等,系统保护好乡村自然风光和田园景观。加强生态环境系统修复和整治,慎砍树、禁挖山、不填湖,优化乡村水系、林网、绿道等生态空间格局
统筹耕地和永久基本农田保护	落实永久基本农田和永久基本农田储备区划定成果,落实补充耕地任务,守好耕地红线。统筹安排农、林、牧、副、渔等农业发展空间,推动循环农业、生态农业发展。完善农田水利配套设施布局,保障设施农业和农业产业园发展合理空间,促进农业转型升级
统筹历史文化传承与保护	深入挖掘乡村历史文化资源,划定乡村历史文化保护线,提出历史文化景观整体保护措施,保护好历史遗存的真实性。防止大拆大建,做到应保尽保。加强各类建设的风貌规划和引导,保护好村庄的特色风貌

续表

主要任务	具体内容
统筹基础设施和基本公共服务设施布局	在县域、乡镇域范围内统筹考虑村庄发展布局以及基础设施和公共服务设施用地布局，规划建立全域覆盖、普惠共享、城乡一体的基础设施和公共服务设施网络。以安全、经济、方便群众使用为原则，因地制宜提出村域基础设施和公共服务设施的选址、规模、标准等要求
统筹产业发展空间	统筹城乡产业发展，优化城乡产业用地布局，引导工业向城镇产业空间集聚，合理保障农村新产业新业态发展用地，明确产业用地用途、强度等要求。除少量必需的农产品生产加工外，一般不在农村地区安排新增工业用地
统筹农村住房布局	按照上位规划确定的农村居民点布局和建设用地管控要求，合理确定宅基地规模，划定宅基地建设范围，严格落实“一户一宅”。充分考虑当地建筑文化特色和居民生活习惯，因地制宜提出住宅的规划设计要求
统筹村庄安全和防灾减灾	分析村域内地质灾害、洪涝等隐患，划定灾害影响范围和安全防护范围，提出综合防灾减灾的目标以及预防和应对各类灾害危害的措施
明确规划近期实施项目	研究提出近期急需推进的生态修复整治、农田整理、补充耕地、产业发展、基础设施和公共服务设施建设、人居环境整治、历史文化保护等项目，明确资金规模及筹措方式、建设主体和方式等

八个统筹的内涵架构可以简要概括为“1331”，第一个1指的是统筹村庄发展目标，当然这里首要的是在综合分析的基础上，明确村庄类型，不同类型的村庄，无论是发展的方向，还是规划引导的方向，特别是相关部门的资源投入，都有所差异。此后的两个3，一个是关于保护的三项内容，与我们国家的战略导向及国土空间规划的重要基础性要求吻合，分别对应的是生态保护修复、耕地和永久基本农田保护，以及历史文化传统与保护，可以说是通过规划的方式梳理和明确了村庄发展的底线；另一个是关于发展的三项内容，分别是设施布局、产业空间和农村住房，三项内容兼顾了生产、生活的共同发展，并且为基本公共服务水平的不断提高，给予了规划层面的约束。最后一个1是安全与防灾减灾，这个实际上可以并置到发展目标的高度，因为对于安全的保障，应该作为最坚实的基础性安排。这八项内容将成为安全、有序的村庄空间格局构成的坚实基础。但在具体的编制要求方面，则又会有所不同，譬如部分内容属于底线控制要求，包括三大保护的空间范围及具体内容，安全与防灾减灾的基本要求，应当重点体现刚性。其他3项发展内容，尽管同样需要对基础性的内容进行严格约定，譬如中央一再强调的基本公共服务水平，安全的住房等，但是超越这些基本要求的发展诉求，则未必以规划必需的方式加以约束，而是给予尽可能多的支持。至于产业空间，则是一个比较大的内涵范畴，山水林田湖草沙地，以及建设用地内的各项设施，都可以作为产业空间，除非涉及原则性问题，不应片面提出强制性要求，并且可以为未来发展预留可能性，不需要一味求成。

最后的一个明确是建设项目要明确。建设项目的提出固然有着基于补缺的需要，但也通常依赖于特定时期及要求，甚至一些发展型设施的供给还需要等待市场化的机遇及协商，很难强制安排。这也是为什么在乡村地区同样需要划定一些战略性留白区域，并且也很难将建设用地指标全部落地，而是保留适当的弹性，根据实际需要保留一定的灵活性。

此外，因为最终将主要依托村民，包括执行及监督，因此成果的制作务求简洁，并且区分技术文件和宣告性文件，后者尽可能简洁明确并采取前图后则的方式，在编制过程中，充分听取村民意见，开门编规划。同时，还可以探索将规划内容模块化，方便相对独立地进行模块内容局部更新替换，类似活页夹，择需调整优化。

14.5 村庄的类型与差异化引导

村庄规划的任务或者目的在于落实乡村振兴战略实施、落实国土空间规划管控要求、尊重村民意愿、服务乡村动员、指导工程选址与设计。中央有关部门提出的村庄类型基于村庄未来定位确定，“八个统筹一个明确”则对村庄规划编制的内容进行约束。

然而，未来定位虽然会约束现实的行动，但也并不能决定现实的行动。我们经常遇到的情况是一些已经定位为撤并的村庄在现实中却 20 年都未完成撤并。很多情况下却因为工作的粗放——以及仅针对定位安排工作，导致几乎没有多少建设投入，一代人的安居及基本公共服务都受到严重影响。

因此，“八个统筹一个明确”的规划内容要求，应根据内容约束性要求有所区分，采取基本内容（必须）+ 专项内容（条件）模式，强化“基本内容”，对接底线管控要求（分区 + 指标），支持“专项内容”，对接各类政策导向，确保留有弹性。如何在定位类型的基础上，基于现实的发展需要明确类型差异，是指导村庄规划内容更具操作性的关键。

从指导现实工作的视角，还应从支持力度、兼顾村庄定位类型的角度进一步划分村庄类型，指导近期建设规划。关于村庄类型，已经有很多类型划分，有的主要基于现状生态位，如李京生提出的五种类型，山村、浅山村、农村、城郊村、城中村五类（表 14-5），它们的发展区位及资源条件迥然不同。

表 14-5 国土空间规划体系中村庄的定位

类型	定义及空间范围	主导功能	涉及主要专业法规
城中村	城镇开发边界围绕	城市生态服务	城市规划相关法规
城郊村	城镇开发边界毗邻	教育与健康	城乡规划相关法规
农村	乡村地区	粮食生产	乡村规划相关法规

续表

类型	定义及空间范围	主导功能	涉及主要专业法规
浅山村	与自然空间交界处	生物多样性维护	乡村规划相关法规
山村（岛）	生态红线内	自然资源保护	自然保护相关法规

资料来源：国土空间规划体系中村庄的定位由李京生教授提出

此外，综合村庄的发展阶段及目的类型，制定差异化的层级扶持引导策略。第一个层级为托底、第二层级为提升、第三层级为引领（图 14-6），不同层次的资源投入情况不同，主要适用的目的类型村庄也有所不同。譬如针对搬迁撤并和暂不确定分类的，基于重点在托底的基本保障方面施以必要的维护性资源投入，而不是一刀切地断掉一切资源投入。

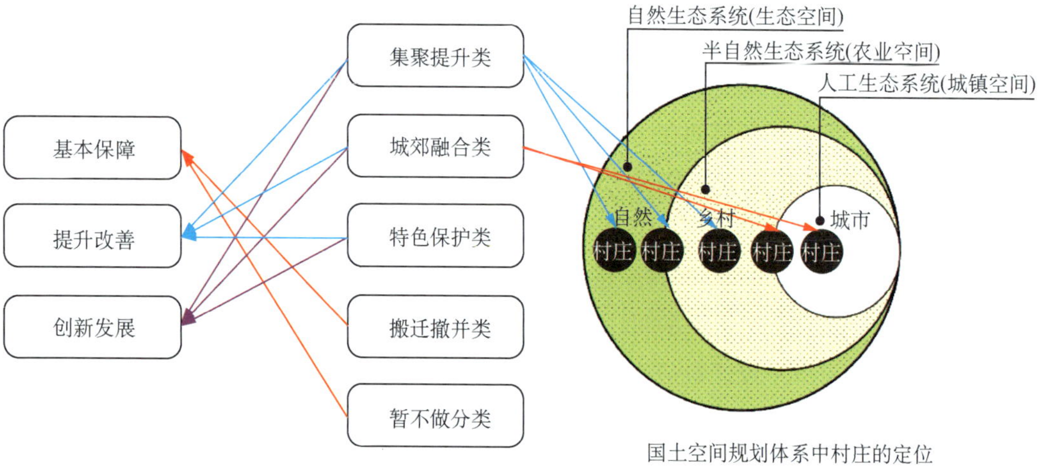

图 14-6　发展阶段分类
资料来源：作者自绘，国土空间规划体系中村庄的定位由李京生教授首先提出。

14.5.1　基本保障型村庄

对于基本保障型村庄，就是建设主要针对托底需要，对此政府和村民要形成一个共识，这个托底要做什么？笔者认为应尽可能简化，其主要任务就是划定底线和指标，并且对基本公共服务的供给予以保底。该类型村庄的投入主要来源于政府。值得注意的是，对于托底型村庄，首先，一定要摸清村庄特征，到底村庄是要保护？还是要搬迁？其次，要关注基本公共服务的问题。以云南 B 村（图 14-7）为例，进入村庄内部，笔者差点跟马撞了个满怀，因为该村的路口都没有倒角，并且依然是人畜混居的状况；厕所也都是户厕分离，不仅没有排污也没有必要的处理设施，此外还存在危房等种种问题。在财力非常有限、村庄未来也尚未表现出很强的市场化动力的前提下，可以按照托底型的要求，评估并发现关键性问题，基于确保村庄安全和基本公共服务的角度，明确配套建设的内容。

图 14-7　云南 B 村

图 14-8 是山西 C 村，情况与上面的云南 B 村相似，有些房屋已经存在安全问题。住建部近年来一直在推危旧房改造，投入大量资金，但中国村庄量大面广，真正分到每一户也没多少钱。C 村面临的最为突出的问题，同样是安全问题和基本公共服务问题，因此应当集中财力来解决这些问题，而不是美化环境和屋面、墙面粉刷，这些都属于托底性的工作，同样几乎全部由政府来做。但是，这类村庄积极推动村民动员参与，也同样极具意义。图中的房屋及其基础设施的改造，就是根据实际情况由设计团队与村里农户协商后确定并给予资助的提升改造方案。实际上，工程实施的过程中，就吸引了不少村民前来观摩和帮忙，有些村民从中感受到了改善的价值，自发回去仿照改造自家的户厕所设施，这比完全由政府来推动要好得多。

图 14-8　山西 C 村

14.5.2　提升改善型村庄

提升改善型村庄要实现小康的一些要求，村庄的投入有可能是社会资金，当然也会有政府资金。提升改善型村庄规划的变化较大，因为社会资金会发生变动，大家会有一些协商，项目位置会产生变动，也会出现意见有分歧等问题。现在大家熟知的美丽乡村便是提升改善型村庄。以山西 D 村（图 14-9）为例，该村有小水库以及休闲服务功能，希望能吸引游客，就会在风貌上多下些功夫。笔者有时候开玩笑说，凡是正常的东西认真地摆放在不正常的地方，比如磨盘上了墙，水缸下了地，基本就是地方上开始搞美丽乡村了。无论大家如何评价，说明村里拿出些资源来梳妆打扮了。

图 14-9 山西 D 村

14.5.3 创新发展型村庄

拥有资源和潜力，或者表现出很强地突破原有传统乡村发展模式的村庄，可以归为创新发展型。由于快速发展，以及较为雄厚的财力，这些村庄在空间使用方面会往往提出新的要求。规划引导上，也要做大量探索性的工作，在保护的基础上释放空间资源，增加空间载体，承载更多发展资源等。以上海向阳村（图 14-10）为例，向阳村农业展览体验馆原本是一个烘米厂，里面有一些农业机械（图 14-11），但平时空着，便趁着这次乡村振兴示范村创建机会做了改造，变成了一个非常好看的景点。此外，向阳村实施 5G 全覆盖，村里老人身体健康状况等也全部纳入村庄智慧管理系统(图 14-12),家属可以随时监控。宝山区塘湾村则建了几千平方米的双创中心(图 14-13),出租搞团建等各类活动,也吸引了大量客户。针对上述需求,应积极引入社会资本,从建设和规划管理等方面积极探索新的经验。

图 14-10　向阳村农业展览体验馆

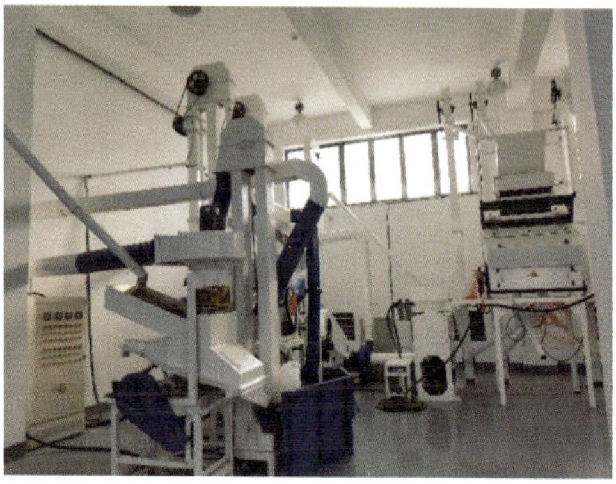

图 14-11　农业展览体验馆内农业设施

图 14-12　向阳村智慧村庄管理系统

图 14-13　宝山区塘湾村双创中心

三个发展阶段,村庄的本底和规划引导的重点,都会有很大的不同。更为精准地对接,就需要更为深入的了解,而且必须从其现实发展的基础入手。如果不能够搞清楚村庄发展的阶段,村庄规划就没办法适应村庄的发展和要求。很多规划是冲着第二阶段、第三阶段,但这样的规划是无法适应第一个阶段村庄的发展要求的。规划不能适应村庄的要求,其作用自然就有限。

14.6　行政层面的村庄规划

城乡规划、国土空间规划都属于行政法范畴,必然与政府行政层次体系匹配。乡村发展涉及方方面面,不同层级政府的职责和资源动员及投放能力不同,因此规划设计的对象和方法也有明显不同。村庄规划应分层落实,省、地级市负责制定政策及标准,县乡村则要逐级落地。

县级是直接面向实施，并且具有统筹能力的重要基层政府。乡村振兴的大量相关工作，如村庄布局规划、村庄分类、村庄土地利用、三线划定等各种规划管控，在县域的层面可以展开及实施。县域层面的规划要制定发展标准、建设推进时序，以指导村庄建设规划层面的工作。

乡镇层面规划要完成村庄法定规划内容。在落实上位规划确定的生态保护红线、永久基本农田保护线等各类控制线的基础上，根据不同的自然村庄分类，重点结合全域土地综合整治、城乡建设用地增减挂钩等土地管理政策工具，从优先保障产业发展和乡村人居环境改善的角度去优化建设用地布局，盘整指标、统筹资源、整体提升。接下来笔者结合案例来说明下乡镇层面的村庄规划。

案例中，我们在镇域进行了整体空间发展的统筹，希望将建设发展的重心留在中南部，即现状镇区、历史文化名村等附近，它们连同规划布局在南侧的旅游接待设施，共同构成镇域主要建设地域(图 14-14)。在此基础上，结合生态保护、基本农田保护等要求，在镇域空间范围内优化调整和引导村落等建设用地撤出西侧的保护区，以及其他设计保护的区域等。镇域内的村庄，也据此和其他条件，进行类型划分，并重点向两侧引导。由此，我们首先落实三区三线，并且通过争取指标和布局调整等方式，对全镇域进行布局优化调整。村庄分类，因为早前还没有国家的类型划分等，因此主要从实用的角度，进行了类型划分(图 14-15)，也据此对建设用地配置进行了引导。

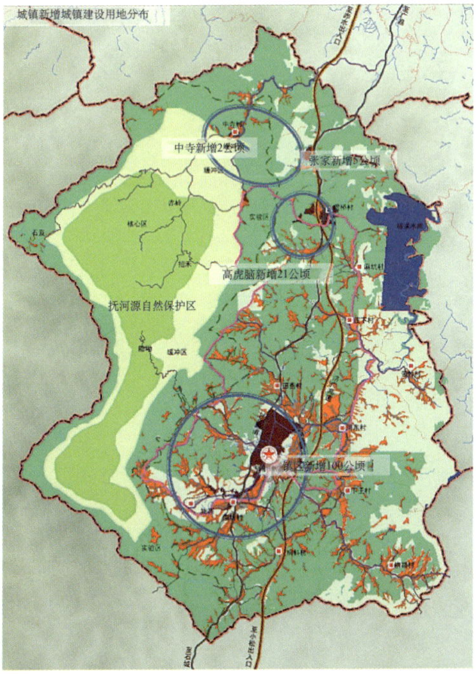

图 14-14　江西省某镇城镇新增城镇建设用地分布

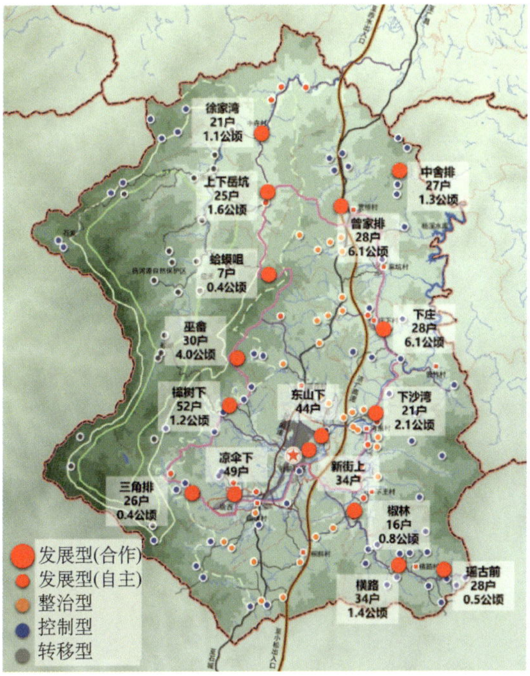

图 14-15　江西省某镇村落类型

14.7 结语

村庄规划是时代要求、国家战略，必须要做，但事实上各村实际情况可能会有很大不同。因此，规划除了按照规定的内容进行准备，还是要尊重历史，包括历史上形成的产权关系、确权关系等。村庄规划的核心是实现村强民富、生态安全，并且还可以与市、区两级的具体工作对接，积极推动多元行动主体介入村集体事务。不同发展阶段的村庄，相应地要补充完善的方面明显不同。总体而言，基本性的保护性内容，无论什么类型和阶段的村庄都需要确认落实，其他设施等则可以有明显不同，关键的问题有两个方面，其一是设施的投入建设及管理，除了基本的属于政府职责，其他的尽可能发动社会各界多元行动主体的介入。其二就是经费投入，早期阶段主要依靠政府，后期则有更为多元的市场化资金的投入。

15　乡村建设规划许可实施的难点和完善策略*

耿慧志　胡淑芬　陈乃栋**

15.1　乡村建设规划许可实施的各地差异

国家层面法规文件对乡村建设规划许可的规定较为笼统，地方层面的实施立法和自主立法均存在较大的创制空间，因此地方层面的法规文件深化和细化、创新和探索的内容较多，各地规定和做法不尽相同。

15.1.1　规划许可审批主体各地规定不一

《乡村建设规划许可实施意见》中对于乡镇企业、乡村公共设施和公益事业的许可主体的意见较为一致，但对于农村村民住宅建设的许可主体，各地做法存在差异。

部分地区规定不同区域的农村村民住房建设由不同主体核发规划许可证，如《云南省城乡规划条例》规定在城市、县人民政府所在地镇规划区内的村民建房由城市、县人民政府城乡规划主管部门核发；其他由乡、镇人民政府核发。部分地区将审批主体按新建和原址翻建两类划分，新增宅基地的村民建房由区城乡规划管理部门核发；原有宅基地的由镇级人民政府核发。还有部分地区不对村民建房进行分类，均由城市、县人民政府城乡规划主管部门或乡、镇人民政府进行许可审批。

由于基层机构缺失和人员专业水平不高，管理力量较薄弱等问题，目前大部分的乡村建设规划许可审批由城市、县人民政府城乡规划主管部门负责，庞大的数量（尤其是农村村民建房申请）造成了较大的工作压力，影响许可管理质量。

15.1.2　用地审批前后顺序各地做法不同

在国家层面，依据《城乡规划法》和《土地管理法》，建设单位或个人在取得乡村

---

* 国家自然科学基金资助项目“提升生态韧性的乡村空间规划和建设指引研究”（项目批准号：71841002）。
本章曾发表于《城市发展研究》（耿慧志、胡淑芬、徐烨婷），2020 年第 2 期。

** 耿慧志，同济大学建筑与城市规划学院副院长、教授，中国城市规划学会城乡治理与政策研究学术委员会副主任委员，小城镇规划学术委员会委员，上海市规划委员会社会经济文化专业委员会委员。邮箱：gengeng@tongji.edu.cn
胡淑芬，浙江省发展规划研究院助理工程师。
徐烨婷，上海信达银泰置业有限公司。

建设规划许可之后方可办理用地审批相关手续，明确了规划许可和用地审批的前后顺序（图 15-1），《乡村建设规划许可实施意见》没有对许可申请程序做出相关规定。

图 15-1 《城乡规划法》和《土地管理法》规定的许可核发与用地审批程序
资料来源：根据参考文献[4]绘制

乡村建设规划许可证具有在用地许可和建设许可上的双重身份，各省市由于对其所发挥作用的认识不同，在许可申请程序的安排上表现出差异。部分地区在乡村建设规划许可实际管理过程中分为规划许可和用地审批，如合肥市将其分为选址用地类和建设工程类，在发放乡村建设规划许可证（选址用地类）之后再办理土地使用手续，然后申请乡村建设规划许可证（建设工程类），使用原宅基地则只需申请乡村建设规划许可证（建设工程类）。而长沙市则是在核发乡村建设规划许可证之后再办理土地使用手续（图 15-2），两者在规划许可和用地审批前后关系上具有显著差异。

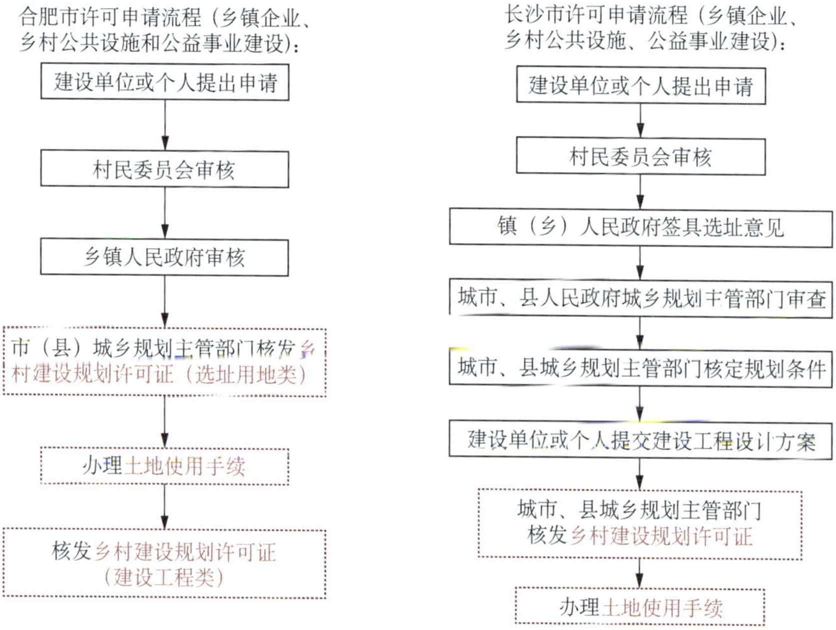

图 15-2 合肥市、长沙市乡村建设规划许可申请流程
资料来源：作者自绘

15.2 乡村建设规划许可实施的难点

15.2.1 规划许可的适用范围界定模糊

乡村建设规划许可的适用范围包括空间范围、行为范围和权属范围，分别是指适用的空间地域、建设行为和土地所有权限。《城乡规划法》和《乡村建设规划许可实施意见》对空间范围和行为范围的规定是一致的，但未能明确权属范围。各省出台的《乡村建设规划许可管理办法》对适用范围界定有所突破，如山东省规定空间范围为“本省行政区域内”，湖南省规定权属范围为“集体土地上”(表 15-1)。国家法规文件给了地方较大的自主空间，但客观上也造成了地方乡村建设规划许可管理的混乱。

表 15-1 相关法律法规对许可范围的规定

法律法规	适用范围		
	空间范围	行为范围	权属范围
《城乡规划法》(第四十一条)	乡、村庄规划区	乡镇企业、乡村公共设施和公益事业、农村村民住宅	
《乡村建设规划许可实施意见》	乡、村庄规划区	农村村民住宅、乡镇企业、乡村公共设施和公益事业	
《山东省乡村建设规划许可管理办法》(第二条)	本省行政区域内	新建、改建、扩建乡村建设工程	
《湖南省乡村建设规划许可管理办法》(第二条)	乡、村庄规划区	乡村建设活动	集体土地上

资料来源：作者整理

15.2.1.1 空间范围有交叉

城镇和乡村采用不同的管理制度，两者在空间上应当是独立、不交叉的，但实际上，城乡规划区常常出现交叉的情况，甚至是包含关系。如上海市总体规划确定城市规划区为整个市域行政区域范围，包括了村庄规划区。此外，由于城市开发边界在规模上往往没有明确的规定，且在具体空间落实上需要在各区县、乡镇层面进行进一步深化，存在动态变化的不确定性，对乡村建设规划许可的实际管理也造成不便。

15.2.1.2 权属范围有重叠

由于土地权属在空间上较为确定，以此作为是否颁发乡村建设规划许可的依据较易操作管理。但目前各级各地相关文件的规定缺少统一口径且存在盲区。部分文件缺少对土地权属的关注，如《城乡规划法》仅规定了规划区的空间范围，并未明确权属范围。这使得城镇规划区内的集体土地上以及乡村规划区内的国有土地上是否核发《乡村建设规划许可证》成为管理盲区，这些盲区是目前乡村大量违建现象滋生的重要原因(图 15-3)。

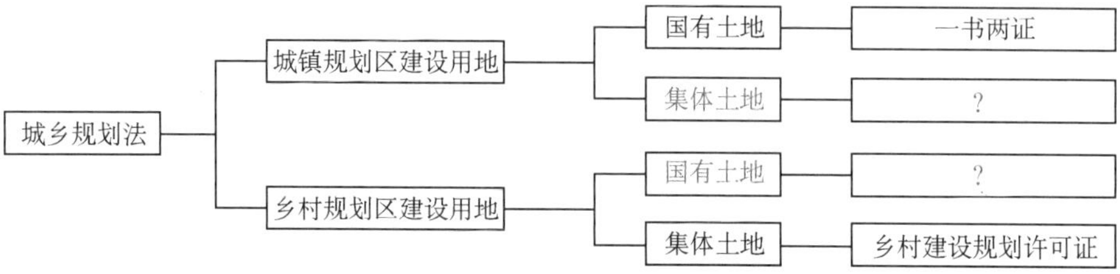

图 15-3 乡村建设规划许可管理的盲区
资料来源：根据参考文献[4]绘制

15.2.1.3 行为范围有遗漏

我国现行法律法规对乡村集体建设用地的建设做出了严格的规定，如《土地管理法》和《城市房地产管理法》。《城乡规划法》和《乡村建设规划许可实施意见》也明确规定“在乡、村庄规划区内进行乡镇企业、乡村公共设施和公益事业建设的，需核发乡村建设规划许可证”。然而随着近年来乡村的发展和土地制度改革的不断推进，乡村集体建设用地的使用新增了其他的建设类型，如乡村旅游、休闲农业、民宿经济、农耕文化体验、健康养老等，缺少对这些新兴建设活动的关注和指导影响了乡村的建设和发展。

15.2.2 村庄规划的依据地位尚未建立

15.2.2.1 村庄规划编制覆盖面不理想

《城乡规划法》和《乡村建设规划许可实施意见》规定乡村建设规划许可证的核发应当依据经依法批准的城乡规划，并且应按照先规划、后许可、再建设的要求。然而由于我国幅员辽阔，村庄数量众多，村庄规划编制任务量大，村庄规划编制不全面导致的许可依据缺位是乡村建设规划许可管理面临的重要问题。城乡建设统计公报数据表明，截至2016 年底，全国已编制村庄规划的行政村 323 373 个，占所统计行政村总数的 61.5%，距离全面覆盖、乡村建设规划许可管理有规可依还有较大差距。

15.2.2.2 村庄规划难以指导实施建设

建设用地指标限制村庄规划实施。近些年，我国不断加大对建设用地的调控，对建设用地指标采取自上而下层层分配的方法，许多村庄规划确定的建设用地无法取得建设用地指标，导致规划无法实施。

已编制村庄规划质量不高，同时规划实施的经费受限。一方面，村庄规划的编制较为粗放，村庄规划质量不高，难以发挥对规划实施应有的指导作用。另一方面，乡镇地方财政相较城市比较有限，村庄规划所确定的建设项目通常需要足够的资金支持，乡镇财政无力承担也造成规划实施困境。

15.3 上海市乡村建设规划许可实施的特点和问题

15.3.1 上海市乡村建设规划许可实施的特点

早在20世纪90年代，上海市人民政府发布的《上海市农村个人住房建设管理办法》中，就指出农村个人建房由乡(镇)人民政府颁发农村个人住房建设工程许可证。后来的《上海市农村村民住房建设管理办法》(2007年)、《上海市城乡规划条例》(2010年)和《上海市村庄规划编制与管理导则(试行)》(2014年)都为实施乡村建设规划许可证制度提供了可操作的依据。

在《上海市城乡规划条例》出台之后，部分区县出台了乡村建设规划许可的具体操作办法和流程等的相关文件。如浦东新区《农村村民个人建房核发〈乡村建设规划许可证〉审批办法和操作流转》(2011年)和青浦区《上海市青浦区农村村民住房建设管理实施细则》(2008年)。区县层面的许可管理更多地关注村民个人建房申请的具体流程，对乡镇企业、乡村公共设施和公益事业建设的关注较少。

15.3.1.1 许可核发比例不高，且多为村民个人建房

2008年至2014年上海全市总计审批农村村民建房85 154户，核发乡村建设规划许可证25 383份，可见超过70%的农村村民个人建房未核发乡村建设规划许可证，核发比例较低。在核发的25 383份中，99.93%是农村村民个人住房，村民集体建房、乡镇企业、乡村公共设施以及养老等公益事业等项目共计17件，仅占0.07%。

15.3.1.2 许可核发覆盖不全，且各区之间差异显著

上海市7个区实施了乡村建设规划许可证制度(除宝山区和松江区)，但推进进度不一，差距较大。如金山区和嘉定区2014年才开始实施，核发数量仅为21项和2项，但崇明区和青浦区实施较早且核发数量较多，2009年至2014年累计数量均在10 000份左右。这种差距形成的原因一方面是距离中心城区的远近造成的农民建房需求的差异，另一方面与区乡村建设规划许可管理部门的决策有关，如嘉定区政府为减少相关矛盾的产生，将乡村建设规划许可管理纳入发展较为完善的建设工程规划管理。

15.3.2 上海市乡村建设规划许可实施的存在问题

15.3.2.1 村庄住宅建设申请人资格认定模糊

《上海市农村村民住房建设管理办法》规定具有本市常住户口的农村集体经济组织成员有申请个人建房资格、纳入所属户用地面积或建筑面积计算。然而目前对于农村集体经济组织成员的资格认定存在模糊情况，例如征地农转非人员、2000 年以后出生非农人口、学生户口回迁、办理小城镇户籍或自理口粮户家庭户口迁回等是否具有申请资格，以及夫妻双方一农一居，是否全部计入建筑面积的人数计算中，等等。

15.3.2.2 管理标准与村民建房习惯存在冲突

上海市许可相关技术标准经历了多次调整，对建筑高度、住宅间距等一些要素的规定不断变化，例如 1992 年发布的《上海市农村个人住房建设管理办法》规定农村个人建房每层的高度不得超过 3.3 米，而 2010 年修正的《上海市农村村民住房建设管理办法》规定楼房总高度不得超过 10 米，按照村民建房习惯，同样层数的住房高度不能低于前后住房，在实际操作过程中与管理规定存在矛盾冲突(图 15-4)。

关于住宅间距，《上海市农村个人住房建设管理办法》规定朝向为南北向或者朝南偏东(西)向的房屋的间距，为南侧建筑高度的 1.4 倍，然而实际建房中，村民一般只控制北墙不影响北面建筑采光，南墙存在南移情况，对西侧相邻房屋形成了“遮挡”，这在民间被认为挡住了风水，产生了矛盾(图 15-5)。

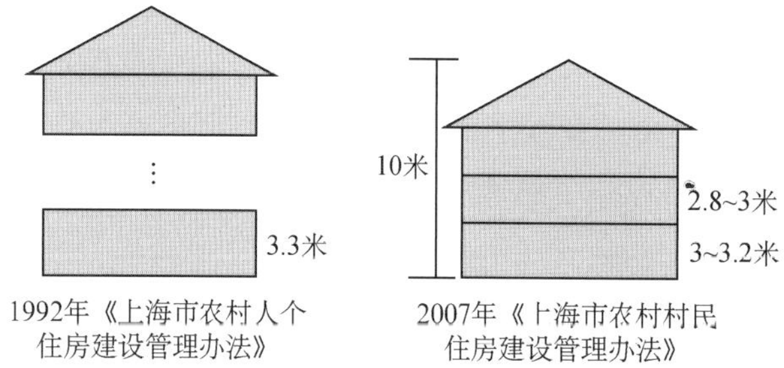

图 15-4 不同文件对建筑高度的规定

资料来源：作者自绘

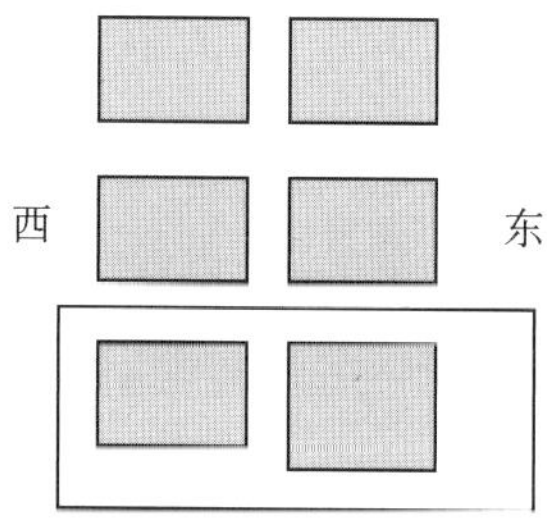

图 15-5 建筑间距控制的问题

资料来源：作者自绘

15.3.2.3 公共设施项目和临时建设无法完整落地

对于乡村公共服务设施缺少规划许可的详细规定，申请材料、申请程序以及批后监管等缺乏操作指导依据，加之建设用地指标的缺乏，部分必要的乡村公共服务设施建设无法落地，出现了利用农民菜地、自留地等边角料来满足一些小型设施的建设需求和采用超高建筑密度的变通做法。

同时，乡村建设过程中不可避免的需要一些临时建设，但由于缺少针对集体土地上临时建设的管理办法，临时建设缺少用地指标，不得不违法建设占用农用地。

15.3.2.4 用地指标无法满足村民建房合理需求

由于过去对于乡村建设管理的不严格，村民依据自身意愿建房，实际户均宅基地面积远大于目前标准规定，这加剧了乡村建设用地指标的短缺。由于建设用地指标的短缺，部分村庄暂停发放《乡村建设规划许可证》，在控制了建设用地无序增长的同时，导致部分合理建设需求无法得到满足。诸如高压线走廊范围内的村民住宅的异地建房需求、离婚满五年的离婚户的分宅基地需求、近250户的水产村（渔民户口）的集中建房需求以及危房户的翻建需求等。

15.3.2.5 近郊批少建多和违建行为时有发生

近郊村庄由于靠近上海市主城区，且房屋租金与主城区相比较便宜，常吸引大量外来人口在此租房，在租金收益驱动下，批少建多和违建行为时有发生（图15-6）。远郊地区的村庄建设受城市地区活动的影响较小，村民建房需求主要为自住，其中因分户而产生的需求占据很大比例，因此违章超建情况较少。

图 15-6 竣工验收后加建
资料来源：作者自摄

部分乡镇针对村民违建的监督管理办法进行了探索，例如在村民施工前，村民与村委会签订“无违规建房协议书”，并缴纳“无违规建房保证金”的方式，但由于保证金金额远小于建房收益，包括竣工验收后加建、围墙圈地、附属房屋建设失控、异地新建老房不拆等违建现象仍时有发生(图 15-7)。

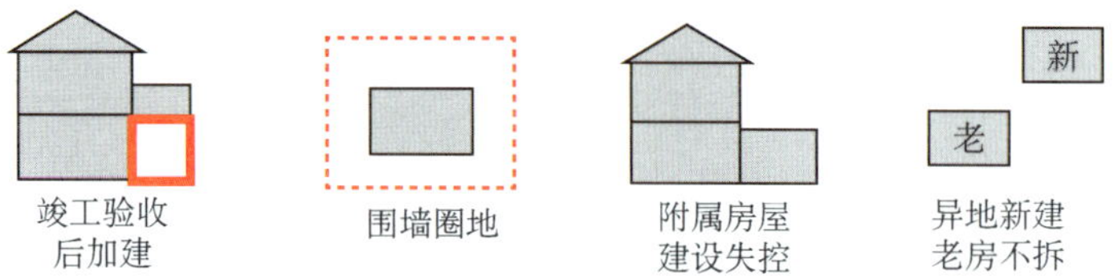

图 15-7 违建超建示例
资料来源：根据参考文献[2]绘制

15.4 乡村建设规划许可实施的完善策略

15.4.1 明确规划许可适用范围，适时扩大适用建设类型

确定乡村规划许可的适用范围需要综合考虑与相关法律法规的衔接、规范乡村建设秩序和简化程序以及管理的可操作性。空间范围建议依据城镇开发边界划分为边界外的乡村地区和边界内的城镇地区，两者的管理边界不交叉和重叠。对权属范围，按土地性质划分为国有土地和集体土地与土地基本制度充分吻合，与土地建设用地管理制度充分衔接，可操作性较强。综合考虑空间范围和权属范围，建议乡村建设规划许可适用范围为：在乡村地区使用集体土地进行建设的，实施乡村建设规划许可制度，除此之外的建设项目实施“一书两证”的规划许可制度(图 15-8)。

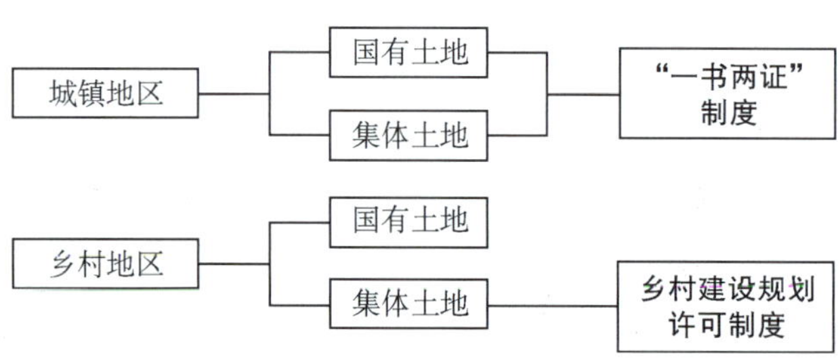

图 15-8 许可适用范围优化方案
资料来源：作者自绘

建设行为方面，主要考虑建设需求大小以及是否符合土地管理制度。随着村庄环境整治，美丽乡村建设以及乡村振兴发展，乡村旅游设施、休闲农业、农耕文化体验等农业转型升级成果及民宿经济、健康养老等乡村产业发展新业态也应在乡村建设规划许可适用范围中有所体现。

15.4.2 完善村庄规划编制体系，强化规划许可依据地位

村庄规划是指导乡村建设规划许可管理的法定依据，其编制质量的高低在很大程度上决定了许可管理的水平高低。因此，提高村庄规划的编制质量，增加其实施的可操作性，是解决目前乡村建设规划许可的实施困境，提高其管理效用的有效途径。建议开展镇域、行政村域、自然村三个层面的村庄规划编制，形成宏观、中观、微观完整的规划引导和管控体系。

镇域层面开展村庄布局规划。加强以乡镇政府驻地为中心的乡村生活圈建设，以镇带村，在镇域范围内统筹布置基础设施和公共服务设施。根据村庄的发展现状、区位条件和资源禀赋等，分类优化镇村结构体系。

行政村层面编制全覆盖的村庄详细规划。统筹乡村全地类和全要素，承接镇域层面村庄布局规划要求，达到城镇控制性详细规划的深度，在规划编制内容上进行创新探索，有效指导乡村非建设用地和建设用地全地类要素的可持续发展，成为实施土地用途管制和乡村建设规划许可的依据。

自然村层面编制村庄详细设计。对村庄具体建设项目开展详细设计，达到详细设计深度，为深化方案设计和施工图设计提供指导，形成微观层次的建设指引。

15.4.3 明确许可审批主体权责，增强基层机构组织保障

建议城市、县人民政府城乡规划主管部门在其职责范围内委托乡、镇人民政府实施乡村建设规划许可，由熟悉当地情况的乡、镇人民政府负责核发数量庞大的农村村民住宅建设的许可申请，充分调动地方力量，发挥更为有效的管理，其他建设类型的许可审批工作仍由城市、县人民政府城乡规划主管部门负责。

强大的基层管理力量是基层机构的重要保障，《住房和城乡建设部办公厅关于开展农村住房建设试点工作的通知》(2019)提出“组织引导建筑师、规划师等专家和技术骨干参与农房设计和建设的实施指导”，专业力量的下乡服务长效机制有助于补充基层人员的短缺，有利于为乡村建设规划许可的实施提供核心技术保障。

15.4.4 优化规划许可申请程序，简化许可申请办理手续

乡村建设规划许可应当针对乡村地区实际，将程序进行简化，尤其在当前国务院组成部门调整的大背景下，乡村建设规划许可管理不再涉及多部门管理，程序简化拥有良好的操作背景。自然资源部发布的《自然资源部关于推进建设用地审批和城乡规划许可“多审合一”改革的通知(征求意见稿)》(2019)中提出“结合村庄规划的编制和实施，同步办理建

设用地审批和乡村建设规划许可。确需占用农用地的，市、县自然资源主管部门可以将乡村建设规划许可和农用地转用审批同步办理”。规划许可和用地审批的“多审合一”能够有效简化乡村建设规划许可的申请办理手续，推动其有效实施。

15.4.5 加强规划许可批后监管，保障乡村建设有序实施

乡村建设规划许可的批后监管由于管理力量和水平的匮乏，相较于城市难度更大。为了改善违建乱建的情况，保障乡村建设有序推进，应补齐批后监管的短板，形成涵盖开工前、建设中、竣工时和竣工后的全程监管系统。

开工前建设单位或者个人应当按照要求在工程现场醒目位置设置公告，接受社会监督；同时应当向许可机关申请验线，验线合格的方可开工建设。建设过程中和竣工后镇(乡)人民政府应当加强巡查，及时发现、查处违法建设行为，并进行相应的处罚，追究有关责任人员的责任。乡村建设项目竣工时，建设单位或者个人应当向城市、县城乡规划管理部门或者受委托的镇(乡)人民政府申请建筑工程竣工规划核实。建议逐步推进乡村的房屋产权登记制度建设，为建设项目的竣工验收提供制度保障。

参考文献

[1] 钱家潍，金忠民，殷玮.基于上海郊野单元规划实践的土地集约利用模式研究初探[J].上海城市规划，2015(4):87-91.

[2] 徐烨婷.上海市乡村建设规划许可管理研究[D].上海：同济大学硕士学位论文，2017.

[3] 郭琦，肖宇.新型城镇化背景下广东省创新乡村规划管理机制研究[C]//中国城市规划学会，持续发展理性规划——2017 中国城市规划年会论文集(18 乡村规划).中国城市规划学会、东莞市人民政府，2017:9.

[4] 王波.杭州乡村规划许可制度研究[D].杭州：浙江大学硕士学位论文，2012.

[5] 刘璇，樊鸿伟.浦东新区乡村建设规划许可的探索与实践[J].城市规划学刊，2013.

[6] 罗异铿.乡村建设规划许可制度下的村庄规划编制研究[D].广州：华南理工大学硕士学位论文，2015.

[7] 胡飞.基于利益协调的乡村建设规划许可管理研究——以武汉市为例[C]//中国城市规划学会.城乡治理与规划改革——2014 中国城市规划年会论文集(11 规划实施与管理).中国城市规划学会，2014:8.

[8] 付明达.乡村建设规划许可制度探讨与优化[C]//中国城市规划学会.新常态：传承与变革——2015 中国城市规划年会论文集(11 规划实施与管理).中国城市规划学会、贵阳市人民政府：中国城市规划学会，2015:8.

[9] 官卫华，王耀南.城乡统筹视野下的农村规划实施管理创新——以南京为例[J].城市规划，2013(10):39-46.

[10] 汤海孺，柳上晓.面向操作的乡村规划管理研究——以杭州市为例[J].城市规划，2013(3):59-65.